U0118106

王凡西選集

王凡西選集

卷二 論毛澤東思想

朱正 編

CITY UNIVERSITY OF
HONG KONG PRESS
香港城市大學出版社

編　　輯	陳明慧
實習編輯	關喜文（香港城市大學中文及歷史學系四年級）
封面設計	蕭慧敏
版面設計	劉偉進　　*Création* 城大創意製作
排　　版	蘇少嫻

©2018 香港城市大學

本書版權受香港及國際知識版權法例保護。除獲香港城市大學書面允許外，不得在任何地區，以任何方式，任何媒介或網絡，任何文字翻印、仿製、數碼化或轉載、播送本書文字或圖表。

國際統一書號：978-962-937-344-3

出　　版　　香港城市大學出版社
　　　　　　香港九龍達之路
　　　　　　香港城市大學
　　　　　　網址：www.cityu.edu.hk/upress
　　　　　　電郵：upress@cityu.edu.hk

©2018 City University of Hong Kong

Selected Works of WANG Fanxi
Volume 2: Critical Perspectives on Maoism
(in traditional Chinese characters)

ISBN: 978-962-937-344-3

Published by City University of Hong Kong Press
　　　　　　Tat Chee Avenue
　　　　　　Kowloon, Hong Kong
　　　　　　Website: www.cityu.edu.hk/upress
　　　　　　E-mail: upress@cityu.edu.hk

Printed in Hong Kong

目　錄

第一部分　　毛澤東思想論稿

第二部分　論無產階級文化大革命

卷二説明

本卷收王凡西兩種著作：《毛澤東思想論稿》、《論無產階級文化大革命》。

《毛澤東思想論稿》一書據香港信達出版社 1973 年初版本錄入。

《論無產階級文化大革命》一書據香港信達出版社 1974 年初版本錄入。

兩書都只改正了錯字，內容沒有改動。

在作者原注之外，編者加了少量注釋。

朱正

序一

岑建勳

應該是由於他其中的一個筆名「連根」的緣故吧，我們年輕一輩都親切地稱呼王凡西為根叔。這大概與他平易近人的性格很有關係，彭述之我們當面稱呼他彭先生或彭老，背後叫老彭，但就算是吳仲賢吧，也是根叔、根叔的稱呼王凡西，不曾叫過老王。

第一次聽到王凡西的名字，是在 1972 年秋冬，那個時候我和吳仲賢及其他幾個《70 年代》雙週刊的成員經常去彭述之、陳碧蘭夫婦巴黎的家裏，請教彭老關於 1925–27 國共從合作到分家的歷史，這就不可避免地談到當時共產國際以至蘇聯內部史達林和托洛次基之間對於中國革命的分歧，以至中國托派的產生和以後發展的歷史了。自五十年代開始，中國托派組織在香港殘餘下來的人數很少，直至 1973 年之前也根本上沒有什麼活動，所以當彭老急不及待地述說中國托派內部於 1941年由於太平洋戰爭爆發引起的「中日戰爭性質變化」的辯論以至不同派系的產生，我們是完全聽不懂亦無從分辨誰對誰錯的，王凡西代表了與彭不同的意見——而這個分歧顯然三十年之後仍然影響着彭對王的看法，對彭來說，王代表的是一種失敗主義的意見，而彭認為，是這種意見，讓中國托派被魯迅，以至中共打成為漢奸的主要根據。

直至今天，我也不同意根叔當年關於中日戰爭由於太平洋戰爭爆發而性質上產生了變化的意見，但是無論現在還是當時，我也不曾認同過根叔在托派內部提出的這個討論，是中國托派被誤解為（或刻意地被歪曲為）漢奸的主要根據，我認為是陳其昌魯莽地給魯迅發信，

引致魯迅情緒化的公開回信才是讓中共抓到機會打擊托派的一個缺口（現在中國大陸的抗戰史研究已不再提中國托派是漢奸的説法），彭述之的指摘，是不符合事實和對王凡西不公道的。

73 年中我回到香港之後，有一年多的時間我常到澳門與根叔及另外一位被流放到那裏的老同志見面，有陪同來自世界各地的托派同志去拜訪的，也有和一些新加入的年輕同志去徵求意見的，次數頻密到我也數不清了。根叔給我的印象永遠是從容和親切的長者，如果説彭述之的姿態是帶有家長式訓示的話，那麼和根叔的交談就像平輩之間的討論；由於身體的狀態不容許他持續交談太久，我們每次探訪都會限制不超過三數小時。根叔並沒有因為人家説我是「彭述之關門弟子」而心存芥蒂，對當時香港五十出頭的一些「彭門弟子」對他的戒心，他是坦然和不放在心上的，也從來不提過去與彭的紛爭或批評香港同志的消極和不作為，是一個典型的君子學者。

由於英國里茲大學（University of Leeds）中文系一位同志 Gregor Benton 的努力，75 年秋根叔終於來了英國。我早一年已經因為厭倦了香港組織內部的派系紛爭脱離了組織生活移居倫敦，但是我們之間的關係並沒有因此而生疏或見外了，根叔欣然答應替我出版的《復醒》月刊寫創刊詞，而十多個圍繞着《復醒》的香港留學小伙子也跟着我根叔、根叔起來，一直到 2003 年後他離世前，這些長大了的忘年小友（根叔語）還都會有事沒事的老遠開車去 Leeds 探望他，敬愛如故。

根叔一輩子是一個永遠忠於自己理想的革命家，儘管我們後來對世界的看法不一樣了，卻永遠不會影響我對他的敬重，在我們的眼中，他或許表面上是度過了一個孤寂的一生，但我深信，他是活得很充實。

序二

成令方
台灣高雄醫學大學性別研究所教授

當我 1976 年在英國里茲留學時，得班國瑞（Gregor Benton）的引介，結識當年已經 70 歲的根叔（香港左派年輕人對王凡西的親暱稱呼）。根叔平易近人，讓年輕人一見面就可以沒大沒小天南地北地聊開了。從此，就每星期定期拜訪，成為忘年之交。

在里茲大學圖書館，我閱讀了很多當年台灣的左派禁書和中國共產黨的革命歷史，後來閱讀了由香港朋友油印出版的《雙山回憶錄》，才開始理解中國共產革命發展過程中曾經出現過的「托洛次基少數派」，也才對這段歷史開始有非官方版的認識。

1949 年中國共產革命成功後，根叔的托派同志們若留在中國，都先後被捕入獄，他因被組織派到香港去工作，就倖免牢獄之災。不久後又被香港政府驅逐出境，轉到澳門在嶺南中學謀一份教職。他在劉醫師的家中租一間房間，一住 20 多年直到 1975 年移居英國里茲。這段期間根叔與立場反共的劉醫師夫婦成為莫逆之交，他們經常聊文學、戲曲、詩詞、電影，還有世界歷史等。但劉醫師夫婦卻不知這位好友竟然是共產黨的托派，而這位王老師每天勤勤肯肯在房間讀書寫作，竟然寫的是革命回憶錄，評論毛澤東思想和文化大革命，檢討中國與蘇聯的關係，討論托派的歷史爭辯與在香港的組織工作。現在要出版的三大冊巨著的前二冊，都是在這段「隱藏身份」「暢談文藝」的情誼中產生的。這讓我們除了敬佩根叔不斷書寫其對革命信念的執着

外，還增添一分他豐富柔情的日常生活的想像。1975 年葡萄牙軍隊撤離澳門，劉醫師夫婦移居德國。之後，根叔寄送一本《雙山回憶錄》，他們才恍然大悟，這位老友的複雜身份。對我而言，他們的關係真是人間奇談。

終其一生，根叔一直在思考討論托派革命的種種議題。這在《晚年札記》一冊中可以看到他思考的軌跡。連 1989–1998 年的生活日記也都可以看到他持續對話的對象是托派同志和左派知識分子。1995 年 3 月 8 日，他寫道：「得梁耀忠從香港打來電話，知子春已於今晨逝世。子春死了，我也不會再寫札記了。」子春就是與他多年共度患難定居香港的樓國華（老樓）。自從 1949 年以來，根叔的作品都由他負責籌錢印刷傳播。住在英國的這 20 年，老樓則是根叔中文世界的訊息來源。他在香港與《十月評論》的同志經常聯絡，也經常引介年輕的左派到英國拜訪根叔，而根叔則將書寫的作品陸續寄給老樓，由他負責出版。在此要向老樓致敬感謝，謝謝他印出根叔的手稿，為如今根叔中文著作的再現奠下重要的根基。

面對當今全球新自由資本主義的橫行，很多人認為馬克思、恩格斯當年對資本主義的批判還是目前最有力的武器。同樣的，雖然托派思想有其時代的限制，但是托派對史大林官僚主義的批判，多年來還深受歐洲左派的擁抱。雖然中國共產黨在習近平的領導下，看似將成為世界強國，但根叔等托派同志對共產黨的官僚主義與黨內不民主的批判，至今仍然擲地有聲。他們為懷抱左派理想的我們，畫出了民主的共產世界藍圖，讓我們看到共產政黨與民主的必然關連，而根叔的著作，為我們畫出多元多彩的中國共產革命，引領讀者往更寬闊的層面思考政治。

序三

萬毓澤
台灣中山大學社會學系副教授

對我這一輩一部分受左翼思潮洗禮的人而言，王凡西有不可取代的意義。由於左翼思想在台灣長期缺席，因此，當年許多關心台灣民主前途與社會改革的台灣人，很自然地受到殷海光等人代表的自由主義的影響。我自己也是循着這樣的知識軌跡成長的。但年歲漸長，參與不少社會運動之後，反倒越來越受左翼的思路吸引，並試着理解馬克思主義在台灣、在中國的發展歷程。然而，中共或蘇聯的官方意識形態與歷史書寫始終沒能真的說服我。

就是在這樣的背景下，我因緣際會接觸、瞭解了王凡西等人投入的中國「托派」運動，頓時覺得耳目一新。對當時的我而言，王凡西（乃至國際的整個「托派」傳統）的著作雖然是長期受到壓抑的「小敘事」，卻彷彿開啟了一扇窗，讓我能夠在令人窒息的「國共內戰」的夾縫中重新探索中國現代史、國際共運史，並由此思索台灣與中國、東亞的關係。後來，我和一些志同道合的朋友還曾在港台再版了王凡西的《毛澤東思想論稿》，算是為傳播他的思想盡了棉薄之力。

國際「托派」幾乎無窮盡的內部爭論與分裂往往使人喪氣，我也認為，是否堅持「托派」這個標籤，今天也許不再那麼重要了。然而，他們留下的思想遺產仍有豐富的現實意涵。以我目前的學術與政治關懷為例，我最關切的，是如何突破我所謂的「冷戰格局下的鏡像構造」

（表面上水火不容，實際上雙方都需要對方來證成自我，且雙方都接受了某些核心前提，如「社會主義」等同於一黨專政、國家主義和集中式的計畫經濟），而完成真正的「去冷戰」知識工程。這樣的「鏡像構造」並沒有隨着冷戰的終結而消失，而是不斷支配、形塑着許多人的認知架構，從而封閉了政治想像。對我而言，「托派」（或至少一部分托派）代表或參與的社會主義傳統，恰恰是冷戰結構下受壓抑的「由下而上的社會主義」（借用 Hal Draper 的說法）。這樣的社會主義不會不加批判地擁抱深陷民族主義敘事的「大國崛起」，而是始終對國家（主義）戒慎恐懼；它的核心價值不是由少數菁英或政黨來包辦革命事業，而是不忘馬克思強調的「工人階級的解放應該由工人階級自己去爭取」；不會試圖以革命為名強化官僚體制的權力，而是要建立普遍的自治，實現馬克思筆下的「自由人聯合體」。我一直認為，這樣的社會主義傳統提供了寶貴的思想資源，讓我們有可能突破僵固的冷戰結構，尋找多重的解放路徑。

　　Karl Korsch 曾說「社會主義，不論是其目的或手段，都是一場實現自由的鬥爭」。王凡西一生的言行著述都生動體現了這種精神。如今，我們終於見到了《王凡西選集》的問世，讓他的思想得以世世代代流傳下去。我也希望，透過這套選集，中文世界年輕一輩的讀者能夠獨立地、批判地重估王凡西、中國托派、世界左翼運動的得失是非，並從中探索社會變革的動力。是為序。

編者序

這是王凡西著作的第一次結集出版。

王凡西（1907-2002），本名王文元。浙江海寧人。1925 年在北京大學求學的時候加入了中國共產黨。1927 年大革命失敗後，他奉黨組織的派遣去蘇聯留學。在這裏他接受了托洛次基的觀點，成為莫斯科中山大學托派秘密組織的一員。1929 年 8 月奉調回國工作。不久即因為托派問題被共產黨開除。1931 年 5 月 1 日中國共產黨左派反對派（托派）開統一大會，他被選為統一組織的中央常委，分管黨報工作。不久之後他第一次被捕了。就因為他一直不放棄托派的活動，以後還被捕兩次，直到抗日戰爭爆發，南京失守前夕他才出獄。1949 年 5 月移居香港，不久再遷澳門。1975 年 3 月定居英國，直到去世。

他一生著譯甚勤，稿費是他的生活來源。他留下了大量檔次很高的著譯。像《雙山回憶錄》，就是一本關於中國現代史、中共黨史、中國托派史的重要史料，東方出版社將它收入現代稀見史料書系之中，足見承認了它的價值。他的其他一些作品也都受到學術界的重視。按說，這是一位有資格編印全集的著作家。只是他早年出版的書籍、晚年在海外報刊上發表的文章（更不必説外文作品）都不易收集齊全，至於要收集歷年所寫的大量書信，更不知如何着手。我看要為他編一部嚴格意義的完整的全集是不可能的了。只能就現有的材料給他編一部選集。

要編這一部選集，我應該貢獻一點微力。我想，我也許是國內收藏王先生著譯較多的一人。我所收藏的這些書是哪裏來的？這就説來

話長了。1980 年人民文學出版社借調我去擔任《魯迅全集》第六卷的工作。孫用先生介紹我認識了樓適夷先生。樓適夷先生又介紹我認識了上海的鄭超麟先生和他的堂弟、香港的樓國華（字子春，筆名一丁）先生。子春先生很熱心，送了許多書給我，其中包括王凡西先生在香港出版的全部譯著。我還記得，為了能夠順利得到這些書籍，是李普先生托新華社香港分社楊奇先生幫我帶過來的。此外樓子春先生還把王先生在香港刊物上發表的好些文章複印寄給我。我挑選了他翻譯的一些作品編為一本小冊子《書信、日記及其他》，於 1988 年在湖南人民出版社出版。他對這本小冊子是滿意的。因此他也就有了願意讓我來編輯他的著作的想法。

今年我知道了魏時煜博士在做「北大三人行・中國知識分子三部曲」，其中一人就是王凡西。我就向她建議：趁此機會同時出版他本人的著作。經香港城市大學出版社社長同意，我就來着手進行編選了。

大家都知道：王先生一直到死，都是一個堅定的托派分子。他對托洛次基的尊崇和信仰，可以說就像宗教信徒那樣的虔誠。我尊敬他的為人和學術成就，卻無法同意他所堅持的托派觀點。我以為在今天已經可以看得很明白：托洛次基主義和史大林主義都是國際共產主義運動的一個流派，都屬於已經過去的那個時代的了。當年共產國際即史大林對於中國革命的錯誤指揮導致中國大革命的失敗，托洛次基指出史大林的這些錯誤，是有道理的。這也就是吸引陳獨秀等許多人成為托派的原因。六十多年之後，世界已經有了極大的變化，依然認為托洛次基主義是一種指導革命的有用的理論，未免太不切實際。而王先生就正是這樣一種見解。1989 年蘇聯和東歐發生巨變，他認為這不但是史大林主義的失敗，而且還是托洛次基主義的勝利！他在這一年

除夕寫的札説:「在此局勢中最使我苦悶的一個現象是:為此變革準備了半個世紀的第四國際,卻未能在此巨變中起任何顯著的作用!我們是應該起很大作用,必須起領導作用的!但願1990年開始,第四國際的作用能再大大發揮出來。」他在1991年2月13日寫的札中説:「在史大林主義徹底與普遍崩潰的今天,如果沒有以第四國際為代表的那個思想體系,即是説,如果沒有以真正國際主義和徹底大眾民主相結合的不斷革命理論的思想與實踐,那末,我們真的要看到資本主義不僅在事實上,而且在思想上也全部與徹底地奏凱了。可以説,今後人類仍能對社會主義與共產主義保持信心,並終於會見到它們的實現者,全靠有第四國際所代表的思想在!」這年12月27日,也就是蘇聯解體兩天之後,他寫的札説:「史大林主義的制度是根本無法改良的。要代替它,只有兩條路:或者代之以真正工人民主的、國際主義的革命政權——也就是恢復列寧—托洛次基時代的革命政權;或者,恢復資本主義的統治,最後地與徹底地推翻由十月革命所造成的最後殘餘。」到了這個時候,他還在幻想「恢復列寧—托洛次基時代的革命政權」哩。不知道本書的讀者中有沒有一個兩個同意這個意見,反正我是完全不能同意這個意見的。

我注意到了:作者在1990年4月寫的《雙山回憶錄•美國哥倫比亞大學版英譯普及本序》中表示:

> 今後的世界,無論目前正陷於分崩離析、彷徨覓路的原有的「社會主義」國家,或者表面繁榮而實則充滿矛盾的資本主義國家,要想找到真正出路,是否只有依照托派已有文件中定下的具體方案呢?我不這樣想:人事太複雜,「歷史老人」太狡點,任何個人或任何團體制訂的方案,總得隨事變的發展而發展。

可見他完全懂得對於未來預測之難。我很欣賞這個見解。

所以我在選編本書的時候，作者寫的那許多討論第四國際綱領的文章，那些托派組織的工作計劃、工作方案之類的文章，就都不收入了。一些關於時事的評論，儘管當時看來寫得很有分量，畢竟時過境遷，就也不收入了。現在收入的都是他最重要的作品，必將傳世的作品。

作者有一部逐日寫成的《晚年札記》，生前沒有發表過。2004 年香港新苗出版社少量印製，編號發放，作為紀念。我得到的是第二號這一本，即據以編在卷三第二部分。它真實地記錄了作者最後十幾年的生存狀態和心情，彌足珍貴。

出版社領導體諒我年老力衰，無力擔負許多具體的工作，特地安排了陳明慧小姐同我合作。許多工作（特別是校對）都是她做的。

2017 年 12 月 6 日　朱正

作者簡介

　　王凡西 (1907–2002)，本名
王文元，浙江海寧縣人，筆名雙
山，後輩多稱為「根叔」。中國
托派領袖之一，曾任中國國際主
義工人黨書記。王凡西 14 歲小
學畢業，開始受到五四運動的新
思潮影響，決心追求學問，做大
事。中學時養成對文學的熱烈愛
好，也顯出了演說的才能。1925
年參加響應五卅運動，擔任杭州
學生會宣傳部長。1925 年進北京
大學後，參加了校內的共產黨組
織。1927 年 6 月奉派武漢工作，
7 月下旬去蘇聯留學。在蘇聯東

方勞動大學期間接受托派思想影響，並秘密加入托派組織。1928 年
秋，成為莫斯科中山大學托派秘密組織的領導人之一。1929 年 8 月回
國，到上海後任中央組織部幹事，1930 年初，因托派身份被發現被開
除出共產黨。

　　王凡西回國後，起初參加托派「我們的話」組織，後來屬於「十
月」派。在四個托派組織商談統一時，王凡西開始和陳獨秀密切合作，

終於促成 1931 年的統一。王凡西當選為統一的托派組織中央委員，並擔任機關報編輯。

中國托派統一不滿一個月，大多數中委就被捕，其中包括王凡西。1931 年，王凡西被國民政府逮捕下獄。1934 年出獄，1935 年底參加新成立的托派中央臨委，創辦《鬥爭》及《火花》。1937 年 5 月再次被國民政府特務機關逮捕押去南京。抗戰開始後出獄，1937 年 12 月中旬到武漢。1938 年 2 月經香港回到上海，繼續參加托派工作。後與鄭超麟創建托派政黨中國國際主義工人黨，任該黨書記。

此後幾年間，王凡西做了大量文字工作，如擔任《動向》月刊編輯，翻譯第四國際的《過渡綱領》和《俄國革命史》等，在上海創辦《新旗》半月刊。他還把所有已經譯成中文的托洛次基論中國革命問題的文章集中起來，經過校訂，編成一冊出版。1949 年 5 月，王凡西由上海遷移到香港，幾個月後被香港政府逮捕並驅逐到澳門。

王凡西在澳門住了 25 年，繼續思考和寫作，著有《雙山回憶錄》和《毛澤東思想論稿》，譯作有《帝王術》、《詩與自傳》、《文學與革命》。1975 年 3 月移居英國，2002 年 12 月 30 日在英國里茲去世，終年 95 歲。

編者簡介

朱正，1931 年生於長沙。1949
年 9 月考入李銳先生擔任社長的新
湖南報社工作。1956 年在樓適夷先
生擔任社長的作家出版社出版第一
本書《魯迅傳略》。1957 年被劃為
右派，受到開除公職、勞動教養的
處分。1962 年解除勞動教養後以體
力勞動維持生計，其間在馮雪峰、
孫用兩位先生指導下寫有《魯迅回憶
錄正誤》，在葉聖陶指導下寫有《魯
迅手稿管窺》。1979 年平反，1980
年借調人民文學出版社參加新版《魯
迅全集》的編注工作。其間經樓適
夷先生介紹，與上海的鄭超麟和他

在香港的堂弟樓子春交往，並從樓子春處得到王凡西的許多著譯。後
來回到湖南人民出版社工作，一度擔任總編輯。其間編輯出版了鄭超
麟的詩集《玉尹殘集》、王凡西的翻譯小品集《書信、日記及其他》。
1993 年寫成一本研究反右派鬥爭的專著，1998 年以《1957 年的夏季》
的書名在河南人民出版社出版，後來用不同的書名幾次在海外出版。
每一次都有一些增補和修改，最近的一版是 2013 年以《反右派鬥爭全
史》的書名在台北秀威公司分上下冊出版。此外重要一點的學術著作，
有去年在廣東人民出版社出版的《當代學人精品‧朱正卷》，討論此前

出版的《俄羅斯解密檔案選編·中蘇關係》，並涉及《共產國際、聯共（布）與中國革命檔案資料叢書》以及《蘇聯歷史檔案選編》。

在編輯工作方面，為人民文學出版社做的，有 1981 年版《魯迅全集》第六卷的編輯，2005 年版《魯迅全集》編委、第六卷編輯。《瞿秋白文集》（文學編）第一卷編輯。此外編有聶紺弩的詩集《散宜生詩》，並作注；還替聶紺弩編了回憶文集《腳印》、《高山仰止》，還為李銳編輯了《廬山會議實錄》。期刊方面，現在是《新文學史料》的編委。

王凡西部分著譯作品

著作

書名	署名	出版者	出版年份
炮火中的世界動向	鳳崗	上海：華盛頓印刷出版公司發行館	1939
電影漫談	雙山	香港：世界出版社	1956
《過渡綱領》二十年	王凡西	－	1958
思想問題	三山	香港	1962
三齣小戲	雙山	香港：周記行	1968
我們的意見	雙山、一丁合著	香港	1970
七零年代往何處去？第一、四篇	耕莘	上海：春燕出版社	1972
毛澤東思想與中蘇關係	三原	香港：信達出版社	1972
論中國第三次革命中斯大林派勝利與托派失敗的原因——兼答彭述之夫婦	王凡西	－	1973
毛澤東思想論稿	雙山	香港：信達出版社	1973
論無產階級文化大革命	雙山	香港：信達出版社	1974
雙山回憶錄	王凡西	香港：周記行	1977
印支問題	雙山	香港：信達出版社	1979
謊言與真實	王凡西、鄭超麟、樓國華合著	香港：信達出版社	1984

譯作

書名	署名	出版者	出版年份
從唯心論到唯物論	王凡西譯 普列漢諾夫著	上海：亞東圖書館	1936
蘇聯黨獄之真相	張家駒編譯	上海：亞東圖書館	1937
恩格斯評傳	李書勳譯	上海：亞東圖書館	1940
兒子・戰士・朋友	李書勳譯 托洛茨基著	上海：亞東圖書館	1940
中國革命問題	克全編校 托洛次基著	上海：春燕出版社	1947
史大林與中國革命	雙山譯 托洛次基著	香港：國際出版社	1947
俄國革命史	王凡西、 鄭超麟合譯 托洛次基著	上海：春燕出版社	1964
帝王術	雙山譯 馬嘉維里著	香港：信達出版社	1969
詩與自傳	雙山譯 耶夫土欣可著	香港：信達出版社	1970
文學與革命	惠泉譯 托落次基著	香港：信達出版社	1971
他們的道德與我們的道德	李書勳譯 托洛次基著	香港：信達出版社	1975
托落次基致中國同志的信	雙山譯 托落次基著	香港：信達出版社	1981
第四國際基本文獻新一輯 〈蘇維埃國家的階級性〉 及〈戰爭與第四國際 （綱領草案）〉	雙山編校 托洛次基著	十月書店	1983

卷二 論毛澤東思想

毛澤東思想論稿

雙山 著

信達出版社印行

第一部分　毛澤東思想論稿

序　言

　　本書取名《論稿》。顧名思義，可知它不是普通那種章節分明、體裁劃一、組織謹嚴、前後密切呼應、從任何角度說來都已經是完備的一部著作。

　　一年前，當本書有關毛澤東思想與中蘇關係的四章以「三原」筆名先行出版時，我曾經說過，這整部作品只是一個相當大的企圖，企圖對毛澤東思想作一種全面的、客觀的與「歷史的研究」。這樣說既非自謙，亦非自負。它確是一種鄭重與虛心的研究，但確實還只能說是企圖罷了。所以然者，第一因為作者體力關係，疾病時常打斷工作，一擱往往歷數月或半年之久。因此，這本中等長度的書，自從 1961 年 1 月動手，直到 1964 年 8 月方才寫完，前後耗時共三年有七個月。如此寫法，要想作品在體制上如何統一，文字上如何完美，在敍述上絕無重出，那是很難做到的。第二，因為作者被迫居住在一個閉塞的地方，材料搜集困難，參考書不易充分獲得，以致有些問題或某些事實，不得不因此而撇開不談，或暫不討論。有此限制，當然會影響作品的全面性與完備性的。

由於自己對作品的上述不滿，稿子雖然寫成了將近十年，始終任它放置，不曾作出版打算，事實上當然也沒有出版的可能。

去年秋，經友人慫恿，並得信達出版社協助，終於先將有關中蘇衝突的四章出版了。我的一部分稿子，以此總算和比較廣大的讀者結了緣。結果，經出版者與銷售者的反映，倒不如預料之壞，這本小書似乎還能獲得某些讀者的歡迎。有些人看了該書序文，知道除此四章外尚有十數章未曾付印，他們竟向出版人或經售者提出要求，催促出版，希望儘早看到全稿。更有些熱心朋友，竟付款預定，俾助印刷所需。

這樣的熱情深深地感動着我。它讓我體會到了一件事：一個作品，只要作者是鄭重其事的，本着科學良心的，不懷有別種用心的，真想說些同時只想說些自己確認為真理的東西的，那末，縱然它在體裁上鬆些，結構上散些，或文字上差些，都會有真心的讀者歡喜，甚至還真會有人賞識。這個體會驅散了我多年深陷的孤獨感，它讓我知道了世間尚有同道在 —— 決心將餘稿全部付印了。

不過，這部稿子寫成迄今，畢竟已經八年多了。是否應該根據八年多來新發生的史實，將全稿重新校訂或補充一下呢？懷着這樣的目的，我最近將全稿重讀一遍，卻發現這樣做是既無可能，亦非必要。無可能，因為一髮動全身，牽涉太廣，改不勝改；非必要，因為本書寫作的最初計劃就是學術性的，就是從問題的根本着眼的，八年來新的史實只能證實我們的基本論斷，毋須乎用新的史實來修改我們對根本問題的看法。

因此，本書便完全照八年前寫完時候的原樣出版了。

從本書完稿到目前付印這段時間內，發生了許多有關毛澤東與毛澤東思想的大事。其中最大的一件，自是「無產階級文化大革命」。它是毛澤東親自發動的，是毛澤東思想的精彩表現之一。按理，《論稿》中應該為此添一專論，或至少在已有文字中增加一些有關此事的評論。可是一因本書作者對「文化大革命」已另有專文，文字太長，不便用作本書附錄；二因在既有文字中增添特殊段落或冗長注釋，將使《論稿》更加龐雜，令人無法卒讀，所以我都不曾這樣做。

其實，我們雖然不特別討論「文化大革命」，本書中所曾討論的有關毛澤東思想的種種方面，尤其關於毛澤東在文藝、經濟以及「人民公社」方面的思想，已經頗足以幫助讀者們去了解「無產階級文化大革命」的來龍去脈了。甚至可以這樣說，只當人們弄清楚像我們所指出的毛澤東思想的諸般特徵之後，才能正確地了解這個「大革命」，才能了解它發生的原因，它所採取的形式，它所經歷的過程，以及它的趨向與它的全盤意義。

在這裏，我們自然不能具體地說明毛澤東思想與「文化大革命」在各個方面的關係。不過抽象地，我們卻立即可以指出來：毛澤東性格上與思想上的優點與缺點，長處與短處，時而相輔相成，時而此長彼消，它們交互錯綜着，迭為雄長地，像幽靈一般飄盪在整個運動之上，或者像靈魂一般作用於全部運動之中。試想想，如果不是想實行「一國共產主義」，如何能在國內造成如此深刻與眾多的矛盾？如果不是毛氏的「經濟的浪漫主義」想一步登天，如何能造成長達三年的「特大災害」？如果沒有造成這些災害性的錯誤，黨領導又怎能落入「走資派」之手？失權之後，如果沒有敢作敢為、乾坤一擲的氣概，誰又能做出如此規模的「革命大彩排」？等到「彩排」變成正戲，「欽定造反」

又轉變為真正革命之勢的時候，始則用槍桿子「平亂」，繼而以黨的名義制軍，如此經營，如果不是策略聖手，權術大師，又怎能運用得如此得心應手？同時，如果不是斥原則為教條，以理論為幌子的人，又如何能這樣忽左忽右，出爾反爾？……諸如此類的問題，還可以提出一大串的。

當然，我們絕不以為「文化大革命」乃「毛澤東思想」所一手造成，也不以為「毛澤東思想」的特徵便可解釋「文化大革命」的一切。我們決不會這樣想，因為這種想法是唯心主義的，是「英雄史觀」的；它與馬克思主義的唯物史觀無共通之點。個人，無論多麼重要與偉大的個人，其作用總是有限度的。對於一般的中國革命，或對於特殊的「文化大革命」，毛澤東與毛澤東思想無疑都起過作用，都發生了影響，都留下了記印。但很顯然，這些作用、影響和印記，縱然十分巨大深刻，卻決不能說是決定性的，更不能說是獨一無二的。歸根結蒂，客觀的條件總決定着主觀的意圖，歷史和社會的「形勢」，總強於任何偉大人物的計謀。因此，在整個的中國革命中，特別在這次「文化大革命」中，誰要想拿毛澤東的性格和思想來說明其中的許多問題，無論解釋其有利於革命的方面或指出其為害於革命的方面，都必須牢牢保住着一個限度，必須時時記住「存在決定思想」那個命題，必須時時懂得從中國與全世界的種種特殊情形和關係，去觀看毛澤東思想中此一或彼一見解的正確和謬誤。只有站穩在這個立場上，我們才能反過來，正確地將某一或某些毛澤東思想去解釋中國革命，特別是去解釋這次「文化大革命」的現象與性質。

在全部《論稿》中，作者自信還能始終保持這樣一個立場的，因而我相信它不但能幫助讀者們拿這樣的毛澤東思想去了解過去，而且能憑以解釋今日一切與毛澤東有關的事變。

稿子寫成，曾經請不少朋友閱讀過，他們大多給我提出了一些寶貴意見：或者指出引文上的錯誤，或者糾正事實上的出入，亦有在看法上表示異見提出來與作者商酌的。凡此種種，都會有助於本書的寫成，我謹在此對所有這些朋友表示謝意。

1972 年 12 月 7 日雙山序

一、寫在前面

毛澤東其人及其思想，在過去三十年的中國政治史上發生了巨大影響，目前，正在對中國乃至世界的政治發生着巨大影響，將來，那個影響還一定會繼續的。這樣的人物，這樣的思想，值得人們之精詳研究，自不待言。

中共把研究毛澤東思想當作一個「最主要的政治任務」提出來。與《毛澤東選集》第四卷的出版相配合，一個轟轟烈烈的學習運動更掀起在全黨全民之中。對於這樣的任務和運動，我們該作怎樣的看法？如果我們認為毛氏的生平及其思想值得精詳研究，那末對於中共的這個研究運動是否贊同與擁護呢？

研究毛澤東思想與中共大張旗鼓提倡着的毛澤東思想研究運動，根本不是一回事。前者應該是科學性的，而後者則完全是政策性的。如實地、科學地研究毛澤東其人及其思想是一回事，懷着神化目的，以建立「永不錯誤」的權威為目的，因而材料經過選擇，甚至經過改竄，研究被納入一定軌轍，討論必須在「領導」之下，這樣的研究學習，乃是完全不同的一回事。我們主張前一種研究，反對後一種研究。如實地，科學地研究毛澤東及其思想，不但能確定歷史的真相，

能使人從事變的發展中得出規律，從而得出教訓，並且能使這樣的規律和教訓，應用於其他國家中，特別是落後的殖民地國家中，使那些國家中的工農大眾，也能夠取得革命勝利。如實地、科學地研究毛澤東及其思想，不但能使一些掩蓋在狹隘派別利益的宣傳下面的真相得以恢復，使三十餘年來有關中國革命的各派思想，特別是史大林與托洛次基二人所代表的思想，獲得公平的證驗，並且據我們看來，毛澤東思想的真正歷史地位，反而會因此有所提高，不會因之而降低，因為「始終正確」的「神」沒有生命，而有錯有對，特別是錯得比人少對得比人多的「人」，卻是有偉大生命的。可惜，今天中共（其實是毛澤東自己）所發動的那種思想研究，其目的顯然不是要確立毛澤東這個人的整個內容及其成長過程，而是要把這個人變成神，要把一個有生命有血肉的人和思想，變成為無生命無血肉的神和神話。

中共不諱言毛澤東思想的研究運動是一個政治任務。不過他們沒有把這個政治任務的真實內容說出來，他們不敢說這是要確立和鞏固廣大群眾對於毛澤東的一尊的崇拜。這樣一個任務，在我們看來是反動的。

我們反對以「造神」為目的的毛澤東思想研究，卻要做信實的、科學的與歷史性的毛澤東思想研究。不過着手做這樣研究之時，我們卻遇到了幾乎難以克服的困難，那就是：需要材料太多，而作者今日所處的環境卻難於接觸到所有必需的材料；少數能夠獲致的材料，又都是經過化妝手術的，難於知道其中保存着多少真面目。研究毛澤東思想的主要材料自然是毛氏本人的著作，可是我們所能得到的卻只有精選過的四冊，而這些選出來的文章，「其中有些在文字方面着者曾作了一些技術性的修改（見 1951 年版《毛澤東選集》的出版説明），「也

有個別的文章曾作了一些內容的補充和修改」（見 1953 年版《選集》的出版說明）。究竟怎樣才算是「技術性」的？「補充」了什麼？作了怎樣的「修改」？選集中完全不給標準，也根本不曾注明。因此，當閱讀毛澤東的著作時候，我們就無法知道究竟哪一些是事先預見，哪一些是「過後方知」。不能確切知道這一些，就大大妨礙了我們研究工作中想要做到的「信實的」、「科學的」與「歷史的」這些個守則，因此在我們書中的某些判斷，有時只能採取保留式的，假定性的態度。

毛澤東為什麼只出選集而不出全集，據出版委員會的聲明，乃「由於國民黨反動派對於革命文獻的毀滅，由於在長期戰爭中革命文獻的散失」，以致「現在還不能夠找到毛澤東同志的全部著作」。上述無疑是一個理由，但決不是主要理由。毛澤東不學列寧以及蘇聯其他領袖的樣。不出版全集而出版選集，其最主要理由我以為是：實踐重於理論、策略重於原則的毛澤東，前後文章中有的是矛盾和不一貫的地方，今日之我常與昨日之我為敵的；同時過去當作手段而採取的許多對國民黨蔣介石的卑恭詞令、態度和立場，在今日勝利後看起來是太礙眼了，特別在年輕一輩革命者的眼中，這些文字會大大損害他們對毛澤東的偶像崇拜。為要建立「一貫正確」與「永遠正確」的神話起見，這樣的選擇便被認作是必要的了。

不用說，這種動機和辦法都是非常不好的。即使不是為了歷史的真實，而是為了教育年輕的革命者，也是非常不對的。因為正確的事例固然可以教育人，而不正確的事例（只要如實地指出其改變經過），卻具有更大的教育價值呢。人不能從神的奇蹟中獲取經驗，卻能從人的事蹟中學習教訓。可惜一切中了個人崇拜毒的政治家，一切為個人崇拜所支配了的制度，總是不明白這個最淺近的道理。

一個作家，當他將自己的作品彙編出版時，是否可以選擇？是否可以補充和修改？這，首先得看是什麼性質的作家，得看是什麼性質的作品。如果是文學或科學的作家，如果那些作品與人與事無關，也不帶有爭論性質，那末，作者自然有充分選擇與修訂補充的自由。甚至還應該這樣做，以便精益求精，力圖以最完美，最正確的形式和內容跟讀者們相見。可是，政治家的政論文章，有關乎歷史事變，具有了歷史的文獻意義，更或牽涉到與別人的論爭，已構成了關於是非曲直的相當定案的，那就不應該作任何事後修正。即使是技術性的修改，也應該以注解方式出之，或修改後附以未修改的原文。作者們這樣做，並非為了什麼道德教條之故，而是對歷史的忠實，對思想的負責。這個態度，每一個認真的政治思想家（甚至是科學思想家）都必須具備的。否則便談不上什麼「科學的良心」，談不上光明磊落的責任心。史大林對於社會主義的革命事業犯了無數罪惡，其中最重大者之一便是偽造歷史，偽造文獻，竄改和虛構他本人和他論敵們的文字。我們在這裏絕無意說毛澤東在這方面已犯了與史大林同樣大的罪惡，我們只是指出這種「選」和「改」的辦法不是承襲自馬克思列寧，而是仿效史大林的。毛澤東在這條岔路上走得還不很遠，是否尚有可能「回過頭來」呢？（其實他儘可不學史大林，因為他對中國革命無論實踐與理論上都確有成就，有貢獻，不像史大林必須靠十足的偽造才能有自己的一份革命史的。）

在這方面，有兩個典型例子應該舉出來，讓我們 —— 正確些說，是讓毛澤東 —— 學習的：

1、馬克思、恩格斯對《共產黨宣言》的態度。大家知道，這個宣言寫成於 1847 年，二十五年以後，即在 1872 年，馬、恩二人給德文新版合寫了一篇序文，說道：宣言中某些次要段落已經過時了，「但因

宣言是一個歷史文件，所以我們認為自己已無權加以更改。」（這一聲明，後來恩格斯又寫入 1888 年的英文版序言上。）

2、恩格斯對於《反杜林論》的態度。《反杜林論》一書的寫成，直接動機雖然為了反駁杜林，但主要卻是發揮恩格斯他自己的和馬克思的見解，這樣的書，作者當再版時原本有修改補充的完全權利與自由。但當第二版付印時，恩格斯在其序文上還是這樣說：「現在的新版，除一章以外都是照樣翻印第一版的。一方面，雖然我自己很想修改好些地方的敘述，可是我沒有時間來做徹底的修訂。……此外，我的良心也不許我對本文作任何變動。這書是部論戰性的著作，我以為論敵既然已不能修改什麼，那我對論敵也負有責任不作任何修改。」

毛澤東的著作，除了極少數像詩詞之類以外，今天當然都已經是政治性的歷史文件，其中大多又都帶有論戰性質。然則，他對原文是否有「權」修改？他的「良心」與「責任」應該要他如何處理自己作品的出版？觀乎上述的兩個例子，答案是自明的了。

二、論個人崇拜

時勢造英雄呢，還是英雄造時勢？天定勝人呢，還是人定勝天？這兩個説法不同而意義實等的命題，一直在中國思想家的頭腦中聚訟，卻不曾得到過十分完滿的、因而可説是正確的解答。自來有些思想家傾向於那兩問題的前半截，有些則比較着重於問題的後半截。傾向前半截的就不免要強調客觀，強調氣運，強調天命；而着重後半截的當然要看重主觀，看重努力，看重人事。第一種説法是宿命的，但多少包含了一些客觀的與唯物的成分；後一説法是積極而能動的，但大多陷於純粹的主觀與唯心。

由上述兩種歷史觀所得出來的一個相當普遍的，本質上正確的倫理學的命題，那就是：「盡人事以待天命」，「謀事在人，成事在天」以及所謂「雖曰天命，豈非人事哉？」。這種態度雖不曾根本解決了「時勢與英雄」，「天和人」的關係，但至少已經道出了二者之間的主從關係與相互關係。中國古代的思想家不能徹底解決這個問題毫不足怪。中國的社會長期停頓於落後的小農經濟與商業資本經濟，生產力停滯不前，以致那個所謂「時勢」與「天定」究竟是什麼東西？它們如何發生作用？如何造成與決定着「英雄」和「人」？那是無法獲得清楚正確的認識的。人類歷史只有發展到工業資本主義時期，由它造成的較

為簡單與赤裸的階級關係，才算有了足夠條件，讓思想家們清楚地發見並確定那隱藏在歷史發展後面的「時勢」、「氣運」與「天」。

只有發現了歷史唯物論法則的馬克思派，才終於對時勢與英雄的關係問題給了滿意答覆。只有馬克思的辯證的而非機械的唯物論，才能在重客觀與重物質原因的歷史中，排斥了消極的宿命論，給人的主觀努力找到了適當地位。只有這樣，才算最後解決了歷史發展上人與物、主觀與客觀、英雄與群眾之間的迷人關係。

馬克思本人在這方面做過極高明的應用，他在那本有名的《拿破崙第三政變記》中，一方面反對了雨果代表的「唯人史觀」，另方面排斥了以蒲魯東為代表的「唯物史觀」。在該書的德文第一版序言中，說過這樣的話：

> 雨果只是對政變事件負責發動人作了一些辛辣的和詼諧的罵詈。事件本身在他筆下卻竟繪成了晴天霹靂。他認為這個事變只是一個人的暴力行為。他沒有覺察到，當他說這個人表現過世界歷史上空前強大的個人主動作用時，他就不是輕蔑而是抬舉了這個人哩。蒲魯東呢，他想要把政變描述成為先前歷史發展的結果；但是他對於政變所作的歷史的說明，卻不知不覺地變成對於政變主人公所作的歷史辯解了。這樣，蒲魯東就陷於我們那班所謂客觀的歷史家所犯的錯誤。反之，我們所作的論述是說明法國的階級鬥爭怎樣創造了一些條件和形勢，使得一個平凡而可笑的人物能扮演了英雄的角色。

馬克思在《政變記》的正文裏，恰恰就是從法國當時的階級鬥爭所創造的、特殊的社會條件與形勢，說明了拿破崙第三這個「平凡而可笑的」人物如何變成了英雄，同時，他又指出了：正是因為這個渺

小而非偉大的人物性格，投合了當時的反動情勢的需要，以致更能相得益彰，做成許多骯髒的反動勾當。馬克思這兒是以「時勢」為主，「英雄」為輔，指出了二者的關係，因而正確地解釋了那段歷史的「來龍去脈」，前因後果。

將馬克思的此一見解，用更簡單明瞭的字句規定下來的，據我所知，在後繼的馬克思主義者中，要算普列哈諾夫了。在他所寫的〈個人在歷史上的作用〉一文中，有如下的一段：

> ……一個偉大人物之所以偉大，並不因為他個人的特性給了偉大的歷史事變以個別的特徵，而是因為他賦有那種特性使他最能夠為他那時代的偉大的社會需要服務，至於這些需求之所以發生，乃是一般原因與特殊原因的結果。卡萊爾在其《論英雄與英雄崇拜》的名著中，稱偉人為開始者。這是一個很適當的稱呼。一個偉人恰好是一個開始者，因為他比別人見得深遠些，期望事物比別人更強烈些，他解決那些社會心智發展的以往過程所提出來的科學問題；他指出那些由社會關係的以往發展所造成的新的社會要求，他主動地創議去滿足這些要求。他是一個英雄。但他不是這樣意義中的英雄，即他不能夠停止或改變事物的自然過程；他是這樣意義中的英雄，即他的活動乃是那不可避免的與無意識的過程之自覺的與自由的表現。這是他的全部意義之所在；這是他的整個力量之所在。但這意義是非常巨大的，其力量又是可怕的。

普列哈諾夫這兒給偉人或英雄所下的定義，同樣也解釋了像拿破崙第三那樣的貌似偉大而其實渺小的歷史人物。因為，真偉人與真英雄既然是能自覺滿足新的社會要求的人，那末另一些人，他們自覺

地滿足舊的社會要求，他們努力替某一時代中成為反動的社會要求服務，只由於階級鬥爭的特定形勢，將這樣人物暫時捧到了社會之巔，捧成為英雄偉人，——這些人，按照上述普列哈諾夫的定義，當然是既非英雄，亦不偉大。

歷史上是充滿了這等正反英雄的。而且在不少大人物身上，會同時具有正反兩種性質。只當我們牢牢把握住馬克思主義對歷史人物的上述看法，才不致「認賊作父」或「誣良為奸」；才能還英雄以英雄本色，讓民賊們無所遁形，因而給「問題人物」以正確的評價。

在我們論述毛澤東這個人物及其思想之前，稍稍回顧一下馬克思主義者對英雄人物的正確看法，不是沒有理由的。因為近二三十年來，正是在馬克思主義者中間，發生了對於英雄人物的不正確的態度。在共產黨中發生了非常荒謬的個人崇拜。這種風氣無論從馬克思主義的歷史哲學或政治經濟的學說中，都找不出任何足以辯解的藉口，因而是根本違反馬克思主義的。個人崇拜這風氣開始醞釀於二十年代之初，形成於它的末期，形成於蘇共黨中，以史大林為中心。最初它之出現是為了迎合黨內鬥爭的需要 —— 要在整整一輩代的老布爾雪維克中定出「一尊」來。這個「一尊」之需要，乃是跟着列寧之病與死而發生的。列寧原是俄國社會民主黨多數派的天然領袖。他之獲得此一地位，並非他費盡心機謀取的結果，而是因他的出類拔萃的才智，精深淵博的學識，以及他對無產階級革命的無比忠誠，對共產主義事業的最出色的服務，極其自然地造成的。如果換句我們上面引過的普列哈諾夫的話來說，那便是：因為列寧「比別人見得深遠些，期望事物比別人更強烈些。他解決那些由社會心智發展的以往過程所提出來的科學問題；他指出那些由社會關係的以往發展所造成的新的社會要求；他主動地創議去滿足這些要求」，因此他自然而然成了英雄，

成了領袖。因為在事實上，在實際鬥爭中，而不僅在紙面上，不僅在文字中，列寧確實證明出他比當時俄國，甚至比全國際中，任何一個馬克思主義的革命者，具有更充分完美的「最能夠為他那時代的偉大的社會需要服務的種種特性」，所以他的領袖地位可以說是天生的，「命定的」，無可與爭的。也因此，只要「時代的社會需要」這個客觀情勢不變，沒有一個老布爾雪維克會妄想與列寧爭奪這個地位。就算出來爭奪，也決沒有幸勝機會。

列寧本人深深意識到自己的力量。所以和歷史上一切真正的偉大的英雄一樣，他最看不起個人崇拜。他正好像卡萊爾所稱讚的克倫威爾一樣，最討厭「那些庸人俗子」，這些人「拼命誇耀自己，硬要別人承認他的天賦」，並且「拼命要人看在上帝面上，承認他是偉人，讓他出人頭地。」卡萊爾說：「這樣的傢伙是人世間最可憐的光景之一。」「我勸你避開這種人。他不能在僻靜的小徑上行走；除非是萬人矚目，為人驚美，報刊上常有文章恭維他，否則他是活不下去的。」「真正的大人物絕不會希罕這些勞什子」，「鍍金的馬車，繁文褥禮，一切勢派……去你們的吧，我身中已經有太多的生命。」（以上均見卡萊爾《英雄與英雄崇拜》第六講）

自覺到「有太多生命」在身的列寧，無論在外表與內心都極度樸質、極度誠實、極度謙虛。不但是那深入「靈魂」的共產主義的思想和感情要他樸質、誠實與謙虛，而且因他具有真正偉大人物的多方面的特性，使他無法兼有那些浮誇、權謀與虛驕等渺小的性格。首先，因為這些渺小性格對他簡直是毫不需要的。認真富有的人，怎會喜歡鍍金的，即使是真金的小裝飾呢？在這一點上，精神的富有者與物質的富有者有多少相同之處。列寧的領袖地位不爭自在，他毋須爭，也不怕爭。他充分讓他的同輩們和他競爭——在才智上、學問上、能力

上、工作上和他競爭。他歡迎這樣的爭，因為真理愈爭愈明，同時爭的結果，十次倒有九次的真理屬於他的方面；至於真理如果屬於對手方面呢，那末他就乾脆認錯、改過。這真所謂如日月之蝕，「其過也，人皆見之，其更也，人皆仰之」，一時之晦，反而愈顯其明。所以列寧時代的黨內爭論，不管是非誰屬，卻從不影響爭論者的領導地位，更不曾隨之以組織的或行政的處分。至於因此而獲罪，並為之付出自由或生命的代價，那簡直是出乎最狂妄的人們狂想之外。因此，十月革命以前在黨內，革命以後則在國內外，列寧雖然享有了最高權威，但蘇聯以及所有共產黨中，都沒有個人崇拜。他自己不愛這種崇拜，不許發生這種崇拜。別人也就不會、抑且不敢拿這種淺薄惡俗的行為來損污對列寧的真誠崇敬。

列寧死了，一個不可爭衡的權威沒有了。論才識功績，托洛次基原該是最合理的繼承人。自從十月革命以來，托洛次基在各個方面表現出來的智慧、能力、功勳，甚至個人的文采氣度，都遠遠地高出於其他老布爾雪維克之上，而與列寧齊肩。在某些場合，特別在廣大群眾的心目中，他竟致超越了列寧哩。像這樣的一個「得力助手」，當主帥病廢或死亡後出來代替他的地位，本是順理成章的事。列寧病中，特別當他發見了黨政機關中嚴重的官僚化危機，並發見了史大林的專橫不忠之後，便決心要將托洛次基來填補他留下的空缺。不幸的是：在列寧下了這個決心之後才兩個月，犯了第二次中風，於是只好讓史大林拉攏了加明尼夫與齊諾維也夫，以「老布爾雪維克」，「列寧忠實弟子」的名義，組成「三頭領導」，以此排斥和打擊托洛次基。他們敢於這樣做，那是利用了托洛次基的一項「弱點」，便是：在十月革命以前，托洛次基曾經與列寧作過許多次理論爭執，而且組織上並不屬於布爾雪維克派。但雖如此，史大林們的此一企圖並非輕易能夠成功，

更無成功把握的。主要原因是：托洛次基在具備革命領袖的諸特性這一方面，實在超過史大林們太遠了；而他憑這些特性在群眾中所已取得的威望，也比「三頭」大得無可比擬。那末，史大林怎麼辦呢？接受託洛坎基作列寧的繼承人嗎？當然不甘。（這裏是有主觀和客觀的原因的。）如何才能戰勝這個顯然佔優勢的政敵呢？首先當然得破壞他在群眾中巨大的聲望。如何破壞呢？齊諾維也夫與史大林便先後發明瞭「個人崇拜」這個法寶。他們的第一步是把列寧所享有的無上民望轉變成宗教式的崇拜。將列寧這個人變成了神，當列寧未死而事實上已不能顧問一切之時，齊諾維也夫與史大林就發明了「列寧主義」，以此和另一個發明所謂「托洛次基主義」對立起來。等到列寧一死，史大林們就乾脆將列寧變成共產主義的摩罕默德，將他放在水晶棺材裏，安置在與列寧精神絕不相侔的「陵墓」中，就此「以死的列寧來反對活的列寧和托洛次基」（托氏語）。這個陰謀，得到了其他有利於此陰謀的其他條件的配合，大家知道是達到了目的的。因為在列寧身上進行了全套「個人崇拜」手術以後，他成了全知全能、永不犯錯的絕對真理之化身，成了上帝，成了基督，那末那個長期間做過他爭論對手的托洛次基，便不言而喻地、自動地成為不知不能，永遠錯誤的絕對荒謬的化身，是撒旦，是魔鬼了。而一向追隨列寧，從未對列寧說過一個「不」字的史大林、齊諾維也夫之流，自然成了彼得與保羅，托洛次基則不用說是法利賽人或猶大了。

一九二〇年代初期「個人崇拜」發生於蘇聯共產黨之中，其政治原因便在於此。

但自 1925 年起，特別是從 1927 年托洛次基等左派反對派在組織上被完全擊敗以後，「個人崇拜」的內容及其實施方向便不同了。最初的內容是造成對列寧的崇拜來打擊托洛次基，後來，一俟托洛次基

被放逐以後，個人崇拜的機器便轉向了史大林，竭其全力來神化史大林，藉以反對整輩老布爾雪維克（連齊諾維也夫在內），反對無產階級黨的民主，反對俄國及全世界的社會主義革命。史大林這個卑鄙罪惡的計謀，如歷史所曾昭示我們，也是成功了的。當然，其所以成功，主要是獲得了有利於此陰謀的其他客觀條件的配合。本來，史大林這個人，誠如赫魯曉夫在蘇共第二十次大會秘密會議上所作的演說中所說，「出席這次黨代表大會的人，在 1924 年之前，有百分之九十九對他是很少聽到或認識的。」其實在蘇聯的廣大群眾中，當時可說是百分之百不知有史大林這個人的存在。然則，如何能在短短的、不足十年的期間，一個默默無聞的人變成為空前未有的暴君與神？究竟是怎樣的歷史條件使這一簡直是不可能的手術成為可能，而且成為現實？企圖解答這個問題的人很多。不過在我看來，其中解答得最扼要與最正確的乃是此一「崇拜」手術的主要受害者——托洛次基。他認為史大林這個陰險的庸人所以會做成上帝一般的「最偉大的天才」，歸根結蒂是由於兩大客觀原因：（1）蘇聯在經濟文化的落後基礎上建設社會主義；（2）二十年代中期起世界無產階級革命遭受不斷失敗，以致使那唯一的工人國家長期間處於極度孤立之中，受着資本帝國主義的包圍與壓力。這兩個歷史社會性的客觀條件究竟如何幫助了史大林的篡奪陰謀，如何幫助了他的民族社會主義與官僚共產主義的思想，如何使他這樣的一個人物恰恰代表了由上述條件所促成的蘇聯群眾的情緒與願望：這些問題，托洛次基在他所有的著作中，曾經再三再四地給過精詳深刻與令人信服的分所，我這裏不予重複了。這裏，我想提出來討論的，是被某些人認為關於「個人崇拜」之「更為根本」的理由。他們認為史大林「個人崇拜」的理由應該從人性深處去找；或者，他們說：任何暴力革命，由於其本身的規律使然，結局一定是「個人崇拜」；又有人說：史大林的個人崇拜，事實上不過是列寧關於共產黨和

革命職業家的見解的實施，所以不管好壞，史大林的所行所為，都該由列寧負責。因為這三種說法是更一般地、雖非真正更根本地、觸及了史大林的、亦即毛澤東的個人崇拜問題，所以我們願意詳為討論。如果「個人崇拜」確實發生於人性深處，如果群眾暴力革命的發展規律最終必然造成個人崇拜，如果列寧關於黨及革命領導的見解確實是個人崇拜的思想根源，那末不但史大林在這方面的一切作為都屬「合理」，是必需，因而是現實的，而且今天毛澤東所刻意製造的那種崇拜儀式，也都是如此。同時，以托洛次基為代表的反對此種崇拜的種種努力，便成為虛幻的、反歷史要求的、以及不現實的了。如果史大林與毛澤東們的「個人崇拜」合乎「人性」，順乎革命歷史的規律，又導源於列寧思想，那末，一切社會主義者與共產主義者的反官僚主義的鬥爭都將是違反人性，違反歷史與列寧遺教的反動行為了。非此即彼，彼是即此非。因之這幾個問題，我們一定要首先弄弄明白。

　　崇拜據說是人類的天性。這說法似非毫無根據。從歷史上看，人類最初震懾於一切自然界的力，然後又困惑於社會的諸般災難。以個體的人來說，實在是太渺小了，因此他不得不處處感到畏懼，時時覺得恐怖，這種畏懼和恐怖，從來驅使他去尋求一種保護，向天，向神，向帝王，向領袖，去尋找一種免於威脅的安全。他們從那些地方去尋求並獲得了虛幻的或真實的保護與安全，這就發生了崇拜。這可以說是人類崇拜這個「天性」的主要的（雖然不是唯一的）根源。這也就是說，人的崇拜主要乃起於恐懼。當然，我們在人與人之間，時時會看到欽佩、愛慕、敬仰等等高貴感情，構成了相互間崇拜的基礎和原因。這不用說也是事實。光是令人畏懼，絕不能贏取心悅誠服的崇拜。但是單憑心悅誠服的愛慕，卻同樣不可能造成一種群眾性的具有巨大力量的崇拜，人群的結合，固然由於諸種因素，但最主要與最

基本的，卻終究是「利」而非「義」。只有在利害共同的基礎上，才能建立起鞏固與長遠的感情關係。共同利益決定了共同的情誼。因此，一個偉大的藝術家、詩人、或思想家，可能為廣大群眾所敬愛，所崇拜，但他們自身不可能因此成為群眾的領袖，更不可能形成一種對內具有強制力對外具有排他性的崇拜制度。可是那些宗教家、政治家和軍事家就不同了，他們可能各各具有令人敬愛的品德，但他們卻並非因此才成為領袖的，他們之所以為廣大群眾所擁護，所崇拜，主要乃因為他們代表着群眾（自然只是一部分）的利益，他們有能力保護群眾的利益，或者在不崇拜的情形中能損害群眾的利益。（最後一種情形乃是領袖崇拜制度最堅固與最現實的基礎。）「順我者昌，逆我者亡」，從來被指責為暴君口吻，但若我們從事情的本質看，這個「順昌逆亡」的抉擇，卻是任何一種統治、任何一個領袖制度得以建立的基礎。當然，領袖不是懸空存在，更不是受命於天的，他首先得「順」着群眾中一部分人的利益才能興起，不過興起之後，特別是當他已形成為一個有組織的群眾勢力的象徵之後，事情便表現為群眾對他的「順昌逆亡」了。由於群眾的趨昌避亡，便產生了自動的或被迫的領袖崇拜。

可見領袖崇拜決不能從人的天性中尋找原因。它們植根於社會、經濟、政治和文化諸關係中。怎樣的社會、經濟、政治和文化，便會有怎樣的統治與被統治關係；有怎樣的領袖和群眾關係，便會有怎樣的領袖崇拜制度。一般說，社會的階級衝突愈緩和，社會的生產力愈發達，一般人的文化教育程度愈提高，則領袖的地位愈降低，它愈不會高超於社會之上，群眾對領袖的崇拜愈少，以致根本建立不起「個人崇拜」的制度來。在這方面，古希臘偉大的傳記家普魯塔克說過一句極有意思的話，他說：「強大的民族對自己的大人物忘恩負義。」這句話，非常扼要地道出了我們上面用許多文字來說明的那個道理，如

果我們用淺顯明白的話來翻譯一下，那是說：人民對於其領袖的崇拜，是和他們的自覺和自為程度成反比例的。邱吉爾於領導了英國贏取第二次大戰之後，讓自己的人民一腳踢下了台，於是在其回憶錄中感慨繫之地引取了那位古希臘人的名言。我們對英國戰時首相的牢騷毋須寄以同情；因為邱吉爾的政治命運，至少在相當程度內，反映了英國人民不低的政治水平。我們對這個牢騷發生了一些興趣，只因為它替我們很好地說明了「領袖崇拜」的根源在於社會歷史方面，並不在於什麼人性方面。

現在讓我們來研究第二個問題。

是否任何一個暴力革命，由於其內在規律之故，都必然要歸結到個人崇拜呢？這問題，我們上面多次引述過的英國唯心史家卡萊爾，也有過一段非常有趣的議論，茲節引如下：

> 我們晚近的許多英雄，其行為都像是革命者，但雖如此，我們可否說一個大人物，每一個真正的人物，都天性上是「秩序」的兒子，而非「無秩序」的兒子？真誠的人在革命中工作是處於悲劇性地位的。他看來像是一個無政府主義者；而其實，一種痛苦的無政府的成分使他在每一步上受累——因為他的整個靈魂是仇視、痛恨無政府的。他的使命是要保持秩序，每個人的使命都是如此的。他在其中的任務是要將無秩序的、混亂的事物變成有管理的、有規則的。……一個木匠找到了粗糙的樹幹，他加以砍伐，使成方圓，以便適合於某種目的和用處……

> 人事亦然，最瘋狂的法國「短褲黨主義」，也必須向秩序前進。我說，每一個人，在瘋狂的深處猖獗，同時卻無時無刻不被迫向秩序。人的生命本身需要如此；無秩序即是瓦解，即是死

亡。沒有一種混亂不尋找一個中心來打轉的。當人還是人的時候，某一個克倫威爾或拿破崙乃是「短褲黨主義」的必然終結。（見上引書第六章）

在卡萊爾的這段話裏，也好像在他別的議論中一樣，把一些半真理揉雜在糊塗的見解之中，近代的英雄們都是革命人物，這點他看到了。「其天性上都是秩序的兒子」，「其任務是要將無秩序的混亂的事物變成為有管理的有規則的」，這點就看得糊塗了。每一個革命都要造成「混亂」，即要破壞舊的秩序，同時任何革命都不會無限期地混亂，即不能無休止地破壞，它必須造成秩序。這是事實，也可以說是事理。但那由「混亂」造成出來的秩序，並非一樣性質的秩序。它可能是一種新秩序的創建，亦可能是舊秩序的復辟。前一秩序與後一秩序，用人類歷史進步的標準來衡量，顯然不具有同一意義；而促成此一秩序的領袖和促成彼一秩序的領袖，當然也不能等量齊觀。可是卡萊爾、和所有唯心主義的歷史家一樣，把這兩種秩序與領袖不加分別，他在克倫威爾與拿破崙之間加上了等號，這就是大錯特錯了。卡萊爾犯這種錯誤是不足為奇的，因為他觀察歷史不是從階級鬥爭的立場出發，而是從抽象道德的原則，從「混亂」和「秩序」那樣的表面現象，從「真」和「偽」那樣空洞的概念出發。所以他雖然知道克倫威爾是比拿破崙更偉大的英雄，但他在兩者間加以軒輊的理由是很薄弱的：只是說前者比後者更「誠實些」，他不知道從人類歷史進步的標準看，克倫威爾誠然是個大英雄，而拿破崙則根本配不上這個名稱。因為前者建立了革命的專政，而後者的獨裁則不過是法國革命反動潮流的登峰造極。就性質論，二者根本不能同日而語。

「沒有一個混亂不尋找一個中心來打轉的」。說得很對，也說得很好。古今中外的革命，不管它是臨時促發的或事先準備的，只要它

持續相當時候，發展得多少有點深度，就不得不在一個中心左右「打轉」。群眾革命運動本身的規律與要求，都需要、並且都一定能夠尋找出一個中心，即湧現出與鍛煉成一個領導核心，其中又造成核心的核心，亦即領袖或如卡萊爾等之所謂英雄。如果不這樣的話，那些革命者始終不過是烏合之眾，他們無法前進、堅持，更談不到成功。因此，當卡萊爾說：「某一克倫威爾或拿破崙乃是短褲黨主義的必然結果」時，他確實是看到了歷史的一個必然現象，即看到了群眾革命後必然要造成專政。可惜的是卡萊爾不能將這個現象從表面看入內心，以致他不能看出表面上看來都是個人獨裁的兩種政制，清教徒的一種卻代表着「短褲黨主義」的堅持與部分實現，而那位科西嘉大皇帝的出頭，則宣佈了正牌「短褲黨主義」的最後埋葬。不區別獨裁英雄們所代表的歷史意義與社會實質，而僅僅指出了革命必然以獨裁作結這個現象，那是錯誤的。再若以此現象為論據，進而反對一切革命運動，當然是十足反動的了。

一切鄭重其事的革命都要趨向於國家政權的移轉，一切具有較深的社會意義的革命，又都必然要利用這個新政權，藉以改變舊的階級關係和財產關係。要完成這種改變，自非實行革命專政不可。所以革命專政與革命分不開。不企圖建立革命專政的革命，那意思只是說：這是一個虛偽浮淺的革命，或者那革命已被叛賣了。在此意義上，凡是真正的革命者，或深刻的歷史家，都必須承認：「一切暴力的群眾革命」都曾經、而且都將以革命專政的建立為歸趨。

然而，這樣的認識，我以為並不等於承認任何暴力革命的結局都是「個人崇拜」。個人崇拜與確認領袖需要不是一回事，這，我們在上面已經說過了。革命專政往往表現為革命領袖的獨裁，這是事實。但獨裁的領袖，只要他是革命的，尤其他若是由平民革命或勞動人民革

命湧現出來的，多數不會無意中，更不會有意地去給自己造成「個人崇拜」。我們甚至可以這樣說，圍繞於革命領袖的「個人崇拜」的儀式，與該領袖本身所具有的革命特質，以及由他所體現着的某一特定時期的革命的進退，發生密切關係。某一革命領袖的革命特質愈多，他所代表的社會利益或階級利益愈處在革命的進潮中，則他就愈不需要「個人崇拜」；反之，如果一個領袖本身具有的革命氣質愈少，他所代表的愈是革命的退潮或其反動，則他就愈來愈多的需要「個人崇拜」。這個「定理」，也和上述所謂凡革命必趨於專政同樣，是歷史的真實。可惜一切唯心的與反動的歷史家們從來都只看見專政這個真實，卻看不見革命專政不能有與不會有「個人崇拜」這個真實。

由此可知，說一切暴力的革命都不可避免地要造成個人崇拜，並不確實。

那末列寧可是「個人崇拜」的理論上辯護人與發明者呢？他是否該替史大林的此一醜惡制度負責？先讓我們看看列寧在這方面最受人攻擊的一段話吧。在《做什麼？》中，列寧寫道：

> 且拿德國人來講吧。他們的組織包括有群眾，一切事情都是由群眾發動起來，工人運動已經學會了自動行走，——我想你們一定不會否定這點吧？可是，這百萬群眾又是怎樣善於重視自己「十來個」有鍛煉的政治領袖，怎樣堅決擁護這些領袖呵！在國會中往往聽到敵黨議員譏諷社會黨人說：「好漂亮的民主主義者！你們只是口頭上空講工人階級運動，實際上出台說話的總是這一班頭領。一年又一年，十年又十年，還是這個伯伯爾，還是這個李卜克內西。你們的那些好像是從工人中間選舉出來的議員，真是比皇帝任命的官吏還難得調換些哩！」這是企圖把「群眾」和「頭領」

對立起來，想激發群眾的劣根性和虛榮心，想以群眾破壞對於「十來個聰明人」的信仰來奪取運動的隱固性和堅強性，——但德國人對於這種蠱惑人心的企圖，卻只是加以鄙笑而已。德國人底政治思想發展程度和政治經驗已足使他們懂得：在現代社會內，若無「十來個」富有天才（而天才人物卻不是成百成千地產生出來的），久經鍛鍊，擁有專門訓練，受過長期教育而聲應氣投的領袖，無論哪個階級都無法進行堅強的鬥爭。（見《列寧文選》兩卷集中譯本，282-283 頁，外國文書籍出版局，1949 年版。）

上引的列寧文字，簡單扼要地說明了關於無產階級革命黨的如下幾點組織思想——（1）必須有革命職業家（「十來個」富有天才，有專門訓練，受過長期教育而聲應氣投的領袖）；（2）沒有這樣的領袖，無論哪一階級都無法進行堅強的鬥爭；（3）為使革命運動具有穩固性和堅強性，不能破壞群眾對領袖的信仰；（4）在現代社會內，天才人物都不是成千成百地產生的。列寧這樣的思想，自然會給那些自命為天才的野心家所利用，「流弊」當然在所不免。如果說史大林的官僚獨裁，他的個人崇拜，曾經從這個思想裏獲得辯解，亦無不可。但問題的中心顯然不在於流弊或利用。問題的中心在於：列寧的此種見解，是否為現代的革命鬥爭所絕對必需？其中所指出的一些事理，是否是客觀存在的最無情的現實？列寧一生，最痛恨譁眾取寵，最不喜蠱惑人心，從來不願以違心之言去滿足群眾的落後性與虛榮心。在現代社會裏，天才不是成千成百產生的；無產階級想掙脫自己的枷鎖不是一件輕易的事，他們必須要從本階級或別階級中培養出少數革命專家來，使他們領導鬥爭；對這些領袖，必須予以信任，才能使革命運動獲得穩固性與堅強性。這樣的話，聽起來好像是老生常談，「並不深刻」；但若你能將這一個見解，與那必須團聚群眾的事實與否定一

切權威的革命家氣概聯結起來想想，那你就會知道，沒有最大智慧、最精觀察，特別是面對真實的最大勇氣，就無法說出（甚至想都不敢想）這種老生常談的。正因為列寧兼具了這樣的大智、大慧、大勇，他才能給歷史上空前的為人類徹底解放與真正民主而鬥爭的無產階級革命黨，定下了「貴族式」的、「英雄主義的」、集權的與「獨裁的」組織原則。正是這樣的原則造成了布爾雪維克黨，正是這個黨幹出了人類史上第一次勝利的工農革命，正是這次革命締造了歷史上第一個工人國家。這些個事實，難道還不夠證明列寧的「領袖學說」為現代革命鬥爭所絕對需要，證明它是唯一符合客觀真實的要求嗎？既然如此，那末它縱能發生「流弊」，縱然可以為野心家所利用，也就決不能有損於它整體上的正確性與必需性。何況那些所謂流弊與利用，又絕非為其本質所命定，不是在任何條件下一定要產生，而絕無防止之法的呢？

列寧的組織思想，乃是現代條件中無產階級革命得以成功的唯一辦法，這是首先應該肯定的。從它那裏可以蛻化出新官僚主義；野心領袖利用了它可以造成「個人崇拜」；這都是事實。但我們不能因此否定列寧思想的價值，正猶之乎人們不能因噎廢食一樣。同時，我們相信，列寧也如此相信，只要社會主義的革命繼續前進，不斷向深處與廣處發展，則上面所說的流弊不會發生，而且任何野心的領袖都不可能利用它來造成「個人崇拜」。本世紀初，列寧傾向於領袖集權的組織思想，到了二十年代末期以後竟會醜化成史大林荒謬絕倫的「個人崇拜」，每一個唯物主義的歷史學家，都會從世界革命相繼失敗、社會主義被迫局限於落後的俄國範圍內這個事實來解釋的。如果 1919 年以後的世界歷史不像實際所發生的，而是相反，它符合於當時革命者的最佳願望，十月革命點燃起全世界的革命之火，而且這個革命在大多

數國家中獲得成功，那末，我們可以確信，蘇聯不會經歷史大林主義的醜惡時期，不會有史大林主義，甚至史大林也不會成為最高領袖，更不會是唯一領袖。這就很明白了，那個保證了布爾雪維克勝利的列寧關於「領袖集權」的組織觀念，決不是史大林個人崇拜制度的必然前提。前者絕不能為後者負責。只要客觀的歷史條件有利於那種崇拜制度的形成，沒有任何可資利用的思想，它無論如何都可以自己發明的。何況，列寧關於黨和國家的整個組織觀念，決不能以上引一段文字所能概括的呢。

列寧的思想永遠是具體的，他的頭腦裏沒有空洞的真理，沒有浮泛的範疇。《做什麼？》一書寫於 1902 年，當時，俄國的馬克思主義者尚未處於嚴格意義的組織狀態中。（俄國社會民主工黨成立於 1898 年，才開完會即全體被捕；第二次大會召開於 1903 年。）那時的各個社會民主主義的小組織，不僅政治立場無一致意見，就是關於全國黨的組織方針，也是眾說紛紜。所以列寧在《做什麼？》一書的序文中說：此時充滿了「構成俄國社會民主運動史上整個時期特點的離散狀態與動搖現象」。列寧認為：「我們若不能徹底結束這個時期，便不能前進。」（以上引文均見《兩卷集》中譯本上冊，179 頁。）【朱正按　見於《列寧選集》1972 年版，第一卷，第 222–223 頁：「那種構成俄國的社會民主主義運動史上一個整個時期的特點的混亂和動搖；所以我們同《工人事業》雜誌進行的初看起來似乎是過分詳細的論戰也是有意義的，因為徹底結束這個時期，我們就不能前進。」】為此，他寫下了《做什麼？》。為了針對那種「離散狀態與動搖現象」，他提出了我們引述過的那個「領袖集權」的組織思想。列寧從來不射無的之矢。我們要了解列寧，首先不能將「的」和「矢」分開來。一分開就

會斷章取義，而斷章取義地利用列寧，恰恰是史大林叛變列寧、打擊托洛次基以及其他列寧戰友時所應用的主要戰術。

倘若不僅從一事一時的意見，而且從整體全面的立場，來看列寧對黨和國家的組織態度、看他對領袖和群眾，對領導與被領導之間的關係的看法，那末我們應該說：列寧並非傾向於「領袖集權」的。愈到後來，特別當革命已經成功，工人階級建立了自己的國家，布爾雪維克黨成了執政黨以後，列寧針對了新「的」所射出的新「矢」，就愈發「偏向於」群眾民主。這個方面的文字證據是太多了，以致不勝舉，也不必舉。整部《國家與革命》主要就是講求如何打破官僚制度，如何防止其再發生，如何逐步地，但是徹底地消滅一切人對人的壓迫，實現普遍的真正民主。等到國內戰爭結束，俄國被迫暫時在一國之內建設其新制度之時，列寧的全部精神，全部病中時間，可以說是用以反對黨和國家內的官僚化的，其主要的攻擊目標是史大林，因為正是他代表了官僚傾向，亦即代表了日後獲得荒唐發展的「個人崇拜」制度。由此可見，不論就思想或行為說，列寧非但不是史大林個人崇拜制度的「始作俑者」，而且是它的反對者。人們將個人崇拜溯源到列寧的革命職業家理論或其他關於領導或集中的見解，徒然暴露他們的愚昧無知，或蓄意誣衊罷了。

至此，我們總算說明了「個人崇拜」的根源並非生長在人性深處，說明了暴力革命的本身並沒有這樣一個規律，其結果一定要造成「個人崇拜」；說明了頗具威望的領袖，雖然是革命成功的主要條件之一，但領袖的存在並不等於「領袖崇拜」，更不等於「個人崇拜」，而「個人崇拜」之出現恰恰反映了革命之被背叛，至少反映了革命經歷着反動的危機；最後，我們又比較詳細地說明了列寧無論在哪一方面，都

不能替史大林的「個人崇拜」受過或負責。這樣的說明給了我們根據，使我們能夠一方面堅持社會主義革命與共產主義革命，堅持這種革命的進行必須在一群領袖們的領導之下，堅持這種革命在必要時應不惜採取暴力手段，但同時我們能夠而且應該反對「領袖崇拜」，更反對「個人崇拜」，反對種種式式的官僚主義，更反對其中最一貫、最兇惡與最有理論掩護的史大林主義。

毛澤東思想在大多數基本問題上都就是史大林主義，在個人崇拜問題上尤其如此。至於個人崇拜制度所已達到的程度，則毛澤東與史大林之間實已相去不遠。這個情形，在所有資產階級的民主主義者看來原極自然：他們以為這是種瓜得瓜，種豆得豆，任何共產主義者都應該期待着個人崇拜，更不該反對個人崇拜；如要反對個人崇拜，則請自反對共產主義及其暴力革命始。這套資產階級民主主義的理論，我們在上面剛剛批判過了，這裏不必重複。總之，我們是有理由堅持共產主義的革命，同樣有理由反對個人崇拜這個醜惡制度的。依據上面我們的分析，關於領袖崇拜，我們已經有了如下幾個認識：（1）一個社會，或一個國家，那裏的經濟文化愈落後，或階級鬥爭愈尖銳，則政治領袖的重要性愈大，其地位愈高，個人崇拜制度愈易建立和鞏固，反之亦然；（2）革命正當上升和發展時候，革命及其領袖直接地與密切地反映和代表着廣大群眾的利益，因而獲得了巨大的尊敬和威望，此時無需乎而且也不可能為領袖們（更不必說為某一個個別領袖）建立起崇拜的儀式或制度；但當革命的發展陷於停頓，受到挫折，或由於革命勢力的內外原因而發生反動之時，那末與那些最革命的領袖遭受打擊與摧殘同時，一些較軟弱、較保守、較妥協與較卑鄙的領袖或領袖們，便必須為自己建立領袖崇拜或個人崇拜的制度，以便在「革命權威」的掩護之下進行反動或反革命的實質；（3）一個革命領袖，

或甚至一般的政治領袖，其才智能力愈強，精神視野愈廣，對事業的忠誠愈堅，為人類歷史服務的抱負愈大，則愈不會喜愛淺薄無聊的阿諛，愈不能容忍脅肩諂笑的恭維，愈不肯讓人活生生地埋葬在「生祠」與紀念碑裏，讓虛偽和反動的力量拿去作傀儡，藉以完成愈來愈骯髒的勾當。這條「規律」，也適用於相反情形的。

根據上述「規律」，我們可以解釋列寧 —— 托洛次基時代的沒有領袖崇拜，也可以解釋史大林個人崇拜的興起。但是，它們彷彿不足以解釋毛澤東崇拜的建立。因為首先人們會向我們提出這樣的反駁：你們儘可以不同意中共所實行的許多政策，但你們總不能不承認中共直到今天為止，一直在推進着中國革命；其次，人們會提醒我們，毛澤東這個革命領袖，雖然在種種方面都不曾達到列寧、托洛次基那樣的規模，但至少和史大林比起來，無論才智能力、或胸襟抱負，都高出多多；最後，人們還會指出這個事實：毛澤東是中國革命勝利的直接組織者，而史大林則是俄國革命政權的繼承者（事實上是它的篡奪者與叛賣者）。因此，照我們的假想的辯難者的意思，如果照我們上面的說法，毛澤東是不應該喜愛領袖崇拜的，也不需要建立個人崇拜。因此，依他們之見，這情形或者證明了我們關於領袖崇拜的解釋錯了，也就是說，證明資產階級的唯心論的看法對了；或者，它證明我們對毛澤東的批評錯了，即他根本不曾建立什麼領袖崇拜。

要證明毛澤東的領袖崇拜思想不難。中國今日早已建立了對毛澤東的個人崇拜，而且拼命在鞏固着這個制度，這都是無須證明的事實。但人們可以從毛澤東的說話或文字中，找出大量叫人謙虛，力戒驕傲的段落。他們還可以找到同樣多的證據，證明毛澤東看重群眾，堅持群眾路線。這些段落，這些告誡，無疑也是事實，我們不會去抹煞的，非但不加抹煞，而且我們願意承認，毛澤東的此種言論和態

度，都出於真誠。但是，這並不能證明毛澤東沒有領袖崇拜思想，而且是極為強烈的領袖崇拜思想。力勸幹部「保持謙虛、謹慎、不驕、不躁的作風」是一回事，如何設法鞏固自己的領袖地位則屬另一回事。它們不是互相衝突，而是相輔相成的。認真想成事的領袖都懂：「謙虛、謹慎、不驕、不躁」的幹部才是好幹部，有了這樣的好幹部才能保證自己事業的成功。因此，力戒部下驕恣的領袖，其本人不一定是毫不驕滿的偉大領袖；那些渺小的、自私的、極不謙虛的領袖，只要他認真希望自己的事業有些成就，只要他不被多少成功沖昏頭腦，只要他始終對事理能保持若干清醒，那末，他決不肯讓自己的部下驕橫跋扈。但這並不妨礙他自己驕橫起來，而且，有時正為的要使屬下謙慎，正為的要使他們不敢驕橫，於是特意建立一個非常驕橫的領袖崇拜制度。如此，他一方面希望維持整個統治機器的工作效力，另方面藉以確定一尊，使任何幹部不敢生「取而代之」的非份之想。所以任何領袖，任何獨裁者都同時作着「謙虛」的說教。甚至愈專橫的君主，此種說教作的愈多。基督教最講究「謙卑」，但是古往今來最不謙卑的統治者中，羅馬教皇是要算上一個的。史大林這個人，今天連他最直接的弟子們都不能不稱他為個人崇拜的獨裁者了，然而最會叫人謙虛的正是他。列寧死後，他曾經借了這個死去的領袖的名義，號召人們要「謙遜」、「不驕矜」、並且要「確信群眾」。（見史氏《論列寧》的演說）自此以後，直到他死去，總不斷重複這個說教，反對幹部們的驕躁自滿。然而所有這些說教，從積極方面說，其作用只想做個人獨裁制度下必然形成的官僚制度的解毒劑（事實上解不了毒）；從消極方面說，則想做那同一醜惡制度的掩飾物。因此，毛澤東的滿口謙虛，決不能憑以斷定毛澤東沒有領袖崇拜思想，更不足以否定中共業已建立毛澤東崇拜制度這個事實。

1949 年 3 月 13 日，毛澤東在中共第七屆中央委員會第二次全體會議所作的結論中，據說說過如下一段話：

> ……力戒驕傲。這對領導者是一個原則問題，也是保持團結的一個重要條件。就是沒有犯過大錯誤，而且工作有了很大成績的人，也不要驕傲。禁止給黨的領導者祝壽，禁止用黨的領導者名字作地名、街名和企業的名字，保持堅苦奮鬥作風，制止歌功頌德現象。[1]

這段話的意思當然非常好。所以當蘇共第二十次大會之後，中共為要證明它從來反對個人崇拜，從來沒有這個制度起見，上面這段話曾被到處徵引。不過事情很顯然，這段漂亮的言詞始終只是言詞，事實上從未被遵守過，因此，中共想拿它證明中國並無個人崇拜，卻是落了空的。不錯，中國迄今還不曾出現過用黨領袖名字來命名的城市、街道和企業，但祝壽風氣卻曾盛行於延安時代。記得當年朱德和徐特立等，都曾鋪張揚厲地做過生日。今天雖然不做了，但這完全不能表示中共已放棄了個人崇拜，因為祝壽也罷，將城、街、企業取上自己名字也罷，雖然其本身也具有甚大的象徵意義，人們可憑以看出官僚制度所到達的程度，但畢竟屬於表面現象。官僚制度（個人崇拜即是此一制度的一端）的建立和鞏固，可以有那些現象，也可以沒有那些現象；而對黨國大領袖的無上崇拜，更不一定要出之於祝壽和「私有城市與產業」。今天，中共沒有給毛主席大做生日，中國也還不曾出現什麼毛澤東「格勒」；但誰能否認，對於毛澤東個人的歌功頌德，中共已做得比當年蘇聯的史大林崇拜不相上下了呢？有些地方，甚至前者還超越了後者的。1937 年前，當史大林崇拜初步完成之時，俄國那位有名的小說家阿萊克舍·托爾斯泰寫過如下一首傳誦一時的詩：

> 你，各民族光明的太陽，
>
> 我們這時代的不落的太陽，
>
> 你比太陽更偉大，因為太陽沒有智慧……

另外還有一位較不出名的詩人，寫過一首更妙的詩如下：

> 我們從史大林那裏獲得太陽，
>
> 我們從史大林那裏獲得繁榮的生活……
>
> 縱然是風雪遍地的北極苔原上的好生活，
>
> 我們也是跟他，
>
> 跟智者史大林，——一起創造的。

這些「詩」，曾經被托洛次基稱之為「豬玀叫」的，不是也充塞於中共的報章刊物上嗎？那首最出名的，託名為「陝北民歌」的《東方紅》，難道不只是「豬玀叫」中調換一個名字嗎？同樣是「太陽」，同樣是「智者」，同樣是「繁榮美好生活」的創造者或賜予者，同樣是那些毫無分寸、不加思索、因而是肉麻難堪的最高級形容詞。如果這個樣子還不算是「歌功頌德」，那真不知要怎樣才算是「歌德派」作品哩！

我們說，在有些地方，毛澤東崇拜還超過了史大林崇拜。是哪些地方呢？在史大林，即使當他最狂妄的時候，也還不得不自居於列寧之下。「列寧之子」，「列寧的學生」，「列寧事業的忠誠繼承人」，充其量，也不過是「列寧最親密的戰友」或「十月革命之共同領導者」而已。史大林不能，或不曾超列寧而上之。但在毛澤東，卻沒有這種權威上的委屈感，沒有這種歷史繼承上的負擔，他可以集最初及最高於一身，事實上他已做到了。所以毛澤東比之於史大林，彷彿具有更加理直氣壯的自大，更加心安理得的自信。這一點，我們從中共第七次

全代會通過的黨綱中，可以最清楚地看出來。總綱的第二節一開頭就說：

> 中國共產黨，以馬克思列寧主義的理論與中國革命實踐之統一的思想 —— 毛澤東思想，作為自己一切工作的指針，反對任何教條主義或經驗主義的偏向⋯⋯

這樣的條文，在社會主義的與共產主義的運動史上是空前的。憑我們寡陋的見聞來說，一個革命的工人階級政黨，將某一在生當權的領袖的思想規定在政綱中，宣佈為「一切工作的指針」，在歷史上未曾有過。即使在史大林個人崇拜登峰造極的蘇共第十七、十八、十九三次大會上，都不曾通過黨綱，規定「史大林思想」為一切黨工作的指針與基礎。在這裏，毛澤東確乎是出於藍而勝於藍了。這個事實所表示出的領袖崇拜程度，比那些「歌德派」的所謂「民謠」，那些生日，那些地名路名要嚴重得多的。什麼是「毛澤東思想」呢？定義是：「馬克思主義的理論與中國革命實踐之統一」；但這樣說是極其空洞的。它唯一的具體解釋是：毛澤東的一切思想都代表了馬克思列寧主義的理論與中國革命實踐的統一，再具體一點，那意思只是說：毛澤東這個人，其所言所行，都代表了這個「統一」；凡違反了毛澤東的意思，或任何人的言行表示若干與毛澤東的看法不同之處，便是犯了「偏向」。這個標準不但用以概述過去，而且用以拘索未來。如此，這規定實際上是授與毛澤東個人以「永不錯誤」的特權，給了他以「絕對真理」的榮光，以此樹立了政治思想上的最高無上的個人崇拜。

毛澤東為什麼要造成這種個人崇拜？如何造成了它？這些問題，等我們到適當的地方詳談。這裏我們先行提及它，只為的證明毛澤東

在領袖崇拜制度的建立上，其熱忱與史大林不相上下，有時抑且過之這個事實罷了。

1956 年 9 月中國共產黨第八次大會通過的新黨章，我們上面引述過的文字被修改如下：

> 中國共產黨以馬克思列寧主義作為自己行動的指南。只有馬克思列寧主義才正確地說明了社會發展的規律……

這裏刪去了「毛澤東思想」。此事是否表示毛澤東本人突然謙虛起來，或黨內民主因革命勝利而抬頭，所以那個充分代表個人崇拜的、史無前例的規定竟致刪掉了？當然不是。唯一重大的原因，只是在此半年以前，蘇共黨舉行了第二十次大會，會議上反對了史大林的「個人崇拜」。所以這是在一種壓力之下的讓步，是國際史大林主義運動內部鬥爭的一個微妙的標誌。與毛澤東的領袖崇拜思想毫無關係。（毛氏在反史大林個人崇拜問題上的態度，我們也將在合適的地方詳談。）

在這裏，我們想進一步研究的，乃是下面兩個問題：（1）毛澤東領袖思想的主觀因素；（2）形成中共個人崇拜制度的客觀原因。

在《整頓黨的作風》一文中，毛澤東曾經用如下簡短的話，敘述了他的學習經過：「我幼年沒有進過馬克思列寧主義的學校，學的是『子曰學而時習之，不亦悅乎』一套，這種學習的內容雖然舊了，但對我也有好處，因為我識字便是從這裏學來的。」（見選集，820 頁。）接在「子曰詩云」這個階段之後，便是他在長沙的學習時期。在此時期中，毛澤東建立了他學問和思想的基礎。這個建立過程是從兩個方面完成的。一方面，在他的老師楊昌濟影響之下，研讀以儒家的倫理思想為中心的中國傳統哲學，特別是宋明理學；另一方面，他肆意閱

讀了十八九世紀英法資產階級學者關於社會科學與自然科學的經典著作。這樣，毛澤東同時兼修着中國的舊學和當時的所謂「新學」。不過很顯然，給毛澤東的學問思想乃至他為人處世之道打下基礎的，主要是舊學而非新學，是中國儒家思想中最正統的一派（宋明理學直至王船山、譚嗣同），而非西方資產階級的民主學說。毛澤東在《論人民民主專政》一文中寫道：「自從 1840 年鴉片戰爭失敗那時起，先進的中國人，經過千辛萬苦，向西方國家尋找真理。洪秀全、康有為、嚴復和孫中山，代表了在中國共產黨出世以前向西方尋找真理的一派人物。那時求進步的中國人，只要是西方的新道理，什麼書也看。向日本、英國、美國、法國、德國派遣留學生之多，達到了驚人的程度。國內廢科舉，興學校，好像雨後春筍，努力學習西方。我自己在青年時期，學的也是這些東西。這些是西方資產階級民主主義的文化，即所謂新學，包括那時的社會學說和自然科學，和中國封建主義的文化即所謂舊學是對立的。」這當然是事實。但它並不改變毛澤東「中學為體，西學為用」的基本精神。毛澤東「學這些東西」，增加了知識，改變了思想，但它們顯然沒有走進血液，更不曾深入「靈魂」。所謂精神，所謂血液，所謂靈魂，我們知道不能單靠讀幾本書來造成，也不能憑此而改變的。知識固然可以對它們發生影響，但它們主要的促成者與影響者，卻總是整個民族的歷史文化，是吾人（特別在幼年）所處社會的物質環境，是當吾人意識思想形成時期所接觸的人和事，是吾人在趣味上和知識上所遇合的最初戀人。從這些方面說來，長沙這個「半封建的」官僚政治的中心，這個中南諸省，甚至包括西南整個地區的地主經濟與商業資本經濟的重要樞紐，這個溝通南北的要道，這個頑固與維新均趨極端的思想戰場，這個宋明以來即成為理學堡壘之一的古城，乃是青年毛澤東的精神土壤；而那個滲入了西方唯心哲學的「板倉先生」的新理學，特別是他那種正誠修齊，躬行實踐的態

度；以及司馬光的通鑑、韓愈的文章，施耐庵、羅貫中的小說，蘇東坡與辛棄疾的詩詞，形成了毛澤東精神的血液和靈魂。這些東西潛進到這個農家青年的意識深處，建立了思想或精神的基礎之基礎，使他終生受用不盡。此後，毛澤東無論在思想或學問上當然繼續增加，最初是英法資產階級民主派的；以後便是馬克思主義派的。但後兩者比起前面的基礎來，顯然是浮淺的，不過是架在上面的一層建築罷了，是「停留在靈魂尖端的東西」。它們可能在毛澤東的思想上代替了他基礎的一部分（事實上是代替了的），但決不能根本影響，更談不到徹底改造他的精神基礎。

毛澤東思想「中學為體，西學為用」這個實質，大有助於他事業的成功，因此這個實質並非毛澤東思想的弱點，倒是他的強處（其實，弱點和強處常常相互轉化的）。不過我們不想在此地詳談這個問題，且待以後再說。在這裏，我之所以要指出這個實質來，只為的要說明：毛澤東具有濃重的領袖思想，歡喜個人崇拜，和他「靈魂」深處的正統的儒家思想分不開。共產主義的革命家懷有非共產主義的領袖思想，原來一部分是「聖德王功」，「替天行道」的老口號在作怪呢。

現在讓我們看看中共個人崇拜制度的客觀原因。

經濟不發達，政治上承受着亞洲專制源遠流長的重壓，廣大勞苦群被擯於任何文化圈子之外：這當然是成長於此一環境中的政黨（任何政黨，連自命為代表無產階級的共產黨亦非例外），會形成官僚主義，特別是形成個人崇拜制度的第一個客觀原因，這也是最基本的原因。此外一些原因，都是從這個基因派生出來的。因為經濟發展落後，當中國共產黨開始組織之時，中國現代式產業工人還只有極少數人；他們和全國龐大的總人口相比便更顯得可憐。所以曾經不斷有人

懷疑，中國到底能否組成名符其實的共產黨。這懷疑當然不對，事實上與理論上都被駁倒了，這裏我們不必再為它浪費筆墨。不過由於現代工人階級在人口中比重極小，使那個以代表工人階級歷史利益自命的中國共產黨，領導上不得不以小資產階級知識分子為主體，成分上要靠小資產階級的農民作基礎——這個事實，我們卻必須明白而且承認，乃是中共官僚主義硬化的一大原因。中共官僚制度，特別是它的個人崇拜制度所以形成的另一種原因，乃是它二十餘年來的特殊鬥爭方式。

1925–27 年的中國革命失敗之後，國民黨投靠帝國主義，建立法西斯式的軍事獨裁，剝奪了一切民主權利。合法的革命運動甚難進行，改良性的工人鬥爭也遭到無情鎮壓。此時中國共產黨一方面由於錯誤的估計（「新革命高潮即將到來」）和錯誤的對策（盲動主義）；另一方面也由於客觀局勢所迫，逐漸走上了在農村中組織革命的地方政權，進行長期武裝鬥爭的道路。這種鬥爭方式的本身意義為何，它在共產主義的革命戰術中應佔何種地位，我們將在後面詳談。這裏我們要先行指出的，只是：這種鬥爭方式由於其本身性質使然，不能不形成領袖崇拜與個人崇拜。在《中國革命戰爭的戰略問題》一書中，毛澤東寫過如下的一段話：

> 在幹部和人民還沒有經驗時，在軍事領導的權威還沒有達到把戰略退卻的決定權集中到最少數人乃至一個人的手裏而為幹部所信服的地步時，說服幹部和人民的問題是一個十分困難的問題。（見選集卷一，213 頁。）

文章中這段話雖然是為戰略退卻而發，但其意義卻可擴大到並適用於整個戰爭。戰爭，即使是最革命的戰爭，都不可能以民主方式

來指揮的。戰爭，尤其是革命戰爭，其基本的取勝之道雖在於政治性質而非軍事安排，但戰場上技術性的勝負卻總取決於指揮部中極少數人，乃至一個人的決定，取決於這些人或這個人的才智和威望。毛澤東這段話完全是經驗之談。它很好地，很具體地為我們說明了：中共既然長期從事於軍事鬥爭，就必然要產生個人權威，因此產生了個人崇拜制度。

體現在毛澤東身上的、中共的個人崇拜制度，其主要成因，已略備於上述種種。這些成因，和史大林崇拜的成因之間，雖有很大差異，但最基本的一點還是相同的，那就是：兩者都導源於國家的發展落後，導源於民主傳統缺乏，以及民眾一般文化程度的低落。所以這兩種崇拜，基本上都是客觀決定的，都是落後的表現，是國家的落後性在革命中的反映和對於革命的「報復」。從革命的利益說，無論史氏或毛氏的個人崇拜，都是有害的，我們革命家都應予以堅決反對。不過在另一方面，至少我們如果站在歷史家立場上看問題，那我們還應分別並說明史毛兩種崇拜的不同意義。首先，史大林崇拜代表了對十月革命民主精神的直接叛變，故其意義是徹頭徹尾反動的；而毛澤東崇拜則只是間接地反映了這個反動（即指其為史大林主義的國外延長而言），直接地，而且在較大意義內，它倒是一種被國家落後性所彎曲了的革命專政的體現，其意義可以說曾經是革命性較多於反動性的。史大林個人集權乃是消滅整個老布爾雪維克的手段和結果，藉此完成其「特米多」（熱月）的反動。毛澤東的個人集權，在最直接的意義上說，乃是他擊敗史大林在中國的代理人（陳紹禹系）的結果；而就其較為廣泛的意義說，它卻大半由於革命鬥爭（特別是武裝鬥爭）的真實需要，小半才由於毛氏的野心（利用此需要來達成其個人崇拜）使然。我們指出這個不同，當然不想說：史大林崇拜的主要矛頭指向

了革命與革命者，而毛澤東崇拜的矛頭卻主要指向着反革命與反革命派。這樣區分，那是將事情太簡單化，而且也不正確地美化了毛澤東的個人崇拜。我們認為，無論是誰的個人崇拜，對於革命，特別對於無產階級的社會主義革命，是有百害而無一利的。雖然在特殊情形中，例如需要立刻決定與應付的某些軍事危機之類，此時倘有一個絕對的無上權威出來作正確干預，能獲得迅速的勝利。但這種極有條件性的一時便利，絕不能以之證明：讓全黨全民崇拜一個人，將絕對正確的標準與生殺予奪的權力賦給了一個人，能使革命順利進行，達到最後勝利。事情恰好相反，一個黨或一個國家，如果出現了這樣一個「救世主」，倒是該黨與該國走向失敗或毀滅的最可靠保證。因為個人崇拜能最有效地摧毀群眾的創意力，能最迅速地鞏固黨和國家的官僚制度，同時也能最可靠地在精神或肉體上毀滅革命的真正領導者們，包括那個被崇拜的個人在內。因此，縱使毛澤東崇拜在中國革命中曾經起過若干正面作用，但其反面作用早已超過了它，且將愈來愈多地超過它，以致僅見其害而不見其利。因此，我們應該說：毛澤東的個人崇拜與史大林的個人崇拜，同樣有害於革命。

革命領袖因自己的忠勇才智而贏得的巨大威望是一回事，由此威望而轉化的個人崇拜，或並無威望而全憑「人工」製造的個人崇拜，則是另一回事。前一回事是自然的、必需的、符合於革命利益的；後一回事則是虛矯的、不為革命所需的、因而是違反革命利益的。我們必須分別這兩回事。有了這個分別，我們不但能對革命中的真正權威知所愛護，對個人崇拜知所反對；而且能讓我們在同一個革命領袖身上，看出哪些是革命威望，哪些是個人崇拜，在同一個革命領袖身上，看出他在哪一時期起着革命作用，從哪一時起逐漸墮落為反動的工具。

毛澤東在過去的革命中所以有所貢獻，原因之一是史大林式的個人崇拜還不曾完全代替他多少應得的威望；今後，隨着那由巨大威望的絕對化與神化這個過程，即隨着毛澤東崇拜制度的日益加強，日益荒謬，毛澤東對革命的作用亦將日益消極，日趨反動。

譬如在人民公社的悲慘試驗中，就已非常清楚地表現出毛澤東個人崇拜之如何為害於革命。因此，我們反對毛澤東的個人崇拜，雖然是為了革命的利益，但在某種意義上，甚至可說是為了毛澤東的利益哩。我們研究毛澤東其人及其思想，主要是要把業已半神化的毛澤東還原為人的毛澤東；要把精心選擇並事後修改過的神話化的毛澤東思想，恢復為反映鬥爭的、既有正確亦有謬誤的真實的毛澤東思想。正如有血有肉有生命的人遠勝於虛妄的神怪一樣，那個在革命鬥爭中被證驗出價值、有時亦被證驗為錯誤的真實的思想紀錄，是遠勝於事後改作、藉以證明「絕對正確」的思想神話的。神怪與神話，在文學中自有地位；但以之應用於實際政治中則全無價值。有之，只能為反動服務而已。

我們的這一工作，就是希望在此一方面能盡若干力量。

注釋

1. 很難相信這段話便是毛澤東當時演説的原文。我們自然無法找到真正的演説稿來和《選集》中的文字核對。但依情理推測，在當時（史大林活着）的條件中，要毛氏説出這種顯然指向史大林崇拜的言語，是十分不可能的。在1956 年 2 月召開的蘇共黨第二十次大會上，赫魯曉夫的那篇演説中有這樣的話：「只要提出這一點便夠了，那就是許多城市、工廠、工業計劃、集體農場、國營農場、國立學院以及教育機關都被我們加上了一項像私人財產的稱號 —— 假如我們可以這樣説的話 —— 以這些或那些仍然活着，並且還很健康的黨的或政府領袖的名字加上去。」請看，這段話和上引毛澤東的演説多麼相似。究竟是 1956 年的赫魯曉夫重複了毛澤東在 1949 年説過的話呢，還是1960 年毛澤東將 1949 年的演説加以選印時，針對着赫魯曉夫的話作了事後修改呢（以此表示毛澤東從來反對個人崇拜）？我們不能用證據來確定。不過我相信後一可能要大的多。

三、毛澤東思想的來源與組成

　　要研究一個人的思想，首先得研究他思想形成的歷史。一個人，尤其是一個比較具有系統思想的人，他的思想在最後定形之前，都或長或短地要經過一連串的變遷。這變遷是一個不斷否定的過程，又是一個不斷累積的過程。思想既定以後，這個過程在一種意義上說是停止了、過去了。但是在另一種意義上說，它卻既未停止又未過去的。因為，定了形的思想繼續在進步，故未停止；而在累積了的成果中，卻永遠包含着過去變遷中似被否定而實已消受的許多因素。這些因素 —— 特別是在思想生活初戀期中所吸收的 —— 經常會有意識或無意識地起着作用，在「定形思想」中佔據重要位置，甚至築成它最隱蔽、最內層的因而也是最堅固的基礎。在此意義上，那個思想形成的變遷過程是永不會過去的，永遠留在靈魂底層的。

　　為此，要想認識以及把握毛澤東思想的本質，我們就得從他思想生活的成長史研究開始。

　　毛澤東的思想成長史是相當長的。他 8 歲啟蒙，27 歲成為馬克思主義者。這是說，從他識字求學開始，直到他思想的初步確定，中間經過了十九個年頭。這如果和十九世紀末期俄國那些著名的馬克思主

義者的同樣時期相比，顯然是長得多的。譬如，托洛次基確定地成為馬克思主義者，年僅 17 歲，在 26 歲那年他已經當上 1905 年革命中彼得堡蘇維埃的主席了。史大林也是在 20 歲以前便走到了馬克思主義的；列寧年長托、史二人九歲，但他之脫離民粹主義影響而確定地走向馬克思主義，這過程也完成於 20 歲左右。

毛澤東之所以會較遲與較晚地走到馬克思主義，歷史和客觀的原因當然不少，不過其中最為主要的一個，則在於中國近代發展史上的一個特殊現象，那就是：從提倡君主立憲的保皇黨起，中間經過鼓吹資產階級革命的民主派，直至號召工農革命的共產主義者，時間上一共才渡過了二十多個年頭。可是類似的過程，在比較先進的國家中，多則經歷了數百年（如英、法），少亦延長了將近百年或數十年（如俄國）。在經歷了較長的發展過程的國家中，當馬克思主義出現之時，不但開明貴族的君主維新思想不再能對年青人發生任何影響，便是資產階級的激進主義，也不能讓青年革命者一顧了。因為形形色色的「進步思想」，早已在事變中證明為業已反動，並且已有充分的時間讓那些跟上時代的思想家逐一揭露和批判其本質了。因此，當客觀上已具備無產階級革命的條件，思想領域內又已出現了馬克思主義之時，那些堅強而徹底的革命者（例如誕生於十九世紀七十年代的那幾位俄國十月革命的領袖們），幾乎在自己思想生活的一開始就擺脫了各種新舊思想的束縛，一起步就走向了馬克思主義。

十九世紀後半期與二十世紀初期的中國情形卻不同。停滯了約莫二千年的中國社會，突然間，在強大的外力衝擊之下，被迫發生了非常激烈的與非常迅速的變化。正因為是被迫與激劇的，所以這個變化帶上了所謂「配合發展」的性質。那意思是說，當舊的未能被廓清

之前，新的已經闖進來了，新的還遠不曾確保其勝利與取得存在之時，更新的卻早已使新的變為舊的了。結果是：舊與新往往在某一程度內混和，最新的有時竟和最舊的同時存在。二者配合着變化，互相拉牽，使整個社會時而飛躍向前，時而反撥後跳，忽左忽右，屢進屢退，形成一種極其複雜混沌的局面。

這情形反映到思想界來，一方面便是發展過程的縮短，另方面則為新品種內含有大量的舊渣滓。

過程縮短，這是就整個思想界而言的；若就個別人物的思想發展說，這過程卻反而顯得長了。因為剛巧生在這一時期中的人（值得我們注意的幾個年歲數字是：毛澤東出身於 1893 年，距康有為出世三十六年，少譚嗣同二十八歲，後孫中山二十二年，晚於陳獨秀十四年），其思想的發展成長，大體上要跟隨或重複着當前思想界的發展。從康有為到陳獨秀（就二人出生的年份說），中間相差二十二年，這在整個社會思想發展史來說是太短了；可是在毛澤東個人身上，由「康有為主義者」（1906–09 年間）發展至「陳獨秀主義者」（1920 年），一共需要大約十二三年，這就非常之長了。

一個現代革命家走向馬克思主義的遲或早，與革命家本人的品質當然關係不大，但它與革命家的革命思想的品質，卻有較大關係。誰的成長過程愈長，誰在成熟時候的年齡愈大，則其人的思想史愈是複雜，他的馬克思主義思想根底可能會愈不單純，他在整個成長時期中所吸收的學問思想愈會影響到他最後接受的馬克思主義。

思想形成時間的長短，和思想本身性質之間的此種關係，如果我們把毛澤東的這段時間，亦即將「毛澤東思想的史前時期」，加以具體研究，那就可以更加清楚了。

毛澤東思想的「史前時期」，那整整的十九個年頭，按照他在各個期間求知活動的情形，大致可以分為如下幾個段落：

1901–06 年（8 歲至 13 歲），這是毛氏就讀本鄉小學的時期。在這個期內，他「讀了經書，可是不歡喜經書。」他說，「我最喜歡讀那些中國的傳奇小說；對於造反的故事，尤其歡喜。我讀過精忠傳、水滸、隋唐、三國和西遊記……」（見斯諾《西行漫記》）

1906–09 年（13 歲至 16 歲），這是半耕半讀時期。一方面助父耕種，一方面繼續自學。「凡鄉間能借到的書幾乎都讀盡了。」（見李銳著：《毛澤東同志的初期革命活動》）在他所讀的書籍中，計有 11 本《新民叢報》，以及廣東人鄭觀應等「一些舊式改良派學者」所寫的《盛世危言》。據毛澤東自己後來在回憶中對斯諾說，他「非常歡喜這本書」。

1909–11 年（16 歲至 18 歲），在湘鄉讀高等小學的時間。他是在 16 歲那年離家到湘鄉的，進東山高小讀書。在這個學校裏他大約逗留了不足二年。這期間他開始讀到一點自然科學及西方學問的新知識，同時從他的表兄那裏得到了關於康梁維新運動的書，非常崇拜康梁。

1911–12 年（18 歲至 19 歲），這是毛氏生活上極度動盪並在思想上開始摸索的二年。他在 1911 年初春到達長沙，進長沙的湘鄉中學讀書，半年後便發生了辛亥革命，他「投筆從戎」，參加新軍，當兵半年，退出軍隊；胡亂地報考一些職業中學，均未讀成，終於進了湖南省立第一中學。這個學校他也不歡喜，在那裏讀了幾個月，唯一可記的事是他從國文教員那裏借到了一部《御批資治通鑑》，他讀得津津有味，而且終身受用。接着他索性離開了學校，每天到省立圖書館去博覽群書，特別是讀了「世界地理和世界歷史」，讀了亞當斯密的《原

富》，達爾文的《物種原始》和一本穆勒《名學》。他還讀了盧梭的著作，斯賓諾莎的《論理學》和孟德斯鳩的《法意》。把詩、小説、古希臘的故事，和關於俄美英法以及別的國家的歷史和地理的研究，胡亂地混在一起了。（均見《西行漫記》）

1913–18 年（20 歲至 25 歲），這是毛氏就讀於長沙師範的時期，也是他思想的奠基時期。毛澤東的自修活動結束於 1913 年春天。因為要和父親妥協，取得經濟援助，他考進了湖南第四師範，半年後該校與第一師範合併，毛便在一師裏讀了五年。據毛澤東自己説：「我的知識，我的學問是在一師建了基礎的，一師是一個好學校。」（見李鋭《毛澤東同志的初期革命活動》，18 頁。）

在這個好學校裏有一位最好的先生，同時對青年毛澤東的生活和思想發生最深遠影響的，便是那位教修身等課的老師、後來且成為毛氏岳丈的楊昌濟。關於他、毛澤東自己曾這樣説過：「對我印象最深的教員是楊昌濟，一位從英國回來的留學生；他的生活，後來和我有了極密切的關係。他教授倫理學，是一個唯心主義者，一個有高尚道德性格的人。他很堅強地信仰他的倫理學，努力灌輸一種做公正的、道德的、正義的而有益於社會的人的志願給他的學生們。」（見同上引書 19 頁。）

據李鋭的敍述，楊昌濟的思想是這樣的：

楊昌濟先生號懷中，世居長沙東鄉板倉，所以當時亦被稱為板倉先生。他自幼喜歡程朱之學，留學日本和英國共九年⋯⋯在外國專心研究教育和哲學，探求做人的道理。⋯⋯

楊昌濟先生對於中國的舊文化很有修養，尤其對於宋明理學有深刻的研究，同時他又吸取了王船山、譚嗣同、康得一派的

學說，考察了歐洲舊民主主義的社會制度和風氣，加以抉擇、批判、融會，因此自成一種比較有進步性的倫理思想和講究實踐的人生觀。在哲學思想上，他雖然是一位信仰進化論的唯心主義者，過於誇大主觀能動性的作用，他的倫理學見解中的唯心主義成分也很重，但是他的某些觀點和主張，特別是他的追求新思想和躬行實踐的精神，對於當時受教的青年確曾起過很大的積極作用。

……第一師範的進步青年自然而然地都團結在楊昌濟先生的周圍。大家對他心悅誠服，在教室裏聽講非常用心；下課後，毛澤東同志等更常到「板倉楊寓」去聆教，或聽治學、做人方法，或求改正筆記，或談論天下大事。楊先生也非常喜歡這一批青年，特別是毛澤東同志。

在這樣師生相得、相敬、相愛的情形下，楊昌濟先生悉心教導他的學生；學生則虔誠地在許多方面向先生學習，甚至模仿。

毛澤東和他的朋友們據說在如下幾方面，受了這位現代理學家最深刻的影響：(1) 研究王船山和譚嗣同；(2) 將孔子的倫理學說現代化。把儒家思想與西歐民主派唯心哲學「貫通」起來；(3) 介紹以初期《新青年》為代表的新思想；(4) 言行謹慎：「靜坐 [1]，默思，不說謊話，不涉狎邪等，生活刻苦鍛煉；做事勤懇，崇尚勞動……冷水沐浴，長途步行等。」(見《初期活動》，24 頁。)

1918–20 年（25 歲至 27 歲）。這是毛氏由唯心主義者變成為唯物主義者的時期。他在 1918 年師範畢業後，就決心北上，到當時新文化運動中心的北京去。在李大釗主持下的北大圖書館任職，接觸到一大批新人物，並且首次和陳獨秀見面。此時他拼命吸收新知識，貪婪

地閱讀一切能夠見到的新書。其中有一個時期，與無政府主義者區聲白來往很密，同意了不少無政府意見。但據他自己說，陳獨秀給他的影響也許比任何別人所給他的更大。1919 年春天離京赴滬，復由滬回湘，從事「新民學會」活動。五四運動在北京發生後，立即波及到湖南，毛澤東成了長沙學生運動的主要領導者，成立學聯會，辦《湘江評論》，並積極發動驅逐張敬堯的鬥爭。不久《湘江評論》被封，學聯被解散，毛又經過一個時期的文學活動和組織活動後，因為湖南軍閥的高壓日甚一日，於是第二次離湘赴京。這次在北京只住了不多日子（大約自 1919 年底至 1920 年夏天），但它對毛澤東的思想轉變卻很重要，據他自己說：「當我第二次遊北京時，我讀了許多關於俄國事情的書，拼命訪求當時已譯成中文的共產主義的文獻。有三本書給我留下的印象特別深，而且造成了我對馬克思主義的信心。我一經接受了馬克思主義，後來從未動搖過。那三本書是陳望道翻譯的《共產黨宣言》，以及第一本用中文出版的考次基的《階級鬥爭》和刻兒枯樸的《社會主義史》。」（見《西行漫記》），接着，毛澤東說：「大約在 1920 年夏天，我已經不僅在理論上，而且多少也在行動上，成為一個馬克思主義者，從那時候起，我便以馬克思主義者自命了。」「在 1920 年冬天，我第一次在政治上將工人們組織起來，在工作中，我開始為馬克思主義學說與俄國革命史的影響所指導了。」（均見《西行漫記》）

從上面的敍述中，我們可以將毛澤東的思想成長史（或學習進程史）排成如下表：

第一時期（八年），由 8 歲至 16 歲。完全依舊的方式誦讀中國儒家經書。補充讀物為：中國的幾部長篇小說（初期），以及極少數偶然獲得的舊式維新派的書報（後期）。

　　第二時期（三年），自 17 歲至 20 歲。此時開始接觸到一些西方科學與英法資產階級民主派的思想，初步見到國民黨的理論（《民立報》）。但此時期中對他發生最大影響的一部書，卻是一中時代所讀的《御批通鑑》。

　　第三時期（五年），自 20 歲至 25 歲。此時在新理學家楊昌濟的指導和影響之下，在思想與實踐上，有系統地學習儒家學說，特別是研究它激進的、現代化的、與民族主義相結合的，資產階級化的一翼。（以王船山、譚嗣同為代表的一派，直至初期《新青年》時代的陳獨秀思想。）

　　第四時期（兩年），自 25 歲至 27 歲。這是他尋找出路並找到出路的時期。最初，他「思想依然混沌……在 1920 年冬天……開始被馬克思主義的理論和俄國革命史的影響所指導。」

　　在這個簡單的羅列中，甚至幾個數字都有很大意義。一共是十八年（如果按虛數算是十九年），其中八年是舊孔子學說的統治時代，三年可以說是由舊到新的摸索時代，後五年為新孔子學說的學習和實踐時代，最後兩年則為由激進儒生成為馬克思主義革命家的轉變時代。這意思是說，在毛澤東思想的前史時期中，新舊孔子主義支配了這個青年人幾達十六年，而離開（其實並未根本決裂）這個主義，走向馬克思主義，則僅佔年餘兩年。我們指出這個事實，用意當然不想藉以「證明」：毛澤東思想中新舊孔子主義佔十八分之十六，馬克思主義佔十八分之二。這樣的「數學」不用說是荒謬絕倫的。但上述的年數比例，卻無疑可以幫助我們去確定毛澤東思想的各種來源，更好地了解它的實質。

列寧有一篇出名的文章，叫做《馬克思主義的三個來源與三個組成部分》。他在文中指出了「馬克思主義是人類在十九世紀所造成的那些優秀成果，即德國哲學、英國政治經濟學和法國社會主義的當然繼承者。」同樣，我們也可以在毛澤東思想中尋找出它的幾個「來源與組成部分」。從我們上面所做的敘述中，我們已經可以看出來源了，不過要確定它的組成部分，卻不是容易的。馬克思主義的三個來源非常清楚，三者對馬克思整個思想體系的形成，差不多做了不分高低的貢獻；這三者經過馬克思天才的思維作用而化成一物後，其所佔地位和重要性也可說是不相上下的。毛澤東思想的情形可不同，幾個來源雖然相當清楚，但它們如何組成這個思想；組成這個思想時對它們各自經歷了怎樣的取捨或批判；組成以後各自在此統一物中所佔的比重如何；以及各個因素在毛澤東思想這個統一物中究竟是有機的組成呢？還是簡單的拼合呢？要解答這些問題，卻比列寧討論馬克思主義時來得困難些。不過，我們必須研究這些問題。

毛澤東思想的來源，我們早已看得很清楚了，它們是：（1）新舊儒家思想，或者可以說，朱熹的孔子主義與楊昌濟的孔子主義（後者代表了起自程朱，中經船山，迄於康譚的孔學）；（2）傳統的游俠思想，特別是由《水滸傳》集中表現出來的劫富濟貧主義；（3）西方社會主義思想。

這三個來源，當它們會合在毛澤東身上時採取着怎樣的面目，是很難確定的。它們不同於馬克思主義的情形。當年馬克思吸收他的思想來源時，他將每一個來源都精詳地批判過了，取捨過了，而且經此批判與取捨之後，每一個來源 —— 不論哲學、社會主義或經濟學 —— 都達到了新的，前所未有的高度，前所未有的正確性與科學性。馬克思主義和其來源之間有何不同，人們是一目了然的。馬克思對它的三

個來源否定了什麼，繼承了什麼，發展了什麼，也表明得一清二楚。可是毛澤東思想和它來源之間的關係卻不是這樣。其間沒有很清晰的界限，讓人不易看出哪裏是舊的終點，哪裏是新的起點。所以有這個不同，最主要的原因自然在於毛澤東的思想家地位，根本不能與馬克思的相比；甚至我們應該說，毛澤東根本不是思想家，而是政治的實踐家。他並非完成了自己整套的革命理論（包括宇宙觀、人生觀、歷史觀以及革命對象之分析及革命戰略的規劃）而後從事革命活動；相反，他是先接受了一個革命目標，然後在長期的革命活動中，「調查研究」，鬥爭學習，因而形成了他的思想的。這樣的思想自有其優點和價值，但欠缺系統，不能一貫，權宜高於原則，戰術指揮戰略，卻是它不可避免的特性。這個特性我們現在初次遇見於尋覓毛澤東思想的來源之時，將來，當我們研究實際應用中的毛澤東思想時，還將隨處遇見。

毛澤東思想的一個重要來源是新舊「孔子主義」，這是事實，不容爭辯。但我們說這個「孔子主義」迄今仍不失為毛澤東思想的組成成分，卻一定要引起人們的責難。唯心的、「封建的」、階級嚴明的孔子學說，如何能成為毛澤東共產主義思想的組成因素呢？人家一定會說我們胡言亂語，或甚至是「血口噴人」。但若我們把上面的意見換一個方式說出來，即若說：毛澤東思想繼承了中國思想的一個重要傳統，那我們這些憤怒的反駁者可能會點首同意了。可是，試問，中國思想中一個最重要的傳統是什麼？不正是孔家思想嗎？然則為什麼我們不能說毛澤東思想的一個組成分是「孔子主義」呢？人和他的思想，都是環境產物，是傳統產物。偉大的傑出人物雖然要改變環境，要創造歷史。但首先他得是這個環境和歷史的一部分，否則他便無法了解它們，更談不上改變和創造它們。完全脫離自己的環境，根本斬斷自己

的歷史，這個人好像是無根之木，無源之水，非但起不了任何作用，抑且毫無生機。

孔家思想之於中國人的社會，正好似回教思想之於阿拉伯人及其他一些民族的社會，基督教思想之於歐美人的社會一樣，數千年來，深入了人們的意識「靈魂」，浸透了一切風尚制度。因此，生息在這些社會中的人，不管有無知識，不管你願不願意，甚至不管你贊成或反對這些思想，可是它們總像大氣裏的濕度那樣影響着你。影響的程度雖有差別，但受影響這個事實卻是相同的。革命者，尤其是共產主義思想的革命者，首先自應革各自民族中反動思想的命。因為這些反動思想，縱使它在民族歷史上起過一定作用，給某一進步階級服過務，但時至今日，站在民族的與國際的無產階級立場上來說，那些宗教的或非宗教的為統治階級信奉的思想，卻都是反動的，應予徹底批判，徹底打倒。沒有做過這份批判打倒工作的人，有如西歐所習見的什麼「基督教社會主義者」之類，那是絕對不會有革命氣味，更不會有社會主義氣味。他們僅僅是反動思想的假面具，反動政治最可惡的幫兇。在這個意義上說，什麼「孔教共產主義」或「儒家社會主義」，其反動性正與基督教或天主教的「社會主義」相同，根本談不上什麼革命，這自然與毛澤東思想全不相干。我們說毛澤東思想中留得有，或者結合得有「孔子主義」的成分，其義應如下述：童年與青年的毛澤東既從孔家書中獲得了最初的知識與思想，他自不能不受「孔子主義」的深厚影響，在 25 歲以前，他基本上始終是一位「孔門弟子」，其間思想的進展，不過從孔子學派的正統（程、朱），逐漸趨向於它的「左翼」（黃梨洲、王船山、康有為、譚嗣同）罷了。五四之後，毛澤東當然受到清算孔子的影響，他的崇拜對象從康、梁變成為陳、胡。但因中國遲發的「啟蒙運動」，由於國際和國內關係的特殊形勢，無法構成一

個長期獨立的時期，故其對於中國舊思想，特別對孔子主義的批判工作，無論在深廣兩方面都做得極其有限。隨着階級鬥爭的迅速發展，「新文化運動」本身起了分化，一部分投降了「孔家店」（這個孔老闆自然是全身洋裝的），另一部分則不再繼續文化思想的深研，而一經浮面地接受了馬克思主義的革命政綱，便傾全力於實際的革命行動了。胡適之是前一部分人的代表，而陳獨秀則是後一部分人的領袖。毛澤東跟在陳獨秀後面，走了後一道路。所以他的馬克思主義的思想，和陳獨秀一樣，是建築在儒家思想的基礎上的。在此意義上，我們說毛澤東思想結合得有孔子主義的成分。至於這成分是否至今還留得有，如果有，它們是什麼，它們在整個思想中佔多大地位，那且待後面詳說。

一般說來，中國的馬克思主義革命者都是先幹革命，後讀馬克思主義（最大多數則始終不曾有機會讀馬克思主義），因此，人們雖然加入了共產黨，雖然以全生命鬧共產革命，但除了根本的鬥爭目標，以及一些時事意見和行動方針由黨決定之外，其他關於人生和社會（更不必談宇宙等）的種種根本思想，卻是各想各的，而大致則是屬於儒家。知識程度愈高，入黨之前的思想愈成系統，則其頭腦中積存的非馬克思主義思想也就愈多、愈深。毛澤東在 1920 年因「三本書」的影響決定了他共產主義的信仰，此後自然讀過 30 或 300 本書，但這些書顯然無法完全代替他以前十八年中所讀的 300 或 3,000 本的孔孟書。這裏數字的意義是很小的，而且是假設的；重大而真實的乃是人類思想發展上的「先入為主」，即人當其知識奠基時期和思想形成時期所受教育，往往終身起着有意無意的決定作用這個事實。接受了馬克思主義，毛澤東自然要「以今日之我，反對昨日之我」。但這種自我否定工作，任何人不能做得徹底淨盡的。愈有根底，愈不能做得徹底。「昨日」思想

的結論可以拋棄，甚至可以全部否定，但其方法則多半無法擺脫。這情形和人的學習語言頗有相似之處：年齡愈大，學習愈難；鄉音的根底愈深，則對新方言的遷就愈不易；成年人學習新方言，詞彙最易，句法其次，音調最難，甚至是終於無法改變的。毛澤東從 16 歲那年離開家鄉，開始「否定」他的湘潭土語，學講普通話；可是直到如今，雖然就詞彙句法言他早已學成功，而基調都還是濃重的鄉音。這現象，我們若能緊守類比的範圍，確實可以和他的思想發展及其不同因素間的關係相比擬。那就是說：普通話如果代表了他的馬克思主義，湘潭語音便有點等於他的孔孟思想。

帶土音的普通話，就其表達意思的效用而言，不一定輸於字正腔圓的京片子。問題的中心在於二者（音與語）之間的結合如何。如果結合得好，運用得流利自然，那末對不懂京音的最大多數中國人發言，也許比道地的「國語」還實惠，毛澤東的湘潭普通話，特別對湖南省的工農大眾說話，那是絕對優於「標準國語」的。因此，以「土思想」打底的馬克思主義，非但是馬克思主義發展到世界各地時無法避免的產物，而且，只要它結合得好，還會比「百分之百」的原裝馬克思主義為實際而有效。因此，單單說毛澤東思想中含有孔子主義的成分，意思絕不等於說毛澤東思想不是馬克思主義，或者含有反動思想。是否馬克思主義，是否含有反動思想，並不決定於含有某一成分這個事實，而決定於這個成分的性質，以及此性質如何與馬克思主義相結合的情形。

洪秀全、康有為、孫中山，基本上都是孔門弟子，都從西方找來了一些「真理」。他們都把孔子主義與西方真理結合起來，在不同程度內又都形成了各自的思想。在這方面，毛澤東和他三位前輩的情形沒有什麼不同。不過就中西思想的結合情形說，卻有很大不同。洪秀

全的基督教義，康有為那味烏托邦理想和立憲主義的雜拌，孫中山的傑弗遜主義加亨利喬治的思想的拼湊，當然都不能和毛澤東的馬克思主義相提並舉。無論作為一般的哲學，或特殊的社會科學，馬克思主義與上述洪、康、孫三人所知道與所採納的各種思想，自不能同年而語，唯此理太顯，不必申論。我們這裏要談的是各人對於各該「西方真理」的認識深淺，以及各個被吸收成分和原有孔子思想結合的好壞。

各人對各該「西方真理」的認識程度，毛澤東比他的三位前輩是高明得多的。因為時代關係，在洪、康當年，西洋學識根本不曾有系統地介紹到中國來，不通洋文的中國舊知識分子，只有經過傳教士之流，一鱗半爪，道聽塗說地獲得一點新知。洪秀全不必說了，他憑了自己粗疏的認識，將基督教弄成一種非常奇怪的東西。康有為博學，且較晚出，卻也會將達爾文當成烏托邦社會主義者，把傅利葉當作英國人。孫中山雖然出身英文書院，足跡遍天下，但他根本不看重（因之不屑學）西方的文哲思想，他所注意的僅僅是歐美民主政治的規章制度。所以他對「西學」的認識也極不全面，甚至非常淺薄。（在這方面他還不如嚴復，而且不及譚嗣同。）毛澤東雖然不懂外國文，雖然也不很看得起西方的文哲思想，但因他思想的成長期正趕上了中國知識界的「競趨歐化」時代，他所尋到的「西學」，即由俄國十月革命送來的馬克思主義，又是在中國的廣大群眾中於頃刻間蔚成了研習風氣，所以他雖然不曾（始終不曾）成為一個淵博精深的馬克思主義者，但他總已全面地、仔細地、有系統地認識了它、研究了它、應用了它。毛澤東對馬克思主義的認識當然自限於他實行家的性格，並固封於史大林主義的體系；但即使如此，與洪、康、孫三人的「西學」比較起來，不容說已有天壤之別了。其次講到中西學結合的情形，前面我們說過，毛澤東和陳獨秀一樣，而且和洪、康、孫三人一樣，都是「中學為體，西學為用」的。但這只就他們思想中所含的成分而言。若就

二者的結合情形看問題，則對毛澤東說，「體」、「用」二字便不能呆板地解釋為主輔之別了。在洪、康、孫三人的思想中，「中學」（即孔子思想，特別是儒家的思想中若干帶民主氣息與大同理想的方面）無疑是主體，而各自從西方拾取的一些斷爛錦繡，則是「零用」，外表的裝飾。在上述三人中，特別是前二人，他們所幹的革命與所主張的改革，與其說是維新，毋寧說是復古。西哲的理想，不過借用來證明中國古已有之的仁政而已。孫中山自然比他們進步，他要造成的新中國是現代英美式的民主國家，甚至是更為美好的「民生主義的國家」。但什麼是民生主義呢？孫中山卻告訴我們說：「這就是孔子所希望的大同世界」。所以他說，「夫蘇維埃主義者，即孔子之所謂大同也。」孫中山思想究以何者為體，何者為用，即此就很明白了。可是毛澤東決不會在中國革命與復古之間加上等號的。他明白孔子主義與馬克思主義在根本上的對立，唯心與唯物的對立，他知道儒家思想與科學的社會主義各自代表着什麼階級利益；他懂得要「立」馬克思主義的革命觀，必須「破」孔子主義的反革命觀；總之，他清楚：要想在孔子主義本幹上接一次馬克思主義的種是不對的，也不可能。所以他在意識和思想上，曾經努力擺脫他以前獲得的孔子思想，代之以馬克思主義思想。因此，毛澤東思想的中西二學的關係不再是主輔之差，其結合也不是簡單的拼湊，而是某種程度的化合了。在這上面，毛澤東不僅和洪秀全、康有為不同，就是和孫中山都大不相同。

但是一種化合品是否根本取消了它的組成成分呢？當然不。因之毛澤東思想中的中學成分即使和後來的西學起了化學性的結合，我們卻仍不能否認它是組成成分之一。

值得研究的是迄今留在毛澤東思想中的，究竟是哪些儒家思想？

　　所謂儒家思想，我們知道，含義非常寬廣，難以下一簡單明確的定義。兩千年來，孔子主義獨霸了中國人的思想，範圍了中國人的頭腦；可是反過來，中國人的思想，透過許多優秀的頭腦，卻又各自將反映其時代特點與階級特點的解釋賦予了儒家思想。因之，在儒家思想這個共同名義之下，你可以發見很不同的見解，這些不同見解形成了不同的流派。這些不同流派，其對各自的環境和時代言，曾經起了不同性質的、進步的或反動的作用。我們這裏自然不想談儒家思想發展史，也不想研究各派儒家的異同學說 —— 這種研究在此地並不需要，亦非本書作者所能勝任 —— 在這裏我們要做的，只是列舉幾項在中國人思想中最起作用的儒家思想。然後讓我們看看究竟這些思想是否可以在毛澤東的言行中發現出來。孔子將「六藝」傳授弟子，可是以思想論，影響於後代中國人既深且遠者，卻莫如《春秋》、《禮》、《易》。孔子自己說過：「後世知丘者以春秋，而罪丘者亦以春秋」。確是有自知之明的。《春秋》的褒貶筆削，實質上乃是「禮」在政治史與政治學上的應用。至於所謂「禮」，則只是封建等級制度，乃至一切等級制度中人與人關係的一種規約。所以二「經」的基本精神只有一個，那便是：分上下，定尊卑。孔子的「禮」不是絕對與片面的約束，它毋寧是一種較為進步的等級間的「契約」：父慈則子孝，君仁則臣忠，這裏的上下尊卑之間，有一種關連性的責任與義務存在。因此，秦始皇的絕對專制就不歡喜儒家，而後來的某些儒家，又可以從孔子學說中發揮出某些民主的進步見解。但雖如此，不論就孔家「禮」教的本身說，或就其發生於中國社會政治的實際結果說，其反動性總是遠遠超過進步性的。孔子所以能成為「聖之時者」，二千年來他之所以能不斷獲得專制統治者的無上崇敬，主要就因為他老人家那點子「春秋大義」，那個嚴尊卑上下之序的「禮」教。儒家思想中第二個重大特點，在中國歷史上起了不小影響，特別對漢民族的思想發生極大作用的，

乃是由《易》傳所代表的那種辯證思想。「孔子晚而喜易」，有「假我數年」的願望。其實，孔子的辯證思想是原來有的，他的讀易與傳易，不過是把他的唯心主義的辯證哲學加以系統化罷了。司馬遷作《孔子世家》，給孔學做了一個簡短提要，其中就提到了他的「絕四，毋意、毋必、毋固、毋我。」這是太史公的高明處。因為這個「四毋」不但是孔子思想方法的基礎，而且正是他一生為人處世的根本態度。不要臆度、不要武斷、不要固執，不要主觀；這裏面一方面包含了科學精神與辯證思想；另方面卻意味着中庸、妥協、圓滑的改良主義與機會主義，有時甚至發展至赤裸裸的犬儒主義。中國歷來的儒家，繼承前一進步方面的固然不是沒有，但屬少數，繼承和發揮後一反動方面的則比比皆是，佔絕大多數。

如果「春秋大義」與「四毋」哲學是孔子主義的兩大要素，那末毛澤東思想中保留着何種孔家思想這個問題就不難解決。毛澤東是革命家。依春秋之義，乃屬於「亂臣賊子」之列。因此人們會自然地以為毛氏決不會有意識或無意識地再擁護孔子尊王之說，即不會贊成盲目尊君的學說與實踐了。可是事實上並不如此簡單。因為春秋尊王，並非尊一固定之王，而是凡王必尊。所以問題在於是否做成了王。一旦成了王，則聖人的春秋大義便全部呈送給你，你便成了「綱」。只有那些失敗了的「亂臣賊子」才始終是亂臣賊子，才受不到「士」（即儒家）的尊崇。原來「春秋大義」是跟「成王敗寇」這個現實連在一起的，所以，不管是「犯上」勝利了的新君王，或甚至外族入主中國的侵略者，只要「所業已就」，都無妨於此一「大義」之接納，並發見其為幫助統治之最好思想武器。毛澤東早年習孔子之「禮」；後來當然在思想上拋棄了它。但當他初則在黨內，繼而在國內，最初對同志，後來對全民建立了唯一的無上權威之後，是否會發現「春秋大義」又有

了利用的新價值呢？或者，更正確地可以這樣問：這個分上下、別尊卑的儒家禮教觀念，雖在表面思想上早被毛澤東所放棄，但在較深的意識中，是否仍保留在毛澤東的心中腦際，因而促成了他的黨、政制度的等級懸殊的官僚主義；促成了他衷心接納史大林的政治路線和組織路線；並促成了他瘋狂發展的個人崇拜作風（實質上乃是變相的帝王思想）？對於這些問題，特別對於後一方式提出的問題，我們的答覆是肯定的。人們無法否認毛澤東的個人崇拜思想與孔子的禮教有血緣之親。[2]

孔子主義的第二個特點留在毛澤東思想中的影子更顯而易見。無論敵友，誰都承認毛澤東是傑出的權術家，更確切些說，他是一個偉大的策略家。不管就軍事、政治或人事方面說，毛氏那種聰敏、靈活、圓通、狡黠的應付，實在高明之至。這種本事，一半固然由於天賦，另一半顯然是從孔老夫子那裏，首先是從他那個「四毋」中學來的。孔子可說是古往今來最不受「教條」束縛的人了。他的任何主張沒有一成不變的說法，因時而異，因地而異，亦因人而異。這在教育方法上是「因材施教」，在思想方法上便是所謂「真理永遠是具體的」。他在某個時候可以「從眾」，在另一個時候可以「違眾」，一切看情形而定。弟子們同樣問「仁」，而孔子對顏淵、仲弓和司馬牛的回答各不相同。紂王無道，「微子去之，箕子為之奴，比干諫而死」，三人三種態度，而孔子卻同樣稱之為「仁」。這是他能在同中見異，異中見同；並且對人對事，都能從適當的視角來觀察。孔子說過：「親其身為不善者，君子不入也」，但「公山弗擾以費畔」，「佛肸以中牟畔」，召孔子，孔子都想前去；說什麼「如有用我者，吾其為東周乎」，「吾豈匏瓜也哉，焉能繫而不食」。有人嘲笑他「棲棲皇皇」，近於「佞」了，而孔子則辯曰：「吾疾固也」。他反對一成不變，討厭頑固不化。他「無

可無不可」。孔子與蒲人盟，不去衛國；但一出東門，他即負盟適衛，理由是：「要盟也，神不聽」。那意思就是說，在強力要挾之下可以與人締盟，但這樣的盟誓完全可以違背，因為鬼神是不聽的。孔夫子那種隨機應變，實事求是，有經有權，不執一見的態度，在毛澤東的言行中，不是隨處可以發現的嗎？三十餘年來，毛澤東奮鬥於中國共產黨內外，終於能有今日那樣的地位，是靠他應付了一連串敵手的。第一號內部對手是已故的史大林及其在中國的派遣人王明。毛澤東在這一戰鬥中顯然處於劣勢，而且是敗局早成的，如果當時他沒有玄德種菜、勾踐嘗膽的精神，沒有韜光養晦，隱忍待時的修養，便不可能在遵義會議上翻身；再如果當他翻身之後，對王明派不能做到小勝不驕，適可而止，主從有別，恩威兼施；對史大林不能實行敬而遠之，陽奉陰違，以及時奉時違的「柔道」政策，則無法保持並確立他在黨內的勝利，更不能擴大之為全國性的勝利。對付黨外的大敵蔣介石，毛澤東更是充分發揮了「毋固，毋必」的儒家精神。西安捉放，國共重圓，這齣悲喜劇的導演固然是史大林，但其精彩演出卻無疑要歸功於毛澤東。他並非死板地扮演了劇中人，而是將自己的性格注入於角色中的。十年內戰，能於一旦間被宣稱為「兄弟鬩牆」；反動的三民主義，一經「正名」，冠以「新」字，就不怕信奉。改編易幟，答應無妨，只要易而不改，強加之約，可以簽訂，反正「神不聽」也。對於國民黨旁敲側擊，應之以「有理，有利，有節」，隨機應變，法無常法。與民主人士遊，則「恂恂如也，誾誾如也，鞠躬如也」，禮不嫌其繁瑣，只要能爭取同情好感。凡此種種，別說硬橋硬馬的馬克思辦不到，就是更為實際的列寧和托洛次基也因「教條」所限，絕對不肯做與做不來；甚至那個專講策略的史大林，雖然願意做能夠做，但因先後天都沒有那種圓通周到的應付本領，也一定做不到這樣的。只有深得乎「夫子之道」的毛澤東才能演得如此出色。由此可見，策略意義上地位甚

高的毛澤東思想，其中有重要一部分並非繼承自馬克思列寧，而是從
孔子思想中得來的。

策略家的毛澤東，或毛澤東的高明的策略，在不小程度內的確曾
促成了中國革命的勝利，我們應該承認這個事實。但這事實是否表示
出對於中國革命的領導，馬列主義不及孔子主義實用呢？或者，又可
以這樣設問：非馬克思主義的、但運用得很巧妙的一些策略，足以促
成革命勝利的嗎？這些問題值得研究，我們也一定要研究它們。但不
在此地，我們將在本書以後適當的地方談到它們[3]。這裏，我們的目
的，是要證明毛澤東思想中確仍含有孔子主義的成分，而這目的總算
已經達到了。

我們說，毛澤東思想的另一個來源是中國固有的游俠思想。這
說法大概較易得人首肯。毛氏自己說：他小時讀經書而不歡喜經書。
（其實——讓我們順便在此一提——沒有一個小孩子會歡喜那些晦澀
艱深的聖賢書的，但不歡喜決不意味着不受影響。）他歡喜讀水滸、
西遊等等小說。這些通俗歷史小說對近百年來中國青年人的影響，無
疑是大大超過了經書的。尤其是識字不多的下層社會等級，他們的思
想和部分知識，可以說都是從那些小說得來，或間接由取材於此種小
說的戲劇中得來。所以愛那些小說甚於愛「聖賢書」，並不止以毛澤
東為然，幾乎最大多數的孩子都是如此的。毛澤東比眾不同的，我覺
得只在於他把從某些小說中得來的思想，能鄭重予以實行而已。中國
舊小說的思想，基本上反映了唐宋以來中國社會思想的整個混沌體。
此一混合物以孔氏學說為基礎，加添了濃重的佛家思想和道家思想。
入世與出世的想法糾纏在一起。在此糾纏中，二者較高明的（不必等
於前進或正確）成分互相抵消，而最腐敗的成分則相得益彰。比如入
世部分的積極面，即儒家的所謂「行其義也」的負責精神，消失了，

留剩下來的只是學優則仕，求取利祿的庸俗見解；出世部分也只有一些最淺薄的東西留下來，猶如於佛家為因果報應的小乘教義，於道家則為煉丹修仙的荒唐理想。中國舊小說的這些思想，憑藉故事之力，廣泛傳播於中國廣大人民群中，真是流毒無窮。不過有一種思想，特別見於像水滸那樣的傑出小說中的，卻在上述那個思想混沌體上放射異彩。這個思想，我以為應名之為游俠思想。一些古典小說能夠特別吸引少年讀者，能在儒釋道三者的酸腐氣中透出強烈的清新氣息，因而使某些小說不僅在藝術上，而且在思想上亦具有較高價值者，我覺得，主要得歸功於這個思想。如果沒有這個「鋤強扶弱」、「劫富濟貧」的「游俠主義」，那末老是在陳腐、庸俗、怪誕的儒釋道圈子裏打滾的中國舊小說，其實將一無足觀了。

毛澤東熱愛這些小說，他主要顯然是歡喜這個思想，他吸收了這個思想，在他以後的行為中，將假戲真做起來。

秦漢之際，儒俠並稱，韓非所謂「儒以文亂法，俠以武犯禁」是也。究竟儒（亦即士）代表什麼階級？俠代表什麼階級呢？以當時的孔子而論，應該說是新興的中小地主的代表。他的學說代表了為數不小的，非封建貴族出身的，屬於中小地主或兼營商業的地主們的政治理想，特別代表了出身於此等「貧賤」階級的官僚利益與思想。所以他的思想是改良的、妥協的、搖擺的，其實質頗近乎現代社會中的中上小資產階級的立場。等到後來，一自漢武將儒家奉為「國教」以後，「孔子主義」自然只為統治階級服務，替專制君王作「仁政」的粉飾，以致盡失其改良的或妥協的性質。至於游俠，司馬遷雖然區分為「顯貴之俠」與「布衣」、「鄉曲」、或「閭巷之俠」，但其實是專指後者而不及前者的。「布衣」、「鄉曲」、「閭巷」，就字面看已很清楚了，這是些下等的普通人。他們的特點是：「其行雖不軌於正義，然其言

必信，其行必果，已諾必誠，不愛其軀，赴士之困阨，既已存亡死生矣，而不矜其能，羞伐其德。」這些游俠者的美德，或他們同類標榜的道德標準，與歐洲中世紀的騎士，日本的武士道，頗多相同之處。不過中國游俠的階級成分，卻比歐洲的騎士與日本武士，似乎要低，騎士本身是貴族，武士則是貴族的幫閒和打手。而中國歷史上的俠，則大多是市井小人；其中間或有農民、有小地主、有下級官吏，而最大多數則為大小城市裏的工匠、販夫走卒與無業游民。一般說，他們代表了比儒家所代表者為低的社會等級。故為儒墨所「排擯」。俠的品類很雜，良莠不齊。暴戾恣肆，侵凌孤弱而自稱為俠的流氓劇盜當然很多，但真正具有上述美德的豪士也一定不少。這些人，特別當政治極度黑暗，或戰亂頻仍，小百姓受盡欺壓，顛沛流離，痛苦無告的時代，確實能起一些反抗作用。他們將「公道」掌握在自己手中，鋤強扶弱，劫富濟貧，以此替無告者出口冤氣，讓「豪暴」者得點懲戒。這種精神，在整個中國的歷史上，可說都起了積極作用的。如果沒有這點精神，沒有這種「布衣之徒，設取予然諾，千里誦義，為死不顧世」，那末在儒家精神的絕對統治之下，中國人（尤其是所謂「士」）一定會像司馬遷所指出，只剩兩種類型了：一種是「拘學或抱咫尺之義，久孤於世」的自私的清流，另一種便是「卑論儕俗，與世沉浮而取榮名」的無恥的俗子。事實上，一兩千年來中國的讀書人恰恰只有過這兩種人。非清流即俗子，非俗子即清流。而更壞的，這兩種人往往交互為用，隨時可以易位，弄成清流亦俗子，俗子即清流的情形，真是非常可悲可嘆的。歐陽修為馮道作傳，發過如下的感慨：「予於五代得全節之士三，死事之臣十有五，而怪士之被儒服者以學古自名，而享人之祿，任人之國者多矣，然使忠義之節，獨出於武夫戰卒，豈於儒者固無其人哉？」歐陽修在這裏的見識遠不及司馬遷。他不知道：若不多少具有「朱家、郭解」精神的正統孔子之徒，其不成為「長樂

老人」者幾希。馮道處處以仲尼自況，當時人亦稱譽之為孔子復生，這在一定的意義上說，倒並非絕頂荒謬的。

自來比較傑出的儒家，都知道「以武藥文」的重要性。近世的譚嗣同更看重游俠精神。孫中山則拼命從會黨中求豪士。良以「秀才造反」，雖三十、三百年亦不能成功；更何況一成「秀才」，便根本連造反的念頭都不敢存呢？毛澤東從《水滸傳》中學到了上梁山的重要，把這點游俠精神吸收到思想中去，與外來的西學再結合一下，成為他以武裝對武裝的全套革命理論的一個重要因素。這情形是顯而易見的，不須多所辭費了。

馬克思主義組成為毛澤東思想的第三個成分，情形自比上述二事更加清楚，以致毋須證明的。在這方面我們要提出來討論的，乃是毛澤東的馬列主義究竟是怎樣的馬列主義；以及此一成分在其整個思想中所佔比重如何。毛澤東親口告訴我們，他在 1920 年頃之轉向馬克思主義，在書籍方面是受了《共產黨宣言》，考次基著《階級鬥爭》及刻兒·枯樸著《社會主義史》的影響。此後毛澤東在馬克思主義文獻閱讀及研究方面的進展情形，他自己不曾說過，別人亦少記載。但我們不難推想得之。毛澤東是不懂外國文的，而馬克思主義書籍被大量譯成中文，是在革命失敗以後，即開始於 1930 年前後。可見從 1920 年到 30 年這段期間，毛氏是不會讀更多的馬克思主義著作的。不但因為這方面中譯本太少，而更因為那時期的革命運動開展得意外迅速，毛氏和所有的年青共產黨員一樣，不得不以全部時間，全副精力去應付忙迫的實際鬥爭。接着又因革命失敗，毛澤東從事於武裝鬥爭的組織和領導，這就使他更沒有任何閒暇來做理論上的深化與進修。因此，不僅在 1930 年以前，甚至在 1937 年以前，即當中共的軍政權力在延安相當穩定以前，毛澤東的馬克思主義的書本知識，大概不會比他於

1920 年從三本書中所獲得者增添許多。這當然不僅毛澤東如此，參加或領導 1925–27 年中國革命的全體共產主義者，可說都如此。最大多數人是讀了鄭超麟翻譯的布哈林與潑雷奧勃拉欣斯基合著的《共產主義 ABC》；較少人讀了李季翻譯的《通俗資本論》。後一種人在當時已算是高級理論家了。

毛澤東「有機會寬泛地閱讀史大林的著作」，據陳伯達告訴我們，「是在抗日戰爭的時候（按即 1937 年以後），毛澤東同志用最高的熱情來閱讀和深思熟慮他所得到的史大林的各種著作。」（見陳著《史大林和中國革命》，16 頁。）陳伯達的這點證言極其重要。他告訴了我們毛澤東何時才「寬泛地閱讀和深思熟慮」史大林的著作。同時他又間接地告訴了我們：毛澤東所研讀的究竟是哪一種馬克思主義。

原來毛澤東是在 1937 年以後才鄭重其事地研究馬克思主義的；而他所研究的卻只是史大林的著作，所以是史大林主義者 [4]。

1937 年頃毛氏所以能研讀史大林著作，因為抗日之後國民黨對中共的軍事壓力多少放鬆了，毛氏可以抽點工夫出來進修理論。而他之所以要進修理論，則最直接為的要應付王明一系的進攻。他和「教條主義者」的鬥爭當時雖已獲勝，但未結束，為了與王明們上爭克里姆林宮的主人的支持，下爭全黨的信仰，他必須加強理論學習，尤須學習克里姆林宮主人的理論。

毛澤東和史大林（及其直接代理人王明）之間的思想淵源與政治關係，我們將以專章詳談。這裏應該注意並引起我們最大興趣的乃是下面兩件事實：（1）當毛澤東做了十七年共產黨員，領導了十七年共產黨革命之後，亦即當毛澤東到了 44 歲那年，才比較廣泛深刻地研讀馬克思主義的著作；（2）他此時（甚至以後）所研讀的馬克思主義，

又僅僅以史大林所解釋與所代表者為限。為要估量毛澤東思想中馬克思主義成分所佔比重，為要認識毛澤東所接納的馬克思主義的性質，上述二事，無疑具有極大價值。

光是憑了這兩個事實，我們甚至可以肯定地説：儒、俠思想乃是毛澤東思想之深入地下的基礎，而史大林主義則是毛澤東思想之人所共見的上層建築。在潛意識的、較抽象的精神方面，土生的儒、俠思想顯佔上風；在有意識的，較具體的思想方面，那個主要來自史大林的洋成分似佔優勢。——隨着歲月的增長，它愈來愈佔優勢。

下面，我們準備從各個有關中國革命的具體問題上，去認識和評估毛澤東思想，並從而證驗我們在本章中對毛澤東三個主要來源所作的剖析。

注釋

1. 毛澤東對於靜坐法並不贊成，他認為「天地蓋唯有動而已」。（見《初期活動》，33頁。）

2. 説到這裏，我們還想順便指出毛澤東思想在其發展中與孔子思想之間的一個有趣關係。前面説過，那是孔子學派中的左翼，也就是儒家學說中的民主傾向與大同理想，讓毛澤東過渡到了西歐式的民主主義，終於達到了社會主義和共產主義的。可是到了後來，等到中國的共產主義運動成為一個武裝力量，毛澤東成為這個力量的首領，同時蘇聯的共產黨在史大林領導之下趨於極權官僚化的墮落 —— 毛澤東正在這個時候補修他的馬克思主義，—— 於是那早年鑽入他心底的最正統的孔子主義，特別是那種「春秋大義」起了重大作用，這就使他心安理得地接受了史大林主義；反之，這個史大林主義當然又加強了他「靈魂」深處那個極右翼的孔子主義 —— 帝王思想。

3. 這一點我們在後面論戰術家與戰略家的毛澤東的諸章中,已詳細解答了。

4. 光憑陳伯達這段證言,自然不足以斷定毛澤東除了史大林著作之外,根本沒有「寬泛地閱讀和深思熟慮」馬克思、恩格斯、列寧等人的著作。因為這篇文章談的是「史大林和中國革命」,説的是毛澤東和史大林的關係,他不一定要扯到題外去,不一定要連帶來談毛氏和馬克思和其他幾位大師的關係。

但是沒有陳伯達或其他人的直接證言,我們仍舊有充分理由可以斷定:從1937 年以後毛氏廣泛閱讀的只是史大林的著作。除了列寧的幾本小書之外,他根本不曾研讀過馬克思主義的經典作品。

最有力的證據是毛澤東自己的文章。在毛氏所有文字中幾乎沒有馬克思與恩格斯的直接引文;從列寧那裏,我們也只見他引用過幾段哲學文字;而引自史大林的則隨處(指 1937 年以後的毛氏文字)可見。這些引文或被用作自己思想的印證或奉為卓絕的先見。

毛澤東是反對死讀書與讀死書的。他「帶着問題學」,學到了就要用的。因此,如果毛氏確曾深深鑽研過馬、恩、列諸大師的書籍的話,他絕不會隱藏不用的。

四、毛澤東思想與「毛澤東思想」

有兩種毛澤東思想。一種是如實的毛澤東的如實的思想，即是說，毛澤東這個真實的人，這個革命的政治家與軍事家，他確曾有過與確實保持着的那些思想；另一種是為了特定的政治目的，首先是為了造成毛澤東在黨內和國內的一尊地位甚至神一般的地位，故意製造出來的一個盡善盡美的、始終正確的思想體系，在其廣深度上均已被認為相等於、甚至高出於馬克思主義的一種思想體系。這兩種不同的毛澤東思想，應該加以區別的。關於前一種毛澤東思想的來源，我們在前一章裏已約略談過，現在要談的是後一種毛澤東思想的產生經過。

我們在前面研究個人崇拜問題時提起過，一個在生的政黨領袖，將自己的名字定為主義，寫入黨綱，宣佈它為全黨共遵的指針，這在世界工人運動史中是史無前例的。不但此也，一個在生的革命思想家，將自己的思想定名為某某人思想或某某人的主義，在社會主義運動史上亦屬少見。從來，什麼主義這個名稱，總是先由思想上的敵對者給取的，然後由他的信奉者（多半在領袖死後）接受過來，自稱為某某主義者。馬克思只當他嘲笑那些愚蠢的追隨者時才提到過「馬克思主義」。列寧主義這名詞最初是門雪維克為了攻擊他的「非馬克思主

義」才發明的。列寧絕不曾自己承認，也決不肯讓別人宣稱：他有不同於馬克思主義的什麼主義或思想體系。「列寧主義」被當作「俄國馬克思主義」提出來，時間已在列寧重病之後，提出人首先是齊諾維也夫，然後是史大林，其目的為了打擊「托洛次基主義」。托洛次基和馬克思與列寧一樣，終其身不曾標榜過什麼托洛次基主義。這些偉大的革命思想家為什麼不肯將自己的思想定名為主義或思想體系呢？更為什麼不肯將自己的主義寫入政綱，作為一切行動的方針呢？簡單為了謙虛嗎？不，不盡然，謙虛固然是一種美德，甚至對革命家都是一種重要的品德，但近乎虛假的謙遜，對於當仁不讓的馬克思派思想家說，卻非重要的事。如果不是為了更重大的理由，他們決不會單單為了謙遜的禮貌之故而不為的。那末到底為了什麼呢？首先，他們都深惡痛疾個人崇拜，他們都太革命家了，太討厭官僚作風了，太反對那種以個人名義掠眾人之美的傳統罪行了，以致他們不肯讓自己有任何可能陷進這個庸俗的圈套中去。其次，他們都上感乎繼自前人的深且厚，下感乎日新又新的必需與必然，因而他們自己總覺得無法將冠以己名的主義來概括全部思想，或標誌出自己特殊貢獻的部分思想；第三，一個人對於自己的思想，如果知道雖完成而未完結，總不肯將它加上名字，定為科律，仰大眾遵行的。因為任何一位大思想家，其最重要的總是方法與立場，並非所有的結論。其自信最堅者也是前者而非後者，憑着正確的方法與立場，他們可以得到，而且已經得到過很多正確結論，但他們沒有理由說，也決不會說，他們行將獲得的任何結論也一定會正確，要求黨員或群眾事先答應服從一切；因此，馬克思、列寧與托洛次基都不肯，也都不曾規定一種標上自己名字的主義或思想；他們不容許別人替他們這樣做，更不會授意別人這樣做；至於將此主義或思想明定於他們所領導的政黨的綱領內，作為一切行動的指針，那是出乎他們想像之外的。

然則以馬列二人的門人自居，並自幼聽慣「謙受益」教訓的毛澤東，怎麼會做出如此「不客氣」的事來呢？在解答這個問題之前，請先讓我們看看十餘年來「毛澤東思想」的提出，放下與再提出的經過。

「毛澤東思想」主要是中共黨內鬥爭的產物。其直接的對象為王明路線，甚至可以說是史大林路線，或俄國路線。中國共產黨存在到我寫這幾行字的時候，已經四十年了。其間當然發生了不少爭論和鬥爭。但除了直接受蘇聯共黨內部爭論的影響而發生的史托之爭以外，爭論中延長最久、範圍最廣、深度最大的一次，卻要算發生於毛澤東和王明之間的鬥爭。第一次革命中的所謂陳獨秀路線，八七會議後的所謂瞿秋白路線，1930 年的所謂李立三路線，事實上都是名不符實的，亦可以說是一種虛構，因為被貼上這三個名字標籤的所謂路線，前二者應該由史大林、布哈林負責，後者則應由史大林單獨負責。無論陳獨秀、瞿秋白或李立三，根本不過是國際路線的執行人，那些路線絕對不合冠上他們名字的，至於所謂反這些路線的鬥爭，事實只是當每一國際路線破產之後，史大林要使那個執行人做替罪的羔羊，於是指使出另一個人來做上獻燔肉的祭司，——這祭司，當新路線再度破產時，便也被燔炙如儀了。當年瞿秋白之反對「陳獨秀路線」，六大期間及其以後的所謂反「瞿秋白路線」，以及 1930 年 9 月間瞿秋白再度被王明等捧出來反對「李立三路線」；同年 11 月與次年 1 月間王明派的所謂「反立三、反調和路線」——其基本內容都是一樣，即都代表史大林本人的錯誤路線，在中國的實際鬥爭中不斷碰壁、不斷破產而引起的不斷的文過飾非，不斷的覓羊替罪。

王明（即陳紹禹）的命運原本可以和陳、瞿、李一樣的，其所以能終於不做史大林的燔肉者，主要因為他和克里姆林宮官僚的深厚關係，以及他天生有狡黠異常的性格。王明的思想記錄與革命履歷，與

毛澤東的剛好相反。被派赴莫斯科中山大學去讀書的時候，他還只是一個十五六歲的小孩子。「子曰詩云」這一套當然未曾讀過，一般的中國文化與文學修養都根本談不到。他寫的俄文也許比中文好，知識與思想的初戀都是史大林學校的「馬列主義」。這個人，未必像毛澤東所指摘的「懂得希臘」（因為除了蘇聯黨校課程中所包含的小量西方哲學常識與若干政治經濟學說之外，王明等根本不曾見識過什麼西方文化），但對自己出生的中國，卻是肯定地不懂的。人當然聰敏，特別是絕頂狡黠，非常長於玩弄陰謀詭計，野心尤其少有的大，領袖欲強得令人吃驚。他是在莫斯科入黨的，中國 1925–27 年的革命，他正在俄國讀書，當然無分參加。此人的頭角顯露於 1927 年中國革命將敗未敗，蘇聯共黨內部的托史二派為此發生了激烈鬥爭之際。中山大學的校長原本是拉狄克，他在鬥爭中站在托洛次基的反對派一邊。學校中以米夫為首的史大林派起而與校長鬥爭。此時中國學生中也分成為二派，王明成了史大林─米夫派的領袖。結果反對派失敗，拉狄克被免職，米夫繼任校長，王明就成了學校黨部的主要人物。此後，王明和米夫密切合作，上通天，下着地，周圍團結了不少積極分子，其中後來出名的有秦邦憲、王稼祥、陳昌浩等等。1928 年中共第六次大會在蘇聯舉行，王明等以翻譯資格列席，而實際上卻起了不小作用。史大林為了要直接與完全地控制中國黨，乃通過他的米夫─王明機構，干涉與安排了領導機關的人選。他們有步驟有計劃地攏絡了工人出身，易於擺佈的向忠發，換下了多少有自己主張的瞿秋白，如此預備了王明們由黨校控制走向全黨控制的第一步。王明派從 1929 年起開始陸續回國，最初扼於國內的「實際工作派」，鬱鬱不甚得志（王明僅被派充宣傳部幹事）。1930 年夏天，史大林的「第三時期哲學」（即宣佈全世界均處於直接革命局勢中的「左」傾跳躍路線），在李立三的執行下 [1]，達到了瘋狂程度，並在短短期間（三四個月），被證明為完全破

產。這路線引起了下層同志普遍的惶惑與不滿。此時，王明等就利用了時機，首先利用了瞿秋白等，在 9 月間召開的六屆三中全會上打擊了李立三；然後王明們與此時已當上了第三國際東方部主持人的米夫直接聯繫，上下合作，又於同年 11 月間通過了對六屆三中全會的補充決議；12 月中發第九十六號通告，「進一步指出了立三路線錯誤及六屆三中全會的調和錯誤」，將瞿秋白也套入「錯誤」的網中。王明派此時乘勝追擊，毫不放鬆，乃於兩個月後，即在 1931 年 1 月召開了「改造」中央的六屆四中全會，此時，在六次大會上根本不曾當選中委的王明派人物竟進入了領導機關，將李立三、瞿秋白乃至何孟雄、李求實等實際工作者排擠了出去。如此，王明那個由佔領黨校進而佔領全黨的野心，在史大林的直接扶持之下，總算初步成功了。

所有這些鬥爭都是在上海秘密進行的。毛澤東當時正困鬥於湘贛地區，遠離着這個勾心鬥角的中心。關於理論和政治問題，毛澤東原沒有給以多大注意。他根本上同意六次大會的決議，並且完全同意史大林「第三時期」的盲動路線。因此在原則上他是擁護「立三路線」的。他對「立三路線」有所批評，只限於執行的技術上，屬於軍事的策略性質。他從親自的經驗中，知道了當時以紅軍直接進攻大城市之不可能。毛澤東主要是一個實幹家，並非精深貫通的理論家，所以在初期，而且在本質上是自始至終地，他都將理論的意義看在行動之下。這方面他和史大林有共同之處，因此，在那些年中，毛澤東縱不曾將當時上海發生的理論鬥爭（無論在進行於史托二派之間的真正的理論鬥爭，或由王明們搞出來，當作權力鬥爭幌子的「理論鬥爭」）叫做「茶杯裏的風波」，卻總是不屑一顧，或無暇一顧的。在今天公佈出來的毛氏文字中，人們找不到毛澤東當時對種種爭論性的問題發表了什麼意見，這便是證明。當時毛澤東的心理多半是這樣的：「沒有力量

沒有發言權，而最可靠的力量乃是帶槍的群眾。隨你們在亭子間裏去謀王篡位吧，我只要積聚我的力量。」

至於王明們呢？在最初，他們也看不起毛澤東。對於中國南方諸省由共產黨員領導的武裝鬥爭，共產國際看不出任何前途，在六次大會上，由布哈林擔任發言人的報告中，就說過：「那些紅軍會把農民的最後一隻雞都吃光」，並嘲笑那種劃一支火柴點一罐火油的暴動。六次大會決定把蘇維埃口號改成為「宣傳性的口號」，意思就是要停止這種立即的農民暴動。同時也是為自己留下餘地，等武裝鬥爭一旦完全失敗後，可將全部責任推給中國的執行者。六大決定的工作對象是工人，工作的重點限於城市。在國民黨的白色恐怖下，恢復黨和工人群眾的聯繫，儘量恢復和擴大黨組織和工會組織，始終被確定為中國黨唯一的與最重要的任務。本此精神，王明派集中一切力量來奪取上海的黨中央，暫時不注意江西毛澤東領導下的軍政勢力，乃是自然的事。不過一旦取得了黨中央的領導權，又加以毛澤東的軍事力量不但沒有像國際所預料那樣的受到摧毀，反而日趨鞏固，日漸強大，此時王明們便不得不以往日對付李立三瞿秋白的方法去對付毛澤東了。

事實也正是如此。所以我們回顧中共的歷史，竟可以說，自從1931年1月六屆四中全會之後，中共全部的內爭史，乃是以毛澤東及王明為首的兩派鬥爭史。這鬥爭經過很長時期，雙方互有勝負，直至1945年4月的中共黨第七次全國代表大會上，毛澤東一系才贏取了徹底與最後的勝利。這個延長十四年的鬥爭，因為有不少微妙理由，真相至今還對外界，甚至對共黨內部的群眾隱瞞着。其中最大一個理由，便是王明背後站着史大林，他直接代表了莫斯科的官僚層，王明是中國「洋共產」的代表，與「土共產」的代表毛澤東作戰的。因此這個鬥爭間接直接地牽涉到史大林，牽涉到當時的第三國際，牽涉到

蘇聯。身受打擊的毛澤東，自然看到了這一切，但是主要為了鬥爭的策略之故，他不願與不敢直接攻擊王明後面的靠山，甚至對那靠在大山上的王明都不敢攻擊得過分，攻擊得非常「有禮」，「有節」。

兩派十四年鬥爭的主要經過如下：

1931 年 1 月，在六屆四中全會上，王明派非法奪取了中共中央的領導機關。他們憑藉着莫斯科的直接支持，在舊人中取得了向忠發、周恩來等的合作，打下了李立三、瞿秋白以及一大批從事工人運動的前輩革命者。王明用以奪權的政治口號是：「反立三路線」，「反調和主義」，「反右傾」。而他們自己的立場則是極「左」派的，當時史大林在全世界推行的所謂「第三時期」的直接革命路線。這路線由王明寫成小冊子，名叫《兩條路線》，又名《為中共更加布爾雪維克化而鬥爭》。王明的這本小冊子，據毛澤東勝利後所起草的《關於若干歷史問題的決議》上說，「在當時及其以後十多年內還繼續被人們認為起過『正確的』『綱領作用』的。王明們如此『改造』了中央機關以後，又將此種『改造』推廣於各個革命根據地和白區地方組織。他們極有系統地向全國各地派遣中央代表、中央代表機關或新的領導幹部，以此來貫徹其『反右傾』的鬥爭。」（見《歷史問題的決議》）

1931 年 9 月，在四中全會上獲得勝利的王明派，成立了以秦邦憲為首的臨時中央。從此就更公開地向毛澤東的勢力進攻了。

1931 年 11 月，召開江西南部根據地黨代表大會；1932 年 10 月，又召開了黨中央的寧都會議。這兩次會議的攻擊目標都是毛澤東。當時贛南閩西的蘇區領導者被指執行「富農路線」和犯有「極嚴重的一貫的右傾機會主義錯誤」，於是黨和軍隊的領導被改變了。毛澤東本人於 1931 年 12 月 11 日在第一次蘇維埃代表大會上被選為主席，讓他當

了共產黨的「林森」【朱正按 林森（1867–1943），1931 年 12 月起擔任國民政府主席，並沒有實權力；權力都在軍事委員會委員長蔣介石手裏。】，一切實權被剝奪了。

1933 年初，王明們的中央機關因一再被蔣介石的特務所破壞，不得不拋棄他們自來堅持的城市路線，逃入農村根據地 [2]。此後，王明們便更接與徹底地控制了從毛澤東手裏奪過來的一切力量。

1934 年 1 月，六屆五中全會召開。這是王明派控制中共完全成功的紀念會，是「第二次『左』傾路線發展的頂點」（見《歷史問題的決議》）。在這次會議上他們宣佈「中國革命危機已到了新的尖銳的階段 —— 直接革命的形勢在中國存在着。」同時在反對「主要危險的右傾機會主義」、「反對對右傾機會主義的調和態度」和反對「用兩面派的態度在實際工作中對黨的路線怠工」等口號下，打擊毛澤東及其擁護者。

從 1930 年起，直到遵義會議後的 1935 年 12 月，這期間毛澤東沒有寫過任何原則性的理論文章（以選集中所搜集者為根據）。王明們直呼毛澤東為「右傾的機會主義者」，罵他的政策為「富農路線」，按理，毛澤東應該有所辯護，或竟像立三、秋白與周恩來那樣，寫了「承認錯誤的自責書」，不過我們不曾見過任何此類文件。在《選集》中搜集的此一時期的文章，共計四篇，都是屬於經濟政策的，沒有對王明路線的批評，也沒有為自己被指責罪名的辯訴。在《歷史問題的決議》中，只空洞地提了一句：「在第三次『左』傾路線時期中，以毛澤東同志為代表的主張正確路線的同志們，是同這條左傾路線完全對立的。他們不贊成並要求糾正這條『左』傾路線……」可是怎樣對立的，以什麼論據或立場來對立，卻沒有説出來。實情可能是這樣的：

毛澤東自然不會贊成王明們的路線與領導，但這條路線與領導卻是代表國際，代表史大林的。毛澤東們不敢和它公開對立，於是採取「兩面派態度」，玩弄中國的古法：陽奉陰違，虛與委蛇，保持沉默，坐以待變。

這個變化是不久就來的，而 1934 年秋季紅軍反第五次「圍剿」的失敗，開始了突圍的長征。

1935 年 1 月，毛澤東發動召開了擴大的中央政治局會議，即所謂「遵義會議」，推倒了王明派的領導，「糾正了當時具有決定意義的軍事上和組織上的錯誤」。毛澤東那次「起義」之能夠成功，原因據《歷史問題的決議》說是這樣的：「『左』傾路線在實際工作的不斷碰壁。尤其是中央所在地區第五次反『圍剿』中的不斷失敗，開始在更多的領導幹部和黨員群眾面前暴露了這一路線的錯誤，引起了他們的懷疑和不滿。……紅軍長征開始後，這種懷疑和不滿更加增長，以至有些曾經犯過『左』傾錯誤的同志，這時也開始覺悟，……於是廣大的反對『左』傾路線的幹部和黨員，都在毛澤東同志的領導下團結起來……」遵義會議的前後經過，以及會議上做了什麼決定，至今還不曾有文件發表出來，或至少我們還無法看到。不過此次會議所討論的只是軍事的與組織的問題，毛澤東並沒有提出對立的、不同的政治綱領來和王明們鬥爭，那是非常清楚的。《歷史問題的決議》是如此說，在胡喬木編寫的《中國共產黨的三十年》中也是這樣說。後者還進一步告訴了我們一個有趣的事實，它說：要根本改變政治路線，「……糾正在黨的濃厚存在着的『左』傾關門主義」，非但「1931 年到 1934 年的黨中央所不能完成，毛澤東同志在 1935 年的長征中也不可能完成的。直到這時（按指 1935 年秋冬），在共產國際關於反法西斯統一戰線的正確政策的幫助之下，黨……才滿足了這個要求。」（見該書 38 頁）這個

意思就是説：不論遵義會議之前也好，之後也好，王明當權也好，毛澤東當權也好，只要共產黨國際（實則史大林）的極左的「第三時期」路線不改變，則中共的政治方針是決不能改變的。同時這段話的意思又在説：不管王明罵毛澤東犯了右傾機會主義，也不管毛澤東罵王明犯了左傾機會主義，可是兩人誰都沒有跳出史大林的手掌，誰都在「第三時期哲學」的圈子裏翻觔斗。

總之，遵義會議除了改換中共中央書記，改組革命軍事委員會，讓毛澤東及其一系代替王明及其一系之外，沒有解決其他問題。以毛澤東為首的「土共產」雖然勝利了；但以王明為首的「洋共產」卻未嘗潰敗。王明仍舊擔任中共出席國際的代表，仍舊在政治上指揮中共，並繼續在那裏稱王稱霸，欺壓留在蘇聯的政治上的異己者。李立三在中共八次大會上作證説：「我在王明同志的直接領導下工作了七年，好像是過了七年小媳婦的生活，終日提心吊膽，謹小慎微，以免觸怒，但還是不免經常受到斥責。……」在李立三那次發言中，又證明了在中國黨內業已獲勝的毛澤東，其言論著作在莫斯科卻不准流傳的，李立三要「直到 1946 年初回到哈爾濱以後，才初次讀到《關於若干歷史問題的決議》，初次讀到延安整風文件，初次讀到毛澤東同志的一些重要著作。…… 才第一次看到『馬克思列寧主義的普遍真理與中國革命鬥爭的具體實踐相結合的原則』這個術語。」

由此可見，在遵義會議之後，王明在史大林的直接支持之下，其權力與氣焰並沒有馬上失去，不但在他的「直接統治」地區 —— 蘇聯為然，即使在中共黨內亦是如此。毛澤東雖然從 1935 年 1 月起重掌了黨、軍大權，卻還須經長年努力，才能將王明安置在黨領導機關中的黨羽排除，將王明的聲勢真正壓下去，其間經過大致如下：

從 1935 到 1945 的十個年頭，毛澤東與王明之間的鬥爭大致可分為三個時期：第一，毛澤東的自我進修時期；第二，毛、王意見再度直接衝突時期；第三，毛澤東政治意見獲勝與「毛澤東思想」正式誕生時期。

「長征」結束於 1936 年 10 月。在此以前，紅軍轉戰流徙，幾瀕於殆。內有意見分歧（反對意見主要以張國燾為代表），外有國民黨軍的窮追堵截。毛澤東重握兵權於敗亡之際，在絕對優勢的敵軍攻擊下求取生存，自然只有集中一切於軍事問題的解決。等到 1936 年 10 月間，各路紅軍會師甘肅，然後進入陝北，有了相當穩固的根據地；同時因日本帝國主義加緊侵略，全國抗日情緒高漲，蔣介石在西安被拘等等變化，中共所受於國民黨的軍事壓力大大鬆弛；這時，毛澤東的生活和活動也顯然有了變化。他一方面總結過去的爭論，另方面補修他一向欠缺的馬克思列寧等大師的基本理論，特別要讀史大林的著作。毛澤東這方面的努力是極易理解的：(1) 在和王明（不僅王明個人，他後面還有一大群中俄「理論家」）鬥爭時，當對方從一切共產主義典籍中引經據典，大掉書袋之時，毛氏一定痛感到自己在這上面的欠缺，以致有無法招架之勢，為要駁倒對方的教條，自己得先摸清這些教條；(2) 地位愈重要，形勢愈有利，鬥爭愈複雜，毛澤東不能不衷心地感覺到自己一般基本的馬克思主義教育的不足；(3) 當研究馬列主義時，一半由於策略的考慮，即「以子之矛攻子之盾」，或由於勢利的考慮，即欲與王明爭奪史大林的恩寵，擬在思想上趨奉這位蘇聯的獨裁者，以便最後排除王明這個克里姆林宮與中共之間的代理人；另一半由於氣質與思想上的真正接近（例如實幹重於理論，策略高於戰略之類），故毛澤東特別研究以史大林為代表的那一派「馬列主義」。

我們在前面敍述毛澤東的思想成長史時，曾經提到過陳伯達說毛澤東要到抗日戰爭時期才閱讀史大林著作。現在，在這裏，得更多地引述陳伯達對這方面的證言，他說：

> 不論是在 1927 年陳獨秀還在當權的時候，或在 1927 年以後，機會主義者總是或有意地或無意地阻礙在中國黨內散佈和宣傳史大林關於中國問題的許多著作，又因為文字的條件，反革命的隔離，就使得我們黨內許多在實際上領導中國革命的同志沒有機會去有系統地閱讀到史大林關於中國問題的許多著作，而毛澤東同志也是其中的一個。史大林關於中國問題的許多著作是 1942 年整風運動以後，才在我們黨內有系統地編輯出來，……機會主義者為着散佈自己錯誤的觀點和主張，而或有意地或無意地掩蓋史大林關於中國問題的著作，這一點對我們黨說來，是很不幸的。但雖然這樣，毛澤東同志在許多根本問題上，都能根據馬、恩、列、斯的革命基本科學，以自己獨立的思考達到了與史大林相同的結論，因而保持了自己和他的戰友們的正確。

> 毛澤東同志有機會寬泛地閱讀史大林的著作，是在抗日戰爭的時候。毛澤東同志用最高的熱情，來閱讀和深思熟慮他所得到的史大林的各種著作。大家知道，毛澤東同志在他所寫的《新民主主義論》裏面，就說明了史大林的著作所給他的重要的啟發。（見陳伯達《史大林和中國革命》，15–16 頁。）

陳伯達這段文字很有價值，因為它老實地說出了中共黨內馬克思主義教育落後的情況 [3]。並且正式證實了我們的看法：一直在抗日戰爭之前，毛澤東的思想和行動，只根據了馬、恩、列、史的革命基本

科學，這即是説，只憑了共產主義的一般的基本立場，此外卻「以自己獨立的思考」，即運用中國傳統的思想方法與知識成果，來達到具體結論的。毛澤東的此一缺點，我們在上面某一處曾經説過，其實正是他的優點。不過這個優點，只在特種情況下，兩害相權時才顯出來的。故在另一情況與另一意義中，優點仍舊會變成缺點。特別當「教條主義者」引用大量列寧遺教，或史大林文字，做成帽子，變成圈套，以便亂扣亂套政治上的對手時，毛澤東一定會痛感到「子曰，詩云」的還擊無力，以致大發宏願來修讀洋典，補救自己的缺點了。

1936 年以後的三四年內，毛澤東確以「最高的熱情」補修了馬克思主義，特別是史大林主義。成績是可觀的。試翻開四冊《毛澤東選集》來看吧，毛氏一些帶理論性的重要文章（從《中國革命戰爭的戰略問題》，《實踐論》至《新民主主義論》），都寫成於 1936 年底至 1940 年期間。從文章的內容判斷，我們知道毛氏在那一時期的理論研究工作主要可以分做三部分：第一，武裝革命中戰略與策略問題的回顧與總結；第二，馬克思主義的基本哲學的認識；第三，史大林關於中國革命問題的意見及其在蘇共黨內鬥爭中的立場。

我們暫且不討論毛澤東上述三方面研究的成果（後面當會談及）。這裏我們需要指出的只是：這三方面研究的主要爭論對象都還是王明，同時，經過這番研究之後，毛氏有了更大的理論上的自信；更能有所依據地指斥王明們為「教條主義者」；自己則更自覺地成為史大林的崇拜者。

毛澤東這個「自我進修」時期，與我們上面所說的「毛、王政見再度直接衝突」時期，並非截然劃分，亦非先後銜接，這兩個「時期」差不多是同時並存，交互錯綜的。依據《選集》所載，遵義會議後毛

澤東首次向王明派作理論進攻,時在 1936 年 12 月。那時他寫了《中國革命戰爭的戰略問題》,企圖總結十年內戰的經驗,並「系統地說明有關中國革命戰爭戰略方面的諸問題」。在這篇對陝北紅軍大學演講過的文章裏,他以如此方式對王明們開了火:「他們主張回到一般情況的反面去,拒絕了解任何的特殊情況,拒絕紅軍血戰史的經驗,輕視帝國主義和國民黨的力量,輕視國民黨軍隊的力量,對敵人採用的反動的新原則視若無睹。結果是喪失了陝甘邊區以外的一切根據地,使紅軍由 20 萬人降到了幾萬人,使中國共產黨由 30 萬黨員降到幾萬黨員,而在國民黨區域的黨組織幾乎全部喪失。⋯⋯ 他們自稱為馬克思列寧主義,其實一點馬克思列寧主義也沒有學到。列寧說:『馬克思主義的最本質的東西,馬克思主義的活的靈魂,就在於具體地分析具體的情況。』我們的這些同志恰恰是忘記了這一點。」(見《選集》卷一,186 頁。)毛澤東做這樣嚴重的指責,控訴如此大的罪名,卻不說出被告的姓字。同時更有趣的,差不多在同一時候,即在同年 7 月間,當毛澤東向前往陝北採訪的美國記者斯諾談話,提到紅軍不可征服的兩大原因時,說:「另一原因是由於革命幹部的異常幹練,英勇與忠實。朱德、王明、洛甫、周恩來、博古、王稼穡、⋯⋯ 陳昌浩、賀龍、蕭克等許許多多優秀同志們⋯⋯」(見《西行漫記》中譯本第四章,125 頁。)王明在這張名單中位列第二,僅次於朱德。同時在毛澤東所提的 18 個有功的「優秀同志」中,除王明外,計有博古、王稼穡、陳昌浩這三個王派大領袖,以及洛甫等等的王明政權的支持分子。這一切表示出:遵義會議召開以後的將近二年內,王明系統的黨內勢力仍然很大,完全可以和毛澤東爭衡的 —— 更何況整個克里姆林宮站在他們背後呢。毛澤東當時那種隱名射擊與欲抑故揚的做法,固然顯示出孔門弟子的涵養功夫,但到底也反映着那時史大林直系在中共內部實力的大小。

我們迄今無法確知王明本人何時從莫斯科再來中國[4]。他以國際代表及中共代表雙重資格來到武漢是在 1937 年冬。那時他的氣焰還是非常之大，無論在國民黨人眼中或中共自己的安排上，他都在周恩來之上。那時武漢流行着一種說法：周恩來、董必武只能代表延安，而王明卻兼能代表莫斯科。事實上這說法並非完全無稽。那時王明們與延安毛澤東領導的中央之間是否已有新的政治意見的衝突，我們卻不能確知。我們只知道，在此以前，中共曾經於 1935 年 12 月 12 日召集了瓦窰堡會議，毛澤東在這次會議之後，寫了那篇名叫《論反對日本帝國主義的策略》的文章。這是毛澤東重新掌權後的第一篇文章（就選集中所搜集者而言），也是中國第一篇發揮「人民陣線」理論的文章。

在這裏我們必須提到一件大事：共產國際第七次大會舉行於 1935 年夏天。在那次大會上，史大林對全世界共黨發出了「向右轉」的命令，初次提出了「人民陣線」口號，代替了那個開始於 1929 年的「第三時期」的哲學。正是這個「第三時期」的盲目「左」傾路線，斷送了德國革命，扶助了希特勒走上政權，同時在中國，造成了以王明為首的所謂「第三次左傾路線」的全部罪惡。如今，在一方面希特勒，另方面日本軍閥的東西威脅之下，乃不得不做一百八十度的轉變，喊出與一切民主、民族的資產階級合作的口號了。

中共的瓦窰堡會議顯然是七大決議到達陝北後的結果。目的在於討論、接受並執行「人民陣線」（在中國則稱為「抗日統一戰線」）的新路線。會議上大概發生了對新路線的懷疑派，毛澤東的《論反對日本帝國主義的策略》一文，主要是答覆這些懷疑派，只在附帶中觸及了「過去某些同志」的錯誤。對於新路線，我相信王明那時和毛澤東不曾抱有不同態度。王明這個人，如果不能因「國際」（史大林）的轉變而隨之作不多不少的轉變，那就不成其為王明了。至於毛澤東，那

末無論從哪一方面說，右的「人民陣線」，比左的「第三時期」，更要合他的胃口得多。

瓦窰堡會議以後的重大會議是 1937 年 5 月在延安舉行的中共全國代表會議，會議上毛澤東做了報告（《中國共產黨在抗日時期的任務》）與結論（《為爭取千百萬群眾進入抗日民族統一戰線而鬥爭》）。那次會議上發生了意見不同，但毛澤東的對手不是王明，而是張國燾。他此時所反對的左傾不是王明路線，而是托派主張了。

洛川會議舉行於 1937 年 8 月，會上通過的毛澤東文章是一份宣傳大綱（〈為動員一切力量爭取抗戰勝利而鬥爭〉），這裏當然沒有內部爭論。【朱正按　因為這時王明還沒有回國，沒有出席洛川會議，當然他不可能在會場上和毛澤東發生爭論。不過他回國之後立刻表現出了他的不同立場。洛川會議根據毛澤東的意見通過的《中國共產黨抗日救國十大綱領》，規定：一、打倒日本帝國主義；二、全國軍事的總動員；三、全國人民的總動員；四、改革政治機構；五、抗日的外交政策；六、戰時的財政經濟政策；七、改良人民生活；八、抗日的教育政策；九、肅清漢奸賣國賊親日派；十、抗日的民族團結。可是王明 12 月 25 日在武漢發表《中共中央對時局宣言》，提出的抗日戰爭必須實現的六項任務（也被稱為六大綱領），取消了《十大綱領》中關於進行政治經濟改革，廢除國民黨一黨專政等項主張，並提出共產黨領導的人民抗日武裝要接受國民黨政府的「統一指揮」。這就放棄了中國共產黨在抗戰中的獨立自主地位和對統一戰線的領導權，是對「十大綱領」的嚴重倒退。這件事，後來毛澤東在 1958 年的成都會議上說到了：「抗日時期我們同王明的爭論，從 1937 年開始，到 1938 年 8 月為止，我們提十大綱領，王明提六大綱領。按照王明的做法，即史大林的做法，中國革命是不能成功的。」（《毛澤東文集》第七卷，371

頁。）】不過正在這個時期毛澤東卻寫出了兩本與王明派思想鬥爭中最根本的小書：《實踐論》與《矛盾論》。他企圖從馬克思主義認識論與辯證法着手，去反對王明們的「教條主義」與另一些實際工作者的「經驗主義」。

毛澤東和王明在抗日戰爭時期意見之正面衝突，首次導發於1937年11月毛澤東對延安黨活動分子會議上所做的報告：《上海太原失陷以後抗日戰爭的形勢和任務》。此時王明派據說從右邊攻擊這個報告提綱，特別攻擊提綱中所着重的「統一戰線中的獨立自主」立場。據《選集》編者的註釋告訴我們，這個新右派主張「一切經過統一戰線」，堅決反對毛澤東提出的「獨立自主」[5]。雙方爭論，據說延長了將近一年，直到1938年10月的中共六屆六中全會上，「才在基本上克服了這種右的偏向」。（見《選集》卷二，378頁。）

所謂基本上「克服了」王明派的偏向，意思即是說，毛澤東在六屆六中全會上雖然對王明從右邊來的新進攻獲取了勝利，但這勝利卻既非全面，亦非徹底的。在六中全會的報告與結論中，毛澤東根本不曾提到過王明。遇到要為「一切經過統一戰線」這立場記上名字時，則不是說「有人」，就是說「某些同志」；當他提到王明的論據時，或用上「如果」，或詭稱「聽說」。這類外交方式主要雖然用以應付莫斯科，然對王明派的勢力有所顧忌，則也是事實。毛澤東此種無記名射擊改作指名攻擊，甚至要遲至中共全國勝利之後，而且還是假手於人的。在《選集》二卷編輯人對《統一戰線中的獨立自主問題》一文的解題中，才明白說出：「統一戰線中的獨立自主問題，是當時毛澤東同志與陳紹禹同志關於抗日統一戰線問題上意見分歧的突出問題之一。」（見卷二，526頁。）

　　據說，王明的右傾思想，當時還影響了新四軍的領導層，特別影響了項英。結果據毛澤東在 1942 年的回溯中說：「又使得這些同志的錯誤思想影響最大的那些地方的革命工作，遭到很大的損失。」（見卷三，952 頁。）

　　「皖南事變」發生於 1941 年 1 月。不管事變中項英的錯誤是否確實與王明的「思想」有關，或只是毛澤東故意將這兩項錯誤拉在一起，總之，到了那個時候，有一個事實是明白的：王明從抗日戰爭以來，在政治上發動反攻，以便奪回中共黨軍大權的那個企圖，此時已被毛澤東確定地擊敗了。在同時期中，毛澤東一直在繼續他的理論工作，其間比較值得注意的是《中國革命和中國共產黨》（1939 年 12 月）與《新民主主義論》（1940 年 1 月）。在這兩部著作中，毛澤東首次將中國革命的各個基本理論問題，主要依照了史大林的觀點，作了有系統的，全面的研究和闡述。在這以前，除了 1937 年的兩小冊哲學論文之外，毛澤東的所有文字，可以說都是政論性的、策略性的，特別又偏於軍事性的。因此，如果我們一定要指出一個日期，標誌出作為一個完整體系的毛澤東思想之出現，那應該說是 1940 年，其作品為《新民主主義論》。自從這個時期起，毛澤東無論在思想、政治、組織諸方面，都具有前所未有的信心與力量。因此，他和王明之間的鬥爭，也就從上述的第二時期踏入第三時期，即從二人的再度衝突時期進入毛澤東的全面進攻與絕對勝利的時期了。

　　這個時期開始於 1941 年春天，是由毛澤東的兩篇文章：《農村調查的序言和跋》與《改造我們的學習》揭開序幕的。後一篇文章原是毛氏對延安幹部會議所作報告，其用意及其重要性，《選集》編者在該文的解題中有如下說明：

這篇報告和《整頓黨的作風》、《反對黨八股》兩篇文章，是毛澤東同志關於整風運動的基本著作。在這些文章裏，毛澤東同志進一步地從思想問題上總結了過去黨內路線的分歧，分析了廣泛存在於黨內的偽裝馬克思列寧主義的小資產階級作風，主要是主觀主義的傾向、宗派主義的傾向，和作為這兩種傾向的表現形式的黨八股。毛澤東同志號召開展全黨範圍的馬克思列寧主義的教育運動，即按照馬克思列寧主義的思想原則整頓作風的運動。毛澤東同志的這個號召，很快地在黨內和黨外引起了無產階級思想和小資產階級思想的大論戰，鞏固了無產階級思想在黨內外的陣地，使廣大幹部在思想上大大地提高了一步，使黨達到了空前的團結。(見《選集》卷二，796頁。)

這裏沒有提到王明名字，但「黨內的偽裝馬克思列寧主義的小資產階級作風」究竟以誰為代表，卻是不言而喻的。不過這個「學習與整風運動」，如果說其唯一目的只在打擊王明，那是不對的。踏進四十年代，毛澤東和王明在黨內的地位可說已經懸殊。後者縱然有「國際」做背景，雖然在黨內還保留得若干勢力，但認真想和毛澤東抗衡，想和一九三〇年代的初期一樣，借外力再度打敗毛氏，可能性已屬不大。所以那一時期的運動，主要任務與其說是在於「破王明思想」，毋寧說而且應該說是在於「立毛澤東思想」。此一時期王明路線之屢被提及，逐漸帶有示眾之意，而不是為了它有什麼特別嚴重的威脅。《題解》說毛澤東這些文章「進一步地從思想問題上總結了過去黨內路線的分歧」，這確是那次運動的主要目的之一。在那個「總結」中，統治全黨的時間最長、氣焰最盛、為害最烈的王明路線自須清算，陳獨秀、李立三、張國燾的路線當然也被一一批判；可是「總結」的用意決不在於真正客觀地算清舊賬[6]，而主要在於造成這樣的一篇賬，

即：毛澤東的過去一切都入於「資產」項下；而陳、李、張、王以及其他有過意見的人的種種，都記在「負債」一邊。換句話說，那時的總結有着這樣一個大目的：過去一切正確意見均出於毛澤東，一切錯誤和罪惡的立場由於他的對手方。毛澤東是一切正確，從來正確，你不信嗎？有史為證；其他的人則一切皆錯，無一不錯，你若不信，也有史為證。一句話，學習運動與整風運動的主要目的之一，就是要造成「毛澤東思想」這項精神武器，以此造成史大林式的思想統一，更以此造成史大林式的個人崇拜。

毛澤東的此一企圖，他的這項運動，當時在黨內引起了怎樣的反應，是否引起過抵抗，我們至今還沒有足夠的材料來做出答覆。事實可以確定的只是：這個運動延長了差不多四年，到 1944 年才結束。同時，原本決定在 1938 年（六中全會將它推遲至 1939 年）召集的中共第七次全國代表大會，一再推延，終於延遲至 1945 年 4 月才得真正召開（延期的原因可能有幾個，但「總結」未曾完全確定，必然是原因之一）。由此二事，可見王明派，以及另一些不願見「個人崇拜」出現的人們，對毛的企圖是給過一點抵抗的。不過 1944 年年底與 45 年年初，毛澤東終於獲得了對一切反對者的徹底勝利。一個全盤奏凱的宣告出來了，那就是差不多與七次大會同時召開的中共六屆七中全會上通過的決議：《關於若干歷史問題的決議》。【朱正按　擴大的中共六屆七中全會於 1945 年 4 月 20 日開會，並通過《關於若干歷史問題的決議》，4 月 21 日七次大會開預備會，23 日七次大會正式開幕。】

如此，「毛澤東思想」誕生了。在跟着舉行的第七次全國代表大會上，「毛澤東思想」被史無前例地寫進了黨綱，被宣佈為黨的「一切工作的指針」，更被規定於黨員的義務中，明定每一黨員的第一項義務是要：「努力地……領會毛澤東思想的基礎。」

延長十四年，進行於毛澤東和王明之間，亦即進行於「土共產」與「洋共產」之間的中共黨內鬥爭，就這樣以毛澤東的巨大勝利，以「毛澤東思想」的加冕來結束了。

不過，這場大勝還不是殲滅性的，關於「毛澤東思想」的故事也未曾完結。

王明的故事多半已經完結了。在「毛澤東思想」登極的第七次大會上，王明也上台歌頌了「偉大的領袖毛澤東」，也公開承認過自己的錯誤。在毛澤東方面，大概為了表示「治病救人」這一口號的非假，或者要給莫斯科留點面子，還是讓王明叨陪中委的末座（僅在秦邦憲之上）。中國全國勝利之後，王明擔任了人民政府法制委員會主任委員，起草過《婚姻法》。中共八次大會上沒有他發言的份，卻讓他聽了許多人對他的控訴（特別是在他手下做了七年「小媳婦」的李立三）；結果，他在新中委中仍舊以末名入選。法制委員會的工作被取消了，近年來轉行做研究工作，其成績讓我們見到的有他所編注的《太平經》—— 一部後漢人着的有關宗教、哲學和社會思想的書。這種工作自然也是很有意義的，不過對雄心齊天的王明而言，總未免太寂寞，或「大材小用」了 [7]。「天下英雄唯使君與操耳」，今後這位自己也來「澆菜的青年」（王明年僅五十餘）是否還有機會起來與孟德的崇拜者，或這個「崇拜者」的後繼人，爭一日之長呢？照目前的情形看，可能性是消失了的，但並非絕對沒有可能 —— 至少和毛澤東的後繼者之間。

現在讓我們再談「毛澤東思想」的故事。那故事是發生在中共第八次全國代表大會上的。我們知道，八次大會召開於 1956 年 9 月。那時離毛澤東的勝利大會十一年，離中共之取得全國政權七年。在這些年中，毛澤東的威望和力量，在全黨、全國乃至全世界，都大大提高

了，提高得和 1945 年的七次大會時候絕不能比。可是，在那個八次大會上，一個新黨章通過了。新舊黨章之間一個最大的不同，那就是：作為「一切工作指針」的「毛澤東思想」被取消了。黨員的義務，也不再規定要「領會毛澤東思想」了。為什麼做這個修改？報告人鄧小平沒有一言提及。大會上沒有一個代表發出疑問，普通的讀者當然也不會注意及此。可是，這是一個極大的修改呀。我們必須尋找原因。

毛澤東突然謙虛起來了？不成理由。王明們勢力又抬頭了？不是事實。「毛澤東思想」業已完成了革命，所以不需要了？不成話。廣大黨員群眾的理論水準提高了，反對這個規定？看不見跡象。那末究竟為了什麼呢？很簡單，為了這樣一個事實，即：在八次大會召開之前半年，蘇聯共產黨召集了有名的第二十次大會。大會上，以赫魯曉夫為首的一系，為的要反對和打倒以馬林可夫、莫洛托夫等更直接的史大林系統，便利用了當時蘇聯民眾中普遍存在的民主要求，清算了史大林的獨夫作風，指責了他的「個人崇拜」。

不管蘇共黨內反「個人崇拜」鬥爭的真實性如何，此一鬥爭在世界共產主義運動中形成了風氣，發生了影響，卻總是事實。它所及於中共的影響，更屬非常巨大。中共領導層接到這個消息，簡直是狼狽不堪的。因為，它正在黨內國內繼續製造並鞏固毛澤東崇拜，正在仿照三十年代後期史大林的辦法，把毛澤東神化，變成「救世主」，變成「有智慧的太陽」。在普通民間，中共更在將毛澤東代替人們過去膜拜的一切偶像，它叫人們每飯不忘，每事不忘去感謝主席的恩情。不論婚喪慶弔，主席像都被抬出來當作儀式的中心，承受「人間的香火」。正在這樣熱烈的造神運動中，攻擊「個人崇拜」的消息來了 —— 這是一個多麼鮮明、又多麼煞風景的對照呀！造神運動無疑在一般人中，

部分也在黨員群眾中，引起了反感，至少引起了惶惑。人們所以容忍它，甚至支持它，徒以革命正在前進之故，又以它有史大林的前例之故。可是，現在，史大林的「個人崇拜」都被宣佈為錯誤，為罪過而加以進攻了。那末對於史大林「弟子」的「崇拜」更不必說了。這種情緒迫得中共的領導層有所顧慮，終於迫得毛澤東「謙虛」起來。

結果是：在八次大會上，他不聲不響地將「毛澤東思想」這塊招牌從黨章的綱要和條文中除下來了。

當然，整個共產主義陣營中的民主風向，都驅使毛澤東這樣做。波茲南工人暴動，匈牙利工人起義等等一連串反對史大林式獨裁的鬥爭，更有助於毛澤東的「謙虛」。他發動了「大鳴大放」，他發表了解決「內部矛盾」的辦法。在一個相當長的時間內，「毛澤東思想」這個名詞在所有的刊物上與演詞中消失了。若以《紅旗》雜誌的文字為例，那末我們看見，只在 1958 年 7 月的第四期上，登載了陳伯達為紀念中共成立三十七周年在北京大學發表的演說：《在毛澤東同志的旗幟下》。此後又沉寂了，沉寂了一年有半，直至 1960 年 1 月，《紅旗》才突然再以顯着地位登載一篇文章：〈學習毛澤東思想，充分發揚自覺的能動性〉。第八期上，登載了〈列寧主義萬歲！〉（這是以列寧主義掩護毛澤東思想，表面上反對鐵托，實際上反對赫魯曉夫的。）接着，到了 10 月份的第十九期上，配合着《毛澤東選集》第四卷的出版，一次轟轟烈烈、大張旗鼓的「毛澤東思想」運動又開始了。那一期上發表了林彪寫的〈中國人民革命戰爭的勝利是毛澤東思想的勝利〉；發表了〈在戰略上輕視敵人，在戰術上重視敵人〉的社論，以及〈選集第四卷介紹〉。接下來，在第二十、二十一期合刊上，發表了〈中國人民革命勝利經驗的基本總結〉，以及〈辯證法是革命的代數學〉。第二十二與二十三期中，又再接再厲地，登載了頌揚「毛澤東思想」的

煌煌大作，總之，「毛澤東思想」自從在 1956 年 9 月的中共八次大會上被黨章「除名」之後，表面上「消聲匿跡」了四年。直到 1960 年10 月間，才再度被當作一個迫切的政治任務，以全力在全黨全國提出來，提到政治宣傳運動的最前列。現在（1961 年夏），這個運動還在繼續，正在向文化政治的各個領域普遍開來，深入下去。究竟這個運動將如何發展？會發展到如何荒唐程度？在未來的中共第九次全國代表大會上，會否再度「正名」，會否將「毛澤東思想」在黨章上恢復地位？這些，我們不想猜度也不必猜度。我們在結束以造神為目的的「毛澤東思想」的故事之前，只想解釋一下這樣一個問題：在 1956 年靜下去的「毛澤東思想」的呼號，為什麼在 1958 年再度響起，且在 1960年又大叫大嚷呢？難道是為了宣傳第四卷《選集》的發行嗎？當然不是。理由顯然還要大得多，簡單說，有下列二者：（1）對外，由於中共領導層和克里姆林宮新主人之間發生了爭執；（2）對內，由於「總路線」，「大躍進」以及人民公社這「三面紅旗」所造成的經濟和政治上的種種困難。加強個人崇拜自非解決困難的好辦法，但是已被崇拜的個人，以及屬於此一崇拜制度的內裏人物，卻往往會錯誤地認它為不二法門。

講完了「毛澤東思想」的故事，讓我們來研究毛澤東思想的真實內容。

不過在開始研究之前，請允許我稍稍跑一段野馬。因為「毛澤東思想」這個名詞是劉少奇第一次正式報告出來的，是他，在《論黨》的報告中，首次闡揚了這個思想的。由此我想起了劉少奇和毛澤東的關係，更由此我又想到了數百年前那位出名的英國哲學家和政治家 —— 佛蘭西斯・培根。此人寫過不少篇精深簡短的散文，其中一篇是〈論友誼〉。目前令我特別感興趣的是下面幾句：

　　人有一身，而此身又局限於一地。可是他若有了友誼，生活上的一切職務可以請到代表了。因為他的朋友可以替他去做這些事情。要知人世間有多少事，是為那些略要面子與略具風度的人所不能親說親為的呀！一個人很難自道功績而不失謙遜，更不必說自誇功績了；一個人向人求懇，有時也是難於啟齒的；諸如此類的還有不少。可是所有這些事情，自己開口不免臉紅的，倘若出之於朋友之口便無傷大雅了……

　　當初，略知中共歷史的人，看見劉少奇位於毛澤東之次，而且確定了繼承人資格，都非常詫異的。因為劉少奇的資格雖老，理論與工作的能力雖然不低，但論「文采風流」，不但遠輸毛澤東，而且略遜周恩來。如今我們讀過了上引培根的文字，那末毛劉之間的關係便可以釋然了。劉少奇在七次大會上的報告，全篇就是對毛澤東與毛澤東思想的頌讚，它說：「我們的黨，已經是一個有了自己偉大領袖的黨，這個領袖，就是我們黨和現在中國革命的組織者與領導者 —— 毛澤東同志。」報告又說：「我們的大會應該熱烈慶祝：在中國共產黨產生以來，產生了、發展了他們這個民族的特出的，完整的關於中國人民革命建國的正確理論。這個理論…… 就是毛澤東思想。」「毛澤東思想就是馬克思列寧主義的理論與中國革命的實踐之統一的思想，就是中國的共產主義，中國的馬克思主義。」這樣的話，不必論其所含的真實性有多大，但若由本人親口說出來，總是不便的吧。誰能替這個本人代說，誰便是這個人最親近與最知心的朋友。

　　野馬跑過，讓我們來看看由劉少奇首次正式報告的毛澤東思想的具體內容為何：

　　　毛澤東思想，從他的宇宙觀以至他的工作作風，乃發展着與完善着的中國化的馬克思主義，乃是中國人民完整的革命建國理

論。這些理論，表現在毛澤東同志的各種著作以及黨的許多文獻上，這就是毛澤東同志關於現代世界情況及中國國情的分析，關於新民主主義的理論與政策，關於革命統一戰線的理論與政策，關於革命戰爭的理論與政策，關於革命根據地的理論與政策，關於建設黨的理論與政策，關於文化的理論與政策等。這些理論與政策，是完全馬克思主義的，又完全是中國的。這是中國民族智慧的最高表現和理論上的最高標準。（見劉少奇《關於修改黨章的報告》論《總綱》的第二部分）

劉少奇在這裏列舉了毛澤東思想的九項內容，條目雖多，而含義卻嫌龐雜；如果我們從更能概括的角度去看問題，那末，我想可以分作如下三大類：（1）關於革命的策略和戰術方面；（2）關於革命的原則和戰略方面；（3）關於思想文化方面。下面我們將依循這三個方面，比較詳細地研究毛澤東的思想。我們將客觀地肯定他的積極的貢獻；同時也將公正地指出它的錯誤或軟弱的地方。他的功績我們必定承認，但為了神化目的而硬造出來的榮譽卻必須揭穿。這樣做，我們希望能夠確定毛澤東其人及其思想的真實面目，並確定他作為中國乃至世界歷史上一個大革命家與思想家的真正地位。

注釋

1. 李立三當時是政治局委員兼宣傳部長，黨的總書記為向忠發，政治局中還有周恩來等其他委員，同時更有國際代表常駐上海；以如此組織實行莫斯科決定的史大林路線，那是絕不能由李立三負責的。

2. 根據我們已經看到的中共文獻，王明本人好像並未隨同中央機關內遷到江西。他從上海回到他的「祖家」莫斯科，當國際代表去了。一直要到 1937 年冬天，他才從蘇聯回來。

3. 不過為了更符合於事實起見，我們應該替他再說明兩點：（1）有意地不願將理論著作大量翻譯，並阻礙它在黨內散佈，在中共的歷史上只有過兩種人，一種是最早的旅莫支部人物，另一種便是王明派。他們要這樣做，首先倒並不「為着散佈自己的錯誤的觀點和主張」，而是為了壟斷理論，獨霸「經典」的引徵權與解釋權，藉以造成其「紅色買辦」的地位。（2）文中只說「史大林關於中國革命問題的著作」，其實，為中國革命的實際領袖們（毛澤東乃其中之一）所未曾讀到，為「機會主義者」所有意或無意地阻礙翻譯流傳的，不僅是史大林的著作，而是所有馬克思的著作。

4. 最近看到張國燾的回憶錄，才知道王明與康生、陳雲，是在 1937 年 12 月下旬，坐蘇聯飛機飛到延安的。—— 1971 年 1 月補注。

5. 因為我們無法看到爭論對方的文件。王明究竟比毛澤東更右幾多，我們無法確定。因為毛王兩人此一時期的爭論，和其他所有時期的爭論一樣，我們都只能從「經過技術性修改」的毛澤東的文字裏約略見到一點王明路線的面目。我們並不因此懷疑王明的「右的偏向」，因為史大林正在偏右的時候，王明決不會不右的。我們所懷疑的是毛澤東可曾真的比王明左些，以及如何左法，何時左起。據《選集》，那個引起右派反對的提綱：《上海太原失陷以後抗日戰爭的形勢和任務》，如果發表時不曾做過本質上修改的話，那末毛澤東的立場確比史大林的，也就是比王明的立場左得多。他提出了統一戰線中「誰領導誰」的問題，堅持「統一戰線中的獨立自主」原則，號召克服投降主義或遷就主義。但照那未曾選入《選集》中的《論新階段》（此書即毛對召開於一年之後的六中全會所作報告全文）看，則毛氏主張其實也非常之右，與王明所代表者難分高下。

6. 撇開史大林的第三國際而來「總結過去黨內路線的分歧」，就絕對不可能真正客觀地清算舊賬。這樣的清算只能愈算愈糊塗，愈結愈混亂。這一層我們將在後面詳說。

7. 事後知道，研究道家的王明是另有其人，他不是原名陳紹禹的王明。這是個誤會。—— 王凡西，1987 年 7 月注。

五、高明的戰術家

　　毛澤東有句名言：「戰略上輕視敵人，戰術上重視敵人。」這句話，不同的了解可以有不同的意義。有的意義正確，有的意義謬誤。簡單地將它了解成對付敵人時候的膽大心細，當然絕對正確。若了解為大處不妨輕敵，小處必須重敵，那就糟了。依毛澤東的本意，這句話首先是說帝國主義及一切反動統治，在整個歷史的發展上是已經過了時的，注定要死亡，其本身充滿了無法解決的矛盾，所以外強中乾，是紙老虎，我們不必怕它們；不過雖然如此，反動制度是不會自行死亡的，在臨死掙扎中而且要加倍兇惡的，因此和它們鬥爭時，仍必須鄭重其事，戰戰兢兢，一絲兒都鬆懈或疏忽不得。這個了解，當然對的。但用「戰略」和「戰術」來表示上述兩種態度，卻並不恰當。資本主義之注定要死亡，其本身矛盾無法解決，至少，從馬克思寫《共產黨宣言》，寫《資本論》以來就已經如此了。可是馬克思的全部革命理論，特別是由列寧發揮出來的布爾雪維克主義，主要的，亦即他們所「重視的」，乃是無產階級革命的戰略思想，而非實現這些戰略的戰術手段。說「戰略上輕視敵人」，意思當然不是說克敵的戰略可以輕視，它只是說：在我們的戰略部署上，敵人的力量不必重視。但這樣的說法也還是有毛病的，因為第一，任何意義的輕敵都會招致失

敗；第二，今天的帝國主義畢竟還不是死大蟲，因而不必講求捕捉的戰略，而只須考慮宰割的方法得了。

毛澤東所以會說出這樣一句口號來，我覺得，是由如下兩種情形促成的：一、毛澤東本質上原是一個非常傑出的、聰敏靈活的戰術家與政略家；卻不能算是同樣傑出的、高瞻遠矚的、受着一貫原則性指導的戰略家；二、在長時期鬥爭中，毛澤東高明的戰術時常能補救與改正他不甚高明的戰略；且因許多有利的客觀因素之助，常能來得及完成這些補救與改正工作，因此，使他相信彷彿只要有了好的戰術，便可以獲取革命勝利了。

從「戰略上輕視敵人，戰術上重視敵人」這句名言的一個特定意義着想，我們不但可以看出毛澤東首先是一個戰術家這個事實，而且還可以看出，中國革命在其爭取到勝利的途中，戰略與戰術的關係曾經具有了如何彎曲的形態。

這裏先讓我們研究戰術家的毛澤東。不過首先，我們還得解釋一下戰略和戰術之間，戰略家與戰術家之間的區別，尤其是要解釋我們是怎樣了解這個分別的。關於這個區別，毛澤東有過這樣的說明：「研究帶全局性的戰爭指導規律，是戰略家的任務。研究帶局部性的戰爭指導規律，是戰役學和戰術學的任務。」（見《中國革命戰爭的戰略問題》）這個定義並不錯，但非我們在本文中所了解的意義。我們是在更寬廣的意義上，即不僅在軍事意義、而且在政治意義上來觀察和區別這兩者的。廣義的戰略和戰術，即不僅指軍事意義的，而更加指政治意義的戰略和戰術，其區別當不限於「全局性」與「局部性」之分。二者的區別，我們認為主要得看：凡事先求原則性的貫通，全面性的融會，然後從原則立場來觀察與解決各個具體問題，這是戰略家的態

度；反之，凡事只對個別的具體問題調查研究，不能作全面性的概括，不能作原則性的綜合，同時以個別問題的答案，不斷影響或經常改變原則立場，這種人，屬於戰術家。

就狹義說，即單就軍事意義說，毛澤東不但是高明的戰術家，抑且是傑出的戰略家。但就廣義說，即就軍政兩義，更特別就政治的意義說，那末作為一個戰略家的高度，便遠不如他戰術家的高度了。

我們如今在此談論他的戰術家地位，當然是取其廣義。

「毛澤東思想」對於中國革命的最大貢獻，乃是當 1927 年革命失敗之後，將力量投向農村，武裝農民，建立根據地，實行革命戰爭。在這方面，也正是戰術家毛澤東的身型長得最高的地方。不過我們這樣說，一定有人會出來反駁：如此重要的一條革命路線，為什麼只能算是戰術上的大成就，卻不能算作戰略上的大貢獻呢？單憑這一點，為什麼還不能稱毛澤東為偉大的革命戰略家，卻只能稱為偉大的戰術家呢？列寧之所以成為偉大的戰略家，主要因為他為俄國革命提出了一條戰略路線：無產階級聯絡農民，反對資產階級，為工農民主專政的建立而鬥爭，藉以完成資產階級的民主革命，並開展社會主義的革命。然則毛澤東的武裝農民，建立根據地，實行革命戰爭的路線，為什麼不能與列寧的路線齊肩，同被看作為革命戰略呢？

我們認為二者不能等量齊觀。理由第一是，毛澤東所最先堅持的領導農民武裝革命的路線，實質上屬於鬥爭方法，並非革命原則。鬥爭方法正確與否，對革命的成敗自有極大影響；但革命方法和手段的本身，對革命性質，甚至對革命諸動力之間的結合關係，卻不會有決定作用。毛澤東的武裝革命道路，是在史大林給規定的戰略路線之下採取並進行的。當毛澤東走上這條路線時，一再聲明：「我們完全同意

共產國際關於中國問題的決議」（見《井岡山的鬥爭》）。「黨的六次大會所指示的政治路線和組織路線是對的」（見《星星之火，可以燎原》）。由此可見，毛澤東關於農村革命根據地的思想，僅僅是如何實現共產國際與中共六次大會所規定的戰略路線的一種戰術路線，它本身決不是戰略路線。第二，毛澤東這個「以武裝對武裝」的思想，自始不曾從我們這大時代的特性，從國民黨資產階級統治的半法西斯式的軍事化特性出發，加以分析而提出的；它是從中國政局的不定，統一難成，等等條件出發，因而斷定了紅軍以及紅色政權之有存在可能，並發明出、從戰鬥中歸納出許多武裝鬥爭的戰術。因此，它不是一個原則性的、瞻顧全局的如何完成革命與完成何種革命的戰略，而只是革命失敗後，被迫自衛、先行後知、逐漸自覺的一種戰術。誠然，還在 1928 年 11 月，毛澤東就說過：「以農業為主要經濟的中國的革命，以軍事發展暴動，是一種特徵。我們建議中央，用大力做軍事運動。」（見《井岡山的鬥爭》）同時在稍後兩月的另一篇通信（《星星之火，可以燎原》）中，毛澤東批評了「這種全國範圍的、包括一切地方的、先爭取群眾後建立政權的理論」，說它「是於中國革命的實情不適合的」。但他並未在戰略意義上提出這個批評，即毛澤東不曾與當時的中央主張根本對立，他不曾明白堅決地提出放棄城市的群眾運動，集中力量於各個根據地的建立，然後由鄉村的根據地出發，以武力解放城市和全國。相反，在同一篇通信中，毛澤東引徵他的一封舊信上的立場如下：「……黨的無產階級基礎的建立，中心區域產業支部的創造，是目前黨在組織方面的重要任務；但是在同時，農村鬥爭的發展，小區域紅色政權的建立，紅軍的創造和擴大，尤其是幫助城市鬥爭，促進革命潮流高漲的主要條件。所以，拋棄城市鬥爭是錯誤的……」這裏說得很明白，依據毛澤東當時的想法，和當時及以後的所有中外馬克思主義者的想法一樣，農民的武裝隊伍及其地方政權，

對整個的革命鬥爭説，只能起「幫助」與「促進」的作用罷了。由此可見，以後中國革命的實際發展，即完全離開了城市（1933年以後），完全依靠農民的武裝及其地方政權，終於在內戰中擊敗了國民黨，解放了全中國，顯然不是按照了一個預見的戰略路線，而是違反了中共的、乃至毛澤東本人的戰略路線的。因此，如果説毛澤東關於「解放農民，武裝鬥爭與革命根據地」的理論，對於中國革命的貢獻，在理論的價值上簡直堪與列寧那個著名的戰略公式齊肩，是不確實的。

但雖如此，毛澤東的此一方面的理論，即使屬於戰術性質，卻仍具有非常巨大的價值，值得全世界的革命家研究，尤其應為落後國家的革命者所認真學習，並加以接受和實行的。

前面我們提過，中外馬克思主義者關於如何組織，如何促進與如何實行革命，有一套傳統的與正統的辦法——戰術。那套辦法是：發行報紙，將革命幹部組成政黨，組織無產階級群眾，組織無產階級以外的勞動群眾，不斷進行鼓動宣傳，不斷領導一切（經濟的和政治的，合法的和非法的）鬥爭，以此擴大政治影響，增加組織力量，直至全國性的革命危機成熟（主觀上有廣大群眾的擁護，客觀上統治階級陷於政治與經濟的崩潰），乃由工人階級發動一次或數次革命（暴力的或非暴力的，議會內的或議會外的），首先在中心城市奪取政權，組織新的國家機構（包括軍隊在內），然後將革命（經過內戰或不經過內戰）推廣至於全國。

這樣一條進行革命的道路，導源於馬克思主義的基本立場，導源於資本主義社會中勞資兩階級的主要對立，並導源於由此發生的城市領導鄉村，工人階級領導一切非無產階級鬥爭這個事實。巴黎公社以後的三十年中，西歐資本主義有了長足發展，在發展中形成了以議會

運動為主要目標、以組織廣大群眾，領導群眾的日常鬥爭為中心工作的鬥爭道路，這條道路到了十九世紀末與二十世紀初，顯出了嚴重的機會主義與改良主義的墮落，於是在政治與經濟均較落後的俄羅斯，當那個改良的議會主義的「革命」道路最突出地暴露了自己的不合適之後，就發生了以列寧為首的布爾雪維克派的戰略戰術路線。這條路線以馬克思主義的理論為基礎，一方面繼承了俄國固有的民粹派革命鬥爭的一些傳統，另方面採取了西歐工人運動的某些方法；它接納了二者的優秀之點，否定了二者的錯誤與墮落之處。它從前者繼承了戰鬥先鋒隊的組織特點：嚴密、集中、戰鬥性與「陰謀性」；卻否定了它的農民觀點，否定了它的少數單幹主義，官僚命令主義等等。從後者，它採取了組織群眾、教育群眾、領導群眾的路線，卻否定了它的只改良不革命的想法，否定了它的選票之外無鬥爭的那種觀念。如此完成起來的列寧的這種革命方法，配合了他正確的基本戰略思想，完成了俄國革命，因而便推廣到了全世界。

中國的共產主義運動從它存在的第一天起，便是在共產國際的直接指導之下，實行上述的革命方法或革命戰術的。以「黨報」作為「組織者」，以中國最大的工業中心上海為基地，以爭取工人、教育工人、組織工人為主要工作，將同樣的黨組織與群眾組織擴大到全國，首先擴大到國內各大城市。黨活動的最大目的在於散佈自己的政治影響，增大自己的組織力量，然後在合適的、未可預知的條件中，實行革命。這樣的革命方法，不但當北伐戰爭以前及其進行期間如此，便是革命失敗以後，處於國民黨恐怖統治下之時亦是如此。不但史大林主義的中共中央系統如此，由中共分裂出來的中國托洛次基主義派也是如此，不但王明們是如此想與如此做，就是毛澤東也是如此想的，雖然他不曾一貫地如此做。毛澤東在思想上接受了傳統的革命方法，

事實上卻不曾始終這樣做。這因為毛澤東首先是一個實行家，是一個將行動看得重於理論的革命家。又因為毛澤東的思想主要是由中國的傳統知識構成的，外來的馬列主義的理論他知道得少（特別在二十年代），受束縛的程度沒有「洋教條主義者」那麼厲害。所以在客觀事變與鬥爭邏輯的壓迫之下，他被迫改變了他自己和一切馬克思主義者共同奉行的革命戰術。他以落後僻遠的鄉村代替濱海的現代化的大城市；以武裝農民的暴動來代替對工人階級的領導和組織；以少數共產黨人對部分農民軍隊的統率和控制，代替了工業無產階級的政治鬥爭對鄉村農民的影響和領導；以武裝割據、持久戰爭、槍桿子打天下的路子，代替了宣傳鼓動、長期組織、由總罷工走向革命的方針。當毛澤東實行如上種種「代替」之時，並非放棄（至少不曾公然放棄）了共產黨革命的正式策略，他堅持工人階級的領導，他繼續承認大城市工作居於首要地位。當他發現「知」與「行」之間有所衝突之時，他便讓前者去適應後者，但此適應決不越過一個限度，即決不公然違反馬列主義關於革命遂行的方法，尤其不放棄那些更加根本的立場。譬如關於「工人階級領導」問題，毛澤東決不會說（也從不曾說），農民根本不需要這個領導，而只是說，信仰堅定、組織嚴密的少量共產主義者的領導，為了指引或保證武裝農民進行反國民黨的鬥爭，已經足夠了。又如關於武力割據的前途問題，毛澤東亦非自始就具有絕對信心，更不敢賦與它以獨一無二的重要性。他老是宣稱：「割據」鬥爭是繫於全國革命形勢的是否進展的（見《星星之火，可以燎原》）。總之，毛澤東採取了不同於傳統的與正式的共產黨革命的戰術，最初是實迫處此，事與願違，然後是知隨行變，逐漸形成自己的看法。不過一直要到 1938 年 11 月，即當他實行了十一年之後，他的這個獨特的看法才首次有了一次全面的與理論性的說明。那是他當時對六屆六中全會

所作結論的一部分，以《戰爭和戰略問題》為題收入於《選集》中的。為了它的意義重大之故，特長段摘錄於後：

> 革命的中心任務和最高形式是武裝奪取政權，是戰爭解決問題。這個馬克思列寧主義的革命原則是普遍地對的，不論在中國在外國，一概都是對的。

> 但是在同一個原則下，就無產階級政黨在各種條件下執行這個原則的表現說來，則基於條件的不同而不一致。在資本主義各國，在沒有法西斯和沒有戰爭的時期內，那裏的條件是國家內部沒有了封建制度，有的是資產階級的民主制度；外部沒有民族壓迫，有的是自己民族壓迫別的民族。基於這些特點，資本主義各國的無產階級政黨的任務，在於經過長期的合法鬥爭，教育工人，生息力量，準備最後地推翻資本主義。在那裏，是長期的合法鬥爭，是利用議會講壇，是經濟的和政治的罷工，是組織工會和教育工人。那裏的組織形式是合法的，鬥爭形式是不流血的（非戰爭的）。在戰爭問題上，那裏的共產黨是反對自己國家的帝國主義戰爭；如果這種戰爭發生了，黨的政策是使本國反動政府敗北。自己所要的戰爭只是準備中的國內戰爭。但是這種戰爭，不到資產階級處於真正無能之時，不到無產階級的大多數有了武裝起義和進行戰爭的決心之時，不到農民群眾已經自願援助無產階級之時，起義和戰爭是不應該舉行的。到了起義和戰爭的時候，又是首先佔領城市，然後進攻鄉村，而不是與此相反。所有這些，都是資本主義國家的共產黨所曾經這樣做，而在俄國的十月革命中證實了的。

> 中國則不同。中國的特點是：不是一個獨立的民主的國家，而是一個半殖民地的半封建的國家；在內部沒有民主制度，而受

封建制度壓迫；在外部沒有民族獨立，而受帝國主義壓迫。因此，無議會可以利用，無組織工人舉行罷工的合法權利。在這裏，共產黨的任務，基本地不是經過長期合法鬥爭以進入起義和戰爭，也不是先佔城市後取鄉村，而是走相反的道路。

......

所有這些，表示了中國和資本主義國家的不同。在中國，主要的鬥爭形式是戰爭，而主要的組織形式是軍隊。其他一切，例如民眾的組織和民眾的鬥爭等等，都是非常重要的，都是一定不可少，一定不可忽視，但都是為着戰爭的。在戰爭爆發以前的一切組織和鬥爭，是為了準備戰爭的，例如五四運動（1919年）至五卅運動（1925年）那一時期。在戰爭爆發以後的一切組織和鬥爭，則是直接或間接地配合戰爭的，......

「在中國，是武裝的革命反對武裝的反革命。這是中國革命的特點之一，也是中國革命的優點之一。」史大林同志的這一論斷是完全正確的，無論對於北伐戰爭說來，對於土地革命戰爭說來，對於今天的抗日戰爭說來，都是正確的。這些戰爭都是革命戰爭，戰爭所反對的對象都是反革命，參加戰爭的主要成分都是革命的人民；......革命戰爭「是中國革命的特點之一，也是中國革命的優點之一」，這一論斷，完全適合於中國的情況。中國無產階級政黨的主要的和差不多開始就面對着的任務，是聯合儘可能多的同盟軍，組織武裝鬥爭，依照情況，反對內部的或外部的武裝的反革命，為爭取民族的和社會的解放而鬥爭。在中國，離開了武裝鬥爭，就沒有無產階級和共產黨的地位，就不能完成任何的革命任務。

在這一點上，我們黨從 1921 年成立直至 1926 年參加北伐戰爭的五六年內，是認識不足的。那時不懂得武裝鬥爭在中國的極端的重要性，不去認真地準備戰爭和組織軍隊，不去注重軍事的戰略和戰術的研究。在北伐過程中，忽略了軍隊的爭取，片面地着重於群眾運動，其結果，國民黨一旦反動，一切民眾運動都塌台了。1927 年以後的一個長時期中，許多同志把黨的中心任務仍舊放在準備城市起義和白區工作方面。一些同志在這個問題上的根本的轉變，是 1931 年反對敵人的第三次「圍剿」勝利之後。但也還沒有全黨的轉變，有些同志仍舊沒有如同現在我們這樣想。

經驗告訴我們，中國的問題離開武裝就不能解決。⋯⋯

毛澤東比較原則性與戰略性地提出了並說明了武裝鬥爭在革命中的重要性之後，接着又拿國共兩黨的戰爭史來做了例證，他說：

從孫中山組織革命的小團體起，他就進行了幾次反滿的武裝起義。到了同盟會時期，更充滿了武裝起義的事蹟，直至辛亥革命，武裝推翻了清朝。中華革命黨時期，進行了武裝的反袁運動。後來的海軍南下，桂林北伐和創設黃埔，都是孫中山的戰爭事業。

蔣介石代替孫中山，創造了國民黨的全盛的軍事時代。他看軍隊如生命，經歷了北伐、內戰和抗日三個時期。過去十年的蔣介石是反革命的。為了反革命，他創造了一個龐大的「中央軍」。有軍則有權，戰爭解決一切，這個基點，他是抓得很緊的。對於這點，我們應向他學習。在這點上，孫中山和蔣介石都是我們的先生。

⋯⋯

中國也有些不要軍隊的政黨，其中主要的一個是進步黨，但是它也懂得必須靠一個軍閥才有官做。袁世凱、段祺瑞、蔣介石（附蔣的是進步黨之一部轉變而成的政學系），就成了他的靠山。

歷史不長的幾個小黨，如青年黨等，沒有軍隊，因此就鬧不出什麼名堂來。

外國的資產階級政黨不需要各自直接管領一部分軍隊。中國則不同，由於封建的分割，地主或資產階級的集團或政黨，誰有槍誰就有勢，誰槍多誰就勢大，處在這樣環境中的無產階級政黨，應該看清問題的中心。

共產黨員不爭個人的兵權（決不能爭，再也不要學張國燾），但要爭黨的兵權，要爭人民的兵權。現在是民族抗戰，還要爭民族的兵權。在兵權問題上患幼稚病，必定得不到一點東西。勞動人民幾千年來上了反動統治階級的欺騙和恐嚇的老當，很不容易覺悟到自己掌握槍桿子的重要性。日本帝國主義的壓迫和全民抗戰，把勞動人民推上了戰爭的舞台，共產黨員應該成為這個戰爭的最自覺的領導者。每個共產黨員都應該懂得這個真理：「槍桿子裏面出政權」。我們的原則是黨指揮槍，而決不容許槍指揮黨。但是有了槍確實又可以造黨，八路軍在華北就造了一個大黨。還可以造幹部、造學校、造文化、造民眾運動。延安的一切就是槍桿子造出來的。槍桿子裏面出一切東西。從馬克思主義關於國家學說的觀點看來，軍隊是國家政權的主要成分。誰想奪取國家政權，並想保持它，誰就應有強大的軍隊。有人笑我們是「戰爭萬能論」，對，我們是革命戰爭萬能論者，這不是壞的，是好的，是馬克思主義的。俄國共產黨的槍桿子造了一個社會主義。我們要

造一個民主共和國。帝國主義時代的階級鬥爭的經驗告訴我們：
工人階級和勞動群眾，只有用槍桿子的力量才能戰勝武裝的資產
階級和地主，在這個意義上，我們可以説，整個世界只有用槍桿
子才可能改造。我們是戰爭消滅論者，我們是不要戰爭的，但是
只能經過戰爭去消滅戰爭，不要槍桿子必須拿起槍桿子。(見《選
集》第二卷，529-534頁。)

我們如此冗長地抄錄了毛澤東的文字，因為它太重要了。作者
在這裏不但想把武裝鬥爭從戰術提高到戰略地位，而且還想把它當作
革命的一個基本原則提出來；不但在中國的特殊的條件中討論這個問
題，而且企圖在全世界範圍內解決這個問題，不但談到了近代中國諸
政黨和軍隊的關係，而且回溯了中國共產黨對軍事鬥爭態度的歷史的
變遷。在這裏，作者是第一次拿自己的革命戰術（或戰略）和傳統的
馬克思主義的戰略相對立；在這裏，作者是第一次明白而確定地説出
了自己對城市與鄉村，階級與黨，軍隊與黨等等的關係。因此，在此
地，毛澤東確實地説明了，至少是提出了不少有關乎革命戰略的原則
性的問題。如果要説毛澤東思想或毛澤東主義的話，那末我認為，毛
氏在這段話中所説種種，最具有代表性與概括性了。

毛澤東從1927年年底開始去拿起槍桿子，走上武裝鬥爭的道路，
但他一直是把這當作一種戰術去做的。換句話說，他始終站在由莫斯科
規定的、符合於馬克思主義傳統的戰略圈子內去從事武裝鬥爭的。再換
一句話說，即當他在湘贛鄉間從事槍桿子運動之時，並不否認城市工人
運動仍居首要地位；並不否認城市在全國經濟政治生活中的決定性，並
不否認工人對農民，城市對鄉村的領導；並不否認無產階級政黨離開無
產階級環境與工人鬥爭便無法建立與鞏固；並不否認若非全國性的革
命高潮及時重起，「紅軍」與紅色政權便無發展可能，便不能無限期存

在；並不否認他所發動和領導的農民武裝，對整個革命前途說，只能起輔助作用。總之，毛澤東在 1938 年以前，從來不曾宣佈，至少不曾在文字或演說中公開宣佈：在「資本主義國家的共產黨所曾經這樣做，而在俄國的十月革命中證實了的」所有那些，不適合中國，中國要走「相反的道路」。以前，毛澤東的「槍桿子」辦法只是在和資本主義國家共產黨所走的相同的道路上，因為城市革命遭受挫敗，一時無法照樣做，故而暫時採取的一個戰術。一直到了那時，毛澤東才公然宣佈以武裝的農民軍隊來代替城市民眾進行革命，並不是共產黨傳統的戰略路線受到挫折後的一時權宜之計，一種輔助性的活動，而恰恰是為半封建半殖民地的中國國情所要求的，因而根本與資本主義國家（包括俄國）各共產黨所曾實行過的戰略路線相反的一條戰略路線。

這裏，我們首先可以看出這個事實：原來戰略家的毛澤東是由戰術家的毛澤東不自覺地，逐漸地（十年之久）積累而成的。這個事實原本不足為毛澤東病。因為一般地說，實踐總先於理論，許多戰略家都是從戰術經驗的累積而形成的。即使是「天生的」大戰略家，他的戰略思想亦必須經過實際戰役的考驗，必須在戰術的執行中加以不斷審核，才能完成。所以要評估一位戰略家的高度，可以較少注意於他如何形成的這個過程，較多注意於戰略思想的本身。那末就思想的本身而言，戰略家的毛澤東的地位如何呢？據我們的看法，卻遠不及戰術家毛澤東的高明與傑出。

不信，請讓我們分析一下上面的引文。

說「革命中心任務和最高形式是武裝奪取政權，是戰爭解決問題」，就未免把一個（正確些說是幾個）正確的原則說得過於片面、過於簡單、過於機械，因而會變得不正確，甚至變得謬誤。「一切革命的

根本問題就是國家政權問題」，這是列寧的名言。「革命是一部分居民用刀槍大炮，即用非常有威權的手段強迫另一部分居民接受其意志的動作」，那是恩格斯給下的定義。至於說奪取政權歸根結蒂是要靠力量，甚至要靠暴力，說以武裝起義獲得了政權的革命多半會發展成內戰，或發展成反對外國反動派干涉的革命戰爭，那是馬恩以下所有革命導師時常這樣說的。所以問題只在於，這幾個正確的原則立場，像毛澤東以上述形式的一句話表達出來，是否依然正確？據我們看是不正確的。依照毛澤東那句話的意思，革命者的唯一與全部能事，就是去研究和組織革命戰爭，憑此以奪取政權。毛澤東稱這個想法為「馬克思列寧主義的革命原則」，宣佈它是「普遍地對的，不論在中國在外國一概都是對的」，未免太武斷了。我覺得，從馬克思和列寧的立場中，不可能得出「戰爭解決問題乃革命中心任務」這個原則，同時，以革命戰爭解決革命任務這個屢見不鮮的事實，卻不能憑以確定一個規律，彷彿中外古今的革命一概都是由戰爭決定的。革命，特別是深刻的革命，大抵要變成內戰，要變成革命戰爭，這是事實，也可以說是「歷史的規律」，誰若害怕這個事實，誰不認識這個規律，誰就根本不配談革命，更不能領導革命至於勝利。但在另一方面，鑑於革命和戰爭的密切關係，因而將二者混為一談，認為只要戰爭有辦法，革命就有辦法，戰爭能勝利，革命的任務便解決，那是非常錯誤的。

在毛澤東的那個斷語裏，據我看，便含有並且能發生下述的一些錯誤。第一，把戰爭解決革命問題這種情形定為「中國外國一概對的」通用原則；第二，將革命與戰爭，特別是將革命與革命戰爭混為一談；第三，將群眾性的非軍事性的一切革命運動（宣傳與組織），統統看作革命戰爭的準備與配合；第四，很自然地會相信戰爭萬能，暴力萬能或「槍桿子萬能」。現在讓我們來逐一加以說明：

跟在那個「普遍原則」之後，毛澤東接着指出：「在同一原則下，就無產階級政黨在各種條件下執行這個原則的表現說來，則基於條件的不同而不一致。」接着他說明了這個不一致，即在資本主義國家走的是「不流血的、長期的合法鬥爭的」道路，在中國那樣的「半殖民地的半封建的國家中」，「共產黨的任務，基本地不是經過長期合法鬥爭以進入起義和戰爭，也不是先佔城市後取鄉村，而是走相反的道路。」

在這兩段說明中，包含着一連串的錯誤。首先，資本主義國家中那種「不流血的長期的合法鬥爭」，不能簡單解釋成「以戰爭解決問題」這個「原則」在「執行」時候的不同「表現」。當毛澤東企圖指出資本主義國家的特殊「條件」時，充分暴露了他「只懂中國，不懂希臘」的弱點。他完全不曉得（至少他不曾說出來）西歐資本主義百餘年來「歷史條件」的變遷，以及適應於此變遷的無產階級政黨「執行原則」時的「表現」的變遷。大致說來，1848 年前後的西歐資本主義國家，並非全體一致地內無封建制度，外無民族壓迫。資產階級的民主制度更不曾普遍存在。因此那一時期的西歐各國的革命黨，其任務基本地亦非「在於長期的合法鬥爭，教育工人，生息力量」……等等。那時候的西歐革命也是不起則已，一起便是暴動、巷戰。這時期一直延長到七十年代之初，以巴黎公社的產生為其頂點。適應那個時期的「條件」，不但有勃浪基主義的暴動戰術，而且也有馬克思主義的暴動藝術。一句話，那時西歐資本主義國家的革命也要流血的，也是「以戰爭解決問題」的。七十年代之後，一方面因為資本主義的巨大發展，另方面因為有組織的工人階級力量的日益強大，西歐諸先進國家中的民主制度普遍地加強了，鞏固了，這個時候，工人階級革命的任務才像毛澤東所說的，變成了「長期的合法鬥爭，利用議會講壇，經濟的和政治的罷工，組織工會和教育工人」。人們稱這個時期為資本主義的

「民主的」或「自由的」時期。因為它尚未進入壟斷的財政資本的階段，亦即處於帝國主義前期的、由「自由」資本主義進入到資本主義的最後階段 —— 帝國主義，約莫在十九世紀末，二十世紀之初。這和新的革命戰略與戰術的產生是幾乎同時的。那種戰略戰術發生在歐洲國家中生產最落後但資本組織最集中的俄羅斯，「表現」為列寧所主要設計的布爾雪維克主義。這個主義在許多特徵上是復回到 1871 年之前了，即回復到「陰謀」，回復到「暴力」，回復到「以戰爭解決革命問題」。在典型的社會民主黨人的眼中，列寧主義不多不少地就是勃浪基主義的復活。自從 1905 年以來的半個多世紀中，歐美資本主義國家中無產階級革命黨的任務，隨着帝國主義制度之日趨法西斯化與軍事化，愈來愈被迫轉向於不合法與不和平了。

由此可見，資本主義國家中共產黨（無產階級革命黨）的任務並非如毛澤東所指出，始終是合法的議會鬥爭。它曾經是「流血的」，中間曾有過和平與不流血時期，可是很久以來就又讓人嗅到血腥氣了。

說到這裏，也許有人會反駁我們道：這一切與毛澤東所說的完全沒有衝突，因為毛澤東的文章恰恰説明了即使是那種和平的與不流血的鬥爭，實質上仍不過是「武裝奪取政權，以戰爭解決問題」這個原則在不同條件中的一種不同表現罷了。既然正當西歐和平革命的典型時期，歷史也不曾告訴過我們一次工人階級用非武裝手段奪得了政權，不經戰爭解決過問題，那末毛澤東宣佈「以戰爭解決問題」這原則為普遍真理，不是做得完全對嗎？這斷言不正是打擊了第二國際英雄們那種社會主義，那種和平革命的迷夢嗎？

我們覺得：重視暴力在革命中的作用是一回事，將革命的一切歸於暴力則屬另一回事。我們覺得：説階級鬥爭的徹底發展，特別是工人要取得政權，必須訴之於暴力，必須依靠力量（包括武裝與非武裝

的，物質與非物質的）是一回事；説一切革命問題必須用戰爭來解決則是另一回事。前一回事是普遍地正確的，對後一回事卻不能如此説。

　　是否主張革命的和平發展便是第二國際的機會主義？是否馬克思與列寧不論在實踐上與理論上，都從來絕對否定革命和平發展的可能呢？當然不。馬恩且不談，讓我們來看看被考次基稱為「兵士革命論者」的列寧，對此問題曾經有過怎樣的態度。十月革命當然是暴力的革命，由此開展出來的數年內戰，更是流血和恐怖的。但是，在此革命起義爆發之前四個月，列寧卻肯定俄國革命有和平發展的可能，並曾竭力為此可能而鬥爭。在《論口號》那篇文章中，列寧認為在 1917 年 2 月 27 日至 7 月 4 日這個時期中，俄國「整個革命有按照和平道路發展的可能。『全部政權歸蘇維埃』的口號就是在這和平發展道路上之最近步驟，即可以直接實現的步驟的口號。」當然，列寧當時所以會力爭革命的和平發展，並非因為反動派能自願放棄政權，也不是叫群眾放棄一切暴力性的革命行動與準備，而是因為階級力量的對比及國家政權處於一個特殊狀態中，即：「臨時政府與蘇維埃根據自願協定分掌着政權。……武器在人民手中，……這就展開了並保證了」革命和平發展的前途。列寧是古往今來最偉大的革命現實主義者，他不會相信任何方式關於政權的「禪讓」故事，也不會迷信以選票代替槍炮這顆萬應靈丹，但是他相信當階級鬥爭發展到某個有利時機，特別當統治階級分崩離析，權力（甚至武器）事實上落在民眾手中，只因群眾的思想與覺悟還趕不上事變發展因而未能奪取政權時，那時，革命在賢明的革命黨的指導之下，循和平發展的道路獲致勝利，是完全可能的，也是最值得爭取的。在這上面，列寧的「和平革命論」恰恰等於我們中國孫武子的「不戰論」。「百戰百勝，非戰之善者也，不戰而屈人之兵，善之善者也。」

說到這裏，毛澤東的辯護者自然又會反駁道：「不戰而屈人之兵」，乃戰之一種；不戰之戰，卻是最善之戰，並非真正不戰。故唯最善戰者，才能不戰。列寧所說的革命的和平發展也是戰爭的一種，也是最善之戰，只因「武器在人民手中」，戰可勝，不戰亦勝，故能和平奪取政權。所以他們說，列寧的和平發展說非但不違反毛澤東的「以戰爭解決問題論」，恰恰是證實了它。只有站定了一切由武力解決的立場，只有拼命讓人民拿起武器，然後可以談和平發展。否則便是可憐的幻想，或反動的欺騙。

這樣說當然沒有問題，但若僅僅肯定「以戰爭解決政權問題」這一個原則，絕對排除了在某些情形下這個原則有採取和平發展的「表現形式」的可能，卻是很不對的。倘由此而產生了「一切由槍桿子決定」，或「槍桿子可造成一切」的簡單想法，那就非但不對，而且有害的了。這個想法與馬克思主義無緣（恩格斯在《反杜林論》的《暴力論》裏，十分精詳地批判了那種「暴力萬能」的謬說），卻和勃浪基主義接近，甚至是馬嘉維利主義。毛澤東在這問題上的整個看法，當然沒有處處都像他在這個通俗說法中的那麼簡單，他還不至於時時簡單到以為除掉槍桿子以外一切都不重要（如果這樣，他不會有什麼成就，更不會有今天那樣的成功）；可是這種簡單想法不能不說是毛澤東思想的一個重要成分。在很多情形中，它都曾以毛澤東的長處和短處表現出來了的。

革命與戰爭不是同一件事，這是易明的，它甚至和革命戰爭都不是同一回事，這對許多人說就不甚明白了。按照德國兵學家克勞瑞維次的說法，「戰爭乃政策在特殊方法中的繼續」，革命戰爭便是革命政策在特殊方式中的繼續。既然是「特殊方式」，既然是「繼續」，那末很顯然，本物及其繼續之間，就該有形式的與實質的不同。革命戰

爭是從革命中發生出來的，它卻具有了自己特別的方式，而且具有了量的、因而也影響於質的差異點。一個革命發展成了革命戰爭，並不失去其革命性，但它主要將依照戰爭規律而非革命規律去進行。這不是兩種相同的規律。革命是自下而上的，趨向過分民主的，群眾意志佔取上風的，破壞權威的，除精神的風氣外不受任何強制力束縛的；而戰爭，即使是革命戰爭，則是自上而下的、集中的、少數領導者的意志起決定作用的，必須樹立權威的，必須普遍行使強制力的。由於如此不同的規律，所以革命與革命戰爭即使為同一群人所進行，為着同一事業，趨向於同一目標，而其所得結果，卻可能很為不同。生活決定意識，而到達目的的手段與目的的性質又有很大關係。當然，革命可以不經戰爭而成功，或必須通過慘酷的戰爭才能勝利，並不視革命者的願望而定。革命戰爭永遠是被迫進行的 —— 為了確保革命的勝利，不得不跟武裝的反革命作戰。所以贊成革命而反對革命戰爭，不是傻子，便是騙子。不過這不是我們目前討論的問題。在這裏我們要討論的乃是：看不到革命與革命戰爭之間的差別，看不見二者可能造成的不同後果，也是不對的。至若以為沒有群眾的革命，單靠少數革命者的「起義」便能發動革命戰爭，而且這個革命戰爭又可造成革命，或代替革命，那是非常錯誤的。

毛澤東因為不區別革命與革命戰爭，因為斷定在中國除革命戰爭外不能有任何其他形式的革命，所以他認為一切非軍事性的群眾革命運動，僅僅是戰爭的準備與配合。由此再進一步，毛澤東便得出他那個著名的結論：槍桿子決定一切，槍桿子造成一切。「俄國共產黨的槍桿子造了一個社會主義，我們要造一個民主共和國……整個世界只有用槍桿子才可能改造。」

從我們上面粗疏的分析中，讀者們當已能夠看出，毛澤東企圖將他的革命實踐，他的武裝鬥爭提高到戰略水平時，顯得多麼地不高明，多麼地偏頗，多麼地庸俗。應該解答的根本問題，例如城鄉關係，工農關係，黨與階級的作用和二者的關係，應用暴力的必要、限度及其後果之類，都沒有解答，或解釋得不夠，或解釋得完全錯誤。拿西方工人階級的鬥爭特點來作對比研究時，他既不能弄清他們的歷史，也沒有明瞭他們的現狀。將中國革命者武裝鬥爭的特點加以總結時，則十分頗偏與粗俗地着重了暴力的作用，竟將全世界無產階級的革命任務歸結到「槍桿子」問題。

以革命的戰略家論，毛澤東實在是弱的。

然則如何解釋中國共產黨在政治與軍事上的輝煌勝利呢？勝利事實的本身，不是最雄辯地說明了他領導者的高明嗎？高明的戰術，配合在貧弱的戰略之下，難道能夠取得革命勝利嗎？

我們不想在這裏討論中國共產黨勝利的原因。在後面，當我們研究毛澤東對革命的貢獻時會比較詳細地來討論它。這裏我們要先行指出的一點是：決不能，也決不該將革命勝利的全部功勞歸於共產黨或毛澤東個人。毛澤東個人的貢獻無疑是非常大的，但這事實並不能改變他戰略家的地位。不高明的戰略家，應用其非常高明的戰術是能夠取得勝利的；正好似一個高明的戰略家，配合了不高明的戰術也能招致失敗一樣。在勝利中，一似在失敗中，人們依舊能分別出戰略或戰術所起過的作用。在勝利中，一似在失敗中，同樣能讓人看出領導者的高明在於戰略方面或在於戰術方面。成敗論英雄是勢利的庸俗之見。勝負論戰略也不是公平的衡量。取得勝負的過程，獲致勝負的代價，應付勝負的態度，在在都可看出那個最高領導者的戰略才能來

的。從上面的三者出發，我們有時還得承認負方主帥比勝方主帥倒是更高明的戰略家呢。所以僅僅拿勝利來證明毛澤東是怎樣高超的戰略家是不夠的，你至少還須考慮到那個勝利是如何得來，付出怎樣的代價以及人們如何保持與推廣這個勝利。不過這些留在下一章裏談，這裏且讓我們繼續談戰術家的毛澤東。

在戰爭中毛澤東應用戰術（在純軍事觀點上其中許多是應該稱做戰略的）的高明，出乎一般人的意料之外。因為人們的印象從來都是：毛澤東長於政治，朱德主管軍事。可是你若仔細研究了中共文獻，特別是研究了毛澤東的著作，那你就會驚奇地發覺到，原來軍事家的毛澤東還高出於政治家的毛澤東。毛澤東的軍事學不是從歐美日本軍官學校的教本中學來，甚至也不是學自俄國共產黨人。在這方面，毛澤東以其特有的傲慢與明智說道：「有一種人的意見是不對的……他們說：只要研究一般戰爭的規律就得了，具體地說，只要照着反動的中國政府或反動的中國軍事學校出版的那些軍事條令去做就得了。他們不知道這些條令僅僅是一般戰爭的規律，並且全是抄了外國的，如果我們一模一樣地照抄來用，絲毫也不變更其形式和內容，就一定是削足適履，要打敗仗。」又說：「又有一種人的意見也是不對的。……他們說：只要研究俄國革命戰爭的規律就得了，具體地說：只要照着蘇聯內戰的指導規律和蘇聯軍事機關頒佈的軍事條令去做就得了。他們不知道，蘇聯的規律和條令，包含着蘇聯內戰和蘇聯紅軍的特殊性，如果我們一模一樣地抄了來用，不允許任何的變更，也同樣是削足適履，要打敗仗。」毛澤東要為中國人的特殊的足，定造一雙合尺寸的布鞋，他的原料主要是從中國土產中選取的。他的戰史課本是《左傳》，是《資治通鑑》，甚至是《三國》，是《水滸》。他研究過的著名戰役不是奧斯脫立希，不是滑鐵盧，不是色唐，甚至不是蘇聯內戰中

的察利津，彼得格勒與斯維雅希斯克；而是春秋時代齊魯長勺之戰，楚漢成皋之戰，新漢昆陽之戰，袁曹官渡之戰，吳魏赤壁之戰，吳蜀彝陵之戰，秦晉淝水之戰，甚至是《水滸傳》中「林沖與洪教頭之戰」。他在戰略和戰術的理論方面，私淑的不是克勞瑞維次，不是拿破崙，不是毛奇，也不是蘇伏洛夫等等，而是中國的孫武子。毛澤東自己不曾敍述過他對這位被他稱為「古代大軍事學家」的孫子的關係，別人也沒有（就我個人所閱讀的而言）講到過毛澤東如何研究「十三篇」。不過毛澤東的戰略戰術（當然指純軍事的）思想，與二千年前中國這位兵學巨人的思想有非常密切的血緣關係，卻是一望而知的。中共游擊戰術的基本原則，曾被毛澤東歸納成為一套所謂「十六字訣」：「敵進我退，敵駐我擾，敵疲我打，敵退我追」。這個口訣，據毛澤東說：雖然是「從 1928 年 5 月開始，適應當時情況的帶着樸素性質的游擊戰爭的基本原則」，但在 1931 年戰勝敵人的第三次「圍剿」中，卻大大豐富起來，並最後形成了的「全部紅軍作戰原則」，⋯⋯ 基本上「仍然是那個十六字訣。十六字訣包舉了反『圍剿』的基本原則，包舉了戰略防禦和戰略進攻的兩個階段，在防禦時又包舉了戰略退卻和戰略反攻的兩個階段。後來的東西只是它的發展罷了。」由此可見，這個「十六字訣」，簡直是毛澤東戰略戰術思想最簡明的概括。那末它是從哪裏來的呢？請讀下面這幾段孫子兵法吧：

(1) 故用兵之法，十則圍之：五則攻之，倍則分之，敵則能戰之，少則能逃之，不若則能避之。（見《謀攻篇》）

(2) 兵者，詭道也。⋯⋯ 利而誘之，亂而取之，實而備之，強而避之，怒而撓之，卑而驕之，佚而勞之，親而離之。攻其無備，出其不意。（見《計篇》）

(3) 避其銳氣，擊其惰歸……以治待亂，以靜待嘩，……以
近待遠，以佚待勞……。(見《軍爭篇》)

所謂「敵進我退」，不正是孫子的「強而避之」，「避其銳氣」，「少
則能逃之，不若則能避之」這些意思嗎？所謂「敵駐我擾」，不正是「佚
而勞之」嗎？所謂「敵疲我打」，不就是「以佚待勞」，「亂而取之」等
意思嗎？至於「敵退我追」之完全等於「擊其惰歸」，那更是不言而喻
的了。

發展後的毛澤東的戰略戰術思想是豐富多采的，但正如毛澤東自
己所說，最基本的原則仍舊是那個「十六字訣」，也就是說，仍舊是
孫子兵法。十年內戰史就是一部紅軍反「圍剿」史。這個定義下得很
精簡。全部戰爭是被圍與突圍的循環反覆，紅軍在戰略上屬於內線作
戰，戰術上屬於外線作戰。戰略上是儘量不讓敵人消滅或削弱自己力
量，戰術上則儘量去殲滅敵人力量。戰略上儘量不被人圍，戰術上則
儘量地圍人。想要不被人圍，便得處處搶主動，時時求靈活；要能主
動地決定進退，靈活地實行閃避與襲擊。要想圍人，那就得集中力量
於一點，以數倍甚至十倍於敵的力量，出其不意，捷如脫兔地去打擊
它、消滅它。這套戰法使紅軍打退了蔣介石的四次「圍剿」。反第五次
「圍剿」時據說正因為王明等擯棄了它，改用了「正規戰法」，以致大
敗虧輸，被迫放棄贛南基地，「遠征」西北。長征中紅軍又採取了上述
戰術，結果成功地到達了陝北；接着來的抗日戰爭，以及抗日勝利後
的所謂「第三次國內戰爭」，中共應用的基本戰法卻仍舊是那一套，不
過更明確、更豐富罷了，其內容曾被毛澤東於 1947 年 12 月在那篇《目
前形勢和我們的任務》的報告中歸納為十點，即現在普遍地被中共作
家所引述的所謂「軍事十大原則」。

「十大原則」既然是「十六字訣」的發展；而「十六字訣」與孫子學說的關係既然已如上述，則「十大原則」與「十三篇」之間保持着師承相續關係，原是不待言的。所謂師承關係，意思當然不是說毛澤東的每一戰略戰術思想都恰恰導源於孫子的某一句話；更不是說毛澤東的軍事思想只是像舊式儒生對四書的態度一樣，僅僅子曰詩云地背誦古書，或簡單將「聖人之言」付之實行。這樣想，將是最大的傻子。誠如毛澤東所說：「一切戰爭指導規律，依照歷史的發展而發展，依照戰爭的發展而發展，一成不變的東西是沒有的。」二千四百餘年前的孫武子，對當時當地的社會情況與生產力情況中所進行戰爭提出來的戰爭指導規律，決無可能一式一樣地應用於目前的戰爭。毛澤東的軍事思想首先自然是帝國主義時代（世界無產階級革命時代）半殖民地中國的工農（特別是農民）大眾，在共產主義者領導下進行的革命戰爭中產生出來的。它絕不可能相等於春秋時代產生的戰略戰術思想。這一點是必須明白的，但同時我們又應該知道：戰爭規律的發展和改變，和其他一切社會現象的規律的發展和改變一樣，有其變動不居的，有發展和改變的一面，又有其永久的、亦可說「不發展和不改變」的一面。全盤否定不成其為發展，所謂「奧伏赫本」是有取有捨的。因此，在毛澤東的「十大原則」中保存着或包含着「十三篇」裏的思想，並不稀奇，倒是完全符合於毛澤東思想的整個性格的，即符合於「中學為體，西學為用」的性格。

現在且讓我們從「十大原則」和「十三篇的字面」上來看看毛澤東和孫武子的關係：

「軍事原則第一條」：「先打分散和孤立之敵，後打集中和強大之敵。」

「十三篇」：「避實而擊虛」。「軍有所不擊」。「將不能料敵，以少合眾，以弱擊強，兵無選鋒，曰北。」

「第二原則」：「先取小城市，中等城市和廣大鄉村，後取大城市。」

「十三篇」：「城有所不攻，地有所不爭」。「避實而擊虛」。

「第三原則」：「以殲滅敵人有生力量為主要目標，不以保守或奪取城市和地方為主要目標。保守或奪取城市和地方，是殲滅敵人有生力量的結果，往往需要反覆多次才能最後地保守或奪取之。」

「十三篇」：無。

「第四原則」：「每戰集中絕對優勢兵力（兩倍、三倍、四倍有時甚至是五倍或六倍於敵之兵力），四面包圍敵人，力求全殲，不使漏網。……」

「十三篇」：「我專為一，敵分為十，是以十攻其一也，則我眾而敵寡；能以眾擊寡者，則我之所與戰者，約矣。」

「第五原則」：「不打無準備之仗，不打無把握之仗，每戰都應力求有準備，力求在敵我條件對比下有勝利的把握。」

「十三篇」：「未戰而廟算勝者，得算多也。」「故兵貴勝。」「先為不可勝，以待敵之可勝。」「是故勝兵先勝而後求戰。」「故善戰者立於不敗之地也。」

「原則第六」：「發揚勇敢戰鬥，不怕犧牲，不怕疲勞和連續作戰（即在短期內不休息地接連打幾仗）的作風。」

「十三篇」：「兵之情貴速。」「是故善戰者，其勢險，其節短。勢如彍弩，節如發機。」

「原則第七」：「力求在運動戰中殲滅敵人。同時，注意陣地攻擊戰術，奪取敵人的據點和城市。」

「十三篇」：「凡戰者以正合，以奇勝。」

「原則第八」：「在攻城問題上，一切敵人守備薄弱的城市，堅決奪取之。一切敵人有中等程度的守備，……」

「十三篇」：「城有所不攻。」「攻城之法，為不得已。」「拔人之城而非攻也。」

「原則第九」：「以俘獲敵人的全部武器和大部人員，補充自己。我軍人力物力的來源，主要在前線。」

「十三篇」：「卒善而養之，是謂勝敵而益強。」「因糧於敵，故軍食可足也。」……

「原則第十」：「善於利用兩個戰役之間的間隙，休息和整訓部隊。休整的時間，一般地不要過長，盡可能不使敵人獲得喘息的時間。」

「十三篇」：「謹養而勿勞，並氣積力。」「兵不頓。」「兵之情主速。」

上面的十項對照，當然不是全部相等的，特別是其中第三項、第七項和第八項，因為古今戰爭條件的大不相同，古時運動戰、殲滅戰和攻堅戰等等的觀念尚未充分劃清，故「十三篇」中所說的與「十大原則」所提出的思想之間，其關係只能說是萌芽之於果實，藍圖之於建築罷了。我們做這樣的對照，自然也不是企圖證明毛澤東的某一軍

事思想，恰恰導源於孫武的某一意見。這種愚蠢的想法，我們上面早已指斥過了。不過無論如何，看了我們上列的對照表，對於毛澤東軍事思想主要從「土祖師」那裏學來的這個看法，大概不致於否認了吧。

毛澤東如何得到了孫子的「真傳」，如何在此時此地的條件中，在現代戰爭武器的條件中，發揮了二千四百餘年前那位中國大軍事學家的思想，乃是一個有趣問題，也是極專門的問題[1]。不過這項工作顯然不是我們在此地所能做的。此地，我以毛澤東思想的敍述者與批評者資格，應該指出的只是他軍事思想的淵源，以及指出他確實在實踐中完成了一套適合於中國特殊性的戰爭理論，並符合此理論，他又確實領導了勝利的戰爭這個事實罷了。發揮於毛澤東著作中的軍事思想，不但具有歷史價值，具有軍事的理論價值，而且還具有非常現實的革命的實踐價值。在可以想像的未來，至少在某些落後的、半殖民地的資本主義國家中，像中國發生過的內戰之重演是有極大現實性的。這情形今天連華盛頓的五角大樓的主持人都很懂得了。

中國歷來名將，無一不宗孫子，尤其是文人轉業的所謂儒將，更無一不熟讀「十三篇」，然而打起仗來，真能善用者卻不多見，大多是馬謖一流人，迂腐顢頇，成為武經的「教條主義者」，可笑得很。自從西方資本主義國家用現代武器打開了中國的大門，這種可笑情形就更多了。「精通兵法」的儒將們在科學的軍事技術之前，雖然不是個個像葉名琛，榮祿那樣地去出乖露醜，但感覺到中國老的一套戰法完全無用，有如紅纓槍大刀之無用一樣，卻是非常普遍的。驕傲自大的中國士大夫，最先對「夷人」折服的是堅甲利兵，他們衷心承認自己不行的是這個方面，也僅僅是這個方面。所以在很長的時間內，他們雖然頑強地排斥了西洋的一切新思想，繼續相信中國的精神文明是「天下第一，蓋世無雙」，可是在「武備」上，他們卻很快就毫無保留地「全

盤洋化」了，那些講武堂裏講的盡是些洋兵典，做的是洋操，穿的是洋制服，拿的是洋槍洋炮。「十三篇」跟「十八般」中國的舊武器一起被放進了「博物館」。中國新軍的指揮群是日本仕官、德國陸大、更後則是美國的「西點」訓練出來的。民國後各地軍閥更時興直接僱用洋參謀，讓他們拿了普法戰爭以來的各種戰略戰術，將中國老百姓的血肉來做實地演習。國民黨軍隊北伐中受蘇聯軍事家的影響，內戰時受德國將軍們的指揮，抗日戰爭中則以西點系統代替了魯登道夫的弟子們。總之，數十年來中國戰場上中國人的自相殘殺或與敵軍爭鬥，都在西洋戰法的支配之下，而且在外國軍事家的指揮下進行的。中國共產黨軍隊的幹部，大多是由蘇聯軍事家直接（蘇聯軍事學校）或間接（黃埔）訓練出來的。在某一個時期（主要是王明系統掌握黨軍權力時期），蘇聯的軍事專家還曾親自指揮過江西紅軍哩。可是所有這些，「俱往矣」，沒有幹出什麼了不起的「名堂」來。在近代中國如此這般的軍事理論與實踐的背景中，毛澤東這個自修的軍事家，從中國的「土祖師」那裏學到了許多訣竅，並且將它們和農民武裝鬥爭的實踐結合起來，卻自己形成了一套軍事理論，更以此獲致戰爭的勝利。這一點，不論你在政治上反對或贊成毛澤東，都不能不加以承認、不能不給以很高評價的。

這裏我們是否想強調毛澤東的「軍事天才」？是否想確定中國古已有之的軍事學高出於現代任何一家的軍事思想呢？不是。我們誠然不能否認毛澤東有很高的軍事智慧，同時在他的情形中，我們也應該看出中國的古軍事學迄今仍不失為一宗寶貴的遺產，不過，由毛澤東消化活用出來的孫子兵法所以能克敵制勝，其根本原因到底不在於純粹軍事方面。蔣介石也熟知這些軍事方法，而且擬定有成套的對付它們的反方法；可是並不能藉此挽救他的敗亡。為什麼呢？毛澤東自己對

此曾提出了答案。他說：「因為我們的戰略戰術是建立在人民戰爭這個基礎上的，任何反人民的軍隊都不能利用我們戰略戰術。在人民戰爭的基礎上，在軍隊和人民團結一致、指揮員和戰鬥員團結一致以及瓦解敵軍等項原則的基礎上，人民解放軍建立了自己的強有力的革命的政治工作，這是我們戰勝敵人的重大因素。」這個答案基本上是正確的。因為歸根結蒂，只有戰爭的群眾性與革命性，才能有效地利用高明的戰爭方法，才能憑這些方法來取得勝利。而毛澤東等所領導的戰爭，不管人們在許多方面可以不同意，表示反對，提出批評，但它對國民黨而言代表着群眾的與革命的利益，則是必須肯定的。

以上是我們對軍事方面作為戰略家與戰術家的毛澤東的評價，下面我們要再談談他在政治方面的戰術家地位。

政治方面的戰術，通常被人了解為政略、政策或權術。毛澤東在這些方面的高明，也是有目共睹的。在毛澤東從事革命的四十年中，站在領導者地位，充分發揮了他政策上的智慧者，乃是從 1935 年至 1947 年的十餘年。這個十餘年又可分為三個時期：(1) 國共「破鏡重圓」前後；(2) 新四軍事件前後；(3) 勝利後直至內戰爆發。毛澤東在這三個時期中所應用的策略，就公佈出來的文字（我們假定它們不曾做過根本的事後修改）看，參證了那些時期實際發生了的事件，我們確實無法不承認他是第一流的、傑出的戰術家。

現在先談第一個時期。這個時期大致從 1935 年冬天延續至 1938 年冬天。國共二黨打了十年內戰之後，忽然又要言歸於好，我們前面多次說過，這個大方針，不是毛澤東個人，也不是中共中央，而是以史大林為首的共產國際決定的。這不過是「人民陣線」政策在中國的應用。史大林在 1929 年開始整個國際之內的向「左」轉，從極右的機

會主義路線轉向極「左」的所謂「第三時期」；在此時期中，共產國際不管各國共產黨的主客觀條件如何，一律進行「最後決戰」。此一「決戰」的後果，在德國打出了一個希特勒，在東方讓蔣介石打敗了江西紅軍，並使日本軍閥更加猖狂起來。史大林處在東西二面的戰爭的真正威脅之下，不得不來了一個一百八十度的轉變，重新回到右傾機會主義的老路，提出了「人民陣線」。這回是叫所有國家的共產黨跟「自己的」、「民主的」資產階級成立聯合戰線，反對國內國外的法西斯主義。這條新路線傳達到中國，正當中共軍隊「長征」了二萬五千里，到達陝甘地區之時。毛澤東是衷心接受了這條新路線的。因為由王明系在中國執行了五年之久的「第三時期」路線，所造成的結果已極其明顯，毛澤東本人差一點做了此一路線的犧牲品，同時只因在軍事上及時地改換戰略戰術，才挽救紅軍於消滅厄運的。其時紅軍雖已歷盡艱險，到達了比較可以喘息、蔭蔽、固守與迴旋的西北；但若繼續過去幾年中的「總路線」，繼續在若干割據地區內作軍事困鬥，不改弦易轍作全國性的政治號召，那末要想長期抵抗蔣介石的「圍剿」是很難的。這一點，毛澤東自己知道得很清楚，例如他在 1935 年 12 月中共召開的瓦窰堡會議上說：「……像過去那樣地過分性急是不行的。還得提出一個很好的革命策略，像過去那樣地老在狹小的圈子裏打轉，是幹不出大事情來的。」毛澤東這番說話目的在替史大林的右轉彎找辯護，無形中卻替托派在那一時期所提的策略做證人。自從 1928 年初，托洛次基便向中國共產主義者推薦了「全權普選的國民會議」這個口號。只因史大林派否定了它，並污蔑這口號為「取消主義」，以致陷於無口號狀態（他們擱下了「蘇維埃」口號，卻不曉得拿起「國民會議」口號），以致「老在狹小的圈子裏打轉，幹不出大事情來。」不過這裏我們不想詳細討論這個問題，這問題留待後面再談吧。

這裏首先要談到的是：不管史大林為了什麼理由要實行轉變，也不管毛澤東為了什麼緣故歡迎這個轉變，總之，自從 1935 年下半年起，在史大林毛澤東上下合作之下，「人民陣線」政策開始實施於中國了。這個政策在理論上是否正確，也得留待後面再談；這裏我們要先行討論的只是毛澤東實施這個政策時候所採取的態度與所應用的戰術。

從極「左」的「第三時期」，一下子跳到極右的「人民陣線」，從相斫相殺的血海深仇，一變而為「相親相愛」的「精誠合作」，別說「頭腦簡單」的工農大眾要驚奇惶惑，就是習慣於服從信賴的共黨幹部，也要懷疑，甚至反對。為了解釋疑惑，平抑反對起見，毛澤東在上面提到過的瓦窰堡會議上，作了題名為《論反對日本帝國主義的策略》的報告。報告中企圖用階級分析的理論來為新政策辯護，那是既膚淺而又錯誤的，並無多大說服力量，更少理論價值。不過有兩點從戰術立場為「統一戰線」辯護，卻是頗有分量的。文如下：

(1) 現時革命方面的特點，是有了經過鍛鍊的共產黨，又有了經過鍛鍊的紅軍。這是一件極關重要的事。如果現時還沒有經過鍛鍊的共產黨和紅軍，那就將發生極大的困難。

(2) 共產黨人現在已經不是小孩子了，他們能夠善處自己，又能夠善處同盟者。日本帝國主義者和蔣介石能夠用縱橫捭闔的手段來對付革命隊伍，共產黨也能夠用縱橫捭闔的手段對付反革命隊伍。

毛澤東這兩段話的意思說得非常清楚：跟蔣介石國民黨再度聯盟是毋須害怕的，不會重蹈 1927 年覆轍的，只要牢牢地記得兩件事好

了：第一要以槍桿子為主；第二要以狡猾的手段為輔。毛澤東這樣說了，他也這樣做了，而且做得很高明、很徹底。「人民陣線」政策原本是革命的陷阱，數十近百年來無產階級的革命史上，凡革命黨方面追隨了這個政策的可說無一次曾經跳出過這個陷阱。中國共產黨此次能夠造成一個難得的例外，能終於不為這一陷阱所害，在諸多原因中，我想毛澤東上述的兩大戰術論點，應該是其中很佔重要地位的一個。

國共第二次合作即使在「蜜月」期間也不曾停止過槍彈和手段的冷熱戰爭。不過在不同時期，冷的或熱的戰爭各佔着不同的重要性。在上面所說第一時期中，冷戰曾經代替了熱戰，從明爭變成了暗鬥。可是到了 1938 年，熱的成分又逐漸超過冷的成分，這過程繼續發展，一直到 1941 年年初，爆發了「新四軍事件」，達到了熱戰的高潮。在那個時候，毛澤東曾經寫過幾篇戰術意義上非常值得注意的文章，其中最主要的有 1940 年 3 月間寫的〈目前抗日統一戰線中的策略問題〉，寫於「新四軍事件」發生前不到一月的〈論政策〉，以及「事變」後三月餘所寫的〈關於打退第二次反共高潮的總結〉。在第一篇文章裏，毛澤東提出了跟國民黨軍隊熱戰時所遵守的「有理、有利、有節」的口號；在〈論政策〉中，毛澤東規定了關於「又聯合又鬥爭」的十項具體辦法，其中特別着重地指出了「利用矛盾，爭取多數，反對少數，各個擊破」這個「策略原則」，並給國民黨統治區域內的工作，規定了「蔭蔽精幹，長期埋伏，積蓄力量，以待時機」這個政策。在第三篇文章中，毛澤東主張以「革命的兩面政策」對付反革命的兩面政策。主張「以打對打，以拉對拉」。他指出「極端地複雜的中國政治，要求我們的同志深刻地給以注意。……和國民黨的反共政策作戰，需要一整套的戰術，萬萬不可粗心大意。」今天我們事後來讀這幾篇有關皖南事變的黨內文件，即使它們是事後加以修改的，可是基本上我們仍舊

看得出，毛澤東和蔣介石玩弄起「縱橫捭闔的手段」來，實在是非常高明的。人們雖然不同意「統一戰線」的大方針，卻仍不能不承認這些手段是傑出的，是從長期革命實踐中獲取來的寶貴經驗，值得叫所有的革命者鄭重研究的。

第三時期始於 1945 年 8 月，止於 1946 年 7 月，亦即從日本投降開始，直至國共全面內戰的再度爆發。這個時期內毛澤東的戰略或戰術，也照例規定在一個對句裏，那就是「針鋒相對，寸土必爭」。國民黨在美國人幫助之下，一方面舉行談判，一方面積極進攻；共產黨也就一面參加和談，同時努力備戰，實行堅決反擊。雙方都是「現實主義」的，雙方都極盡了「縱橫捭闔」之能事。但即使擱開各自所代表的階級政治的利害不談，僅僅從戰術或手段說，毛澤東方面所應用的確實比蔣介石方面要高明得多，勇敢得多，因而取得了無可比擬的，更大的政治影響與宣傳效果。

綜上以觀，毛澤東無疑是一個善於「冷戰」的人，是高明的權術家，無論是中共的敵和友，都樂意承認這一點的。因此，有些人便以為毛澤東不能算是大革命者與大政治家，僅僅是一個工於心計、能玩小智術的政客罷了。另方面則有人以為，政治和軍事原無本質不同，二者都是「詭道」，都「不厭詐」。善於此「道」者勝，不善者不勝，能勝，那便是大軍事家，大政治家。這裏是不能以其他標準例如道德之類──來衡量的。至於革命，那末重要的也是勝利，以「詭道」勝，以正道勝，都是一樣，凡能致革命於勝利者，即是大革命家。毛澤東令革命勝利，毛澤東自是大革命家。

這兩種說法，究竟誰是誰非？說大革命家只重原則，不重策略，其可笑正好像說大政治家只談仁義，不講權謀一樣。那是迂腐的書生

之見，或者是年青的革命家易犯的幼稚毛病。為了醫治這種毛病，列寧曾經寫過一本精采絕倫的書，開列了許多藥方，其中有一則如下：

> 為推翻國際資產階級而進行的戰爭，要比國家間的普通戰爭中最頑強的戰爭困難百倍、長久百倍、複雜百倍；要進行這樣的戰爭，而事先就拒絕採用機動手段，拒絕利用敵人間的利害矛盾（哪怕是暫時的矛盾），拒絕與各種可能的同盟者（哪怕是暫時的、不穩固的、動搖的、有條件的同盟者）通融和妥協，這豈不是可笑到了極點麼？這豈不正像我們想攀登一座艱難險阻，未經考察，未進過人跡的高山時，卻預先拒絕有時要迂迴前進，有時要折轉回來，放棄已選定的方向而試走各種各樣的方向麼？（見《共產主義運動中的「左派」幼稚病》）

誰都承認，列寧是古今大革命者中最看重原則的一個，他處處不忘原則，事事從原則出發。然而他卻主張在革命鬥爭中我們不能不「採用機動手段」，即毛澤東所說的「縱橫捭闔」手段；他承認應該利用敵人中間的利害矛盾，哪怕是暫時的矛盾。他還要我們同各種可能的同盟者（暫時的、不穩固的、動搖的、有條件的）有時通融一下，有時妥協一點。列寧不但這樣主張，而且也在事實上實行了的。誠如他自己所說：「布爾雪維主義全部歷史中，無論在十月革命前或十月革命後，都充滿著它對其他政黨，其中也對資產階級政黨採取機動、通融和妥協的事實。」列寧採取「機動手段」時，總是十分勇敢大膽的，以致讓許多「堅持原則的、清白的」革命者驚惶得瞠目結舌。最顯明的例子有如：1917 年二月革命後，為了要參加革命，不怕那些庸人俗子罵他「俄奸」，決定接受德國軍方的提議，坐了「密封火車」經德軍佔領區回到俄國。再如，為了要讓俄國革命獲得喘息時間，他竟排

除黨內黨外的一切反對，堅決與德國帝國主義簽訂「喪權辱國」的勃來斯脱・立刀夫夫斯克條約。這些例子表示了什麼呢？它們表示了：最堅持原則的偉大的革命家，同時可以是而且必須是善於應用機變手段的人。有了前者而沒有後者，至少好像是定了方向而不真實地踏上道路，那是永遠抵達不了目的地的。

那末，是否任何道路都能到達目的地？是否只靠「縱橫捭闔的手段」，沒有正確的戰略大計，或根本沒有這種原則性的方針，也一樣可以促成革命勝利呢？為了革命勝利，革命者可以無所不為嗎？

當然不是的。「條條道路通羅馬」，卻不是任何手段都能幫助革命成功。「為目的不擇手段」這個耶穌會派的格言，並不能應用於革命政治中。對革命言，特別是對社會主義的革命言，目的與手段是相互依存的。必須是何等樣的手段，才能達到何等樣的目的。有些手段使目的接近，有些手段使目的遠離。有些能達到目的，有些卻能斷送這個目的。完全相同的手段，只因採取時候的主客觀的條件不同，以致在不同時候它可能是對革命的很好服務，也可能是對革命的最壞叛變。關於這方面，列寧在「左派幼稚病」裏舉出過罷工中的妥協為例。「一種妥協是為客觀條件所迫（罷工者儲金涸竭，沒有外方援助，飢寒交迫，困苦不堪），這種妥協絲毫無傷於接受妥協的工人們之矢忠革命的精神，以及他們準備將來鬥爭的決心；另一種妥協是叛賊的妥協，他們進行這種妥協，表面上也藉口客觀原因，而實際上卻是貪圖私利（破壞罷工的工賊也締結「妥協」！）怯懦畏縮，甘願向資本家效勞，屈服於資本家的威嚇或勸說，或為資本家方面的微利所誘，甘言所惑。」

然則毛澤東從來應用的策略手段，特別是在上述三個時期中他所採取的機動對策，他所做過的妥協與同盟，究竟該屬於哪一類呢？所

有他的策略，他的權變，都是為革命所必需，因而都是正確的嗎？渾統的答覆是不可能的。因為正如列寧所說：「有時也可以遇到異常困難複雜的個別情形，使人們要費極大力量，才能正確地決定某種『妥協』的真實性質，——如在有些殺人案件中，很難斷定這種殺人行為，究竟是完全正當的，甚至是必要的行為（如必要的自衛），抑或是不可饒恕的粗野舉動或甚至是精密佈置的謀害。在政治上當然有時因各階級和各政黨間的國內和國際相互關係異常錯綜複雜的緣故，所以有許多事件，若辨別起來，較之辨別罷工時的合理『妥協』，或者是工賊及叛徒領袖等等背叛階級的『妥協』的問題，要困難得多。」所以要個別地、精詳地、依據特定時間的主客觀條件，來決定毛澤東所曾採取的每一政策，每一戰術的「真實性質」，雖然不是不可能，但是極端困難（原因之一是我們根本不可能接觸到必需的資料），同時對我們目前的研究，亦非必要。在這裏，我們可以答覆而且必須答覆的，倒是如下一個問題：毛澤東應用這些權變時，其基本態度是否正確？它是否與馬列等革命大師們的態度相同？我認為是很不同的，所以不能説是正確的。我們知道，當那些大師們，特別是列寧，採取「機動、通融和妥協辦法」的時候，不論任何時候，或任何條件中，總抱着一個最主要的目的，就是要藉此來「提高無產階級的覺悟性、革命精神、鬥爭能力和致勝能力的一般水準，而不是降低這種水準。」（見同上引書）列寧認為這乃是「全部問題」之所在。所以當他應用「縱橫捭闔的手段」時，不管其暫時的與立即的原因是為了它能損害敵人，或為了它能保全自己，或為了環境所迫無法不作的屈服，或為了避免一場形勢顯然於己不利的戰鬥，或為了使主要敵人孤立而對次要敵人讓步，或為了要並力克敵而與某些動搖勢力聯盟……不管為了什麼，他們心目中卻始終樹立着這樣一個標準：這樣做會使無產階級（國內的與國際的）的覺悟性及革命性提高呢，還是降低？怎樣做可以提高？怎樣做

便會降低？這樣的問題永遠在列寧心中佔據第一位置的。當他採用一個手段時，首先他總要問：它對無產階級（在我們，應該包括全體勞苦大眾）會發生什麼影響？我們應如何藉此進行教育，以便提高他們的革命覺悟？如果說，有一個手段，應用起來可以收得一時之利而卻會模糊或甚至降低無產階級覺悟的，他就決不採用。列寧是絕對主張用一切手段來打擊敵對階級的，但絕非毫無條件。倘能加害敵人而同時足以癱瘓革命者意識的手段（如個人恐怖之類），他就堅決反對；倘能欺瞞敵人但同時亦欺騙本階級的那些手段，他更是絕不容許。在這方面，列寧的態度是大膽與精細相結合的最佳範例，是原則與手段決不割裂的最好榜樣。就拿我們上面提過的兩件事來看吧。二月革命以後，亡命在瑞士的列寧，因為急於要回俄領導革命，而回國路程，除了取道當時與俄國處於交戰狀態的德國國境之外，別無辦法，於是列寧便勇敢地向敵人申請過境，與敵人締結條約，坐了「密封車廂」回去；但同時，一方面為了堵塞俄國政敵們誣衊之口，另方面（亦即主要的方面）要消釋國內外無產階級對於此事的疑慮，於是在動身之前，在瑞士邀集了幾個外國革命家：法國的勞里奧與吉爾波，德國的保羅・雷維，瑞典的潑拉頓以及瑞典的左派代表，共同草就並簽署了這樣一份宣言：「俄國的國際主義者，他們……現在正要動身到俄國去，以便在那裏獻身於革命事業，他們將幫助我們喚起別國的無產階級，特別是德國的無產階級，去反對各自的政府。」列寧等借道德國，答允交付的代價僅僅是堅持釋放同等數目（30人）的非軍事俘虜，他絕對不曾在事實上或形式上對德帝國主義者作絲毫讓步。勃來斯脫和約的情形則更清楚，為了俄國革命正處於無法作戰的情況中，為了要取得喘息時機以待世界無產階級，特別是德國無產階級及時起來，因此俄國工人政府不得不暫時屈服於德國強盜的軍事勒索之下。這個立場、這個說法，非但在對內解釋和對外宣傳中不折不扣地明言實講，而且在

正式談判的議席上，也不許任何外交辭令掩蓋了那個痛苦的真相。因此，俄國革命的此一「屈服手段」，非但不曾降低了國內外無產階級的覺悟與鬥志，反而將它大大提高了。俄國革命中的第二位領袖，亦即勃來斯脫和約的實際「談判」者與簽署者——托洛次基，在應用「手段」或政策時的態度，也完全是這樣的。他甚至說：「宣傳的秘密在於說真話」。詭計絕不能代替階級政策。對敵人自然可以不厭其詐，但對無產階級與勞苦大眾必須至真至誠，一些兒都虛偽不得，半點手段都用不得。只有史大林掌握了蘇聯黨政大權以後，才一反列寧、托洛次基的傳統態度，將陰謀詭計完全代替了原則性的政策，並且將對付敵人的「縱橫捭闔手段」同樣拿來對付無產階級，更甚至對付自己的同志。當他為了「機動」之故而與某一敵人、敵黨或敵對階級進行妥協時，他就在原則上也實行妥協，老是在那些敵對人物或敵對勢力的臉上塗脂抹粉，讓無產階級與一切勞苦大眾「衷心地」相信敵人已化為朋友。史大林從來不估計、而且絲毫不顧慮到那些手段之應用，結果會對無產階級的覺悟與鬥志起什麼影響——可是這個影響，正是列寧與托洛次基等革命大師在策略運用時所首先注意的標準，是某一手段或策略之取或捨的標準。

列寧托洛次基在這上面和史大林之間不同，基本上乃是無產階級革命者與革命官僚之間的不同。

毛澤東運用權術時候的基本態度，究竟是屬於列托一類還是史大林一類呢？不幸得很，他是遠前者而近後者的。毛澤東曾經取笑不懂策略的革命者說：「和蔡廷鍇握手，必須同時罵他一聲反革命。」按照說話人的意思，跟那些原來反革命的暫時同盟者妥協，就必須至少在形式上要做出客氣姿態，必不能揭人家的瘡疤，一定要親善尊敬。和蔡廷鍇握手的時候，縱使不稱他為革命者，至少得叫他一聲親愛的朋

友，在人前表示一下親熱。其實，這態度與列寧態度根本相反。依照列寧，當我們有必要和蔡廷鍇或蔣介石握手之時，我們的責任必須同時以加倍力量告訴無產階級以他或他們的反革命本質和原形，並向他們解釋目前為什麼要同這些敵人暫時妥協，以此提高而非降低本階級基本革命群眾的覺悟與鬥志。如果照毛澤東的做法，一旦有必要與可能和反革命者「握手」，那就必須做得親親密密，非常「老友」，那末試問無產階級大眾看了這個表演將作何感想呢？知道蔡廷鍇或蔣介石過去的人會發生莫大迷惘——究竟蔡、蔣進步了還是共產黨退步了？不知道蔡、蔣過去的人則自會因此而相信他們真是很好的革命者。無論前一感想或後一感想，總之都不是提高而是降低群眾的覺悟與鬥志的。

史大林同敵人握手時決不罵敵人做反革命，恰恰相反，他總是表現得非常友善的。例子太多，舉不勝舉，其中最出名的應該數他同希特勒、松岡洋右與邱吉爾的親善了。對希特勒，一旦與之簽訂協定以後，他便整個地改變了關於法西斯主義的論調，儘量美化大獨裁者的醜臉。與希特勒在德蘇協定後仍繼續反共叫囂的情形相反，史大林竟公然致電希特勒，說什麼「德蘇兩國人民的友誼是用血凝成的，我們有每一理由相信它會持久與鞏固。」（見 1939 年 12 月 25 日《真理報》，史大林對希特勒的覆電）對松岡洋右，史大林為的要和日本簽訂中立協定，便跟這個日本帝國主義最兇惡的外相表演最不平常的友誼。史大林對松岡洋右大攀「亞洲人的鄉誼」，談論什麼「道德共產主義者」的鬼話。臨行之時，這位總書記還打破前例，親赴車站，同那個窮兇極惡的侵略者擁抱話別。史大林與邱吉爾的交往，更是客氣得異乎尋常。一交朋友，便將戰爭的性質來了一個改變：成了蘇聯盟友的英美，其戰爭再不是帝國主義的了。一向是反蘇頭子的邱吉爾，如

今得到史大林的保證，説「一切都已過去，而過去的事都屬於上帝。」
（見邱吉爾《第二次世界大戰》卷四，443頁。）總之，依照史大林
的辦法，如果我們有必要和可能與敵人握手，那就得客客氣氣、誠誠
懇懇地握，最低限度也得假戲真做，將敵人和革命大眾同樣欺蒙。否
則，照他的意思，敵人是不肯和你握手的，這就是説：策略便會不靈
了。至於無產階級大眾是否會因此種真戲或假戲而降低覺悟與鬥志的
水準，那末史大林是毫不在乎的。因為他認為一切力量的來源，是由
少數人（甚至是他一個人）所指揮的國家機器和軍隊，絕對不是什麼
無產階級大眾。他和列寧托洛次基等恰恰相反，絲毫不需要提高無產
階級的覺悟、鬥志與革命性，他根本不需要它們。

毛澤東應用策略手段時候的態度正是如此。為要與蔣介石再度握
手，他非但收起了一切反革命的罵聲，而且竭盡力氣來使「賣國賊營
壘的總頭子蔣介石」（見《論反對日本帝國主義的策略》）變成為「偉
大的領袖」（見《論新階段》第十八節），同時宣佈共產黨接受三民主
義，政府和軍隊接受改制，一切服從國民黨中央。他認為「全民族的
第二個任務，在於號召全國，全體一致誠心誠意的擁護蔣委員長，擁
護國民政府……務使蔣委員長與國民政府的威信不受任何影響。」又
説：「全國必須是依照中央法令而推行民主制的，但全國必須是統一於
中央的。」因此，他再三聲明：「我們堅決擁護蔣委員長及其領導下
之國民政府與國民黨，並號召全國一致擁護。」（上引文均見《論新
階段》）

毛澤東此種矢忠矢誠的擁蔣表示，目的當然可以説是要維持聯合
戰線，以便共同抗日，因此不惜講講「現實主義」，與蔣介石「針鋒相
對」，玩弄「縱橫捭闔的手段」。我們承認他是在用手段（即不是有意
的叛變或投降），我們也承認：革命者是應該與可以對敵人用手段的；

但手段玩弄到這般田地：明知某人為「賊」，卻為了權術之故，號召全黨全民「誠心誠意」認賊作父，並且以此定為主要任務，要大家堅決擁護其領導，決不能使此「賊」及其政府的「威信受任何影響」。如此做法，縱使有一萬個最好理由，也總無法為下述那樣的壞結果作辯釋，即：無產階級大眾會因此而降低其覺悟與鬥志，會因此減弱（甚至消滅）其革命性。因為，我們在上面再三說過，正是這個結果，乃是列寧當年運用「機動手段」的最高標準。誠然，我們中國這位大軍事學家孫武說過：「辭卑而益備者，進也……來委謝者，欲休息也。」為了欺騙敵人，讓自己加緊準備，不妨用些卑恭的口氣，委婉的謝辭，可是這種主要適用於古代戰爭的計謀，畢竟不適用於近代的革命政治。今天，一方面由於政治的群眾性與民主化，另一方面由於出版與廣播之無遠弗屆的影響力，任何政治家的心智術與明顯的虛偽，到底只能有損施術者本人的威信。毛澤東自己不會得見不及此，所以在選集中，這篇有名的《論新階段》的報告，只收入了八個部分的一個部分：「中國共產黨在民族戰爭中的地位」。而且被選取的這一部分中，一些過於礙眼的字句也刪去了，例如在該部分的第二節中，就刪去了這樣幾句：「全力援助蔣委員長與國民政府是天職，是責無旁貸，在這裏，不能有一點消極性。」在第六節裏，刪去了：「沒有問題，統一戰線中，獨立性不能超過統一性，而且服從統一性。」

像這樣的「卑辭，委謝」，根本不會出之於列寧托洛次基之口，卻常見於史大林的筆下，因此，史大林也和毛澤東一樣，當著作彙集出版時，不得不先做一番精密的選擇和改作工夫。這無論如何都不是大革命者的應有作風。

「但是」，有人會反駁我們，「最重要的不是勝利嗎？能致革命勝利的一切策略，跟那些能使戰爭獲勝的任何計謀一樣，都是最好的、應

該的、正確的。」話不錯，勝利是重要的，勝利本身常常是最有力的論據。但還得看是什麼樣的勝利，而勝利的性質，則要看它是如何勝利的。列寧托洛次基念念不忘於無產階級的「覺悟性、革命精神、鬥爭能力和致勝能力」，不但因為只有靠無產階級此種精神和能力的提高才能使革命勝利，更因為只有這樣獲得的勝利才是符合於國際社會主義利益的革命勝利。

毛澤東今天是勝利了，中國革命，由於不少原因（其中毛澤東的高明的戰術乃是原因之一），也是勝利了。但正因為它的勝利很少得力於無產階級上述的精神和能力，以致勝利後的中國革命及其新創造的國家，遭遇到許多難於克服的困難和危機，陷於深刻的官僚主義的乃至狹隘的民族主義的泥淖中。

這些問題我們將在下面的章節裏談到。

注釋

1. 與毛氏戰略思想對立的所謂「第三次左傾機會主義派」的軍事路線，實際是當時蘇聯軍事顧問的意見。如能獲得當時的有關文件，這種研究是極有價值和興趣的，因為它和蘇聯內戰時期托洛次基和「軍事反對派」之間的某些爭論相似。

六、不高明的戰略家（上篇）
（新民主主義與不斷革命）

說毛澤東不是高明的戰略家，我們不是就軍事意義而言，卻是指革命政治的意義而言的。革命政治方面的戰略，首先指革命家或革命黨對於革命的動力、革命任務、性質與前途的認識，特別是指對於革命政權（即一切革命之最重要與最直接的目標）所懷抱的態度和理解。毛澤東對於這些問題的認識和理解，根據文獻，證以事實，卻很不高明。

為了便於問題的說明，讓我們先看看革命戰略這個問題最初怎樣在社會主義的革命者中提出，它對於俄國十月革命的成功曾經發生了怎樣的影響，有過怎樣的關係。托洛次基 —— 俄國十月革命的第二位領導者 —— 對於這些問題曾有過精簡扼要的說明，茲抄錄如下：

> 我們在政治學上借用軍事學名詞：所謂「策略」乃是指領導個別的運動而言，所謂「戰略」乃是指奪取政權而言。大戰以前，我們一般未曾作此區別。在第二國際時代，我們只限於社會民主黨的策略觀念裏面。這也不是偶然的。社會民主黨實行議會策略、工會策略、市政府策略、合作社策略等等。但是配合一切力量和資源 —— 一切隊伍 —— 以戰勝敵人，這個問題在第二國際時

期，關於奪取政權的實際任務並未曾提出來。1905 年革命，經過一個長時間之後，才第一次提出無產階級鬥爭的根本問題或戰略問題。為此之故，俄國革命的社會民主黨人，即布爾雪維克派，才佔得了莫大的便宜。革命戰略的大時代開始於 1917 年，起初在俄國，後來普遍於其餘的歐洲。(見《十月教訓》，第一節。)

1905 年革命，不僅是 1917 年革命的「總演習」，而且是一個實驗室，其中製成了俄國政治生活內所有基本的派別，又設計了俄國馬克思主義內各種不同的傾向。爭論之焦點，不待說，是關於俄國革命的歷史性質及其未來發展道路。(見《三種俄國革命觀》)

這些派別的爭論意見，大致有三，可概括如下：

民粹派，同斯拉夫主義一般，從下一幻想出發，即認為俄國的發展道路是完全特殊的，俄國可以避免資本主義和資產階級共和國的。普列哈諾夫的馬克思主義則集中於證明俄國歷史道路和西方歷史道路原則上並無不同。但由此產生出來的綱領，反而漠視俄國社會結構和革命發展上真實的而非神秘的特殊點。門雪維克派的革命觀，除去其插話性的歧異和個人的偏向以外，可以概括如下：俄國資產階級革命的勝利，只有在自由資產階級領導之下才是可能的，此勝利必然推送自由資產階級走上政權。以後，民主政制就將使得無產階級，以比前更大得多的成效，在社會主義鬥爭道路上，趕上它的西方兄弟輩。

列寧的見解可以概括如下：落後的俄國資產階級是不能完成其自己的革命的！經過「工農民主專政」得到的革命完全勝利，將肅清土地上的中古制度，將給俄國資本主義發展以美國的速度，將加強城市和鄉村無產階級的力量，將使社會主義鬥爭成為

真正可能的。他方面，俄國革命的勝利亦將大大推動了西方社會主義革命，後者不僅能保障俄國免除復辟危險，而且能促使俄國無產階級於較短的歷史時期內奪得政權。

不斷革命論的見解可以概括如下：俄國民主革命的完全勝利，只有在農民支持的無產階級專政形式之下，才是可以思議的。無產階級專政將不可避免地不僅提出民主任務於議事日程，而且提出社會主義任務於議事日程，同時亦將大大推動國際社會主義革命前進。唯有西方無產階級的勝利才能保障俄國免於資產階級復辟，並保證它有完成社會主義建設的可能。（見同上引書）

門雪維克派所主張的前途是根本錯誤的：他們給無產階級指示錯誤的道路。布爾雪維克派所主張的前途是不完全的，他們很正確地指示了鬥爭的總方向，但關於鬥爭的階段說得不正確。布爾雪維克派所指的前途的不完全，1905年革命時尚未明顯暴露出來，僅僅因為革命本身尚未更進一步發展。可是，1917年革命開始時，列寧就不得不直接與他的黨的老幹部衝突，而改變布爾雪維克前途了。

任何政治診斷都不能自命為算學一般精密無訛的。只要它能正確指示發展的總方向，能幫助實際事變過程，不可避免地旁逸斜出的過程，沿這路向走去——就足夠了。在這意義上，我們不能不看出不斷革命論的俄國革命觀確曾完全通過了歷史的考驗。（見同上引書）

事實正是如此：俄國的資產階級民主任務是在十月革命中完成的，而十月革命中建立起來的政權卻是農民支持的無產階級專政。這個無產階級專政不但提出了並解決了民主任務，而且提出了並解決了

社會主義任務。俄國革命的經驗證明了俄國資產階級確實不能完成「自己的」革命；證明了領導資產階級革命的人只能是無產階級（經過它的黨）；又證明了革命勝利了的無產階級只能建立無產階級專政（農民支持的），而不能建立工農民主專政，更不能建立什麼數階級聯合的「民主政府」。俄國革命證明了這些，也就證明了最初由托洛次基提出、然後為列寧所堅持的不斷革命論的完全正確。

俄國革命依照了不斷革命論的政治預見而發展而完成，這個事實並不表示不斷革命論只適合於俄國革命。不斷革命論的客觀根據並非是俄國獨有的特殊性，而是一切落後國家所共有的特殊性。這個特殊性，正如托洛次基當年對俄國所說，「首先顯出來的是它的落後性。歷史的落後並非這個國家將依樣葫蘆於一百年或二百年後重走先進國所已走過的路徑之意。寧可說，這個國家有完全不同的『配合的』社會形態，其中資本主義在技術上與結構上的最高成就，進入於封建的或封建前的野蠻的社會關係之內，改變這些關係，支配這些關係，造成一種特異的階級對比。」（見《三種俄國革命觀》）這種「特異的階級對比」構成了俄國不斷革命論的基礎。但因這個「特異的階級對比」並非僅僅出現於舊俄，同樣也形成於其他落後國家中，故它同樣構成了其他落後國家的不斷革命論的基礎。因此，不斷革命是一切落後國家必須遵循的一條革命戰略。順着它走的「資產階級革命」會獲得勝利，違背它的就必然歸於失敗。把握不住它，或只能在經驗中偶爾摸索到它的，自然不可能是高明的戰略家。

由此標準，我們就不難衡量戰略家毛澤東的高度。

一般說，中國共產主義者從來輕視革命理論，更加看不起「學院式」的關於革命性質與革命前途的理論。在他們眼光中，一個共產

主義的遙遠目標，幾條反帝反封建的具體與切近的綱領，已經完全夠了，餘下來的全部問題只是努力苦幹、實幹。一切「空談」，「清談」都是不必要的，甚至是有害於革命的。因之研究學習理論的傾向受到了斥責，「馬克思主義的學者」成了嘲笑的名詞。這種盲目的、不用頭腦的實幹主義作風，使得1925–27年間共產國際種種錯誤決議得以毫無批判的執行，因而也部分地促成了中國那次革命的失敗。革命失敗了，革命者跌倒了，犧牲了；其中幸而未曾喪失生命，僅僅受了傷，或只是撞痛了頭腦的，那時痛定思痛，才開始用自己的頭腦，將革命反映於概念上的種種大問題，思索和研究起來。正好像1905年的俄國革命首次將革命戰略的原則問題提出於俄國革命者面前一樣，中國革命的戰略問題也是在1927年革命後，而且是在失敗之後，才初次闖進中國革命者的頭腦。只是有一個不同，當時俄國的馬克思主義者是自己直接考慮了問題，發生了派別的；而中國馬克思主義者關於革命戰略的不同意見，基本上卻是蘇聯共產黨內的不同意見在中國引起的響應。關於中國革命的戰略路線，共產國際的領導層中，亦即在蘇聯共產黨的領導層中，自從1925年以來就發生了兩種對立立場。一種以史大林為首（其中包括布哈林、馬丁諾夫等人）主張中國共產黨應採取本質上相等於俄國當年普列哈諾夫所提出的門雪維克式的戰略路線，這就是說，中共與中國無產階級應該擁護資產階級去領導反帝反封建的革命鬥爭，在鬥爭中建立四個階級（資產階級、小資產階級、農民、無產階級）的民主政權，藉使中國走上非資本主義的道路。這戰略的主張者口頭上也提到「無產階級領導權」的重要，但事實上反對共產黨與無產階級為此領導權所作的一切真實鬥爭，他們妨礙這些鬥爭，勒令中共加入國民黨，直至蔣介石清黨也不准退出國民黨，要中國共產主義者信仰小資產階級的三民主義，服從國民黨紀律，以此企圖始終保持那個「反帝反封建的聯盟」。另一個立場是由托洛次基提出的，

後來又為列寧的老戰友齊諾維也夫與加明尼夫所贊同。此立場的要點如下：中國資產階級是不能完成它自己的革命的。一部分所謂民族資產階級雖然也受帝國主義壓迫，但因他們一方面與帝國主義，另方面與封建殘餘保有千絲萬縷的血緣關係，他們既不能堅決反帝，也不能堅決反對國內落後勢力。在工農革命興起的威脅下，他們倒寧願與帝國主義及封建殘餘及早妥協，藉以壓制工農革命的。因此，蘇共反對派堅決主張中共採取獨立的階級政策，反對加入國民黨，更反對共產黨人不批評三民主義與服從國民黨紀律的承諾。主張徹底發展階級鬥爭，特別在北伐軍進展中發展土地鬥爭，藉以爭取武裝農民——兵士——的擁護，主張組織蘇維埃，藉以代替資產階級的政府，建立由農民支持的無產階級專政，以此解決民主任務，並由此走上社會主義的道路。

因為史大林一系當時已經在蘇聯共產黨及共產國際中攫取了大權，他們所代表的立場便被實際執行了出來。可是中國革命的全部經過，絕對無情地證實了此一立場的錯誤，反證出反對派立場的正確。結果如所周知，這個被證實了錯誤的當權派，為了要維持其對內對外的威望，應用了官僚行政手段，甚至應用了絕對與布爾雪維克精神相違反的特務恐怖手段，鎮壓了與摧毀了被歷史證明為正確的反對派。錯誤的史大林派為何與如何摧殘了托洛次基派，因問題與我們這裏所討論的無直接關係，不具論。這裏我們需要談的乃是史托二派的意見在中國共產主義者中間所發生的影響。特別是，它對毛澤東發生了什麼影響？更確切些應該說，毛澤東對蘇聯共黨中二派關於中國革命戰略之爭，採取了什麼態度？他作了怎樣的左右袒？

蘇聯共產主義者的這個爭論，主要因為史大林一派當權者的嚴密封鎖和惡意曲解，其次由於當時中國共產主義者一般理論水準的低

下，所以在 1927 年革命完全失敗之前，對整個中共言，可說是根本不存在的。即使在中共的最高領導層中，包括總書記陳獨秀在內，都不曉得除了由國際代表傳來的所謂國際指示或決議（其實是史大林派立場的指示或決議）之外，還有其他意見。少數有機會派出去莫斯科參加國際會議的領袖，例如譚平山之流，只是在史大林派的「中國問題專家」領導之下，奉命反托如儀罷了。他們根本接觸不到反對意見的代表人物，甚至讀不到反對派的文件（除了一些惡意改竄的，斷章取義的「摘引」），因之他們（且不談他們是怎樣氣質的人吧）不可能把這個有關中國革命根本理論的爭論帶到中國黨內來。中國革命失敗後，史大林便是利用中國黨內對於史托二派關於中國革命爭論的無知，當然更利用他所把持的蘇聯共產黨的無上權威，將斷送革命的全部罪責統統推在陳獨秀身上了。可是這樣一種張冠李戴的手法，居然為陷於迷惘中的中國共產主義者所接受。這樣，中國共產主義者雖付出了一次革命失敗的代價，卻仍舊得不到關於中國革命的原則的戰略問題的正確認識。從失敗中沒有獲得教訓，沒有得到經驗。

中國革命者首次得到這個認識、教訓和經驗，那是在 1927–30 年間。由於大量的年青共產主義者被送去蘇俄學習，在那邊接觸到了反對派文件。這接觸使不少人變成了反對派。這些反對派又將此種文件偷送到留在國內的老革命者手裏。如此，有關乎中國革命根本戰略問題的爭論，在實際革命失敗以後二三年，才輾轉流傳到中國革命者中間，引起了他們的爭論，並促成了他們的派別。代表反對史大林派意見的政派，在 1930 年正式從中國共產黨中分裂出來了，他們組成中國的「托派」，以陳獨秀為首，包括了很大部分大革命中擔任過領導工作的人物。

毛澤東對這次爭論和分裂（即托派被開除）採取什麼態度呢？從《毛澤東選集》中我們找不到他當時的意見。在 1935 年 12 月他對中共瓦窰堡黨活動分子所作報告（《論反對日本帝國主義的策略》）之前，毛氏提起革命失敗原因、革命性質及前途等基本的戰略戰線之時，總是空洞浮泛，不着邊際，僅僅背誦國際決議案上的一些字句，而對這些字句，他都不甚了了的。比如在 1928 年 10 月 5 日的《中國的紅色政權為什麼能夠存在？》中，他用如下的話來説到這些問題：

> 中國迫切需要一個資產階級的民主革命，這個革命必須由無產階級領導才能完成。從廣東出發向長江發展的 1926 年到 1927 年的革命，因為無產階級沒有堅決地執行自己的領導權，被買辦豪紳階級奪取了領導，以反革命代替了革命。資產階級民主革命乃遭遇到暫時的失敗。……

> 中國的民主革命的內容，依國際及中央的指示，包括推翻帝國主義及其工具軍閥在中國的統治，完成民族革命，並實行土地革命，消滅豪紳階級對農民的封建的剝削。這種革命的實際運動，在 1928 年 5 月濟南慘案以後，是一天一天在發展的。

在這一段小學生式的背誦中，人們完全看不出毛澤東本人對革命的根本問題抱什麼見解和態度。因為無論史大林派或托洛次基派，誰都不曾否認中國革命的民主性質，因為誰都承認這個革命的主要內容是民主的。至於説這個革命必須由無產階級領導才能完成，恰恰是托洛次基派所特別堅持之點，史大林們主張由「四個革命階級」共同領導革命，拚命反對托派的無產階級領導論，他們認為單獨一階級的領導就是違反了革命的資產階級民主性；有時他們雖然也談談這個領導，但事實上他們卻自始至終總是叫中國革命者及無產階級服從資產

階級的領導，因此正是在這一點上，他們一手斷送了中國革命，使一次大有希望的革命，終於為反革命所代替。那末毛澤東當時文章中提出此點，是否表示他在史托之爭中左袒後者呢？當然不是。因為，我們相信，他當時是並不清楚聯共二派關於中國問題的立場的。「必須拿起槍桿子」，「必須由無產階級 —— 簡單地了解為共產黨人 —— 領導革命」，只是代表革命失敗後的一種普遍認識罷了。

不久以後，毛澤東給中共中央寫的那個著名報告：《井岡山的鬥爭》，中間是以如下的文字表示他對革命性質問題的意見的：「我們完全同意共產國際關於中國問題的決議。中國現時確實還是處在資產階級民權革命的階段，中國徹底的民權主義革命的綱領，包括對外推翻帝國主義，求得徹底的民族解放；對內肅清買辦階級的在城市的勢力，完成土地革命，消滅鄉村的封建關係，推翻軍閥政府，必定要經過這樣的民權主義革命，方能造成過渡到社會主義的真正基礎。」

1929 年 4 月 5 日，毛澤東以前敵委員會名義給中共中央寫的信上，又觸及這個問題，文如下：「黨的六次大會所指示的政治路線和組織路線是對的：革命的現時階段是民權主義而不是社會主義，黨的目前任務是爭取群眾而不是馬上舉行暴動。」

上面這兩段文字，雖然沒有明顯地說出他對聯共黨中關於中國問題的二派意見何去何從，但意思是清楚的，他擁護史大林，反對托洛次基。因為托洛次基的意見，在中國革命失敗後的那一時期中，被史大林歪曲成這個樣子：他，史大林，認為中國革命仍是民主性的，即其主要任務為反帝反封建；而托洛次基則依據史大林的轉述，認為中國資產階級革命已由蔣介石完成了，故今後的革命將是無產階級社會主義性的，即其主要任務為反對資產階級的私有制度。根據了這樣一

個虛偽的對立，毛澤東表示他同意中國革命仍為資產階級民主性質，就無異對史氏投了贊成票，對托氏投了反對票。

其實，中國革命失敗以後，發生於史托二派之間的關於中國革命的比較重大的乃至原則性的問題，有如下的不同看法：

史大林：最初根本不承認革命失敗（將失敗說成為「革命的更高階段」），後來（廣州暴動後），承認革命是失敗了，但他第一不認為這個失敗是深刻的，因而將是相當長期的，所以他反對讓中國共產黨在反革命的新局勢中，用國民會議口號從事民主革命鬥爭。第二，他否認資產階級的反革命勝利對中國革命的往後發展會有任何影響。他認為雖以蔣介石為首的大資產階級叛變了革命，但未來民主革命的領導者將仍是包括民族資產階級在內的各個革命階級的聯盟，他又認為，蔣介石的反革命雖然讓資產階級攫取了全國政權，但它絲毫不影響未來革命無論政治上成經濟上的純粹民主性質。

托洛次基：及時指出了革命的失敗，指出了資產階級反革命勝利的局勢，竭力反對在不利局勢下舉行盲動，力主提出全權普選國民會議這個民主政綱，藉以蓄積力量，準備新的革命。他認為資產階級的反革命勝利絕不等於革命勝利，故革命的民主任務依然存在，在此意義上，中國革命的性質仍是「資產階級民主性的」；但因資產階級在反革命勝利中掌握了全國政權，以致民主革命的矛頭首先必須指向這個政權，而為要解決民主任務，又必須由無產階級領導革命，奪取政權，建立自己的專政，方才可能，在此意義上，則未來的革命將一開始便是社會主義的。

根據上面敍述，可見史托雙方關於中國革命任務之仍屬民主性質，並不曾有所爭論。實質上發生爭論了的乃是如下三個問題：（1）

對反革命時期的認識以及以何種合適的口號去進行鬥爭,藉以縮短這個時期,早日迎接新革命的到來;(2) 在未來的民主革命中,反革命的資產階級是否還能起領導作用?即使是部分的領導作用?未來革命的勝利是否一定要建立無產階級專政,還是多階級的聯合專政?中國民主任務的徹底解決是否必須經過而且只有經過無產階級專政?解決民主任務的無產階級專政是否不可避免地、立即地、甚至同時地去提出社會主義任務;(3) 反對資產階級專政為無產階級專政而進行的革命是否其本質便已經是社會主義性質?

毛澤東最初當然完全不清楚這種爭論內容,後來才從史大林派片面的彎曲轉述中知道了一點。只因毛氏一貫的輕理論、重實幹的精神,又因他和史大林同樣具有現實主義的本性,所以他看不起發生在遙遠地方的「茶杯裏的風波」,不想好好兒弄清楚它,因此不須等弄清之後才採取態度,僅僅為了爭取「國際」(史大林把持的「國際」) 對他的聲援之故,他就毫不猶豫地作出了左右袒,宣佈自己贊同「國際和中央的指示」,説他仍認中國革命為民主性質,以此表示他之擁護史大林與反對托洛次基。不過毛澤東明明白白的擁史反托立場,在正式公佈的文獻中,則始見於 1935 年 12 月的報告:《論反對日本帝國主義的策略》。他説:「中國革命現時階段依然是資產階級民主主義性質的革命,不是無產階級社會主義性質的革命,這是十分明顯的。只有反革命的托洛次基分子才瞎説中國已經完成了資產階級民主革命,再要革命就只是社會主義的革命了。」從這段文章中可以看出,直到 1935 年 12 月,毛氏還不曾知道「托洛次基分子」對中國革命的真正主張,或者他已經知道了,卻有意搬弄着史大林的誣栽來污衊托派。「托洛次基分子」從來不曾説過「中國現時階段[1]不是資產階級民主主義性質的革命而是社會主義性質的革命。因為他們認為:第一,那時根本

還不曾有革命，舊革命已經在 1927 年秋冬結束，而新革命則尚未見端緒；第二，若說客觀存在的（或可稱潛在的）革命任務，則其主要的屬於民主性質，當無疑義。「托洛次基分子」從來也不曾說過「中國已完成了資產階級民主革命」，他們說的是：中國資產階級的反革命勝利了，卻未完成（其本身亦決不能完成）民主性質的革命任務。至於「再要革命就只是社會主義的革命」這個意見，「反革命的」托派確實說過，但他們是在特定的意義中說這句話的，那意義是：新的革命一開始就要反對資產階級專政，就要為無產階級專政而鬥爭 —— 這是政治意義上的社會主義革命，這是主要的一方面。其次，新革命在開始及持續進行中，固然要為民主任務的解決而作鬥爭，但對城鄉資產階級利益或多或少的侵犯，亦屬難於避免者 —— 這是經濟意義上的社會主義革命，這是次要的一方面。

毛澤東於 1935 年年底對「托洛次基分子」作出上述控訴，可見是不盡不實的。這裏暴露了毛澤東對革命理論的輕率和輕視，暴露了他對革命戰略的原則性問題所採取的勢利態度。同時更根本地，暴露了他不能從局部的、策略性的實際經驗，自行綜合和提高到戰略水準。譬如拿我們上述史托二派當時爭持的三爭論的第一問題來看吧，是否在反革命猖狂的局勢中，共產黨應該積極提出徹底民主的國民會議口號呢？托洛次基說必須提出，史大林竭力反對，斥之為「取消派的政綱」。那末毛澤東的親身經驗告訴他什麼呢？他在 1928 年 11 月寫給中共中央的報告（《井岡山的鬥爭》）中說：

> 我們一年來轉戰各地，深感全國革命潮流的低落。一方面有少數小塊地方的紅色政權，一方面全國人民還沒有普通的民權，工人農民以至民權派的資產階級，一概沒有言論集會的權利，加入共產黨是最大的犯罪。紅軍每到一地，群眾冷冷清清，經過宣

傳之後，才慢慢地起來。和敵軍打仗，不論哪一軍都要硬打，沒有什麼敵軍內部倒戈或暴動。馬日事變後招募「暴徒」最多的第六軍，也是這樣。我們深深感覺寂寞，我們時刻盼望這種寂寞生活的終了。要轉入沸熱的全國高潮革命中去，則包括城市小資產階級在內的政治的經濟民權主義鬥爭的發動，是必經的道路。

這真是給國民會議口號所能作的最好的說明，是此一民主總口號必須提出的最有力的理由。如果毛澤東當時是優秀傑出的戰略家，那末簡單憑了他本人的這點「調查研究」，就足夠到達與托洛次基當時提出的同樣結論了 [2]，即：革命局勢早已為反革命局勢所代替，針對着新的局勢，中國共產黨必須提出徹底民主的國民會議口號，藉使「冷冷清清的」「寂寞生活」早日結束，經過「包括城市小資產階級在內的政治的與經濟的民權主義鬥爭的發動」，使反革命局勢「轉入沸熱的全國高潮的革命中去」。可是毛澤東不能從自己的觀察引伸到這個邏輯的結論。他不能、或者不敢提出為史大林所反對的總的民主口號 —— 國民會議。以致他雖然大力肯定「現階段」革命的民主性質，雖然深深感覺到反革命局勢的嚴重，雖然痛感到孤軍奮鬥的寂寞，雖然十分明白局勢轉變之有賴於廣大城鄉民眾政治的與經濟的民主鬥爭，雖然十分明白「少數小塊地方紅色政權」的保持與擴大，有賴於工人農民以至民權派資產階級為「普通民權」而鬥爭的全國性的民主運動，他卻不能，或者不敢違背史大林的主張，將那個唯一能總結全部民主鬥爭的、因而是唯一能適合當時鬥爭需要的國民會議口號提出來。

毛澤東在這個問題上的不高明，還可以從另一方面來說明的。當史大林在整個國際內由極左跳回到極右，在中國由十年內戰再度謀與蔣介石聯盟之時，便突然提出了一直被他斥之為「取消主義」的國民會議口號，撤換了多年來被奉為神聖的「蘇維埃」。中共幹部對於這

個突變當然會感到驚奇的，特別因為他們聽慣了誰提國民會議誰就是不要革命這套理論，但毛澤東卻跟他過去之無條件贊成史大林的排斥國民會議一樣，現在也非常積極地出來為克里姆林宮主人的新立場辯護。在 1937 年 5 月 3 日對中共全國代表會議所作報告中，他說：「全國人民及各黨派的愛國分子，必須拋棄過去對於國民大會和制定憲法問題的冷淡，而集中力量於這一具體的帶着國防意義的國民大會運動和憲法運動。」（見《選集》，卷一，254 頁。）毛澤東說這話的時候不可能不知道過去使「全國人民及各黨派愛國分子」「冷淡了國民大會和制定憲法問題的」，恰恰是史大林，恰恰是毛澤東自己；而八九年來竭力要他們「拋棄」這種「冷淡」的則是被他們罵為「取消派」的托洛次基派。毛澤東至少在那時（1937 年）已經清楚了史托二派的爭論點，所以說過這段話之後，趕緊就號召大家去和「托洛次基派的陰謀」作鬥爭。在對同一次會議所作的結論中，毛澤東更着力地說明了必須強調國民大會的理由。他說：「為什麼強調國民大會？因為它是可能牽涉到全部生活的東西，因為它是從反動獨裁到民主的橋樑，因為它帶着國防性，因為它是合法的。……中心的東西是國民大會和人民自由。」（同上引書，273–274 頁。）這個理由，除了帶國防性這一點有些莫名其妙之外，都說得很好很好，簡直好得很！但人們應該問問毛澤東，這個同樣理由為什麼不可從 1928 年以後就用來提出國民會議或國民大會呢？為什麼國民會議口號在 1928 年到 1935 年之間是反動的，到了 1935 年 [3] 便正式宣佈為革命的、必須強調、而且成為「中心的東西」了呢？

我們可以因此責備毛澤東對史大林的盲目追隨，這裏確乎也暴露了毛澤東現實主義的勢利的一面；但是更重要的，我以為此事證明了，測定了作為一個戰略家的毛澤東的高度。

　　當然，正如我們在上面所說，一個革命戰略家之最無誤的衡量標準是他對政權問題的態度，是他對以政權問題為中心的全盤革命發展的瞻矚。因此，我們還必須回到革命的根本問題上來談毛澤東的戰略家地位。

　　毛澤東是在 1937 年前後才認真與廣泛地研究了馬克思主義著作的，特別是史大林的著作。經過了這次系統研究，毛澤東對於中國革命問題上史托二派的爭論，便有了明確立場。如果在這以前，毛澤東的步趨史大林主要是由於「紀律」，由於「不明就裏」，由於現實主義的趨附，那末在那時之後，毛氏贊同史大林的主要理由，應該說是由於思想和氣質的共同，其他因素的影響倒反而居於次要了。我們曾經多次說過，毛澤東和王明不同，他不是買辦型的，更不是崇洋派，有足夠勇氣在權威面前反抗的。所以毛澤東在 1937 年以後成為史大林的堅決擁護者與崇拜者，只有一小部分可以用他所擅長的策略手腕（即欲藉此利用史大林所把持的蘇聯及共產國際的物質力量和精神力量）來解釋，大部分應該用他和史大林之間的思想相同，意氣相投來解釋。二人都是高明的策略家，都是不高明的戰略家。大家同樣地重實際，輕理論。大家都是經驗主義者，歸納主義者，因之都看不起原則性的「冥想」，都鄙棄從思想出發的演繹。大家都喜歡談現實主義的「常識」政治，不喜歡馬克思主義關於階級鬥爭的「迂腐」教條。二人都不懂外語，對西方思想，甚至對一般的外國文化都很隔膜，以致表示某種程度的輕視或敵視，故二人都是國際主義者其名，民族主義者其實的。最後，二人都視實力（不論槍桿子或機關）高於思想，都懷有非凡的大志，都要造成個人的領袖崇拜，都看不起群眾自發的創意，因之二人在精神上都是官僚主義的，英雄主義的，甚至是帝王思想的。當然，二人除上述相同之外還盡有不同之處，譬如思想的來

源不同，各自對革命與黨的關係和地位不同，以及二人才智有高下（毛澤東無疑比史大林高些），性質有厚薄（史大林當比毛澤東陰險刻薄得多）。不過這些個不同在那些個相同之前顯得非常無力，所以儘管在某些特定的事件或特殊問題上，毛澤東可以怨恨史大林（例如後者之拚命「栽培」王明與毛氏作對）或不同意乃至看不起史大林（史大林所作的關於中國革命的指令，曾有不少由毛澤東這個執行者看來是荒謬可笑的。在這些時候，毛氏的應付方法，總是「陽奉陰違」，「先斬後奏」。倘事實證明了毛澤東判斷的正確，則他照例不以之揭穿史大林指令的荒謬，卻往往將功勞歸之於「國際」的「正確領導」[4]，但在整個思想上，特別在落後國家民主革命這個戰略思想上，毛澤東是由衷地追隨了史大林的。蘇聯共產黨中的二大領袖，托洛次基的文采風流雖然可能引起過毛澤東的景仰，但史大林的平庸現實總彷彿更合乎他的胃口。這該屬於同氣相求之類的。

毛澤東以完全成熟的史大林主義者姿態出現來談中國革命的性質與戰略問題，當以 1939 年 12 月發表的《中國革命和中國共產黨》為首次。在這本小冊子裏，他有系統地與極其明確地說明了：「現階段中國革命的性質，不是無產階級社會主義的，而是資產階級民主主義的。但是，現時中國的資產階級民主主義的革命，已不是舊式的一般資產階級民主主義的革命，……而是新式的特殊的資產階級民主主義的革命。……我們稱這種革命為新民主主義的革命。這種新民主主義的革命是世界無產階級社會主義革命的一部分，它是堅決地反對帝國主義即國際資本主義的，它在政治上是幾個革命階級聯合起來對於帝國主義者和漢奸反動派的專政。」這裏他提出了與舊民主革命不同，又與社會主義革命有異的所謂新民主主義的革命，這個革命的政治上的目標為「幾個革命階級聯合起來的專政」。

在時間上幾乎是緊相銜接的《新民主主義論》(1940 年 1 月) 中，毛澤東的此一戰略思想有了更充分的說明，有更自由的（即不是襲取他人的而為自己思索之成果的）發揮。其中最重要的一節如下：

> 這種新民主主義共和國，一方面和舊形式的、歐美式的、資產階級專政的、資本主義的共和國相區別，那是舊民主主義的共和國，那種共和國已經過時了，另一方面，也和蘇聯式的、無產階級專政的、社會主義的共和國相區別，那種社會主義共和國已經在蘇聯興盛起來，並且還要在各資本主義國家建立起來，無疑將成為一切工業先進國家的國家構成和政權構成的統治形式，但是那種共和國，在一定的歷史時期中，還不適用於殖民地半殖民地國家的革命。因此，一切殖民地國家的革命，在一定歷史時期中所採取的國家形式，只能是第三種形式，這就是所謂新民主主義共和國。這是一定歷史時期的形式，因而是過渡的形式，但是不可移易的必要的形式。

> ……

> 第三種，殖民地半殖民地國家的革命所採取的過渡的國家形式。……即幾個反對帝國主義的階級聯合起來共同專政的新民主主義的國家。（見《選集》，卷二，668–669 頁。）

上面這一段由毛澤東深思熟慮後、用他自己的言語說出來的史大林主義的關於中國的革命觀，讀者可以拿來和本章開始時候的三種俄國革命觀比對一下，這不正是當年門雪維克派的立場嗎？自然表面上的區別也不是沒有的，譬如門雪維克並不區別民主主義的新舊，他們又公然說革命應該在自由資產階級的領導下，而毛澤東所爭的資產階

級民主主義卻是「新」的，且其國家形式必須是「幾個反對帝國主義的階級聯合起來的共同專政」。但是實質上，只要這個說法不是宣傳技倆，而是共產黨的原則性的戰略路線，那末在嚴格地不使之成為無產階級專政的條件之下，這個所謂一切「反帝階級的共同專政」，除了由資產階級，而且是最有槍桿子的資產階級，佔有實際專政的權力之外，還能有什麼形式呢？因此，毛澤東的這個立場實質上就是門雪維克派的立場。

按照門雪維克派立場，俄國無產階級幫助自由派資產階級成立民主共和國以後，便將「以比前更大得多的成效，在社會主義鬥爭道路上，趕上它的西方兄弟輩。」到底他們以怎樣大的成效，如何趕上他們西方兄弟輩的社會主義鬥爭，可惜（其實是幸而）門雪維克派沒有機會用事實來告訴我們。如果 1917 年十月革命沒有成功，如果門雪維克派的「戰略」如願實現，即俄國資產階級的民主共和國得能穩固與繼續存在下來，那末，我們可以肯定，俄國由這些「社會主義者」領袖們率領的俄國工人們的社會主義鬥爭，一定至今還趕不上英、法、美諸國的兄弟們哩！

依照實質上是門雪維克主義的毛澤東的革命觀，即認為殖民地半殖民地國家在一定的歷史時期內，其革命不能為無產階級專政而鬥爭，但只能為「一切反帝的階級的共同專政」而鬥爭，——其前途的轉變又是怎樣呢？在《新民主主義論》中，他對前途給了很明確的說明和回答。他說：

> 沒有問題，現在的革命是第一步，將來要發展到第二步，……中國革命不能不做兩步走，第一步是新民主主義，第二

步才是社會主義。而且第一步的時間是相當地長，決不是一朝一夕所能成就的。……

至於如何轉變？如何與幾時由第一步轉入第二步？則他沒有回答，他只是一再地，着重地說：革命「有階段之分，只能由一個革命到另一個革命，無所謂『畢其功於一役』。」第一階段有「自己的一定時間」，形成「一定的歷史時期」，在此時期內，民主任務只能用各階級的民主專政來解決，等到解決之後，「再使之發展到第二階段，以建立中國社會主義的社會。」

關於兩種革命之間的轉變條件及其時間問題，倒是在此以前，當中共初向國民黨提出正式再度聯合之時，毛澤東比較明白地說過。那是在〈論反對日本帝國主義的策略〉（1935 年 12 月）及〈為爭取千百萬群眾進入抗日民族統一戰線而鬥爭〉（1937 年 5 月）兩篇文章中的態度。在第一篇中，毛對轉變問題的答覆如下：

> 革命的轉變，那是將來的事。在將來，民主主義的革命必然要轉變為社會主義的革命。何時轉變，應以是否具備了轉變的條件為標準，時間會要相當地長。不到具備了政治上經濟上一切應有的條件之時，不到轉變對於全國最大多數人民有利而不是不利之時，不應當輕易談轉變。懷疑這一點而希望在很短的時間內去轉變，如像過去某些同志所謂民主革命在重要省份開始勝利之日，就是革命開始轉變之時，是不對的。這是因為他們看不見中國是一個何等樣的政治經濟情況的國家，他們不知道中國在政治上經濟上完成民主革命，較之俄國要困難得多，需要更多的時間和努力。

在第二篇文章中，毛澤東説：

> 我們是革命轉變論者，不是托洛次基主義的「不斷革命」論者。我們主張經過民主共和國的一切必要的階段，到達於社會主義。我們反對尾巴主義，但又反對冒險主義和急性病。

> 因為資產階級參加革命的暫時性而不要資產階級，指聯合資產階級的抗日派（在半殖民地）為投降主義，這是托洛次基主義的説法，我們是不能同意的。⋯⋯

我們不厭其長地抄錄了上面文字，首先因為這可説是毛澤東談到革命性質轉變問題最明白肯定的兩個地方，第二，因為這裏面頗有意義地將三種關於中國革命的「轉變論」羅列在一起了。

第一種是以王明為代表的（當然就是「第三次左傾時期」共產國際的立場，也就是史大林本人，或其親密助手當時對此問題所持見解），即以為：「民主革命在重要省份開始勝利之日，就是革命開始轉變之時。」

第二種是毛氏自己的意見：「何時轉變，應以是否具備了轉變的條件為標準，時間會要相當地長。不到具備了政治上經濟上一切應有的條件之時，不到轉變對於全國最大多數人民有利而不是不利之時，不應當輕易談轉變。」

第三種是毛澤東派給托洛次基主義者的，説他們主張「不經過民主共和國的一切必要的階段」，立即進行社會主義性質的革命。毛澤東這裏的描寫當然不正確。我們從當時托派的文獻中，可以知道他們對此問題的見解大致如下：中國革命無疑將因民主民族鬥爭而復起，但此革命一定要在無產階級及其政黨的領導之下，才能前進與深入，如

此，無產階級就勢必在客觀上與主觀上都要為自己的政權而鬥爭，因而走上政權；一旦這樣的政權在全國範圍內建立起來，自不能自限於民主任務的解決。因此，根據托洛次基派的見解，所謂革命性質的轉變問題根本就提得不正確，就革命的客觀任務說，當無產階級專政建立之後，也還有一段民主時期，若就革命動力說，特別就無產階級奪取政權這個歷史必要性說，那末一開始都已經是社會主義性質了。

史大林毛澤東因為根本否認在民主革命中，無產階級可以而且必須為自己的專政而鬥爭；因為他們根本否認落後國家的民主革命任務只有而且必須經過無產階級專政才能解決；因為他們囿於門雪維克的老說法，一貫認為民主革命一定要先由民主政權（或民主專政）來解決，解決了之後，上面的政權與下面的任務才能同時進入（或轉變到）社會主義性質。因之，他們絞盡腦汁來尋求一個轉變的時機和某些轉變的條件。結果，史大林與王明（當盲動與冒險時期）就硬性規定出一個標準：「在重要省份開始勝利之日」。這個標準當然是荒唐而可笑的。如果當時的「蘇維埃政府」與「紅軍」是代表無產階級的政權和軍隊，如果它早已實行了反對富農的政策，不管它的轄區限於一個井岡山，或者廣及「重要的省份」，革命都早已「轉變」到社會主義性了，否則，即蘇維埃與紅軍僅有其名，其政權是「各階級共同」執政，其政策是嚴格地限於反封建，那末，即使其力量到達了全國，其性質也不會有什麼改變。「由量變質」的法則被史大林王明如此應用，真是莫名其妙。

毛澤東反對這個標準是對的；但因上述的基本立場相同，他其實也不曾定出更好的標準來。所謂不到「具備了轉變的條件」之時，「不應當輕易談轉變」，事實上等於什麼也沒有說。所謂「政治上經濟上一切應有的條件」，不但空洞，而且是十足門雪維克派的陷阱。因為，如

果要等中國這個「一窮二白」的國家，在政治上與經濟上都具備了成熟條件後才談社會主義革命，那末意思只能說：在「新民主主義共和國」沒有將中國的政治與經濟都提高到至少有先進資本主義國家的標準以前，社會主義革命是不能輕易談的。這樣看法，「轉變」的「時間當然會相當地長」。豈但「相當」，其實是非常之長，最早也得在英法美日等國社會主義革命勝利以後了。毛澤東的這個轉變論，實質上（如果他原則地堅持起來）是比史大林、王明更右的。

毛澤東的這個觀點始終不曾公然改變過。在《聯合政府》這本著作中，他的這個意見甚至解釋得更右了，他說：

> 只有經過民主主義，才能達到社會主義，這是馬克思主義的天經地義。而在中國，為民主主義奮鬥的時間還是長期的。沒有一個新民主主義的聯合統一的國家，沒有新民主主義的國家經濟的發展，沒有私人資本主義經濟和合作社經濟的發展，沒有民族的科學的大眾的文化即新民主主義文化的發展，沒有幾萬萬人民的個性的解放和個性的發展……要想在殖民地半殖民地半封建的廢墟上建立起社會主義社會來，那只是完全的空想。

這裏毛澤東是把革命轉變的條件具體地列舉出來了，那就是：一個由各階級聯合統治的新民主主義的統一國家，高度發展國家資本經濟、私人資本經濟、合作社經濟、高度發展文化、高度發展人民的個性、經過長時期後，等到上述種種發展達到了可以成為建設社會主義社會基礎之後，那時革命才轉變了，即各階級的聯合專政才變成為無產階級專政，為民主主義的奮鬥才轉變成為社會主義的奮鬥。毛澤東的這個立場，為了要袪除某些人對它的忠實性的懷疑起見，他便着重地聲明道：

幾個民主階級聯盟的新民主主義國家，和無產階級專政的社會主義國家，是有原則上的不同的。……中國現階段的歷史將形成中國現階段的制度，在一個長時期中，將產生一個對於我們完全必要和完全合理同時又區別於俄國制度的特殊形態，即幾個民主階級聯盟的新民主主義的國家形態和政權形態。

毛澤東這一條關於中國革命的戰略路線：建立一個原則上與無產階級專政不同的多階級的共同專政，在此政權下，在長時期內，發展民主主義的經濟和文化，一直發展到足夠之後，才由新民主主義的國家形態和政權形態，轉變為社會主義的國家形態和政權形態。這條基本路線，毛澤東從未改變過。自從他在 1935–37 年期間最後確定以後，中經抗戰，內戰以至共產黨軍政力量統治全國，毛澤東在所有大小文件中，舉凡涉及這個問題，都一直是這個説法 —— 雖然着重點是移動了：在內戰尚未爆發之前，他着重於那個專政之「聯合與共同」上，內戰爆發以後，特別當勝利在握時起，則愈來愈着重於「聯合專政」之無產階級的領導上。不過無論毛澤東將重點置於何處，他直至 1948 年 3 月，還是十分強調地指出：

這就決定了我們現階段革命的性質是新民主主義的人民民主革命，而不同於十月革命那樣的社會主義革命。(見《關於民族資產階級和開明紳士問題》)

當全國革命勝利之後，毛澤東在 1949 年 6 月為紀念中國共產黨二十八周年寫了他著名的論文《論人民民主專政》。在這篇文章裏，據中共的官方宣稱，「毛澤東同志創造性地提出了關於中國革命轉變問題的一系列方針和政策。……對於革命轉變問題的方針和政策，從理論上作了詳細的闡述……」(見 1960 年 9 月 30 日《人民日報》社論) 但

如我們細讀該文，所謂「創造性地提出」與「詳細闡述」了的關於革命政權性質及其轉變問題的意見，只有下面這幾句；首先是：

> 人民是什麼？在中國，在現階段，是工人階級、農民階級、城市小資產階級和民族資產階級。

「人民民主專政」便是由這四個階級共同組成的，這説法至少從1935年提出聯合戰線以來，聞之久矣，完全沒有新意，更談不上什麼創造。另一段，今天特別為所有中共理論家們不斷引證，不斷讚揚，且稱之為毛澤東主張不斷革命論之依據的，則為下列文字。

> 我們現在的任務是要強化人民的國家機器，這主要地是指人民的軍隊、人民的警察和人民的法庭，藉以鞏固國防和保護人民利益。以此作為條件，使中國有可能在工人階級和共產黨的領導之下穩步地由農業國進到工業國，由新民主主義社會進到社會主義社會和共產主義社會，消滅階級和實現大同。

這一段話，據《紅旗》雜誌的主要理論家施東向（按：這個筆名代表的多半是陳伯達，或竟是毛澤東）解釋，乃是毛澤東認為中國革命業已轉變的正式宣告。所以施東向説：「這時候，如果認為革命還不到轉變之時，那當然是完全錯誤的。」（見《紅旗》1961年份第一期）不過我們如果看看〈論人民民主專政〉的原文，很顯然，這個所謂「轉變」立場的正式宣告，乃是中共理論家們事後追認的。所謂「強化人民的國家機器」，毛澤東説的很清楚，是指「軍隊、警察和法庭」的強化而言，其目的在於「鞏固和保護人民的利益」。這裏，不管人們在事後作何等樣的彎曲和注釋，總無法使之含有這種意思，即：各階級聯合掌權的人民民主專政現在必須「強化」為（即轉變為）無產階級的專政了。毛澤東整篇文章就是論人民民主專政的，而這個專政，依據

毛澤東歷來一貫的聲明，和社會主義的無產階級專政之間具有「原則上的不同」。然則，兩個原則上不同的政權，如何可以僅僅因軍隊、警察與法庭等鎮壓機關的強化而發生轉變呢？顯然是不可能的。因此，施東向劉少奇陸定一等想從這篇文章裏找出毛澤東從來主張中國革命之不斷論的證據，總歸是徒勞罷了。

當然，「以此作為條件，使中國有可能在工人階級……」這一段話，可以看成為「不斷革命論」的，即可以被了解為無產階級堅強地掌握了政權，憑此去完成民主任務，並開展社會主義的道路。但是如此了解，與毛澤東的一貫主張相背，與「人民民主專政」這個觀念本身衝突。因為，依據毛氏的理論，民主革命有民主革命的國體與政體，社會主義革命有社會主義革命的國體與政體。前者為民主共和國與人民民主專政，後者為工農共和國與無產階級專政。二者代表着兩個不同的歷史時期，代表着不同的革命階段，代表着兩種絕然不同的社會性質。因此，既不能跳越前者，亦不能提前後者。「兩篇文章」，一定要做完第一篇之後才能再做第二篇。然則，遵守着這個理論，如何可以將屬於「第二篇文章」中的政體（無產階級專政）拿來解決「第一篇」文章裏的問題呢？毛澤東的邏輯不至於如此不通。他當時所說的「人民專政」，一定還是與無產階級專政有着原則性差異的。當毛澤東寫那篇文章時候，如果他確實是一個堅守原則的革命思想家，他一定還以為中國革命的民主任務將由當時的「四階級共同專政」來完成，等到完成之後，即等到中國社會客觀上已具備了社會主義革命的條件之後，民主專政才變成無產階級專政，民主革命才變成社會主義革命。

所謂「人民民主政權，實質上已經成為無產階級專政的一種形式」（劉少奇語），毛澤東當時是決不可能有這個思想的。因為這個思想，不多不少，恰恰就是被毛澤東罵作「反革命」的托洛次基派的思想。

（托洛次基將俄國革命的經驗和理論運用到中國革命來，認為：或者是資產階級專政（蔣介石道路），或者是無產階級專政（中國的十月革命道路），至於什麼「多階級的聯合共同專政」，則是理論上說不通，事實上不可能的。）毛澤東在漫長的歲月中為各階級聯合的人民專政而努力，一貫而拚命地反對主張建立中國無產階級專政的托派，然則他怎能當自己的戰略目標終於實現之時，突然否定了它，並宣稱事實上所實現的並非他所想望的，而是他從來反對的托派的目標呢？毛澤東不會認輸，他也不曾認輸。在〈論人民民主專政〉文章中，只是反映了客觀事實和他主觀想法之間的嚴重矛盾罷了。

出來在理論上企圖解決這個矛盾，並且事後承認中國革命的發展確是遵照了「不斷革命」路線的，不是毛澤東自己，而是劉少奇與施東向（假定他不是毛澤東的化名）。就我個人所接觸到的中共文獻而論，首次正式改變了毛澤東關於民主專政那個戰略觀念的，要算劉少奇於 1956 年 9 月在中共第八次代表大會所作的政治報告了。其中有下面一段非常值得注意的話：

> 人民民主專政實質上已經成為無產階級專政的一種形式。這就使我國的資產階級民主性質的革命有可能經過和平的道路，直接地轉變無產階級社會主義性質的革命。因此，中華人民共和國的成立，標誌著我國資產階級民主革命階段的基本結束和無產階級社會主義革命階段的開始，標誌著我國由資本主義到社會主義的過渡時期的開始。

這一段話，除了某些說明尚有若干問題之外，根本符合於托洛次基派的革命戰略觀。因此，它可以稱為中共事後確認的托洛次基主義。它徹底與乾淨地廓清了史大林毛澤東歷來堅持的、由「新民主主

義」與「人民民主專政」這兩個基本概念所構成的虛幻、錯誤與反動的整套革命觀。

1956 年 9 月,離開毛澤東發表的〈論人民民主專政〉已過了整整七個年頭。在勝利以前,毛澤東固然看不到中國的革命專政只能是無產階級專政這個事實,而在勝利以後,當這個事實擺在面前時,也還需要長長七年的教訓(其中不少是悲痛的),才使他(經過劉少奇之口)終於認識到人民專政已經是一種無產階級專政這個實質[5]。毛澤東究竟是怎樣偉大的一個革命戰略家,但憑這一點就完全可以測定了。

革命性質轉變問題只能與政權問題聯合來考慮才得解決,這在毛澤東也是從來弄不清楚的。他一直有這樣一個想法:革命性質主要表現在「國體」和「政體」上,因而革命性質的轉變也表現在「國體」和「政體」的轉變上。在毛澤東,革命性質,即革命任務,與國政二體的形式有絕對關係。民主任務、人民共和國、人民民主專政是三位一體,是一個獨立的範疇,是「第一篇文章」的三要素。社會主義任務,工農共和國,無產階級專政乃是另一個三位一體,另一個獨立的範疇,是「第二篇文章」的三要素。前後三要素之間隔着一個長長的歷史時期,在此時期內,國家的經濟文化大大提高,準備社會主義革命的條件,等到條件成熟,才由「第一篇文章」轉到「第二篇文章」。至於具體地如何變法,憑什麼來實行轉變?是否當社會主義革命的客觀條件成熟之後,共產黨領導無產階級再來一次社會主義革命,藉以改變「國體」和「政體」呢?還是「人民民主專政」這個政體到那時自動來一個和平的轉變,使「共同執政」的其他階級退出領導,以便「人民性」的國體變成「工農性」的國體呢?對於這些問題,毛澤東其實從來不曾給過回答,只因為他從來不曾鄭重地考慮過它們。

　　如果毛澤東確是一個偉大的革命戰略家的話，那末，縱使他不清楚馬克思、列寧以及托洛次基關於不斷革命的見解，縱使不熟悉俄國革命的思想史；但憑他根據於中國階級鬥爭的實踐而作的獨立思索，也多半可以很早達到如下的，亦即不斷革命論的結論了。那就是：中國人民為民主任務而作的廣泛的革命鬥爭，既然必須在無產階級領導之下才能勝利，那末，這個革命鬥爭的勝利，勢必要將無產階級推上政權 —— 這是一。踏上了政權的無產階級（自然是通過它自己的政黨），為要防止反動復辟，確保革命勝利，並解決革命任務，勢必要實行依靠城鄉廣大貧民的無產階級的專政 —— 這是二。專政的無產階級當然不能自限於民主任務的解決，它必然要於掌握政權、解決民主任務的同時，就開始採取若干社會主義的措置，藉使國家能走上社會主義的道路 —— 這是三。無產階級專政的建立與該政權之開始採取社會主義措置，並不等於說這個國家在經濟文化基礎上已成熟了社會主義的建設條件。社會主義建設成功必須在世界規模中才能思議，新中國社會主義建設任務是與世界社會主義革命任務分不開的 —— 這是四。以上四點，毛澤東除了第一點中的上半截，即關於民主革命中無產階級的領導權之外，就完全不曾想到過。今天，當毛澤東在事實的壓迫之下承認自己為「不斷革命論者」之後，其實還是不曾領會的。他始終不懂得，如今或者是不肯懂得，「革命性質轉變」問題的中心關鍵在於政權問題，即在於落後國家中勝利的民主革命勢必造成無產階級專政，以及只有無產階級專政才能同時解決民主任務與提出社會主義任務這個事實。換句話說，民主革命中無產階級專政的必然性與必要性，決定了落後國家中革命發展的不斷性，這也就是說，解決了那些國家中關於革命性質「轉變」的全部問題。毛澤東既然跟在史大林後面，排斥了在民主革命中爭取無產階級專政的思想，於是在「轉變」問題上就永遠脫不出矛盾可笑的境地。當他攻擊不斷革命論時候是如

此，當他借他人之口來自命為「不斷革命論者」的時候，也是如此。譬如在施東向的長文〈中國革命兩個階段的區別和銜接〉（這是中共在此主要的革命戰略問題上突然改變態度後，想把新舊二說法調和起來的一次最鄭重的企圖）中，毛澤東那個「革命階段論與不斷革命論相結合」的戰略思想，被如此奇怪地規定在下面的定義中：「在全國範圍內推翻國民黨的反動統治以前，人民政權的性質是無產階級領導的各個階級聯合專政，它擔負着民主革命的任務，…… 在全國範圍內推翻了國民黨的反動統治，並且建立起人民共和國以後，這個全國範圍的人民政權的性質實質上是無產階級專政，它擔負着無產階級社會主義革命的任務。」施東向於下此定義同時，特別又舊事重提地指出了王明派的錯誤：「民主革命在重要省份開始勝利之日，就是革命開始轉變之時」，可是按照他的定義，所謂「全國範圍…… 以前」，「全國範圍…… 以後」，難道不也就是按照「人民政權」的控制面積的大小來判斷該政權與革命的性質？難道不也是錯誤的？最多，不過是百步與八十步之差耳。根據施東向所持理由，在全國勝利「以後」，民主任務「已經基本解決，社會主義和資本主義的矛盾已經逐步上升而成為國內的主要矛盾。」這個理由，且不問它與毛澤東的舊立場有多麼明顯的衝突（依照毛澤東的說法：當民主革命在全國範圍內勝利之後，在人民民主專政之下，必須經過民族資本主義與合作社經濟的長期發展，才能談得到「國體」和「政體」的轉變），其本身也是不通的，不符合事實的。所謂「人民共和國的成立，標誌着中國民主革命的基本結束和社會主義革命的開始」，這斷語根本有問題。無論俄國革命的經驗，或此次中國革命的經驗，都證明了革命專政的成立，既不是民主革命的結束，亦不能說是社會主義革命的開始。因為，民主任務的解決 —— 特別是土地問題 —— 實際是革命政權成立以後才開始的，至於社會主義性的革命，如果從政治意義上說，則自從革命黨及其主要群

眾明確地為爭取「無產階級領導的」政權而鬥爭時，就已經開始了。施東向有一句話說得對：「一切革命的根本問題是國家的政權問題」。可是在毛澤東思想中，表示出最無遠見，因而被事變駁斥得最為殘酷的，恰恰是關於這個根本問題的立場。他一直堅持到勝利以後的那個老調子，所謂由於革命的民主性質，中國只能建立人民民主專政而絕不能建立無產階級專政的見解，使他在新事實面前遇到了非常尷尬的抉擇：或者，承認自己對這個問題的看法完全錯了，承認民主革命勝利的結果確實只能像托派所說的建立無產階級專政[6]，如果真要實行像他與史大林所預言的什麼建立「各階級的聯合專政」，那只好讓資產階級來專政了；或者，口頭上，堅持說一切發展都完全證實了他戰略預見的正確，堅持說勝利後由政協產生的人民政府正是「各個民主階級聯合的共同專政」，並且堅持說這個專政與無產階級專政有原則性的不同，可是在事實上，卻將一切奪到的東西緊緊抓在共產黨人的手裏，非但不讓各「民主階級」插手插嘴，甚至不讓他們自以為代表其利益的工人階級插手插嘴。很顯然，毛澤東是選取了後一抉擇的；但因此他那種口是心非與言行不符的情形，卻隨時日的增加而愈加赤裸與愈加不堪了。而更使毛澤東與中共難於繼續玩弄這套表裏不一的把戲的，就是當資產階級利用毛澤東那套民主聯合理論，向新政權作政治的與經濟的進攻時，竟發現自己辭窮理曲了。無情的事變迫得他們非改變方針不可。他們被迫從事「三反」、「五反」，被迫宣佈私人資本主義不可能在革命勝利後再有長時期的發展，被迫宣佈革命性質的轉變，因而「政體」亦必須作相應的改變了，即人民民主專政必須改為無產階級專政了。然則將怎樣改變呢？事實上是什麼改變都不需要的。全部實權操在共產黨人手中。如果說逐出幾個花瓶式的屬於「民主黨派的」「副部長」就算是「民主專政」轉變為「無產階級專政」，那末情形未免過於滑稽，以致連最不怕將人民當孩子來玩耍的中共，

也覺得多此一舉的。然則如何可以把一貫認為有原則性不同的兩種政體「轉變」呢？它們在事實上又是怎樣「轉變」了的呢？毛澤東對此沒有說過半句話，劉少奇也不曾費力企圖解釋這個問題。首次，就我所見到的文獻而論，出來想用理論解釋這個尷尬問題的，還是那位施東向先生，他說：

> 中國無產階級在領導民主革命取得勝利的同時，鞏固地建立了自己對國家的政治統治權，因而就不需要在民主革命勝利以後為社會主義革命再進行一次奪取政權的鬥爭。這是因為我們黨在領導民主革命中絲毫沒有忘掉社會主義的目標，在民主革命鬥爭中緊緊地抓住了政權的問題，並且堅決地確立了和鞏固了無產階級領導權的結果。

這段話說得很不壞，回顧的解釋也可令人滿意；但對中共卻有一個最大缺憾，那就是：它在本質上完全是托洛次基主義，它把毛澤東一二十年來對此問題的全部理論粉碎無餘，因此徹底否定了毛澤東作為一個偉大革命戰略家的地位。

注釋

1. 即 1935 年前後 —— 王凡西。

2. 及時判斷局勢並靈活地提出適合於新局勢的口號，自應屬於戰術或策略範疇。不過像 1928 年托洛次基提出國民會議口號，作為代替「蘇維埃」口號，管領整個反革命時期，並將憑此走上新革命中奪取政權之路，這樣一個口號，卻應該說已充分提高到戰略平面了。因此我們有理由在此一問題上衡量毛澤東的戰略家高度。

3. 毛澤東文章中第一次正式提及國民大會口號是在 1937 年，但整個路線的改變既在 1935 年秋，則國民大會策略之採取，當與「人民共和國」口號代替「工農共和國」口號的同時，1935 年的中共八一通電中，這個新策略是以「真正代表全體同胞的代表機關」名稱提出的。

4. 這類例子我們知道有過很多，只因中共從來不將此種事情公開，要找直接的文字證據是相當困難的；但間接的證言卻有的是。比如從鐵托的自傳中，我們知道史大林曾經親口對南共領袖們說過，當日軍投降之後，他曾反對中共對蔣介石硬拼作戰，毛澤東不聽，結果中共在內戰中勝利了。此事證明了史錯毛對，但毛澤東從來不宣揚此事。

5. 「人民政府」究竟在哪一意義上稱得上無產階級專政，它與俄國十月革命後的無產階級專政有何不同，暫不在此論述。

6. 中共在革命勝利後所建立的政權，究終是不是無產階級專政？如果說是，那末它到底在怎樣的程度內，在什麼意義上，才算是無產階級專政？這在國際非史大林主義派的共產主義者與社會主義者中間，曾經引起很多爭論。筆者個人，對此問題也有過一些不同看法。最初，我認為他不是無產階級專政，而只能說是官僚專政。後來，經過繼續研究和思索後，我的結論是：「中國共產黨仍能算是代表工人階級傾向的政黨，其政權在其主要的經濟措施上仍能算是代表工人階級歷史要求的政權──不用說，這裏的所謂代表是以非常畸形，非常野蠻，非常官僚化，因而是非常僭妄的形式表達出來的。詳見拙作：《思想問題》。

七、不高明的戰略家（下篇）
（武裝革命與革命戰略）

上面我們是從革命性質問題，特別是從革命政權的性質問題，研究了戰略家身份的毛澤東思想。

現在讓我們從另一個問題，即從武裝鬥爭這個問題，來研究毛澤東的戰略思想。在《高明的戰術家》這一章裏，我們曾經研究過毛澤東這條武裝革命路線，且曾給過它適當的評價。我們指出過，毛澤東的這條路線，在 1938 年以前，一直是以戰術路線，即以策略路線來提出的。等到他在《戰爭和戰略問題》的文章中，企圖以獨特的、全面的革命戰略路線提出之後，我們又曾詳細地分析了毛氏用以支持此路線的那些思想，它們是粗俗、膚淺與錯誤的。凡此種種，我們自不必在此地再談。這裏我們必須談的，乃是上一章中提出而未曾解答的問題，即：毛澤東如果自覺地、全面地、將武裝鬥爭提高到革命戰略地位，特別是如果自始就能將此一戰略路線，安置在整套不斷革命的戰略中來提出、考慮和執行，那末，中共以及一般的中國工農，在其走向革命勝利，取得勝利和擴展勝利的過程中，會呈現出與實際上已經呈現了的情形有怎樣的不同？

這個問題，表面看來彷彿是完全學院式的。對於某一件業已完成的事情，事後指手劃腳，賣弄聰明，說什麼原不該如此，早應該如彼之類的話，自然是無聊之極。但是嚴肅的歷史研究卻不屬於這一類行徑。鄭重檢討經驗，藉以獲取教訓或確定真相，和那些專說風涼話，扮演事後諸葛亮的作風，並無絲毫共同之點。像中共走上勝利這樣的巨大歷史事件，不但歷史家有資格研究，就是實踐的革命家也有充分的資格——而且必須——對它作詳盡的、多方面的探討。這中間，特別是屬於托派的革命者有權利來這樣做。因為三十餘年來，簡直可以說一自中共開始成立以來，史托二派差不多對所有的中國革命問題——不論戰略性或策略性的——均提出過兩種不同的立場。因此在今天，回顧這些年中所發生了的史實，根據二派主張的文獻，作如果如此而不如彼則將如何如何的研究，絕對不是無聊，也不是學院式的。因為社會主義的無產階級革命決不曾因中共勝利而完結，從橫的世界範圍看，或從縱的繼續發展看，中共的勝利都不過是一個段落——雖然是具有很大意義的段落——有關於這一革命的那些基本問題，現在有，將來也會有不僅是歷史的意義，而且是實踐的意義。

事實自然勝於雄辯。勝利這個事實尤其如此。主要是服膺史大林路線的中共既然獲得了勝利，那末，過去關於中國革命的史托之爭彷彿已經最後解決了。套句陳腔濫調，即歷史已經給這個爭論做了答覆。其實，這樣的想法是淺薄的、勢利的，因而是錯誤的。根據中國古老的智慧，我們不主張「以成敗論英雄」。就是西方的賢者也不許憑結局來判斷計劃的。古代的迦泰基人曾經處罰過一些將軍，為了他們蹩腳的作戰計劃，雖然這些計劃曾僥倖地獲得了勝利。今天中共是勝利了，但此一事實並不足以證明史大林與毛澤東的戰略路線，確實比托洛次基與托派的戰略高明或正確。

　　在上一章裏我們曾就不斷革命論方面研究了這個問題。現在我們要從武裝革命的戰略方面來談同樣問題。

　　毛澤東經常引述史大林的一句話：「在中國，是武裝的革命對武裝的反革命作鬥爭。中國革命的特性之一和優點之一便在於此。」毛澤東做這個引述的意義有二：第一，想確認史大林為中國武裝革命戰略路線的奠基人；第二，想說明毛澤東所倡導和執行的武裝革命路線，乃是一種深思熟慮的戰略，它一方面在理論上師承史大林，另一方面在實踐上根據於他本人對中國國情的調查研究。

　　讓我們先看看史大林此一論斷的性質，看看它是在什麼時候，什麼條件中說的。因為在毛澤東的引述中，它永遠是當作抽象的、懸空的、像康得的一條「無上命令」式的真理提出來，以致讓人無法確切知道，究竟史大林下此斷語時何所根據，何所指示，以及他究竟付它以何種性質。下面是史大林說這幾句話的全文：

　　　　因為廣東軍隊的推進就是對帝國主義的打擊，對其中國走狗的打擊，就是一般地給中國一切革命分子，特別是給工人以集會自由、罷工自由、出版自由、結社自由。中國革命軍隊的特點和極重要的意義就在這裏。

　　　　從前，在十八和十九世紀，革命是這樣開始的，通常是大部分沒有武裝或武裝很差的人民舉行起義，他們和舊政權的軍隊發生衝突，他們竭力瓦解這些軍隊，或者至少把一部分軍隊地拉到自己方面來。這是過去革命爆發的典型形式。一九〇五年我們俄國的情形也是這樣。中國的情況卻不同。在中國，和舊政府的軍隊對抗的，不是沒有武裝的人民，而是以革命軍隊為代表的武裝的人民。在中國，是武裝的革命反對武裝的反革命。這是中國革

命的特點之一和優點之一。中國革命軍隊的特殊意義正在這裏。
【朱正按　《史大林全集》中文版，第八卷，325、326頁。】

　　上面這段話是史大林在 1926 年 11 月 30 日，對共產國際執行委員會中國分委員會演說的，演說的題目是《論中國革命的前途》。這裏所指的「人民革命軍隊」就是指當時以蔣介石為總司令的北伐軍。他說這些話的用意，在於批評他的兩個支持者，彼得洛夫與米夫所提出的中國問題提綱，其中，據說把中國革命軍隊問題「遺漏或低估」了。那末史大林自己究竟怎樣重視這個問題的意義？為什麼要批評這點呢？要明白這些，那就得談一談當時蘇聯共產黨領導層中有關此問題的爭論。不用說，這爭論也是一方面以史大林為首，另一方面由托洛次基領導的。依照史大林的意見，當時蔣介石統率的國民黨軍隊就是「人民的革命軍隊」，它「是中國工人與農民為自己的解放而進行的鬥爭中的最重要的因素。……廣東軍的推進，就是對於帝國主義的打擊，就是對於帝國主義在中國走狗的打擊，……」如此估計了「廣東軍」之後，史大林接着就給共產黨人提出了兩個任務：一、必須加強軍隊中的政治工作，使蔣介石的「軍隊成為中國革命思想的真正的和模範的傳播者」；二、共產黨人必須研究軍事，以便「在軍隊中佔據這個或那個領導職位」。以托洛次基為首的反對派，對此問題抱着相反的意見，他們首先不承認那由蔣介石控制的軍隊為「人民的革命軍隊」，因為，論成分，「資產階級和地主的子弟在軍官中佔大優勢」，論領導，它是完全操縱在資產階級國民黨手中的。為了讓廣東北伐軍真正變成為「中國工人與農民為自己解放而進行的最重要的因素」，托洛次基竭力主張成立兵士的和工農的蘇維埃（即代表會議），主張武裝工農。依照托洛次基等人的看法，軍隊中的政治工作，即所謂黨代表制度，因為「沒有獨立的革命黨與兵士蘇維埃，早已變作資產階級軍國

主義的一個空洞掩飾物。」至於某些共產黨人在國民黨軍隊中「佔據這個或那個領導職位」，絕對不能防止軍隊被反革命所利用，倒是「佔據了領導地位」的這個或那個共產黨人，大可被資產階級的反動影響所腐蝕呢[1]。

基於上述認識，史大林所控制的共產國際不但堅決反對在北伐軍進展時候組織工農代表會議與兵士代表會議，而且竭力反對武裝工農。決議上正式規定：「為了革命利益，武裝工人應該在最低限度內」進行；而事實上則共產國際的代表反對任何限度內的工人武裝，以免「觸怒蔣介石」（1927年四一二之前），或「逐走汪精衛」。

史大林《論中國革命前途》的演說發表於1926年11月30日，也就是發表於「人民革命軍」總司令屠殺工農之前四個月零十二日。那時候，他拚命反對托洛次基派那種用工農兵代表會議方式以圖建立真正革命軍隊的主張，他的兩個追隨者，自然格外奉承，在提綱上半句都不提革命軍隊問題了。可是規避問題顯然不就是解答問題，同時一經規避，人們是更加會傾聽反對派主張的，於是史大林便自己出來，糾正這兩個捧場者的錯誤。他出來肯定了武裝鬥爭在中國革命中的重要性，肯定了革命軍隊的重要性，因此，他反對反對派武裝工農的意見，反對反對派成立工農兵代表會議的意見。理由是：革命軍隊已經存在了，那就是以蔣介石為總司令的北伐軍，武裝鬥爭也正在進行了，那就是廣東軍隊和孫傳芳、張作霖的戰爭。依照他的見解，在那個時候武裝工農，組織工農兵代表會議，事實上是破壞業已存在的「人民革命軍」，破壞正在進行中的革命武裝鬥爭。因此，他當時大聲疾呼，要人家重視軍隊或武裝鬥爭，事實上只是替蔣介石及其統率的軍隊說話，決不是給中國的革命定下什麼戰略路線。他說：中國革命的特點是武裝的革命反對武裝的反革命，意思只是：蔣介石指揮的正在

跟北洋軍閥作戰的軍隊，正好是中國工農自己解放的最重要因素，你們千萬不可以拿什麼工人武裝或兵士蘇維埃來破壞它。

這便是史大林說出那句著名論斷來的真實意義。它根本不是毛澤東日後所了解的意義，也不是毛澤東要我們接受的意義。針對着這幾句話，托洛次基曾經有過如下的批評：

> 共產國際的中央機關刊物，於 1927 年 2 月 25 日，即上海流血的一個半月以前寫道：

> 中國共產黨與中國覺悟的工人，在任何情形之下，都不應進行分解革命軍的策略，這因為資產階級影響，在那裏還相當強固……（見《共產國際》，19 頁，1927 年 2 月 15 日出版。）

> 史大林於 1927 年 5 月 24 日，在共產國際全體執委會上，有如下演說 —— 這幾句話是他在任何時候常常重複的，他說：「在中國，不是徒手人民反對舊制度的軍隊，而是武裝的人民用革命軍形式反對後者。在中國，是一個武裝的革命在反抗一個武裝的反革命。」

> 在 1927 年夏天和秋天，國民黨軍隊被形容為武裝的人民，但是當這些軍隊撲滅廣州暴動的時候，《真理報》又宣佈說，中國共產黨之「最長久的（！）缺點」，是在於他們的無能去分化「反動的軍隊」，在廣州暴動前夜，這同一軍隊還被稱為「革命的人民」。

> 「真是一些無恥的騙子們！」（見 1930 年 8 月寫的《史大林與中國革命》。）

這裏說得不能再清楚了，史大林這個「以武裝的革命反對武裝的反革命」的公式，其全部含義只是替蔣介石的僱傭軍隊掛上一個革命武裝的招牌，並以此作為盾牌，藉以抵禦工農武裝對蔣軍的分化。毛澤東在史大林說了這幾句話的十一年後，竟在其中找到了他「槍桿子革命」的理論根據，顯然是出於誤解。如果此話確曾使毛澤東的武裝革命路線由策略地位提高到戰略地位，那末居功的顯然不應該是史大林那個公式本身，倒應該是毛澤東的誤解。中外歷史上不乏這種值得稱道的誤解，不少帶有進步性質的反抗運動，曾經從統治階級的聖經賢傳中，有意無意地摘取了一些「公式」，作為運動的辯解。毛澤東在此情形中之徵引史大林，也應當算入「神聖的誤解」之列。

至此，我們已經可以確定一點：與毛澤東告訴我們的故事相反，史大林從來不曾替中國革命提出過一條有別於傳統的馬克思主義派革命戰略的路線，即從來不曾說過中國工農的革命應該不像西歐各國的兄弟們那樣，（在長期間做群眾的組織工作）而應該走獨特的武裝革命的道路。他非但不曾這樣說過，而且在中國工農最有可能武裝自己的時候，他還堅決加以反對了的——其反對理由正是要讓蔣介石的軍隊發揮「中國革命的優點和特點」，去和「武裝的反革命作武裝鬥爭」。

那末當中國革命失敗之後，當中共在共產國際的指揮下完成了一個極端轉變，由機會主義跳向盲動主義，實行了自南昌以迄廣州這連串暴動之後，史大林是否給中國革命規定了武裝鬥爭的戰略路線呢？我們知道並不。自從 1927 年 8 月開始的（由所謂「八七會議」決定的）武裝革命路線，由該一時期的所有文件證明，絕對不是根據於一條新的關於中國革命的獨特的戰略路線，而是根據於史大林等對當時中國革命的奇怪估計。即認為：不管革命勢力之一再失敗，其總的形勢卻

是繼續上升，它因每一挫折而登上更高階段。當武漢工人繼上海兄弟們被屠殺於血泊中之時，共產國際卻宣佈中國「處於直接革命的局勢中」，號召「立即組織蘇維埃，組織工農暴動」。等得到了 1928 年夏秋之間，史大林們先後在中共六大與共產國際的六次大會上，承認了「中國革命的第一階段」已經過去，即不好意思地、虛偽地承認了中國革命業已失敗，同時也就把武裝暴動口號改為「宣傳的」了，即在議案上取消了這條「以武裝革命反對武裝反革命」的路線。至於事實上，自從那時以後，中國在部分地區始終繼續着這個「路線」，那也決非因為史大林等對中國革命的「特點」的認識，首先，它是由大革命所引起的南方農民鬥爭的客觀邏輯造成的。農民鬥爭，不發展則已，一發展就得演成武裝衝突；衝突一起，如果不想失敗，不想受到慘酷的鎮壓和報復，就得堅持下去。農民鬥爭由於本性使然，自來是難得堅持的。1927 年秋冬湘贛區域農民暴動之所以能夠持續，自然因它和當時由武漢戰敗下來的共產黨員及其軍隊合流之故。這兩股力量彙集在一起，在國民黨反革命軍隊的恐怖壓力之下，除了設法以武力抵抗之外，再想不出其他「路線」來了。如果不想走這條道路，那便只有繳械投降，靜待屠殺。所以當時這條路線並非什麼人深思熟慮地定出來，而是鬥爭的客觀邏輯迫出來的。走上井岡山的道路，和走上梁山的道路一樣，都是「迫」字築成的。其次，史大林當時所以會「批准」毛澤東等走這條路線，那是由於「第三時期」的總估計，並非為了執行什麼對中國革命「新戰略」。所謂「第三時期」的估計，乃是指上述共產國際的六次大會所決定的一種對整個世界資本主義的看法。根據這個看法，資本主義制度已經到了總崩潰的時機，它認為曾經有過短短一時期的「相對平衡」，此時已經終結，因此，擺在全世界無產階級與共產主義者面前的任務，就是要組織和進行對資本主義的「最後一戰」。也因此，就在同一次共產國際的大會上，中國的「蘇維埃暴動口

號」，雖曾因被迫承認中國革命失敗而暫時從「行動性的」改變為「宣傳性的」；但因全世界已被宣佈為處於「直接革命的局勢」中，史大林們對於中共領導下的農民武裝鬥爭，也就採取了雖不積極鼓勵卻是消極容許的模棱態度。這個態度，在1930年的蘇聯共產黨第十六次大會上，史大林表示得最為清楚。他說：

> 若以為帝國主義者的惡行，就這樣過去而沒有受到處罰，那真是可笑的。中國的工人與農民已經建立了蘇維埃和紅軍，來答覆他們。聽人說中國已經建立了蘇維埃政府。我以為假使這是真的，那麼這裏面沒有一點驚奇。毫無疑義的，只有蘇維埃才能挽救中國免於完全的瓜分和衰亡。

這樣含糊、這樣不着邊際、這樣滑頭、這樣帶有假說性的說法，竟出之於那個中國革命戰略的最高決策者之口，而且在最有權威、最嚴肅的聯共黨黨大會的正式報告中，是史大林關於當時仍為最重大國際問題的中國革命的全部指示，真是令人驚奇的。史大林為什麼要這樣做，理由應該首先從當時聯共黨內的派別鬥爭中去找，我們這裏不談這些。此地我們提出史大林那段有名的所謂「五句評述」來，只為的要證明，在那一時期，即當中共的盲動主義正在實行之際，史大林也不曾從中國的什麼特點出發，給中國革命指出過獨特的、不同於傳統馬克思主義的戰略路線，即「以武裝革命反對武裝反革命」的路線。誠然，他的「五句」中提到了「蘇維埃」，提到了「紅軍」。那不過如托洛次基所指責，是一種「計謀」。是怎樣的計謀呢？我們知道，在那時候不久以前，中共與共產國際剛剛在正式決議上，停止了武裝暴動的口號。這表示在事實面前，史大林終於不得不承認，當時中國已由反革命的猖狂局勢代替了直接革命形勢，而在反革命局勢中，想靠工農，甚至單靠農民暴動來組織蘇維埃與紅軍，則依照他傳統的馬克

思主義的革命戰略，知道是決無前途的；所以史大林不得不贊成取消暴動口號。可是在同時，中國南方農村裏的暴動仍在繼續，且自稱蘇維埃，自稱紅軍；這對於「全世界均已處於直接革命局勢」這個認識是有利的，他便覺得不妨讓中國同志們自己去繼續武裝暴動路線吧；不過他得當心説話，他不應負起這種做法的正式責任，以便這種鬥爭遭到鎮壓或消滅時，他可以脱卻干係。由此可知當時史大林在此一問題上的想法是非常矛盾的：一條傳統的路線和一個不合傳統的希望在他心中交鬥。一個前途比較現實合理，但比較遙遠；另一個前途較為冒險難恃，但較為切近。二者對他都有誘惑力，都有用處（至少在對付黨內政敵上），於是他不分軒輊，兩面贊成：議案上主張取消暴動口號，言論上則對暴動加以讚揚；不過讚得有分寸，揚得有條件：「聽人説」，「假使是真的」，那末⋯⋯「沒有什麼驚奇的」。這意思等於説，假使人們所説不確，假使不是真的，假使那些暴動遭到了悲慘結局，那末也沒有什麼驚奇的，反正，史大林已經在專門關於中國問題的議案上，斥責過，取消過暴動口號了！

如此態度，如此指導，無怪他的對頭托洛次基要在〈史大林與中國革命〉一文中評之為「最權威與最顯赫的官僚論斷」，斥之為「無恥的計謀」了。

事情至此已經很清楚：説史大林奠定了中國革命武裝鬥爭的戰略道路，其實乃是一種神話。1930 年以前種種已如上述。至自聯共黨第十六次大會以後，則就筆者個人所知，史大林根本不曾再對中國革命問題説過任何原則性或戰略性的意見。當整個共產國際在 1934 年間從極左的「第三時期」轉變到極右的「人民陣線」時，中國的武裝革命力量，索性被命令置於武裝的反革命頭子蔣介石的統一指揮之下，即在實質上它索性被取消了，當然更談不上什麼武裝鬥爭的戰略路線。

【朱正按 共產國際是在 1935 年 7 月至 8 月開的第七次代表大會才轉變到「人民陣線」路線的。】

既然史大林對中國革命的武裝鬥爭戰略無所貢獻，那末，這個戰略是否更應歸功於毛澤東呢？

毛澤東在這方面有甚大貢獻，是無容爭辯的。我們不會、而且也不曾否認過這個事實。我們所爭論的只是關於毛澤東在這個方面的戰略家地位。換句話説，首先應該研究的是：毛澤東將中國革命運動引向農村，在那裏拿起武器，長時間從事蓄聚、教練和實行以武力對武力的鬥爭，究竟是根據於深思熟慮的戰略呢，還是但憑中國歷史上造反起義的傳統？前面我們説過，毛澤東一直要到他鏖戰十年之後，即在 1938 年冬天，才將他「抽劍、揮鞭」、「為江山折腰」的風流壯舉，第一次原則性地、歷史地，站在馬克思主義的革命戰略平面上，從中國革命鬥爭的多方面的特殊點，加以考慮研究。那時毛澤東的武功雖然離最後勝利尚遠，但其成就已非常可觀，根底已經穩定了。憑此經驗，作理論性的回顧與總結，事情是相當自然與輕易的。但在獲得這個總結以前，即當他未曾將武裝鬥爭當作中國工農之唯一正確可行的戰略路線來進行的漫長歲月中，特別是當此鬥爭萬分艱難的初期，到底是什麼東西推動毛澤東走上這條道路的呢！客觀方面，那時中國特別尖銳與血腥的階級鬥爭，自然是最大的推動力。倘就主觀方面説，則毛澤東之並不精通馬克思主義；他之熟悉中國歷史，而不深明西方革命史；他的出身於農村，以及他的性格上與思想中的儒俠因素，都應該説是重要理由。同樣在 1927 年秋冬大革命失敗的環境中，人人呼吸着當時低沉壓迫的空氣，人人懷抱着悲憤痛苦的心情，可是在共產黨的上層領袖中，恰恰是毛澤東最堅決地走上了武裝農民鬥爭的道路，那是必須要從主觀方面解釋的。

「一個人的缺點往往也就是他的優點」，這句話在此地說是非常合適的。正因為毛澤東那時候馬列主義懂得少，這個外來思想對他束縛力不大，於是他可以本能地、常識地、憑一己經驗地、按照傳統地、對革命的行動問題作出判斷，決定道路。那時候，他如果「熟知希臘」，更壞的，如果他食而不化地或一知半解地懂得「希臘」；如果他熟諳半世紀來西方工人革命的方式；如果他深信馬克思主義關於先工人後農民，先城市後鄉村，前者領導後者的不易立場；如果他知道工農紅軍乃是全國性工農政權的產物這個史例，並受其束縛；如果他嚴守工人政黨必須以工業城市為主要據點的規定，那末，當 1927 年革命終於在武漢潰敗之後，毛澤東多半會跟極大多數共黨領袖一樣，潛回上海，或蟄居武漢，而不會深入湘贛農村，奔上井岡山了。毛澤東當年的離開長沙，「投筆從戎」，不管事實上是否真的如其同事何資深所云，行囊中僅僅帶了一部《水滸》，一本《詞選》；而此時毛氏之以宋江為師、以黃巢為師、以李自成、洪秀全、孫中山乃至蔣介石為師，而根本不曾受馬克思列寧的遺訓的指導，卻是毫無疑問的。革命失敗了，革命者慘遭屠殺，反革命的將軍政客們在工農的屍骸上狂歡跳舞，後死與未死的革命者怎麼辦呢？軟弱的屈服了，叛變了，堅強者從泥污中爬起來，揩乾淨傷口上的血，痛中思痛，便認為過去失敗的主因在於沒有自己的武力，今後鬥爭的唯一道路是要拿到槍桿子。這個想法原非毛澤東所獨有，它乃是普遍的，存在於當時每一個不以失敗而喪失鬥志的革命者的胸中。毛澤東比眾不同的（更正確些說：比大多數共黨領袖不同的），只在他從中國舊的方面說，能夠由「秀才」變成真正的「反寇」，從外來的新的方面說，他能夠不為馬克思主義派的戰略公式所束縛，以致將上述的普遍想法變成決心，並不顧一切將此決心實行出來。毛澤東的此種不同是難能可貴的，那些由於本身的優點以及因缺點而轉化的優點所促成的、他對於中國革命已經

作出的貢獻，不用説，是非常巨大的。但雖如此，我們卻仍不能説毛澤東是偉大的革命戰略家。因為毛澤東所選定與所堅持的武裝鬥爭道路，主要乃是中國固有的農民戰爭傳統的繼續，而且是被迫地、經驗主義地、甚至不很有意識地走上了這個道路的。誠然，先行後知，乃是人類認識的正規程式。尤其是有關乎戰爭與革命那樣千變萬化、難得有規律可循的事情，拿破崙那句名言「打起來再看」，更起着甚大作用。但這決不能否定先知後行的價值，更不能因此而認為歸納出來的系統化了的知，只能作事後空談；而不能用作「行」的指導。一個戰爭統帥或革命領袖，是否能精通過去的與前人的知的成果，是否能憑此作事先的通盤籌謀，並因而立下原則性的戰略路線，應該是其人之高明或不高明，其事業之勝利或失敗的重大決定點。「打起來再看」，與「謀定而後動」不相矛盾，它們不是兩回事，卻是一事的兩方，是相輔相成的。二者缺一不可。無前者會劃地為牢，迂腐因循；無後者則會隨波逐流，亂闖瞎打。對事業的成敗言，二者所佔的重要性可説是難分高下的；但就軍事家與革命者的品質言，則後者無疑要高過前者多多。唯有「廟算」高手，決策奇才，才能勝統帥之任，而隨機應變，因時制宜，則主要是執行者的能事。當然，我們這樣説，並非要將這二種品質截然分開，因為它們根本是不能絕對分開的。決策者固須有應變之才，而執行者亦不可無高遠之見，不然的話，那就既不能有美備可行與不落事後的全盤計劃，也不能有變不離宗與雖折不撓的局部實行了。我們這裏説「謀定而後動」這個品質，比「打起來再看」這個品質要高得多，意思只想説：要成為一個軍事意義上或政治意義上的偉大的戰略家，「先知後行」這個品質確是比「先行後知」這個品質更為必須而已。這裏的分別固不僅在「機先」與「事後」之差，而更在於這樣一個事實：能先知而後行者，行後所獲得的乃是更高、更完備的「知」，故能促進下一步的「行」，而先行後知者，其所得之知，

未必真知，它多半屬於過去行為的表面的乃至謬誤的概括，因之它不足為下一步行動的指導，甚至會變成下一步行動的妨礙。一個人，當他在各方面均已成熟之後，思想方法是固定了的。先知後行的人也許可能衰退為先行後知者，或甚至退為不知不行者，但是一貫都只能先行後知的人，卻甚少可能因學習或歷練而進為先知後行者。毛澤東到達武裝革命戰略路線的經過既如上述，是先行後知的；然則，他所得的知是真知還是假知呢？這個知成了他下一步的行的指導呢，還是妨礙呢？最後，當毛氏在 1938 年思想上總結了武裝革命之後，是否已進而為「先知後行」者了呢？

這幾個問題，有的我們在「戰術家」一章中解答過了，有的將在以後的章節中，特別在「社會主義建設」一章詳論。這裏需要複述或指明的，只是：毛澤東從十年武裝鬥爭（截至 1938 年為止）中概括出來的知非常偏頗：槍桿子可以造黨，槍桿子可以造革命，槍桿子可以造社會主義，一句話，槍桿子萬能。至於中國的特點為什麼迫着共產黨人走上與歐洲共產黨人相反的道路？為什麼中國共產黨在「不到資產階級處於真正無能之時，不到無產階級的大多數有了武裝起義和進行戰爭的決心之時，不到農民群眾已經自願援助無產階級之時」，便可以而且應該舉行「起義和戰爭」，並且「到了起義和戰爭的時候，又不是先佔城市後取鄉村」呢？對於這些問題，毛澤東都只有提出與肯定，卻不曾給過解答，或者解答得極不充分。僅僅一方面的資本主義，另方面的封建壓迫，一方面的無民族壓迫，另方面的有民族壓迫，顯然不足以解釋這兩條根本不同的方向。因為這裏牽涉到馬克思主義的基本原則問題，牽涉到無產階級在現時代革命中的領導問題，牽涉到共產黨與無產階級的關係問題，牽涉到工人對農民、城市對鄉村的領導問題，也牽涉到工農革命起義的準備，即是否必須要他們自己有決

心並自願援助這樣的問題。馬克思主義的主要內容不是別的，就是分析了近代社會（主要自然是西歐）的內部階級構成及其鬥爭歷史之後，得出了這樣一些結論：現時代的革命（不管它發生在什麼國家），離開了無產階級的領導就不可思議、就不可能有真正勝利的前途；無產階級領導只能體現為與必須體現為共產黨的領導，共產黨如想成為名實相符的無產階級先鋒隊，則除了接受社會主義革命的政綱之外，還必須植根在無產階級的群眾中，因此它必須以工業城市為主要據點；至於農民，則因其迷戀於私有財產的觀點與他們分散軟弱的狀態之故，其鬥爭往往是不夠革命的，保守的，至少是不能起獨立作用，更談不上領導作用的；因此農民鬥爭在歷史上（特別在中國歷史上）總是當了王朝更迭之際的簡單苦力，並不能將社會歷史向前推進一步。歷史上的農民戰爭曾經起了社會制度的推進作用的，只當他們受着城市中某一革命階級的領導之時，所謂城市中某一階級對農民實行領導，其意主要乃指該一階級在城市中展開的革命鬥爭所及於農民的覺醒及其鬥爭而言；並非指城市革命遭受失敗，或根本沒有此種局勢之時，少數革命者跑到鄉村去發動鬥爭而言。

上述這些根本立場，最早揭櫫於《共產黨宣言》中；後經數十年來各國革命從正面或反面加以證驗，終於在俄國的十月革命中開花結果，因而在共產國際的早期綱領上作了更充分與更明白的確定。當這些根本立場被應用到中國和中國革命來的時候，雖然遭受到史大林、布哈林一群人的可怕歪曲；但關於許多屬於方向性的認識，至少在口頭上，還是保持着這些立場的面貌的。即使到了1927年秋冬以後，被鎮壓的中國革命從機會主義走到盲動主義，再從盲動主義退回到新的機會主義，其間走着碰壁轉彎、迂迴曲折的摸索路線，可是無論史大林或毛澤東那時都不曾對上述立場，有過任何一項懷疑或反對（事實

上的脫離是另一件事）。他們（尤其是毛澤東）把事實上的脫離當作策略，當作革命處於特別情況中走向同樣原則立場的一些手段。

1938 年在這方面應該是有特殊意義的一年。在這年裏，由於武裝革命路線的勝利已經大有把握；又由於毛澤東此時補上了馬克思主義基本知識的課，於是，武裝革命路線被提到戰略平面上來考察了。可是在此考察中，正如我們前面一再指出，毛澤東雖然說出了中國革命所走的不是傳統的路，但不曾從根本上回答我們剛才列舉過的那些原則立場。譬如，他甚至提都不曾提出如下的一些問題：（1）一群以共產主義者自居的革命者或革命黨，遠離無產階級的基本群眾及其鬥爭，不以工業城市為主要據點，是否仍能是好的共產主義者或共產黨，他們是否能有健全的生長，是否能保證在品質上不墮落，並且繼長增高地發揮社會革命黨的作用？（2）如果對上述問題的回答是否定的（根據傳統的馬克思主義的觀點應該否定的），那末，接着的問題是：中共「實迫處此」地這樣做了，是否意味着作為一個共產黨已經是墮落了呢？或者，它若仍舊是一個健全的馬克思主義的革命黨，則此一事實應如何與馬列主義關於共產黨存在和發展的觀點和解起來？（3）一群有組織的革命知識分子，信奉着一般的社會主義政綱，在農村裏組織農民，實行武裝鬥爭，這能夠代替無產階級對農民的政治領導嗎？如此組織和領導起來的農民武裝隊伍，能夠堅持嗎？能夠不受農民的散漫性和地方性的影響嗎？能夠憑以奪取城市，進行全國性的國內戰爭，且藉此獲致無產階級的革命勝利嗎？（4）如果能夠，則原因何在？（5）站在農民群眾及其武力基礎上面的共產黨及其政權，是否能堅持無產階級革命政綱的純潔？是否能在革命中貫徹這個政綱？同時如此取得勝利的革命是否帶來不少疾病？如果會，那末它們是怎樣的疾病？

　　上舉問題，不但毛澤東在將武裝革命當作戰略來考察時不曾提出與不曾回答，甚至直到今日，當他勝利以後，而且在這種特殊性質的勝利引起了特殊性質的困難和失敗之時，也不曾提出和回答。可是不僅為了解釋過去歷史，而且為了迎接今後艱難，這些問題卻絕對必須提出與解答的。毛澤東不曾這樣做，也不能這樣做，然則他怎配稱得是偉大的戰略家呢？

　　毫不誇大地可以說，今後的革命戰略家一定要從上述基本問題的解答作為起點。為此，我們不能不在此試作答覆如下：

　　先讓我們來談第一個問題，也可以說是第一組問題。「工人階級的解放是工人階級自己的事情」，「代表無產階級利益的政黨必須與無產階級共命運」；這兩個斷語，可以說是馬克思主義大師們在這方面的最概括的意見。與此相符合，他們主張了並且實行了下列的一些事情：社會主義革命者應該與工人大眾同甘共苦，深刻了解工人階級的生活、思想與感情；無產階級政黨必須以工人出身的黨員為基幹，必須提拔工人黨員參加領導機關；黨必須不懈地參加與領導工人們的一切鬥爭，不管它們是日常的或不尋常的，屬於經濟性質或政治性質；為了做好這些鬥爭，並在鬥爭中壯大自己的力量，黨必須團結、加強或創造各種各式的工人階級的群眾組織：只有這樣（依照那些大師們的意見），這個社會主義的或共產主義的政黨才能名符其實地成為工人階級的革命黨，也只有這樣，這些工人政黨才能堅定、清楚、始終不渝地為工人階級的解放事業，亦即為全民族，乃至全人類解放的社會主義事業而鬥爭。因此，植根在工人群眾中，與工人階級息息相關，和他們休戚相共，乃是一個社會主義政黨存在與發展的首要條件，也是它在存續過程中不致墮落與變節的重要保證。這個見解，過去證明出是對的，今後也不會變得謬誤。如果我們這裏可以引用一個常識性

的比喻，那就是所謂「皮之不存，毛將焉附？」那句話了。工人階級和工人政黨的關係，至少在出生和存在的意義上說，確乎有似皮之於毛也。那末，像中共那樣的政黨：論成分，一直以農民為主體；論領導，小資產階級的知識分子佔壓倒多數；論存在環境，長時期脫離工人群眾，甚至遠離工業城市；論鬥爭方式，從來講究的是純軍事性的迂迴進退，攻城掠地。這樣的一個黨能否算是代表無產階級的黨？這樣的一個黨，即使它標榜着與執行着傳統社會主義政黨的綱領，是否會認真貫徹，不墮落變節，且終於完成社會主義性的革命呢？對於這些問題，馬克思主義者自來的答覆都是傾向於否定的。因為這種做法，顯然與馬克思列寧主義關於無產階級政黨與無產階級領導革命的學說相背反，歷史上不曾有過如此做了而革命竟能成功的例子，反而充滿着如此做了遭致政黨變質或毀滅，革命失敗或被撲滅的先例。

然則中共如此做了，非但不曾被撲滅，而且它還將革命導致了勝利；同時這個勝利又不是簡單的軍事勝利，而是已被一切革命的馬克思主義派承認為具有深刻社會意義的革命的勝利，承認為（雖有一切缺點）符合於工人階級解放之歷史利益的革命勝利。這倒是什麼原因？應該怎樣解釋呢？

我們覺得，看到了勝利及其走向勝利的經歷之後，關於馬克思主義的上述那些基本立場，雖不必予以修正，卻必須作某些不同於傳統的了解或解釋，或者可以說，必須糾正一些誤解，首先是關於「皮與毛」的關係問題。一個國家，必須先有工人階級的存在，然後才能產生工人階級政黨，工人階級政黨，只有在感情、思想、生活以及鬥爭等方面與工人階級保持密切關係，才能真正代表這個階級的當前利益與歷史利益。這兩層意思，本身絕無疑義，但是怎樣密切與如何代表，卻是大有文章的。自從歷史上產生了工人運動與社會主義運動以

來，許多非常重要的原則性的爭論，就是為了兩者之間的如何結合，結合得怎樣密切，以及後者如何代表前者等等而引起。

工人政黨或社會主義政黨的誕生以工人階級的存在為前提，時常被了解為民族現象，其實，它主要應該被了解為國際的或世界的現象。社會主義革命的成熟，無產階級革命及其專政的成熟，首先是由世界資本主義制度的爛熟程度及其矛盾的程度來決定的。整個人類的歷史，至少自從俄國十月革命以來，就已進入社會主義革命的時期。毋須說，倘以個別國家而論，世界上有大多數國家未曾在「經濟上或政治上成熟到」社會主義革命，但這並不影響到我們說人類歷史正處於社會主義革命時代的看法，因為在那些落後的與未獨立的國家中，如果發生了「民生、民權與民族」的革命，只要它時間延續與範圍擴大，那末由於其內在的邏輯與外來的壓力，它就一定要不斷發展，在或長或短的時間內，成為世界革命、亦即社會革命的一部分。正因為此，在單獨的落後國家內，儘管它本身的現代工業並不發展，儘管新式產業工人的人數在總人口中佔極小比例，卻有可能產生、並且應該發起與發展工人階級的、或代表工人階級利益的社會主義的或共產主義的政黨。總之，一個工人階級政黨的「毛」，不一定要附在本國本民族的工人階級這個「皮」上。主要是世界性的工人階級，在近百年來久已乎成為世界性的革命社會主義思想，提供了各別國家的工人政黨的存在前提及其意識思想與行動指導。

因此，將「毛」和「皮」的關係十分形式的、狹隘的加以觀察，顯然是錯誤的。由這個錯誤的看法，產生了各式各樣的其他錯誤見解。它們主要表現於如下兩個方面：（1）認為工人政黨必須存在於工人區域中，其成分必須全部為工人，領導者主要須由工人出身，該政黨的主要的甚至唯一的活動應該是改善工人利益，他們將全部注意幾

乎集中於工人的經濟鬥爭，他們對全民族的、與工人階級無直接關係的政治鬥爭不感興趣⋯⋯這種思想，在歷史上曾產生過工聯主義、經濟主義與尾巴主義等等。（2）認為在工人階級佔全國人口極少數的國家中，根本不應該組織獨立的工人政黨，而應該組織「工農黨」，或者主張將工人黨加入民族資產階級的政黨——例如國民黨，自居於左傾的一翼。他們並認為這些政黨不應該有自己獨立的行動與立場，而應自限於「革命資產階級」的贊助者、推動者與監督者的資格。這種思想，主要表現於史大林布哈林對中國革命的領導上，特別暴露在他們對中國國民黨關係的政策上。

上述兩方面的錯誤，發生的原因當非一端，不過我們指出那個關於工人階級與工人政黨之間的形式的與狹隘的看法，民族的而非國際的看法，卻不失為重大原因之一。此外，列寧在《做什麼？》一書中，更從另一方面，從社會主義與工人運動的不同來源，徹底精詳地批判了工聯主義與經濟主義的錯誤。他大膽地，似乎公然違反馬克思主義地，駁斥了一般「馬克思主義者」對於工人階級意識及其自發性的拜物教。他令人吃驚地宣佈：工人本來也就不能發生社會民主主意識。這種意識只能從外面灌輸進來。各國歷史證明：工人階級憑靠自己的力量，只能造成工聯主義的意識，即對於必須組織工會，必須與廠主鬥爭，必須從政府那裏爭得頒佈工人所需要的某種法律等等的信念。而社會主義學說是由有產階級出身的那些受過教育的分子，即知識分子所製定的哲學理論、歷史理論以及經濟理論中長成的。」（見《列寧文選》兩卷集中譯本，202 頁。）他又說：「當工人還沒有根據各種具體而且確實迫切的（當前的）政治事實和事變來學會觀察現社會中其他各個階級在其思想道德和政治生活上的一切表現時，當工人還沒有學會用唯物主義觀點來分析估計所有各個階級，各個階層集團的活動

和生活中所有各方面的表現時，工人群眾的意識是不能成為真正階級意識的。」（見同上引書，237頁）列寧在這些話中以其特有的誠實、勇敢與深刻，說明了這樣一個真理：目前唯一進步的階級——工人階級，在其走向自我解放與社會解放的革命途中，並非自給自足，不假外助的，特別在意識和思想方面，它得從外「輸入社會主義」。社會主義的整個思想不可能從工人階級的生活和存在中自動地，「客觀地」產生出來。（這種「自動」產生出來的工人階級意識思想時常替資產階級服務的。）它首先倒是被出身資產階級的知識分子，「不依賴於工人運動的自發增長過程，而從革命社會主義知識界底思想發展中自然和必然產生出來的結果。」（同上引書，202頁。）從這裏，列寧強調了社會主義政黨對工人階級與工人運動的領導作用，確定了先鋒隊與階級群眾之間的相互關係。依據這個關係，「皮」和「毛」的比喻，只有在原始與根本的意義上才能成立。在發展了的關係中，社會主義政黨的生活（其行動及其意識）決不是它所代表的階級之直接與簡單的反映，二者的存在也不是絕不容許有任何離開的。一個強大的歷史悠久的工人階級可以有一個軟弱無力的政黨；反之，一個數量微少、誕生不久的工人階級倒往往會有一個堅強戰鬥的先鋒隊。有些工人政黨，由工人自己領導、在工人區中生長、年長月久地與工人群眾息息相通，可是一到緊要關頭，碰到了勞資衝突的大問題，這些工黨卻總是幫資本家的。另一方面，有些社會主義政黨，特別是它的領導機關或領導人物，因為種種原因，被迫與他們所代表的階級群眾離開，或長期地離開，但因他們堅持革命社會主義的思想，堅持革命的綱領之故，卻終於領導了工人階級走上了革命勝利。

可見根據列寧關於工人階級與工人政黨相互關係的見解，一個決心要代表工人階級利益的社會主義革命黨，並不一定要片刻不離地存

在和活動於工人區域之中。工人政黨如能擁有大量工人出身的優秀領袖和幹部，如能擁有壓倒多數的工人黨員，如能在工人區域中築成最堅強的據點，如能與工人大眾的生活息息相關，這當然是最大好事，是最大幸運，但單靠這件好事，卻不能保證這個政黨能成為社會主義的革命黨。另一方面，一個工人政黨，如果因為客觀原因，主要例如反動政府用極端嚴密的恐怖手段控制城市，特別控制城市中的工人區域，以致這個政黨的領導機關及其領袖人物，被迫進入牢獄，或流亡海外，或逃向僻遠的農村，在那裏，他們不得不主要生活在、並依靠着小資產階級的勞動者（農民）與知識分子，藉以繼續從事首先代表工人階級利益同時亦代表廣大民眾利益的革命鬥爭——這情形當然是不好的，是一個工人政黨的大不幸，但是單憑這個事實，我們不能就此斷言這樣的政黨絕對不能成為革命的社會主義者，不能斷言它不會引導革命至於勝利。

在這裏，列寧當年用以打擊俄國經濟主義者的那些論點，現在倒可以幫助我們改正一個正統馬克思主義者在組織工作方面的重要見解了。那個見解是：一個革命的工人政黨，在任何情形之下都必須以城市工作為主，如果這個政黨，不管因為自動的或被動之故，離開了城市和工業區，以致其成分變為以小資產階級分子（知識分子或農民等）為主幹，那末它必然要墮落或死亡的。這個見解當然與經濟派的主張風馬牛不相及。它是真正馬克思主義的，也是布爾雪維克主義的。無產階級政黨要想免於墮落或死亡，要想鞏固、發展以至勝利，其重要條件，不用說，是要擁有和保持城市工人階級中的堅強據點，是要擁有大量無產階級的黨員和幹部，乃至不少個工人出身的、在鬥爭中久歷鍛煉的革命領袖，近代革命史上不少例子，曾經從正面和反面證明了上述見解的正確。但是一些新的史實向我們提出了這樣的問題，即

若那個革命的工人黨遭到了我們剛才提及的「不好與不幸」的情形，又若他們試盡一切方法以圖繼續城市地下革命工作而不可得，或幸能維持地下工作而無法開展，那末他們是否可以與是否應該暫時以主力離開城市和工人，在嚴格堅持革命政綱與馬列主義原則思想條件下，以並非無產階級的一般勞動者為基礎，進行革命工作，而且確能進行革命工作，使政黨不致墮落與死亡呢？簡單些，這個問題可以這樣提出來：在某些特定的條件之下，一群堅強團結的社會主義的職業革命家，在或長或短的時期中脫離了無產階級，是否仍能代表這個階級的利益？或者，更簡單些，問題可以規定如下：社會主義的思想，抓住了一群知識分子的革命者，再經過他們，抓住了廣大的非無產階級的勞苦群眾，是否也能夠在相當長時期內，擔負起工人階級革命黨的責任？上面用三種方式提出而本質上相同的問題，按照傳統馬克思主義派的立場，所給的答覆都應該是偏於否定的。因為，如果我們肯定地答覆這些問題，就彷彿不但違反了馬克思主義最根本的階級觀點，而且離開了存在決定意識，生活決定思想的基本立場。所以，像俄國當初的經濟派以及類似的人不必說，他們是「主張『純粹工人運動』的，主張「與無產階級鬥爭發生最密切的、最『有機』的聯繫的，反對任何非工人出身的知識分子的。」（見同上引書第 208 頁），當然要以絕對否定的態度來答覆我們上面的問題，但即使同意列寧在《做什麼？》一書中意見的人，他們堅決相信社會主義與工人運動是「並排產生出來，不是彼此產生出來，而是在各不相同的前提下產生出來的」；堅決相信工人階級要受社會主義的「灌輸」，其鬥爭與革命必須受社會主義政黨的領導的，也未必會輕易地以肯定方式答覆上面的問題。因為，他們雖然不機械地將存在與意識問題移到這方面來，他們卻看見過太多的例子，暴露出長期間脫離了工人大眾的知識分子的社會主義者或共產主義者集團，或者在革命勝利前就經歷了資產階級的腐化墮落，

以致斷送了工人階級的事業，或者在革命勝利後，他們迅速變成騎在勞動大眾頭上的新統治者，成為肆無忌憚的官僚，因而同樣敗壞著工人階級的歷史事業。

這一種人對於我們上舉問題採取懷疑或否定的答覆態度，是完全可以理解的，而且在某種限度內，今後也還是正確的。佔據工人政黨上層的非工人出身的（甚至是工人出身的）社會主義者與共產主義者，長期間脫離了工人群眾會變成怎樣醜惡的面目，我們可以一方面從老機會主義的第二國際政黨中的領導層，另一方面從史大林們的情形中見到的。這二者的腐化與墮落，不用說有許多更大的歷史原因，但領導群之脫離其所代表的群眾，無論如何是原因之一。所以我們說，如何保持階級群眾及其領導者們的密切聯繫，乃是防止革命黨腐化墮落的重要保證，這保證在今後也許愈來愈重要的。但是，人們如果為了這個理由而認為無產階級的黨任何時候都不能離開城市環境與工人階級，那就有點因噎廢食了。

綜合上面所說，我們可概括如下：從現代資本主義社會的經濟關係及其階級鬥爭中，產生了一方面的社會主義的思想運動，與另一方面的勞工運動。二者結合，造成了最近百餘年來以工人階級為主力的、以改造整個社會制度為目的的社會主義運動。社會主義思想只當它與工人階級結合後才有力量，才能體現；工人階級則只當它接受了正確的革命的社會主義思想，並接受了根據此一思想組織起來的政黨的領導之後，才能讓自己的鬥爭獲得進展和成功。因此，社會主義的革命黨必須建築在工人階級的基礎上，必須與它保持最密切的關係。但這個關係並不是密切到有如形之於影，或肉體之於精神。二者不是同一事物的兩種不同作用，更非一物之兩面。社會主義思想並非為工人運動派生出來的東西，它們乃是並排產生的兩個力量。因此，社會

主義（其思想及其組織）與工人階級運動在生活上是可以分離而又不可以分離的。可以分離，即是說，一個社會主義的革命組織，如因種種客觀的不利條件，被迫離開了工人階級的基礎與環境，並不意味着立即墮落或死亡，它能夠存在，能夠繼續鬥爭，甚至能夠發展——即使暫時間依靠了非無產階級群眾——只要他們認真努力來堅持和貫徹社會主義思想及其政策。所謂不可分離，那是說，一個社會主義革命黨，不管主動或被動地長時間離開了它所代表的工人階級，那末作風上、行動上、政策上、乃至根本思想上勢必要多少蒙受異階級的影響，這種影響如果經過了或戰勝了上面所說的堅持，那末黨、特別是它的領導層，就要發生嚴重的墮落或變質。

這樣的可以分離與不可以分離，在不同的歷史條件中，針對着不同的對象，為了不同的目的，列寧曾經一再發揮過的。粗略地說來，在二十世紀初，正當布爾雪維克黨締造之時，列寧強調了二者的「可以分離」；當十月革命以後，特別在新經濟政策實行後，他是強調了「不可以分離」。前一強調的目的，在於建立革命職業家的組織，在於樹立不屈服於工人階級自發性的革命理論，在於超出工人狹隘的經濟利益，高瞻遠矚地奠定俄國無產階級革命、乃至世界革命的宏偉計劃。後一強調的目的，則在於保證黨和國家的不致於官僚墮落，在於保證社會主義革命及其建設的健全發展。

只有像列寧那樣，在最根本的理論認識上把握了那個可以分離而又不可以分離的道理，才能一方面勇往直前地去創建有別於工人組織的革命職業家組織；另一方面知道如何與工人大眾保持生活上與思想上真正密切的聯繫，藉以防止那個職業家組織的硬化與腐化。

現在讓我們來看毛澤東在這方面的情形。

在將社會主義者的組織和工人階級分離這條路上，毛澤東簡直比歷來所有馬克思主義者走得更遠。在整整二十四年的長時期中 —— 從 1927 年秋到 1949 年春 —— 他遠離了城市和工人階級。其間除了三四年以外，一直以他為首的那個共產黨，憑藉着武裝的農民力量，始終困鬥圖存並俟機發展於邊遠的鄉村中。他以為這樣做並不危害共產黨之成為共產黨，並不妨礙這個黨之繼續為工人階級服務，並不會斷送無產階級革命的歷史利益。但是為什麼會如此呢？換句話說，即為什麼共產黨跟它所代表的工人階級長期分離而仍能保持其為工人政黨，並仍能起這樣政黨的作用呢？毛澤東從來不曾考慮過這個問題，不僅在當初、事前，即使在今天、事後，他也不曾接觸到這個根本的有關乎馬克思主義的問題。關於社會主義革命黨和工人階級之間的「可以分離」，為什麼「可以分離」，即列寧當年為要創造一個存在於工人階級之外與之上的革命黨時，曾經精詳地探討了的那些問題，毛澤東卻完全不曾探討過。可是在事實上，毛澤東所做的是要使工人黨和它所代表的階級實行史無前例的分離，所以他如果是一個偉大的革命戰略家，他應該比列寧更迫切地要研究那些問題。毛澤東卻不僅行前不曾求知，而且行後也不去思索其所以成功之理。試問，他怎配稱為偉大的戰略家？

還有，毛澤東既不曾在理論上探索過「可以分離」的原因，以致他也不可能深切懂得二者「不可分離」的道理。毛澤東所率領的知識分子的黨和農民組成的軍隊，和他在政綱上所代表的工人階級分離了二十四年之後，終於又復合了。那是以解放者及被解放者的資格復合的。糟糠夫妻睽違了不只十八年，回來的丈夫不但「做了官」，而且「封了王」，他對於苦守寒窰的老妻是很難於平等相待的。剩留的可能還有一些憐憫，卻不會是早年似的恩愛了。如何才能使做官封王的浪

子忠實地為貧婦人服務，實在是一個極其困難的任務，極其複雜的問題。可是在毛澤東，這樣的任務和問題不曾存在。他完全不曾看見那個長離基地的工人政黨之可怕的變樣，它那嚴重的官僚化的墮落，那種勢所必然的騎在人民頭上的作風、思想和行為。毛澤東完全沒有在理論上預見到革命黨與工人階級之間的「不可分離」，更沒有體會到「可以分離」與「不可分離」之間的相輔相成關係。因此過去並非有意識地實行了這個「分離」，現在也就不能有所準備地來完成這個「不可分離」。要使那個並不直接依靠工人階級的、憑槍桿子打天下的共產黨充當工人階級的勤務兵，要他們不以主人翁自居，該是多麼艱難的一回事呀。如果黨的覺悟領袖們，深深預感到這個艱難，並痛切地意識到此一艱難任務之能否完成有關乎整個黨與整個革命事業的成敗，那末他們在不能不離，以及離而復合之際，又該多麼戒慎慄懼，翼翼惕惕，不僅在內部教育上要拼命反對違反群眾利益，違反工人階級利益的官僚主義，而且更重要的，必須採取具體嚴格的步驟（有如列寧在《國家與革命》一書中所擬議者），阻止官僚制度的形成，反對一切已經形成的官僚政制。

　　毛澤東顯然沒有這樣做。特別在防止和反對官僚制度的實際步驟方面，可以說連一點鄭重的企圖都不曾有過。自從中國共產黨和中國工人階級重逢以來，中共無論在黨、政、軍諸方面，都不曾絲毫放鬆過自上而下的、訓政式的、軍事性的管制，因而完全窒息了工人民主的發生，完全閉塞了下情上達的孔道，讓官僚主義與官僚制度達到了可怕程度。目前中共將中國的經濟民生導入了空前緊張和痛苦的地步，一個最大原因，就是窒息了這點勞動大眾的民主，以致官僚們能一意孤行，胡作妄為，不受絲毫群眾監督。這問題如果縮小到毛澤東個人的責任上來，如果僅僅從毛澤東的思想中去尋找部分原因，那我

們不能不指出：這是由於毛澤東不懂得工人政黨如在某種條件下和它的本階級分離，則必須同時切記二者的不可分離，尤在事後要加倍強調這個不可分離。

毛澤東既然沒有這樣的體會和了解，則不管他初時以武裝鬥爭來實現了這個分離，也不管他後來因武裝鬥爭的勝利而完結了這個分離，卻終歸不能算是偉大的戰略家。

研究了毛澤東在這方面的種種，我們倒可以而且應該規定出一些馬克思主義關於武裝革命鬥爭的戰略來：

(1) 現代（十月革命後）國家中社會主義政黨或共產主義政黨的產生，其主要客觀背景乃是國際無產階級的存在及其革命鬥爭，其次才是各該國工人階級的存在及其鬥爭狀態。各個民族的工人階級政黨並非完全靠本國工人階級賦與生命的。何況社會主義與工人運動原本有其不同的來歷，它們不是一物化二，而是二物合一。因此二者的聯繫並非像某些人所想像一樣：必須「有機」與「純粹」，必須形影相隨，而是容許形跡上，甚至思想上有所分離的。

(2) 隨着世界資本主義國家的法西斯化與軍事化，主要實行於第一次世界大戰之前的西歐國家中社會主義的工人運動方式，在許多落後國家中早已行不通，在另一些地方也逐漸行不通。組織工人階級，然後以此為中心而團結全國最大多數民眾，社會主義者或共產主義者憑此力量以贏取選舉 —— 這樣的傳統鬥爭道路，在某些地方是僅餘形式，在另一些地方則連形式都不讓存在。工人階級的任何獨立組織，工人政黨的任何活動，都會遭到極其殘酷的摧殘鎮壓。在此情形中，工

人政黨如決定固守基地，不與本階級作片刻分離，不後退半步，不作任何迂迴，那末結果不是被統治者連根剷除，便是蟄伏不動，若有實無。

(3) 在上述情形中，社會主義者暫且把部分力量，或甚至主要力量，從工人區域撤退，以便在較不受人注意之處，或較易藏身的群眾與環境之中活動，非但容許，抑且必要。如果條件有利，特別是當統治階級進行內戰或外戰時，革命者乘機組織武裝是必須的。

(4)「以武裝的革命對付武裝的反革命」確實曾經是，而且將來還可能是許多國家中革命戰略的一個重要特點。無產階級政黨為要執行這樣的戰略，勢必要像劉少奇所說，讓「幾十萬黨員長期脫離了他們原來的社會職業，轉入革命的軍事集體生活與生死鬥爭中，使他們在思想上，組織上受到了嚴格的教育與鍛煉……」（見劉少奇《論黨》，第二章。）這情形自然是好的，而且是必要的。但其本身決不像劉少奇所說，是那個政黨獲得無產階級性質的一個條件，恰好相反，這種情形出現在「先鋒隊」和它的階級長期分離之時，倒是使政黨失去其無產階級性質的一個條件。「長期脫離社會職業」，「長期過着軍事集體生活」，長期處於落後的農村環境中，長期習慣於對上級服從對下級指揮的作風，這「幾十萬」戰鬥員自能養成「集體意志」，但難於「提高階級覺悟」，他們的「組織性與紀律性」可能加強，但他們的民主性與首創性卻勢必減少，而上諂下驕、自命不凡的官僚優越感則一定要發生滋長。因此，當一個無產階級的革命黨，倘為形勢所迫，不得不暫離工人區域與工人階級，轉移到農業的落後地區去

進行長期武裝革命之時，黨的領導者為了保證不失去其無產階級的性質，必須時時警惕，加倍警惕，在思想上固然要進行堅決的保衛馬列主義的鬥爭，同時卻必須採取具體步驟，不斷反對官僚主義，設立明確的制度（主要是勞動大眾的民主監察機構），藉以防阻與克制任何背離無產階級歷史利益的思想、作風或行動。再若這個全身武裝的黨遇到了形勢轉變，以勝利者資格回進城市，與長期分離的工人階級重逢，那時，黨為了要確保與鞏固其無產階級性質，更應如何面向工人，如何設法以群眾的民主來醫治軍事官僚性質的宿疾，那是不容說的。在所應採取的方法中，第一是要儘量吸收廣大工人群眾入黨，藉以改變黨員成分上不利於無產階級的比例，（今天中共的黨員成分，根據 1956 年 9 月劉少奇在中共第八次大會上的報告，在「1,073 萬黨員中，工人佔 14%，農民佔 69%，知識分子佔 12%」。）第二必須儘速廢止黨內生活與政治生活中的軍事統制，儘量創設黨內外的民主監察機構，使黨內外的工人大眾真能發揮對於其階級代表的督促、監視、批評與擁護的積極作用。

總之，長久分離與勝利歸來的工人政黨，如想真正成為工人政黨，如想真正為無產階級的歷史利益服務，以便進一步完成社會主義革命與社會主義建設的偉大任務，那末它的領導者必須以加倍的注意和努力，去做二者「不可分離」方面的工作。

(5) 一個用槍桿子打定了江山的工人政黨，成功之後，如果它能及時與盡力地將自己鞏固在無產階級大眾的基礎上，那末無疑，它可以向而且應該向社會主義的建設前進。但是向這路

上走去的社會主義革命者應該清醒地懂得：社會主義建設這個任務，比之於在某一民族中建立社會主義政黨這個任務，甚至比之於這個政黨在各該國中以革命奪取政權這個任務，都具有大到無可比擬的國際性質。這個國際性質大到這樣程度，竟使它在單獨一個國家之內是無法徹底完成的。有誰如果沒有這個清醒認識，以為社會主義政黨只要統治了一個國家，不管它所統治的地方大小如何，也不管國家中原已到達的經濟文化水準高低如何，只要有了「英明的領導」，有了「正確的計劃」，驅使本國勞動大眾去苦幹、躍進、便能在這地方造成社會主義的綠洲，那末不但錯誤，抑且罪惡。史大林「一國社會主義」的全部悲慘史，本已足為前車之鑑，無奈毛澤東不能從中引出教訓，以致在中國又表演了「三面紅旗」的諷刺大悲劇，將社會主義、共產主義的神聖旗幟大大污損了。

從上述五點原則性的標準來評量武裝革命論方面毛澤東這位戰略家的高度，評量他的長處和短處，我相信會是公允而客觀的。一切社會主義者與共產主義者的革命家，如想研究毛澤東思想的這一個重要方面，我相信只有秉着這些個標準，才能有所獲得。

現在我們可以來討論本章開頭提出的那個問題了。

我們的問題是這樣提的：「毛澤東如果自覺地、全面地、將武裝鬥爭提高到革命戰略地位，特別是如果他自始就能將此一戰略路線安置在整套不斷革命論的戰略中來提出、考慮和執行，那末，中共以及一般的中國工農，在其走向勝利，取得勝利和擴大的過程中，會呈現出與實際上已經呈現了的情形有怎樣的不同？」這問題又可用另一方式

來提出：如果毛澤東那個武裝鬥爭的戰術，並非與史大林的「第三時期的哲學」和「人民陣線」相結合，而是與托洛次基的不斷革命論的戰略相配合，中共是否會勝利？如果勝利，其間所走道路，以及它所付代價是否會一樣？

我們不想在這裏太詳細地、逐步跟着歷史發展地，將事實上的史毛結合和假設中的托毛結合兩相對照，從而指出其可能做成的不同。這樣做，一來是勢必佔去大量篇幅，二來是要重複本書其他部分所已談過的評述。因此，這裏我們只預備從如下三個方面來解答上面的問題。第一，蘇維埃或國民會議；第二，聯合政府或共同行動；第三，民族社會主義或國際社會主義。

中國的蘇維埃口號，我們知道，原本是托洛次基最先提出的，那是在 1927 年春天，北伐軍進抵長江，工農運動在湘贛鄂等地蓬勃興起的時候。為使這些廣泛而散漫的群眾運動獲得力量，足以和控制軍隊的國民黨資產階級對抗起見，以托洛次基為首的聯共黨內的反對派便提議組織工農兵代表會議（即蘇維埃），這提議遭到了史大林當權派的堅決反對，理由是：（1）蘇維埃乃無產階級革命的組織，與「資產階級性質」的中國革命不相容；（2）蘇維埃乃暴動機關，與國共聯合的政策不相容。結果如所周知，國民黨軍政領袖利用了革命群眾的鬆散無力，一再叛離革命，最後將革命和革命者撲滅屠殺於血海之中。關於這個時期史托雙方爭論的誰是誰非，歷史證明得直截明快，以致公正的歷史家與革命戰略家只要稍稍了解雙方爭論的事實與理由，就不難斷定：如果 1926–27 年，中國共產黨實行的不是自縛手足向國民黨投靠的史大林路線，而是特立獨行廣泛組織工農本身軍政力量的托洛次基路線，那末，中國乃至全世界近幾十年的歷史都可能要重寫了。如果中國的工農政府建立於 1927 年而非 1949 年，則其間當然不會有

蔣介石血腥的軍事獨裁，多半也不會有日本帝國主義的侵華戰爭（因為日本在勝利的中國革命影響之下，很可能有不同的發展），即使仍有中日戰爭，則其過程一定會比較短促，對中日雙方都不會有如此悲慘的後果，蘇聯多半不會經歷如此可怕與深刻的墮落，因而德國在三十年代再度崛興時可能不是納粹主義而是共產主義，如此，則第二次世界大戰亦可能不會發生，整個世界都可能以革命代替戰爭，因此呈現出一個完全不同於現狀的「今日世界」的了。

1927 年冬天中國革命失敗後，圍繞於蘇維埃口號的爭論，發生了極有趣的相反變化。過去的反對者變成了擁護者，擁護者變成了反對者。史大林最初因為把革命失敗說成為革命轉入了更高階段，於是突然間提出蘇維埃口號來進行反國民黨的暴動。托洛次基則斷定全國性的革命局勢業已消失，革命已因機會主義的領導而遭受嚴重失敗，此時以蘇維埃口號來進行絕望的暴動，結果只能加深反革命的程度，延緩新革命的到來。托洛次基主張立即提出革命的民主口號，即普選全權無記名的國民會議口號，藉以重新團聚革命力量，反對國民黨的軍事獨裁。

這爭論的結果也是大家熟知的，經過一連串絕望的可悲的盲動以後，史大林被迫宣佈蘇維埃口號僅僅當作宣傳口號，卻仍反對採取任何形式的革命民主口號，以為行動之用。因此，中共在很長時期內（自 1928 年夏至 1935 年秋），竟沒有一個中心政治口號，以為一切鬥爭的總方向，總目標。江西紅軍在反圍剿戰爭中終於失敗，它之所以要突圍「長征」，所以會喪失全部城市力量，會損失軍隊的百分之九十，原因固然許多，但當時共產國際與中共領導之排斥國民會議口號，拒絕為總的民主綱領作革命鬥爭，以致其武裝的土地革命運動陷於孤立無援與困苦絕望之境，卻不失為重大原因。

當時的武裝革命到底該不該與國民會議口號結合起來？如果二者真的從 1930 年前後就聯合成一起，以武力為徹底的民主要求而鬥爭，那情形與事實上（即排斥了國民會議綱領）所發生的該有怎樣不同呢？回答這兩個問題，最好引用毛澤東的話。1928 年冬天，毛澤東領導的武裝鬥爭已經進行了一年，作為行動口號的蘇維埃被取消也有半年多了，此時他寫了那個名為《井岡山的鬥爭》的報告，其中有一段話，恰恰是回答了我們剛才提出的第一個問題。這段話，我們在本書前一章的有關章節中全部引用過。為了避免重複起見，這裏只將其中最最重要的幾句重引一下：

> 我們深深感覺寂寞，我們時時盼望這種寂寞生活的終了。要轉入到沸熱的全國高潮的革命中去，則包括城市小資產階級在內的政治的經濟的民權民主鬥爭的發動，是必經的道路。（加重點的是我們——雙山。）

在同一報告中，我們又看到了如下的話：

> 中央要我們發佈一個包括小資產階級利益的政綱，我們則提議請中央制訂一個整個民權革命的政綱，包括工人利益、土地革命和民族解放，使各地有所遵循。（以上兩段引文，均見《井岡山的鬥爭》中「革命性質問題」一節。）

這兩段短短引文，非常扼要地說清楚了「一個整個民權革命的政綱」，即一個以普選全權國民會議要求為標誌的整個民主革命政綱，在當時是如何迫切需要，並且非常生動地描寫了因此一口號之被排斥，使革命隊伍如何深深陷入寂寞之中。看過了毛澤東這樣的證言，那末當時究竟該不該將武裝鬥爭與國民會議口號聯合起來，可以不答自明的了。

　　然則，毛澤東們如果在國民會議口號及其政綱下進行武裝鬥爭，中國革命的實際發展會有怎樣不同呢？在這裏，任意的假設當然不相宜，但從毛澤東當時的願望中，我們卻至少有理由指出這樣一種可能的不同，那就是：「紅軍的寂寞生活」可以較早「終了」，因為「包括城市小資產階級在內的政治經濟的民權主義的發動」，「沸熱的全國性的革命高潮」也會較早來到。如此，則「紅軍」可能無須「長征」；國共也可能不需要表演令人迷惘的悲歡離合，革命勝利大有可能獲致於長期戰爭之前。

　　如上所述，可見毛澤東的勝利，並不能表示他所長期結托的史大林路線的正確，也不曾判定了他歷來排拒的托洛次基路線的錯誤。事實真相，倒是應該相反的。不錯，托洛次基從來不曾贊許過共產黨人離開城市和工人階級，去做武裝鬥爭。當 1930 年秋天，中共的軍事鬥爭有了相當發展，初次在國際上引起廣泛注意之時，托洛次基及其同志們曾經原則性地表明了對此問題的態度，他說：「中國共產黨員現在就需要一個適合較遠前途的政策，他們的任務並不在於分散其力量於農民暴動之散漫火焰裏去 —— 人數甚少力量甚弱的黨總是不能籠罩這些區域的。共產黨員的任務乃在於集中力量於工廠、作坊、工人區域、向工人解釋鄉村事變的意義，提高疲累者的精神，並在為經濟要求為民主口號並為土地革命而鬥爭中將他們團結起來，唯有走上這條道路，即唯有經過工人的覺醒和團結，共產黨才能夠成為農民暴動的，即整個農民革命的領袖。」（見《中國革命問題》中譯本，277頁。）這是正統的馬列主義對此問題的立場，這個立場是否已被歷史證明出需作若干修改，我們在上面已經詳論過，此地不贅。我們這裏必須介紹的，乃是托洛次基雖然採取這樣立場，可是並不根本排斥這個鬥爭在適當條件配合下可以發展的前途。在同一文件（《國際共產

主義左派反對派告中國及全世界共產黨員書》）中，他說：「農民暴動之廣大漲潮無疑可以推動工業中心的政治鬥爭活躍起來，我們堅決地預信這個。」他說：「誰也不能預言：農民暴動的火焰是否能夠在長久時間繼續支持着，直至無產階級前鋒隊自己強固起來，領導工人階級鬥爭並使工人的爭取政權的鬥爭與農民對其切近敵人的進攻相配合起來。」更重要的，托氏在當時又很具體地提出如何能使這些武裝鬥爭可以勝利的辦法，他說：「農民運動，縱然掛上蘇維埃招牌，仍舊是散漫的，地方性的，省份性的，要將農民運動提高至全國規模，必須使爭取土地和反對軍閥捐稅壓迫的鬥爭與中國獨立和民族自主的觀念聯繫起來。這種聯繫之民主的反映就是全權的國民會議，在這個口號之下，共產黨前鋒隊就可以在自己的周圍團結起工人，被壓迫城市平民以及幾萬萬貧農等廣大群眾，以從事反對國內外壓迫者之暴動。」（同上引書，279 頁。）

托洛次基這些話是在 1930 年 9 月說的，它們和二年前毛澤東對中共報告中的願望多麼相符呀。只因毛澤東不是有理論修養的戰略家，所以他雖有那種需有民主政綱的迫切感覺，卻自己不會這樣主張，而且不得不跟在史大林後面誣衊國民會議口號為「取消主義」。此後毛澤東不但還要「寂寞」，而且還要痛苦五六個年頭，等史大林在全世界由冒險主義跳回到機會主義之時，才能在史大林頒佈的新政策的掩護之下，來委宛曲折地承認過去在這方面的錯誤：「全國人民及各黨派的愛國分子，必須拋棄過去對於國民大會和制定憲法問題的冷淡。」（見《中國共產黨在抗日時期的任務》）毛澤東當然不會說出，正是史大林在過去叫中共「冷淡」國民大會和制憲問題，正是中共叫「全國人民及各黨派」保持這個「冷淡」的。如果自始沒有冷淡，如果自始就像托洛次基所說：在全權國民會議口號之下，共產黨前鋒隊在自己周圍團結

起工人、被壓迫城市平民以及幾萬萬貧農，從事反對國內外壓迫者的暴動，那末中國的革命史會有多麼大的不同呢？這問題毛澤東本人應該最有資格來回答的，可惜礙於派系鬥爭的利益，這位曾因沒有民主政綱而深感寂寞的經歷者，不肯出來為托氏作歷史的證人了。但是，沒有證人，問題是同樣清楚的。

注釋

1. 上引托氏文句，均引自他於 1927 年 5 月所寫的《中國革命與史大林同志的提綱》。

八、理論與實踐

　　毛澤東寫過兩本系統地論述哲學的小書：《實踐論》與《矛盾論》。前者寫於 1937 年 7 月，後者完成於同年 8 月。【朱正按　據中央文獻出版社 2013 年版《毛澤東傳》說：「1937 年 7、8 月，毛澤東應紅軍大學（後來改為抗日軍政大學）的請求，向學員講授唯物論和辯證法。總政治部把他講課的記錄稿整理出來，經他同意，列印了若干份。以後，毛澤東把其中的兩節，經過整理，成為收入《毛澤東選集》中的〈實踐論〉和〈矛盾論〉。」（第一冊，50 頁。）當時延安曾經出版了這一本《辯證法唯物論》（講授提綱），重慶還出版了未署作者姓名的翻印本。「提綱」共分三章。《實踐論》是原書第二章第十一節，《矛盾論》是原書的第三章。後來經過增刪修改編入《毛澤東選集》。】據兩書的編者所作題解，其目的均在於「為了克服存在於黨內的嚴重的教條主義思想」。換句更明白的話說，即毛氏寫作這兩篇論文的主要用意，在於從根本理論上給予王明派以打擊。看過我們前面的文字，讀者們想必記得 1937 年前後正是毛澤東補修馬克思主義基本理論的時期。讀者們想必也還記得，在抗日戰爭初期，那個在遵義會議上被撤職的王明及其一派並未完全失勢，他們所能予毛澤東一系的威脅還是相當「嚴重」的。毛澤東為要確保並鞏固其業已取得的勝利，必須繼

續鬥爭，而且要全面地鬥爭。那意思是說，毛澤東不僅要在軍事和政治的領導上（這方面他當時業已獲得重大勝利），而且要在理論思想的領導上，打擊並克服王明系統的「教條主義」。在理論鬥爭中，最基本的一個戰場自然是哲學陣地。毛澤東於是開闢了這個陣地。此外，我們知道，毛澤東很久以來被王明們稱為「經驗主義者」。為要摘去這頂不很光明的帽子，毛澤東也必須向馬克思主義的基本學問鑽研一番，以便一方面提高自己，另方面予攻擊者以反擊——將另一頂帽子回敬論敵。

這樣一種寫作情況，決定了這兩本小書的性質。首先，它們與其說是毛澤東闡明或發揮馬克思主義哲學的專著，毋寧說是毛氏自修這種學問時的筆記而加以系統化的敍述。其次，它是政治性超出於學術性的。我們說二書實際上是讀書筆記，絕無想貶低其價值的意思。任何一種著作的價值，都不是決定於它的體裁的。列寧的《哲學筆記》，價值絕不低於他的哲學專著《唯物論與經驗批判論》。馬克思關於費爾巴哈的十一條綱要，當然與恩格斯的正式著作《費爾巴哈論》具有同樣的價值。所以問題不在於形式上的體裁，而在於實質上的思想內容。同樣是筆記，可以是平庸的抄錄，簡單作備忘之用；亦可以是高明的提煉，其中迸發出智慧接觸時的火花；它們可以是低能的誤解，將原作的精華變成糟粕；同時相反，亦可以是天才的領悟，或化原作的腐臭為神奇，變謬誤為真理（例如馬列諸人之於黑格爾），或將原有的寶藏發掘光大，將普遍的真理具體應用（例如列寧在許多問題上對馬、恩的關係）。列寧的許多名作其實都可算作筆記，特別是《國家與革命》，其中一大部分是摘錄馬克思和恩格斯關於國家學說的文字，它只加了「許多注釋和附論」（見列寧致加明尼夫的信）。可是這種體例卻毫不影響讀者「感覺到思想和意志的強烈的衝動」，毫不損害這本名

著非常巨大的價值。因此，如果有誰看見我們將毛氏的兩篇哲學論文算作他自修哲學時的筆記感想而生氣，那只由於他要神化毛澤東的可憐企圖罷了。

至於說那兩篇文章中，政治性遠超於學術性，其本身亦非絕對的毛病。列寧說得好：「馬克思和恩格斯在哲學上自始至終都是有黨性的」。哲學上的超然態度原不過是一種有意或無意之欺人之談。哲學總是或多或少、或明或暗地為某一階級利益與某一政治思想服務的。所以問題不在於談哲學時是否牽涉到政治，卻在於它談得對不對，牽涉得好不好。

毛澤東的「哲學筆記」夠得上我們上舉的哪一種標準呢？它們對馬、恩、列諸人的原著說來，是平庸的抄錄，是低能的誤解，是高明的提煉，還是天才的領悟呢？依今天中共的宣傳家們的說法，毛氏的哲學著作也是對於馬列主義的「天才的、創造的發揮」。這當然是胡說八道。不過我們也願意承認，毛澤東這方面的成就，比之於他所崇拜的史大林，卻確是高出一籌的。史大林為要表明他在哲學上也是「偉大天才」起見，我們知道，他曾經給舊本《聯共黨史》寫了第四章中的第二節：「辯證唯物主義與歷史唯物主義。」他是這樣寫法的，首先，他宣佈：「辯證法是與形而上學根本相反的。」接着，他便一二三四地列舉了二者相反的四點，亦即從馬克思主義哲學教科書上，抄錄了辯證法的四個基本特徵，然後他就跟着做了七個「由此可見」，有如：「由此可見，為了在政治上不犯錯誤，便要向前看，不要向後看」；「由此可見，為了在政治上不犯錯誤，便要做革命家，而不要做改良主義者」；「由此可見，為了在政治上不犯錯誤，便要執行不調和的無產階級政策，而不要執行調協無產階級與資產階級利益的改良主義政策……」最後，他便做結論道：「以上便是應用馬克思主義辯

證法去觀察社會生活，去觀察社會歷史的情形。」史大林這個樣子的
對馬克思主義哲學的「發揮」，給人的印象是與哲學頂頂沒有關係的。
它令人想起法院裏判案的主文，也叫人想起基督教會裏的教義問答與
十誡。實際上，這些根本不能叫做哲學討論，而只是共產黨官僚在「哲
學」方面所發的絕對命令罷了。普列哈諾夫在恩格斯《費爾巴哈論》
俄譯本第二版所作序文中，寫過這樣有意思的話：

> 斯賓諾莎談到培根時說：培根沒有證明自己的意見，而只是
> 敍述了自己的意見。如果頒佈命令這個詞還不能更好地說明別爾
> 嘉耶夫先生敍述自己思想的方法，那末用斯賓諾莎論培根的話來
> 論別爾嘉耶夫也可以。不過當培根這樣的思想家敍述或是像頒佈
> 命令似的闡述自己的觀點時，在他的命令和描述裏可以看到許多
> 非常有價值的東西。但是在別爾嘉耶夫先生那樣糊塗的頭腦所頒
> 佈的命令中，根本沒有一點教益的東西。

這幾句話，我們可以移贈給史大林，只要將「別爾嘉耶夫的糊塗
頭腦」，改成為「史大林的官僚頭腦」就夠了。

史大林這種官僚的哲學抄錄，不但沒有教益，而且還極其錯誤，
因而是非常有害的。稍稍學過一點馬克思主義哲學的人都明白，馬克
思關於社會主義的全部學說，並非從辯證法的基本特徵上「由此可見」
出來。杜林先生當年就曾如此誣衊過馬克思，恩格斯為此回答道：「馬
克思只是在提出自己的歷史經驗的證明之後」，才說資本主義的生產
方式和佔有方式以及資本主義的私有制是對那種以自己勞動為基礎的
個人所有制的第一個否定，而將來的社會主義的公有制則是否定的否
定。恩格斯接着又說：

所以當馬克思把這一過程稱為否定的否定時，他想也沒有想到要以此來證明這一過程的歷史必然性。相反地，在他以歷史觀點證明了這一過程部分已經真正實現，部分往後還一定要實現以後，他才指明，這樣的一個過程而且是按一定的辯證法的規律發生的。全都就是如此。（見《反杜林論》中譯本，138頁。）

可是史大林的「哲學」恰好是反其道而行之。因為辯證法的基本特徵之一是否定的否定，「由此可見」，資本主義的所有制否定了自己勞動的個人所有制，而社會主義的所有制一定又要否定資本主義的所有制。這樣一來，馬克思的客觀的唯物主義的辯證法，給變成了比黑格爾更不如的（因為黑格爾絕不會如此淺薄的）主觀的唯心主義的辯證法。馬克思叫黑格爾的辯證法頂天立地站起來，史大林卻將馬克思的辯證法又來一個倒栽葱着了地。

毛澤東研究辯證法的態度雖然也一再聲明：「當馬克思、恩格斯把這事物矛盾的法則應用到社會過程的研究的時候……」，「馬克思把這一法則應用到資本主義社會經濟結構的研究的時候……」因此也多少犯着我們上引恩格斯所指出先後倒置的毛病；不過整個說來，毛澤東確能注意對事物作具體與客觀的研究，並非簡單規定了幾條辯證法原則，就「由此可見」地推論出種種有關乎社會歷史與革命行動的戒律，他並不企圖用辯證法法則去代替社會科學與革命科學。因此我們說，毛澤東在這方面確高出史大林一籌。

史大林給聯共黨史寫的那一節「欽定哲學」，不但是最平庸的抄書，而且是極低能的誤解。至於毛澤東的「筆記」，雖然完全稱不上高明的、更不必說是「天才的」、對於辯證唯物論的發揮，但最低限度，它們表明了毛澤東如何以自己的方式體會了馬克思列寧的思想方法，

並且給自己的思想方法找尋了哲學根據，人們可以不同意他的體會，也可以批評他找來的根據，卻不能説他是簡單的抄襲。

毛澤東不是以哲學家的資格，而是以革命政治實行家的資格來學習馬克思主義哲學的。所以他不像恩格斯與列寧那樣，從所有方面接觸馬克思主義的哲學，而只選擇了認識論中的一部分：實踐的意義，以及辯證法中的一個規律：矛盾論。正確些説，毛澤東主要是從這兩個特定問題入手，企圖把握縱非全部但屬主要的馬克思主義的哲學思想，毛澤東這樣做，一方面固然暴露出他在各種基本知識與基本理論上的修養不夠，但另一方面 —— 這方面是更重要的 —— 卻也表明出毛澤東比史大林有自知之明，不肯強不知以為知，且能充分利用自己的優缺點，以便在學習或研究上能多少有所獲得。

因此，史大林的哲學專著是毫無價值的，而且應該拋棄的。今天由赫魯曉夫下令重編的蘇聯共產黨史，雖然整個説來不見得比史大林的欽定本高明，但完全刪去了那一節「御制」文字，倒是做得不錯。毛澤東的「實踐」與「矛盾」二論雖然於馬列主義的哲學無所增益，但作為毛澤東思想及其實踐的哲學根據看，卻無可否認地有其價值。就此一意義説，《矛盾論》的價值與重要性大大超過了《實踐論》。《實踐論》只能説是馬克思主義哲學常識之系統敍述，無論哪方面都無新意可言。如果有若干意義的話，那只在於它代表了毛澤東自我教育與自衛鬥爭的一個重要標誌罷了。整個的中共，以及個別的毛澤東，一直在 1935 年之前，對於中國革命與世界革命的一切基本問題，都可説尚處於感性認識階段。他們自稱為馬克思主義者，自稱為中國無產階級的代表；他們反對帝國主義，反對「封建勢力」，反對買辦資產階級，他們拿起槍桿子，他們拼着性命和國民黨進行了長期的生死血戰；可是，他們正如毛澤東在《實踐論》中所指責的那些「庸俗的事

務主義家」一樣，只「尊重經驗」（當時流行的名字是「實際工作」）而看輕理論，因而不能通觀客觀過程的全體，缺乏明確的方針，沒有遠大的前途，「沾沾自喜於一得之功和一孔之見」。「這種人如果領導革命」，毛澤東說的非常對，「就會引導革命走上碰壁的地步」。結果真是如此，而且是一再碰了壁的。不過碰壁的主因不在於這些實幹家的「事務主義」本身，而在於他們的缺乏通盤、明確與遠大的方針和前途，即缺乏理論的分析力與洞察力，以致讓莫斯科的假理論家們的錯誤方針，得以通過其直系王明等人的執行而使革命碰壁罷了。毛澤東兩面碰了壁：一面碰革命事實的壁，另一面碰那些假洋鬼子假理論的壁。痛苦使他思索學習，使他要從「感性認識躍進到理性認識」。所以這個過程是很自然的。而《實踐論》與《矛盾論》便是這個過程中的兩塊重要路標。

毛澤東首先是實行家，是先行後知者。關於這方面，我們在前面的文字中已經說得很多。王明們稱他做「經驗主義者」，並非沒有根據的。毛澤東最看得起實力，最信賴槍桿子。不管他沒有好好兒讀過馬克思主義，實際工作卻總已經給他爭到了不少「一得之功」。因此，他骨子裏是始終不會看重理論的。但他不會不懂得「經驗主義者」在馬克思主義政治科學的詞彙中所佔的卑微地位；他不會不在「教條主義者們」的搬弄「理論」時感覺到應付為難；同時，在漫長的鬥爭道路中，由於自己「不能通觀客觀過程的全體，缺乏明確方針，沒有遠大前途」，一個鄭重的革命家絕不會不深感痛苦而立志去學習理論的。因此，毛澤東當三十年代中期補修理論時的動機是複雜的。首先，得為自己一向看重實際工作的特性辯護；其次，確實要弄清楚馬列諸大師在知行關係問題上的態度；第三，要坐實王明們教條主義者的罪名。

為要達到這幾個目的，毛澤東的哲學研究，就很自然地要從「實踐」問題開始，要集中於「知行」問題。

　　辯證唯物論重視實踐，將它作為人類認識之真理性的標準，它看重感性的經驗，將經驗當作認識的來源與基礎……這些基本觀念其實與中共傳統的，特別與毛澤東強調的所謂「實際工作」完全不是同一回事，甚至不是同一類事。前者是樹立真理的客觀性與思維的「此岸性」的一些重要論點，而後者卻有關乎革命工作中理論與實踐孰先的爭論。後一爭論，當它發生於馬克思主義的革命政黨中時，在前述的基本哲學立場上，至少已假定為一致同意的。大家都同意真理的實踐標準，大家都承認感性認識（經驗）是理性認識的基礎，卻仍舊可以發生，而且事實上常常發生如下爭論：究竟一個革命家最可貴與最需要的品質是理論的洞察力與概括力呢，還是事實的調查研究？是戰略性的高瞻遠矚呢，還是策略性的隨機應變？是原則性的堅持貫徹呢，還是政策性的趨避適應？不用說，前後兩種品質無法截然分開，不能機械對立。以革命事業或革命黨的整體而論，二者都可貴，二者同樣需要，因為它們相輔相成。但是正像我們在前面的章節裏一再闡明的那樣，一個革命家就其主要的特性來看，大體上確實分成這兩個類型，而這兩類革命家對於革命與革命黨的貢獻，確實有大小高下之分的。毛澤東企圖抹煞這種分別，更不願在二者之間有所軒輊。他強調知行合一，一方面反對空談的理論家，另一方面反對經驗主義的事務家，以此指出一個好的無產階級的革命者必須既看重理論，又注重實踐；他們必須是又文又武，能文能武的全才。其實，這樣他並不曾解決問題。至低限度，這除了表示毛澤東不是像王明們誣衊的「經驗主義者」，表示他不是一味講幹的實行家，而是理論與實踐兩方面同

樣高明之人，此外便不曾說明什麼。因為事實上，人人都是有所長與有所短的，這種偏能一半由於天生，一半由於教育和環境。革命者是人，他們也不可能是全才的。所以否認理論家與實行家之分是否定事實；而將理論與實行一視同仁、無分高下，實質上總就是輕視理論，偏重實幹。

我們不是孫中山「知難行易」的信徒，更不是宗教先知崇拜的擁護者，因為它們的出發點是唯心論，是反動的等級論。但是我們應該承認「經過思考作用，將豐富的感覺材料加以去粗取精、去偽存真、由此及彼、由表及裏的改造製作工夫，造成概念和理論的系統」，這能力比獲取感覺材料要難得多，同時這個能力，並非每個獲得感覺材料的人都能養成的，而培養成功的這種能力，又非高下相等的。然則，我們怎能不看重那些從感性認識到理性認識能作更好飛躍的理論「先知」呢！

毛澤東從來不公然說理論可以看輕。他主張理論與實踐並重。在《實踐論》中，也像在別的地方一樣，他非常稱道了史大林的那兩句話：「理論若不和革命實踐聯繫起來，就會變成無對象的理論，同樣，實踐若不以革命理論為指南，就會變成盲目的實踐。」可是這個「二元論」不曾回答了我們的問題，我們所問的是：和革命實踐聯繫起來了的理論，跟那以革命理論為指南的實踐，到底是何者為先？何者更重要？難分先後，同樣重要，是一種回答，不算錯。在某種具體的歷史情況中，理論重於實踐；在另一種不同的具體條件中，實踐又會重於理論，這又是一種回答，更加站得住。可是這種回答都難完全免於「二元」之病。馬克思曾經說過一句話：「一步實際運動勝過一打綱領」。這句話，一直是種種式式的「實際工作者」或「事務主義者」的護身符。憑此，他們想證明馬克思肯定地認為實踐高出於並重要於

理論。然而這是曲解。列寧曾經很清楚地解釋過這句名言的真意。他說:「在這封信裏[1],馬克思嚴厲斥責了人們在說明原則時所抱的折衷態度:如果要聯合的話,「馬克思當時向黨的領袖們寫道,——那末為達到運動的實際目的起見,儘可締結條約,但決不要拿原則來講交易,決不要作理論上的讓步。」原來馬克思說的這句名言是一句反話,其真意在要強調理論原則的重要性。所以在《做什麼?》中,緊接着這段解釋,列寧便提出了他自己的名言:「沒有革命的理論,便不會有革命的運動。」列寧這句話當然也不是憑空說的,他針對着當時國際社會民主運動的實際情形,即「當醉心於最狹隘實際活動的偏向與機會主義的時髦宣傳打成一片的時候」,這種「沒有革命理論便沒有革命運動」的思想是「必須始終極力堅持的」。就俄國的特殊情況言,理論重要性的必須強調,他又指出了三個原因:(1) 黨在奠定初期,「還遠沒有同革命思想界中的其他各種會使運動離開正確道路的派別算清賬目」;(2) 為了要善於用批評的態度來看待別國社會主義鬥爭的經驗,獨立地檢查他們的決議;(3) 為了俄國社會民主黨擔負着世界上任何一個社會黨都還沒有擔負過的民族任務。上引列寧所舉的具體條件,對當時俄國說誠然是特殊的條件,可是對以後在東方陸續成立起來的各個共產黨或社會黨說,卻變做共通的條件了。因此,列寧在彼時彼地提出的關於革命理論先於與重於革命運動的斷語,對於此時此地的東方各工人黨無疑是完全適合的。又因為「其他各種會使運動離開正確道路的派別算清賬目」的工作並不限於「奠定黨的初期」;歷史證明,隨着社會主義勢力的增加,資本主義危機的加深,世界各國階級鬥爭的日益尖銳,形形色色的可使與已使革命運動離開正確道路的思想派別不斷發生,以致所有真正的革命者必須善於用批評態度來看待它們,檢查它們——因此,列寧的那句名言,在今日,其實是「放之四海而皆準」的了。這意思就是說,對於一個現代社會主義的(或稱

共產主義的）革命黨說，以及對於這類政黨中的個別黨員說，學習與精通馬列主義的理論這個要求，應該置於積極行動之先與之上。理論是方向。不先確定方向，愈積極的行動也許會在錯路上走得愈遠。

毛澤東提到了列寧重視理論的名言，但跟着卻說：「然而馬克思看重理論，正是，也僅僅是，因為它能夠指導行動……。」彷彿列寧會在重視理論的名義下提倡清談的！接下去他就特別稱讚史大林「說得好」，引述了史氏的「好話」來對消列寧的「空話」，以四平八穩的因而近乎廢話的所謂理論實踐並重論，對消了列寧那個似有所偏的，但是切實深刻的理論先於運動說。

四平八穩的並重說，在哲學上多半是折衷主義的表現，在社會科學中則常常是以輕為重的一種遮眼術。史大林的半斤八兩說其實是他本人慣於行而不長於知的缺點的掩飾，而毛澤東之所以會欣賞這個「二元論」，因為它有兩種好處：一方面可以替他擺脫「經驗主義者」「實行家」這些名字，另方面卻給他保持了重實幹而輕理論的實質。【朱正按　還有第三種好處：讓史大林看看毛對他尊崇的態度。】

「通過實踐而發現真理，又通過實踐而證實真理和發展真理」，這是正確的唯物論的認識論，這是馬克思主義哲學的基本立場之一。這裏，毛澤東是正確地敍述了馬克思主義哲學的正確立場的。可是接下來的那句話：「從感性認識而能動地發展到理性認識，又從理性認識而能動地指導革命實踐，改造主觀世界和客觀世界。」卻屬於機械的引申，而且是錯誤的引申了。人類一般的認識的過程，誠如毛澤東所描寫，是「實踐，認識，再實踐，再認識，循環往復，以至無窮。」但這並不是說，每一群特殊的人，甚至於每一個個別的人，在任何時候，也不論做什麼事，都必須按部就班地走上這個過程，並走完這個過程。人類實踐和認識的經驗長期累積，它們不斷地進行着縱的傳遞

與橫的交換，因此，今天許多人（個別與群體）的認識不是從自己感性的摸索開始，而是從學習、接受並消化前人和同輩的理性的產物開始的。試問今天的社會主義革命者，難道一定憑自己經驗，先行搗毀機器，試走各種反抗道路，再做形形色色烏托邦社會主義者做過的調查研究，最後才以「自己的道路」走到馬列主義嗎？當然不，他們可以、而且必須愈早愈好地，一開始就去接受目前人類已經到達的最高的認識——即馬列主義了。因此今天一切社會主義者與共產主義者的革命實踐，應該從認識開始，應該從竭力取得革命理論的已有成就開始，然後才可以事半功倍地進行革命運動。——革命的實踐。他們不應該浪費時間精力，先去「感性地」進行革命活動，因為這樣的活動，在今天的條件下，不先有「理性的」革命理論作指導，鮮有不大敗虧輸的。

然則毛澤東為什麼要把「實踐，認識，再實踐，再認識」這個公式定為革命黨人應該遵循的標準呢？原因很簡單：這裏無意地反映着他自己的認識過程，並有意地為此過程作了辯護。

其實，「實踐，認識，再實踐，再認識」這個公式，應該說是屬於人類和個人認識的幼年時期。等到人類（包括個別人的生命與一個人群的歷史）進入到成年時期，這個實踐和認識的往復循環，不應該，也不會再以實踐作起點，而以認識作起點了。如果毛澤東所規定的是一般的與低級的認識公式，那末特殊的與高級的公式應該是「認識，實踐，再認識，再實踐」。後一公式並不否定前一公式；後者卻是前者的補充與發展。沒有後者，前者作為一般的認識公式是可以成立的。但若以之作為特殊的，比如作為革命黨人的成長規律，那就十分錯誤了。這裏暗藏着經驗主義者與實幹家的「哲學基礎」，這裏否定了「沒有革命理論便沒有革命運動」的真理。

可惜的是：毛澤東的《實踐論》，就其根本思想與主要意圖說，恰恰就是這樣的哲學基礎，恰恰就是這樣一種對於理論首要性的否定。

＊　　　＊　　　＊

〈矛盾論〉比之〈實踐論〉，內容豐富得多，其中所表現的毛澤東自己的思想成分也清楚得多，雖然文章的主要性質，仍舊屬於讀書筆記一類。它其實只是毛澤東閱讀了列寧的《哲學筆記》，特別是他閱讀了那篇專文〈關於辯證法問題〉以後的感想和心得。

我們沒有必要研究由毛澤東轉述出來的列寧的思想，我們感到興趣的是毛澤東借這些思想作為因由而充分發揮出來的他本人的思想。在〈實踐論〉裏，毛澤東當然也有不少發揮：但是比起〈矛盾論〉來，這種發揮比較拘束，比較不充分。理由我們說過，毛澤東想借馬列主義哲學中的實踐標準來為自己平素的「實際工作論」辯護，為他一向輕視理論的作風辯護，那是無法不吞吞吐吐，藏頭露尾，或張冠李戴的，因為哲學認識論中的實踐標準與看輕理論的實際工作，毛氏自己也不能不知道是兩回事也。但是踏進了「矛盾論」的領域，毛澤東的感想便大不相同。精明靈活的策略家頭腦，在這裏似乎找到了策略概括化的公式，這裏面的一些思想法則，又似乎給他擅長的權謀理論化與系統化了，這就使得他歡欣鼓舞，魚躍鳥翔，文思奔放起來。

毛澤東個人的心得，特別發揮於「矛盾的特殊性」，「主要的矛盾和主要的矛盾方面」，「矛盾諸方面的同一性和鬥爭性」這三節中。在這三節裏，毛澤東並非簡單記述了列寧在這些問題上所表示的意見，而是用大量議論和革命史實，企圖說明那些意見，而其實是發抒他自己的見解。這些見解是非常值得我們注意的，所以如此者，並非為了它們對辯證法的科學有甚貢獻——這方面並不足道——而是為了它們

在基本的思想方法上，說明了毛澤東在當時之前及之後的政治立場和策略路線之故。無論什麼人，在某一意義上都是哲學家。因為人人都有思想，而各人的思想都有其多少各別的思想方法。對這個方法能夠自覺到若干，他便是若干成分內的哲學家。所以了解一個人的思想，從這個「哲學」見地入手，總是比較能夠舉一反三的，因而能夠較為全面與深刻的。毛澤東是一個高明之極的策略家，不論在政治方面或軍事方面都是如此。這一層，我們在前面已經再三說明過了。在後天的修養上，我們曾經將毛澤東的此一才能，歸源到他深厚的儒家思想的訓練。孔子是一個出色的辯證法家。中庸之道實際上是任何一種中間階級所能主張的哲學。孔子的階級性為何，迄今仍是中國馬克思主義史家的聚訟之點，但他地位上屬於某種中間階層卻是無可否認的。一個植根於中間社會階層的思想家，由於其本性使然，他多半是「天生的辯證法家」。這一點，馬克思很早就指出過了。他有時能從統治者地位看被統治者，有時又能從被統治者立場去看統治者。他兩面搖擺，不固執一見，常能面面俱到，左右逢源，這在某一意義說確乎帶點辯證法的，只是，正像馬克思所指出的，它屬於機會主義的辯證法，決非革命的辯證法。中國儒家學說裏無疑包含着辯證法成分，老莊學說裏更有着辯證法的發揮，但無論前者或後者，他們都一方面是主觀唯心主義的，另方面是機會主義的。馬克思將辯證法建立在客觀唯物主義的基礎上，又確立了它革命的立場，固然，應該歸功於馬克思的才智學說；但是更重要的，都應該歸功於一方面自然科學與社會科學的長足進步，另方面世界歷史上最革命的、最不會妥協動搖的無產階級的產生及其覺醒。

所以在十九世紀四十年代以前，世界人類的思想史上不可能有客觀唯物主義的同時又是革命的辯證法的存在。

　　早年的毛澤東從儒家思想裏吸收了一些辯證方法。加上他天生的慧點以及他在中國史書中所學到的那套處世與治人之術，便造成了他那麼一個高明非凡稱得上偉大的策略家與實行家，但也正因為這個緣故，妨礙了他成長為同樣高明的戰略家與理論家。毛澤東身上固有的，以儒家學說打底的那點子「土辯證法」，妨礙了他全面地，即既唯物而又革命地去把握馬、恩、列所代表的「洋辯證法」。毛澤東辯證法的本質是機會主義的。這種思想方法上的機會主義與他政治上的機會主義互為表裏，互為因果。是他的機會主義的實踐影響了他機會主義的思想，也是他機會主義的思想方法規定了他機會主義的實踐。〈矛盾論〉第三節中有一段文字，我個人覺得非常清楚地透露了這方面的毛澤東思想。文如下：

　　　　不同質的矛盾，只有用不同質的方法才能解決。例如，無產階級和資產階級的矛盾，用社會主義革命的方法去解決；人民大眾和封建制度的矛盾，用民主革命的方法去解決；殖民地和帝國主義的矛盾，用民族革命戰爭的方法去解決；在社會主義社會中工人階級和農民階級的矛盾，用農業集體化和農業機械化的方法去解決；共產黨內的矛盾，用批評和自我批評的方法去解決；社會和自然的矛盾，用發展生產力方法去解決。過程變化，舊過程和舊矛盾消滅，新過程和新矛盾發生，解決矛盾的方法也因之而不同。俄國的二月革命和十月革命所解決的矛盾及其所用以解決矛盾的方法是根本上不相同的。用不同的方法去解決不同的矛盾，這是馬克思列寧主義者必須嚴格地遵守的一個原則。教條主義者不遵守這個原則，他們不了解諸種革命情況的區別，因而也不了解應當用不同的方法去解決不同的矛盾，而只是千篇一律地使用一種自以為不可改變的公式到處硬套，這就只能使革命遭受挫折，或者將本來做得好的事情弄得很壞。

在這段冗長的引文裏，讀者們可以清楚地看出，毛澤東如何了解着矛盾的特殊性以及矛盾總過程的特殊階段。你們當然還看見了他如何應用這個辯證法去解釋歷史事件，並如何實際地應用於事件。但是讀者們是否已經看出其中表明出來的深刻的機會主義？為什麼我們要說這段文字最清晰地透露了毛澤東的機會主義思想呢？請聽我慢慢分析。

「不同質的矛盾，只有用不同質的方法才能解決」，這個斷語似乎是非常辯證，其實不盡然。A變成非A，B跟着也要變成非B；這個公式，實質上不過是A等於A，B等於B這個公式的變形。它完全合乎常識範圍內的形式邏輯。按事理來說，矛盾的質變了，解決的方法也得跟着變，這是真理的一個方面。可是另有一方面，有時我們看見矛盾的性質已有若干改變，但解決的方法卻不能改變；反之，有些矛盾的性質未曾全變，而解決的方法卻必須改變，這個方面，自然也屬於真理，而且比前一方面的道理更加合乎辯證法的。A矛盾只能以A方法來解決，這命題本身可能正確；但若絕對否定A矛盾有時也可以甚至必須以B方法來解決，那就陷於機械的形式邏輯的泥坑中了。毛澤東關於矛盾特殊性及其特殊的解決方法的了解，便是犯了機械論的毛病。這個機械論，也正是毛澤東在政治上屢次犯過的機會主義思想方法上的根源。

毛澤東企圖用以證明這條「辯證法規則」正確性所舉的實例簡直絲毫沒有辯證法的氣味。說「無產階級和資產階級的矛盾，用社會主義革命的方法去解決；人民大眾和封建制度的矛盾，用民主革命的方法去解決……」以及諸如此類，其實在辯證法教科書中只能當作反例證提出來的。真正符合於辯證法運動的例子應該是這樣：無產階級和資產階級的矛盾，即使在民主革命中就已經不斷地要求解決；至於

人民大眾和封建制度的矛盾，在目前這個時代，卻必須用社會主義的革命方法才能徹底解決。這個說法表面看來似乎荒謬，事實上卻是辯證的。它合乎現代社會中階級鬥爭的真實關係，而且為半世紀來各國革命的勝利和失敗，從正反面一再證明了。毛澤東提到了俄國二月革命與十月革命的情形，說二者「所解決的矛盾及其所用以解決矛盾的方法是根本不相同的」。這裏表示出毛澤東對俄國那兩次革命的歷史知道得不清楚，或者他受了史大林們的欺蒙，以致懷着錯誤的了解。因為我們知道，儘管俄國二月革命與十月革命所要解決的矛盾多麼不同 [2]，而以列寧為代表的布爾雪維克派所用以解決矛盾的基本方法卻是相同的。那個基本方法是：無產階級憑藉農民大眾的支持，反對資產階級，奪取政權，建立無產階級的革命專政。列寧這條基本的戰略路線，不但在「民主的」二月革命時期已經確立，而且早在 1905 年，在他那本非常出名的著作中，就已基本上規定了。列寧當時與新火星派所爭論的兩個策略，實質就是關於用怎麼樣的革命方法去解決「人民大眾和封建制度的矛盾」問題。雙方論據，如果撇開許多次要的不談，恰恰可以歸結如下：門雪維克方面：因為俄國將要發生的革命是資產階級性的革命，亦即人民大眾反對封建制度的革命，所以一定要用民主革命的方法來進行，「奮鬥的無產階級和奮鬥的資產階級在某種意義上是協同行進，並從不同的方面來共同攻擊專制制度。……我們的利益是要政府找不到同盟者，使它不能把反對派分開，使它不能拉攏資產階級而把無產階級置於孤立地位。」（以上見列寧《兩個策略》，第七節中的引文）列寧方面：正因為俄國革命的資產階級性質，所以「無產階級政黨在現時『一般民主的』運動中必須保持完全的階級獨立性」。「資產階級始終是不徹底的。企圖擬定一些條件或條款，希望資產階級民主派加以履行來證明他們是誠實無欺的人民之友，那就是再幼稚和再無聊不過的。」因此列寧主張在民主革命中，無產階級必須

聯合農民群眾，堅決鬥爭，實行革命到底，建立工農民主專政。同樣
是為了要解決民主革命的任務，而門雪維克所用的方法是聯合資產階
級，絕不許採取過火行動，讓沙皇政府能以拆散反對派，讓工人階級
孤立。這個方法，確實是合乎革命的資產階級性質，亦即合乎「人民
大眾和封建制度之間的矛盾」的。可是依照列寧意見，唯其因為革命
是資產階級性的，所以要更加提防資產階級，要不斷揭穿它的虛偽，
反對它的動搖妥協，不讓它取得對革命運動的控制，而為達此等目
的，工人階級應該在農民中間爭取同盟軍，藉以增強力量，以備成立
反對資產階級的工農民主專政。列寧這個立場，門雪維克們是有理由
攻擊它方法與對象不符的。即有理由說他用社會主義革命方法去解決
人民和封建之間的矛盾。因為依照形式邏輯的思想方法，既然俄國的
歷史發展不可能跳過資本主義階段，既然俄國當前的主要矛盾是資本
主義發展與封建障礙之間的矛盾，因而革命是資產階級的性質，因而
資產階級也利於參加革命，那末，理所當然，即使不讓資產階級領導
革命，至少也要和他們共同進行革命，共同打倒封建制度的代表——
沙皇專制，共同建立資產階級的民主共和國。可是列寧在矛盾的客觀
認識方面與門雪維克一樣，承認革命的資產階級性質，但在用以解決
矛盾的主觀的方法方面，卻採取不同看法，堅持反對資產階級，主張
工人與農民聯盟，建立工農民主專政。這是說，列寧主張用反對資產
階級的方法去解決本質上屬於資產階級的革命任務；他反對用資產階
級的民主政制去代替沙皇專制，卻主張用工農民主專政去代替那個「封
建政體」。這在泥守傳統成見的門雪維克看來，當然是荒唐矛盾了。列
寧雖然力辯工農民主專政仍然屬於民主革命範疇，並力稱這個專政將
要解決的乃是純粹民主革命的任務，但是歷史證明，後來列寧自己也
在事實上指出，工農民主專政如果要和資產階級的專政有本質上的不
同，只有將它了解成並實現為社會主義性的。因此，我們可以說，當

俄國民主革命的前夕，門雪維克派主張以民主革命方法來解決矛盾，而列寧則主張用社會主義革命方法來達到同一個目的。換句話說，門雪維克的策略符合毛澤東所說的「辯證方法」，而列寧策略卻違反了那個方法。

俄國二月革命以無限的現實性與尖銳性將舊爭論重新提了出來。在初期，不但一向反對列寧的門雪維克和社會革命黨人瘋狂地反對列寧，便是歷來追隨列寧的老布爾雪維克們，也幾乎全體起來反對列寧。他們大家反對列寧，為的他要在資產階級民主革命中號召工農奪取政權的那個主張。他們用種種式的名字來稱呼列寧的主張，從「瘋狂」，「脫離現實」，「冒險」，一直到「勃浪基主義」，至於門雪維克和社會革命黨人，甚至還動用了「俄奸」與「德國間諜」那樣的罪名哩。列寧的政敵們，特別是他的同志們（包括史大林、加明尼夫與齊諾維也夫），所以會如此激烈與惡毒地攻擊列寧，主要的一個原因，恰恰就是為了毛澤東在《矛盾論》裏所提出的那個「必須嚴格遵守的原則」，即解決民主革命的矛盾必須用民主革命的方法。在他們（列寧的學生們）看來，列寧當民主革命尚未完成的時候，即資產階級的革命性尚未竭盡之前，號召工農奪取政權，乃是張冠李戴，是牛頭不對馬嘴，用毛澤東的話來說，便是列寧不懂得用不同方法去解決不同性質的矛盾。可是事實上又怎樣呢？群眾自發地在二月間（西曆 3 月間）發動了革命，腐朽透頂的沙皇制度在群眾的頭一個衝擊下便倒下去了，政權非常自然地落在工農兵蘇維埃手中，這就是說，二月革命的客觀過程自動地產生了列寧從來預言的工農政權。只因各個領導工農的政黨，各式各樣的社會主義領袖們 —— 從社會革命黨到布爾雪維克派的多數 —— 太遵守那個「必須嚴格遵守的原則」，他們一定要「用民主革命方法解決人民大眾和封建制度的矛盾」，這才產生了「符合於民主共

和制度」的臨時政府，只因已掌握實際政權的蘇維埃中的「教條主義」的退讓，雙手將政權奉獻給作為「歷史的合法承繼人」的資產階級政府，這才造成了二月革命後的離奇現象：蘇維埃與臨時政府並峙的雙重政權時期。

由此可見，用民主性質的（即資產階級控制的）臨時政府去「解決」二月革命的民主矛盾，絕非符合於歷史發展辯證規律的一個必須與必然的現象，而是違反歷史進程，因而也違反革命利益的一種人為辦法；這個辦法的理論根據是十足形而上學的，機械論的，徹頭徹尾錯誤，因而是罪惡的。這樣罪惡的原則差一點斷送 1917 年的俄國革命，只因列寧、托洛次基等人的堅決反對，不久又爭得了布爾雪維克黨的大多數，勇敢地走上社會主義的工農奪取政權的路線，實行十月革命，建立無產階級專政，藉此使民主性質的革命生長到社會主義性質的革命，這樣才算徹底而勝利地解決了俄國革命問題，並進一步開始了解決世界革命的問題。

這些事實表示什麼呢？它們首先表示出：儘管俄國二月革命與十月革命所面臨的矛盾有若干不同，可是列寧用來解決這些矛盾的方法卻根本相同：都是以工農聯合（自然在工人階級領導下）來奪取政權，建立專政。這個方法不管在 2 月提出，或在 10 月提出，甚至早在 1905 年提出，其性質都是社會主義的；因為人類史上不曾見過，也不可能看見一個不反對資產階級與資本制度的工農專政。

歷史的最大不幸：那個使俄國二月革命的成果免於斷送，並使十月革命得以勝利的列寧方法，即以社會主義革命解決民主革命的方法，亦即馬克思以迄托洛次基所主張的不斷革命的方法，卻不為列寧的後繼者們所了解、所接受。以民主革命方法解決民主革命矛盾的老

路線，雖然在 1917 年俄國革命的偉大實驗室中從正反兩方面都證明為徹底破產了的；可是以史大林為首的那些老布爾雪維克們卻仍舊頑固地拒絕接受其經驗，並不顧一切地繼續聲明用兩種截然不同的革命來解決兩種截然不同的矛盾為天經地義。他們曲解列寧路線，他們宣佈不斷革命論為異端邪說，而更壞的，他們假借了共產國際的權威，將那個在俄國革命中證明破產的路線，以更加徹底態度，一再應用到各個落後國家的革命中，特別是中國的革命中，以致斷送了好幾次極有成功希望的革命。中國 1925–27 年的革命，失敗原因固然不一，但是最重要的與最根本的一個原因，總要算史大林—布哈林等所堅持的那個「民主革命方法」。他們藉口中國革命的資產階級性質，叫中國無產階級服從資產階級政黨的領導和紀律，叫中國共產黨加入國民黨，要它效忠小資產階級的「三民主義」，不許它獨立宣傳和行動，不准它自組軍隊，不許它組織工農兵代表會議……總之，不許它採取任何一種超越資產階級民主範圍的革命方法去參加和領導民主革命，以致結果，當資產階級依靠群眾革命勢力已向國內外反動派索取到若干讓步，當這個階級在全國政權上佔取較大比重之時，就毫不顧忌地，非常殘酷地，將那被史大林政策綁縛了手足的中國無產階級與共產黨，一舉屠殺並摧毀於血海之中。

非常清楚，1925–27 年中國革命失敗的主要原因，如果用「哲學」方式表達出來，在於當時的最高領導者堅持了「解決 A 矛盾必須用 A 方法，絕不能用非 A 方法」這個傳統的、自以為辯證的其實是十足形而上學的公式。

毛澤東沒有從失敗中得到教訓，始終還把這個公式捧為至高無上，稱之為「必須嚴格遵守的原則」。那末在第二次世界大戰直後所造成的新的革命中（毛澤東在這中間起過巨大作用是無可否定的），又怎

能獲得勝利呢？這次勝利的原因，和上次失敗的原因一樣，當然都不是簡單的，而且為數不一。但若擇其革命主觀方面重要者言，則毛澤東與中共中央對上述「原則」的「口是心非」，他們口頭上堅持要用人民民主革命方法去解決民主革命任務，而實際上卻被事實所迫、採取了並非屬於民主革命範圍以內的方法，而在自己的轄區中恢復了土地革命，以全力去和資產階級國民黨作戰，「敢於勝利」，「敢於奪取全國性的政權」，……一句話，即在客觀上走上了「以社會主義革命方法去解決民主革命矛盾」的路線，亦即在客觀上實行了某種意義的不斷革命戰略，自是最大原因。在中共取得勝利之後七年 [3]，當他們企圖在理論上解釋自己勝利的原因之時，不得不拉出他們歷來拼命反對的「不斷革命論」來，也可算作一個證據。中共在事後，出其不意地自認為「不斷革命論者」，自然絕不意味着他們真正懂得了不斷革命論，他們那種令人驚奇的舉動，顯然還別有用心的（這些我們前面已經指出過，在後面合適的地方還會詳細談到的，這裏從略），但若不是不斷革命論這個唯一正確地反映着落後國家革命發展過程的理論，像一種自然力似地作用於中共及中共領袖們的身上，毛澤東們無論如何不肯對這個理論，作任何讓步或屈服，即使在名字上都不肯的。

可惜的是：毛澤東雖然借劉少奇之口承認了不斷革命論在中國革命中起了「客觀上」正確的領導作用，卻不能由此進一步認識：用不斷革命方法解決了中國民主革命的矛盾，實際上便是推翻了他那條「必須嚴格遵守的原則」。他無法在回顧的反省中發現這樣的事實：如果毛澤東與中共領導層認真忠於原則，因而在革命中嚴格遵守毛澤東在《新民主主義論》及《論聯合政府》等重要文件中所規定的基本立場，因而他們雖在革命戰爭勝利的條件下，堅決拒絕組織任何有無產階級專政之嫌的政權；一定要不僅在名義上而且在實權上與「民族資產階級」

組成聯合政府；不肯採取任何會妨礙資本主義發展的政策；盡一切力量來幫助資產階級在長時間發展其經濟，……以此表示他們懂得以不同方法來解決不同矛盾的「辯證規律」，那末中國這次革命不管有其他許多有利條件，亦必失敗於垂成之際，或迅速敗亡於成功之後。因為毛澤東看不到這個事實，所以他今天如果再寫〈矛盾論〉，也不會改變「A 矛盾必須以 A 方法解決」那個機械定理的。

上面所說種種，有人也許會覺得與哲學無關，有人可能覺得説得太多，多過於應該談及的比例。其實，〈矛盾論〉裏最集中地表露了毛澤東思想的是這個問題，而毛澤東策略智慧的哲學根據也正在這裏。對於革命任務與革命方法的關係問題，「純粹的」哲學家們也許不感興趣；但在實踐的革命理論家看來，這該是頭等重要的哲學問題。在這方面，本書作者既然與毛澤東屬於同一類型，我們當然有權利在此問題上作較長停留。

上面我們説明了「以同一方法去解決不同矛盾的原則」。我們所舉的主要實例是：列寧用同一的社會主義革命的戰略路線，曾經企圖去解決俄國二月革命的矛盾，並實際解決了十月革命的矛盾。我們又指出了：由毛澤東們親自領導的 1947 年至 49 年的中國民主革命，事實上正是違反了毛澤東們的主觀願望，不採用他們原欲採用的民主革命方法，卻採用了本質上屬於社會主義革命的方法才得勝利的。我們希望讀者們已經看到了毛澤東那句名言：「不同質的矛盾，只有用不同質的方法才能解決」，是並不正確的。我們更希望讀者們已經懂得：毛澤東之所以不能全面地、一貫地、原則性地了解並接受不斷革命論，即他不能把握現代世界革命、特別是落後國家革命的那個共通法則，至少其部分原因，乃由於他在《矛盾論》裏充分發揮了的那句名言。

Ａ性質的矛盾，只有用Ａ性質的方法才能解決，這句話的本身並不錯，我們已經說過。可是這個斷言正和「Ａ等於Ａ，Ａ不等於Ｂ」這個公式一樣，其正確性是有限度的，是初步的，屬於形式邏輯範疇。在較高級的邏輯上，即在辯證法上，「Ａ不等於Ａ，Ａ可以等於Ｂ」的公式，非但不是荒謬，卻是更加正確，更加符合於客觀的物理和事理的。因此，Ａ性質的矛盾，有時偏偏不能用Ａ性質的方法來解決，偏偏要用Ｂ性質的方法才能解決，雖然不合於形式邏輯的思維，但完全合乎辯證的思維方法。毛澤東將「Ａ性質矛盾必須用Ａ性質方法來解決」這個思想高舉為辯證法中極重要的因而必須嚴格遵守的原則，可見他實在不曾認識到辯證法。

「然則辯證法難道叫人『千篇一例地使用一種自以為不可改變的公式到處硬套』嗎？」有人也許會這樣反駁我們。這當然不是我們的意思。其實，一味固執用民主方法解決民主革命任務，用社會主義方法解決社會主義革命任務，因而不懂得時至今日，民主革命任務竟非用社會主義革命方法不能解決 —— 這才是「使用一種自以為不可改變的公式到處硬套」哩。有時候民主革命矛盾要用民主革命方法解決，有時候這同樣矛盾卻必須用社會主義革命方法來解決，這裏是不可以千篇一律的，這才是真正的辯證法。毛澤東正是在目前（世界革命時代）民主革命的最根本的戰略問題上，即不斷革命問題上，犯了「硬套公式」的毛病，這就妨礙他高升到偉大的戰略家的地位，這就使他永遠只能是高明的策略家與實行家的主要原因。

「在具體環境中要提出具體政治任務。一切都是相對的，一切都是流動的，一切都是變化的。」這是列寧留給我們的寶貴教訓。對於這個教訓，毛澤東是違背一半，遵守一半。在一個意義上他是完全不

懂，在另一意義上卻「裏手」精通。他違反而又不懂的，在於革命之最根本、最重大與最原則性的戰略方面。人類歷史已踏進了國際性的無產階級革命時代，而他卻仍拘拘於落後國家民主革命必須用民主革命方法來解決那個古老立場。毛澤東這一個致命的弱點，我們前面已講得很充分了。至於他遵守而精通的，則在於革命之次要的、偏於實行的策略方面。在這些方面，毛澤東真是高明得很，靈活之至。在什麼環境提出什麼任務的那種本領，便是視策略高於原則的史大林也要遜一籌哩。隨機應變，能屈能伸，「針鋒相對」，「有理有節」，諸如此類的策略性的智慧，我們不能不說它是含有辯證思想的。本書前面論戰術家的一章裏，已相當詳細地敍述了毛澤東這方面的本領，此地不必重複。在〈矛盾論〉中，特別在第四節「主要的矛盾與主要的矛盾方面」中，毛澤東親自將他的戰術智慧概括化了。這是很有價值的。它一方面確實增加了辯證法在戰術應用方面的實例，這雖然不在哲學意義上，卻多少在實踐工作的意義上，值得人們研究學習的。另一方面，它用了抽象的哲學言語，非常清楚地道出了毛澤東政治上機會主義的思想根源。毛澤東寫道：「在複雜的事物的發展過程中，有許多的矛盾存在，其中必有一種是主要的矛盾，由於它的存在和發展，規定或影響着其他矛盾的存在和發展。」他又說：「例如在資本主義社會中，無產階級和資產階級這兩個矛盾力量是主要的矛盾，其他的矛盾，……都是為這個主要的矛盾力量所規定，所影響。」這話說得也完全正確。可是接下去，他寫道：

> 半殖民地的國家如中國，其主要矛盾和非主要矛盾的關係呈現着複雜的情況。

> 當着帝國主義向這種國家舉行侵略戰爭的時候，這種國家的內部各階級，除開一些叛國分子以外，能夠暫時地團結起來舉行

民族戰爭去反對帝國主義。這時，帝國主義和這個國家之間的矛盾成為主要的矛盾，而這種國家內部各階級的一切矛盾（包括封建制度和人民大眾之間這個主要矛盾在內），便都暫時地降到次要和服從的地位。⋯⋯

　　然而在另一種情形之下，則矛盾的地位起了變化。當着帝國主義不是用戰爭壓迫而是用政治、經濟、文化等比較溫和的形式進行壓迫的時候，⋯⋯這種時候，人民大眾往往採取國內戰爭的形式，⋯⋯

這樣說便是錯誤百出了。因為這個錯誤說法恰好就是史大林毛澤東三十年來聯合施行於中國革命的那條正式路線的哲學解釋，所以很有價值，值得我們在此作比較詳細的研究。

在任何一個社會中，我們知道，矛盾都是複雜的，尤以現代殖民地或半殖民地國家的社會關係為然。人們要想了解這種社會，誠如毛澤東所說，必先分清楚種種矛盾，並把握住那個最主要的矛盾。同時在多變的社會關係和民族關係中，這些矛盾的地位 —— 主要的或次要的 —— 可能隨種種關係的改變而改變：主要的變成次要的、或次要的變成主要的。以上所說，如果僅就抽象意義，將它看成代數公式來了解，也許可以說是完全正確，但若代之以實數，賦之以具體內容，那就大成問題了。毛澤東指出中國近三四十年來民族矛盾與階級矛盾的關係，說是因為帝國主義對中國所採取的壓迫形式不同，便使那兩種矛盾時時易位。當民族矛盾成為主要時，階級矛盾就得退居次要，就要「服從它」，換句說話，當殖民地或半殖民地國家的統治階級被迫與外國侵略者作戰時，國內的被統治階級就應該停止階級鬥爭，與統治階級團結一致，共同禦侮，直至勝利為止。當戰爭勝利，民族危機業

已過去，亦即民族矛盾退居次要地位之時，階級矛盾的地位便自動提高，因而成為主要的。那時，階級鬥爭的利益又高於一切，工農的革命黨又可以放手領導階級鬥爭了。

毛澤東這個說法不是新的。歐洲大戰時一切社會主義的叛徒們都主張「國內和平」，所根據的便是類似毛氏那樣的「矛盾易位」說。第二國際的破產，也正是為了它主張戰爭期內，暫停鬩牆，外禦其侮。列寧最堅決地起來反對「國內和平」論，號召工人階級實行內戰來反對外戰，主張乘統治階級因戰爭而增加的困難而推翻它。因此，列寧被那些叛徒們重則誣為「德國奸細」，輕則斥為昧於「矛盾的主次之分」。關於列寧和第二國際叛徒們之間的歷史分歧，毛澤東自然站在列寧一邊。但是為什麼當第二次世界大戰時他會跟在史大林之後主張民主陣營方面的「國內和平」呢？為什麼在中國的對日抗戰時中共要停止階級鬥爭呢？答覆都是一樣，即：主要的矛盾對象是德國法西斯與日本帝國主義。為要擒賊擒王，要首先解決主要矛盾，所以必須把民主陣營裏（不管帝國主義國家或殖民地國家）的階級矛盾降為次要，將對內革命的利益服從於對外戰爭的利益。可是同樣理由，難道不可以應用於第一次大戰嗎？事實上，社會愛國主義的英雄們曾經搬出了這套理由的。那時候，協約國方面的「社會主義者」說德國的軍國主義是人類和平的主要威脅，因此軍國主義與反軍國主義是主要矛盾，必須首先解決；同盟國方面則特別指出俄國的沙皇制度的野蠻統治，因而宣佈東方的野蠻和德國所代表的西方文明是主要矛盾，必須首先解決。列寧不屑跟隨任何一邊去尋找「主要矛盾」與「主要的矛盾方面」，他只是着眼於這樣的認識：第一，雙方都是帝國主義性質；第二，革命的矛盾在所有這些國家中成熟了，以革命手段起而推翻統治階級並結束資本主義，這任務已普遍地向各國社會主義者與無產階級

提出。在社會主義革命與資本主義統治這個主要矛盾之前，一切其他的矛盾都不值得考慮其地位了。列寧的基本戰略是這樣決定的，我們能夠埋怨他不辨矛盾地位的主次嗎？列寧這樣的看法，在第二次世界大戰時期，難道會因軍國主義之換上納粹主義而過時、而變得不合時宜嗎？顯然，史大林以及毛澤東，在這個基本問題上是違背了列寧遺教的，他們恰恰採取了列寧當年所拼命反對的第二國際立場。

不過在中國問題上，毛澤東當然會更加理直氣壯，因為中國是半殖民地，日本是帝國主義，中國方面的戰爭，不管它是在誰的領導之下，都是正義的，進步的，甚至是革命的。列寧教我們用革命來反對雙方都屬帝國主義的戰爭，卻必須擁護殖民地國家的反帝戰爭。不錯，在這個意義上，中日戰爭確實不應該與帝國主義間的戰爭等量齊觀。中國的革命者應該堅決地站在中國一邊，應該堅決地擁護中國方面的戰爭。但是如何擁護呢？是繼續階級鬥爭呢還是停止階級鬥爭？這是問題的焦點。要想解答這個中心問題，我們就應該回顧一下列寧提出「國內戰爭」戰略時的第二個着眼點：在中國無產階級及其先鋒隊面前，歷史是否也已提出了革命任務 —— 特別是奪取政權的任務？如果國際和國內條件使然，中國無產階級及其先鋒隊根本談不到奪取政權，甚至在一個相當長的時間內根本還沒有這個前途，因此，它們只能以一個小幫手資格，參加在資產階級領導的反封建反帝國主義的民主革命中，那末，當這個「革命的資產階級」或甚至「革命而反帝的封建階級」與侵略的帝國主義作戰時，就只好死心塌地參加這個進步戰爭中，竭盡一切力量來打仗，藉以一方面獲致戰爭勝利，另方面以行動博取愛國民眾的同情，提高其政治上與社會上的地位。一句話，在這樣的戰爭中階級矛盾是必須退居次要，不可能讓它去和民族矛盾爭高下的。可是，情形如果不同，即若該一對外作戰的半殖民地

國家雖然落後，但資本主義關係已起巨大作用，階級鬥爭已有高度發展，全民的民主革命業已發生過，分化過，在分化中大資產階級且竟已掌握了政權，因而該國的歷史發展已十分明確地向無產階級及其政黨提出了聯合農民奪取政權的任務，那末，當這個國家與帝國主義作戰之時，無產階級及其政黨仍應將階級矛盾看得比民族矛盾更重要更根本。因為在戰時一如在平時，革命黨的中心任務在於取得政權，藉以完成民主革命，並進而實行社會主義革命。在戰時，統治階級的罪惡與腐敗總比平時暴露得更清楚，更徹底，所以革命的環境與條件也照例比平時更為有利。所以在這樣情形中，革命黨如果為戰爭之故，為了民族危機之故，而停止了、或放棄了革命的階級鬥爭，實在是對革命犯了最大罪惡。當然，在殖民地或半殖民地的進步戰爭中，無產階級政黨為革命而採取的政策，應該和它在帝國主義的反動戰爭中所採取者不同。前一種政策應該是革命勝利主義或革命保衛主義的，後一種政策應該是革命失敗主義的，換言之，在前一情形中，革命黨所以要在戰爭中繼續革命路線，理由是：只有實行革命才能喚起最大多數的勞苦大眾來從事戰爭，只有以革命的工農政府代替腐朽妥協的資產階級政府，才能徹底擊敗帝國主義的戰爭侵略，並根本打倒帝國主義。在後一情形中，革命黨所以要在戰爭中繼續革命路線的理由更簡單：因為戰爭是帝國主義性的，因為它只有利於統治階級，因為只有打倒了統治階級的政府，才能結束戰爭禍害，才能以革命從根本剷除戰爭的禍害。這兩種政策的具體應用可能多種多樣，可能千變萬化；但是在本質上，民族矛盾（即使發展到戰爭形式）決不應該排除階級矛盾，革命利益決定着戰爭利益這個最基本的原則，卻是一樣的。換句話說，無論在殖民地國家與半殖民地國家的戰爭中，或者在帝國主義國家的戰爭中，無產階級政黨的戰略總路線都應該是準備革命，發

動革命與完成革命；二者不同的，只是在不同的條件中用以實現此戰略的種種策略罷了。

從上面粗疏敍述的，革命和戰爭（包括資產階級領導的反帝戰爭與帝國主義戰爭）的關係看，毛澤東那種主要矛盾不斷易位說顯然是不正確的。我們應該說，在某一特定的歷史時代內，某一種社會矛盾總是不變地居於主要地位，或更正確些說，它經常地處於最基本的地位，其他的矛盾是服從於它，被它規定，受它影響，以之為變換的軸心。在帝國主義時代，亦即在無產階級的世界革命時代，最基本的與最主要的矛盾是資產階級與無產階級之間的矛盾。這看法不但對資本主義國家說是對的，便是對一切落後國家說，只要那裏的資本主義關係（政治上與經濟上）已佔統治地位，那裏工人階級在農民支持下起而執掌政權的前途已經提出，——這看法也是對的。因此，毛澤東認為在中國那樣的半殖民地國家中，「其主要矛盾和非主要矛盾的關係呈現着複雜的情況」，認為中國根本沒有一個在特定的歷史時期內固定的主要矛盾，而只是許多複雜的矛盾（資產階級與無產階級之間的矛盾僅為其中之一），它們隨着國內外政治的行情性的變化而經常互易其主要或次要地位，——這看法十分錯誤。這是嚴重的機會主義的理論根源。無產階級政黨發生機會主義的根源固然很多，而其中最深刻的一個思想根源，卻是忘記了勞資矛盾乃是我們這時代與我們這世界上的矛盾的矛盾，是主要矛盾，是中心矛盾。忘記了這個事實和道理，將勞資間的階級矛盾看成為現代社會中諸般複雜矛盾中的一個，將所有矛盾一視同仁，聲明其中沒有一個是更為主要與根本的，因而說它們各自的地位時時變動，視具體的政治情況而定，有時 A 必須服從 B，有時 B 服從 A，更有時 B 還得讓位於 C，而「服從」等於壓制，「讓位」意即取消，如此一來，那個工人政黨焉得不叛變本階級的利益？

焉能不走上機會主義道路？當然，另一方面，一個革命家或革命黨，如果只曉得死死記住那個主要矛盾，完全不理會國內外與社會中一切階級和階層之間的矛盾，完全不理會客觀形勢的變化，食而不化，冥頑不靈，只看見紅白兩種顏色，只分別天使和魔鬼兩類人物，將一切可能的朋友都當成敵人，將所有應該利用的力量拒加利用，以為非如此便不能進行最純淨與最理想的工人階級的革命，這也是可笑而錯誤的，他們是教條主義者，是「左派幼稚病」患者，甚至是革命的吉訶德先生。

二者都是革命的大患，不過機會主義的病根更加深些。

毛澤東機會主義實踐的哲學根源，應該說是對於辯證法觀念之機會主義的或虛無主義的理解。同一辯證法觀念，古今中外，因為持此觀念者之立場與思想各異，有過形形色色的不同理解。西歐從赫拉克利脫斯與柏拉圖算起，中國打周易和老莊哲學開始，有意識的對辯證規律所作研究，都經過了好幾千年。在這個研究中，對辯證法本身規律的闡明並不見有太大分歧（當然有極大的粗細深淺之別），呈現着五花八門的倒是在於那些思想家們理解和應用辯證法的時候的態度。這裏有唯心與唯物之分，有消極與積極之別，更有機會主義與革命立場的不同。辯證法本身在黑格爾手中與馬克思手中並無多大差別，不同的只在於後者將前者倒立着的東西翻轉過來罷了。古往今來有許多唯心主義的哲學家體會到了辯證法，因此在他們的著作裏迸發出燦爛奪目的智慧的光芒，他們給宇宙和人生打開了不少神奇的秘密。但這些聰明而深刻的才智，通過辯證法的力量而對自然和社會所作的觀察結果，卻幾乎都是消極的，懷疑的，因此是詭辯的。他們對自然史傾向於作虛無玄妙的解釋；對人類史傾向於作後退或循環的了解。這主要當然由於各該哲學家所生息的歷史條件之故：人對自然的鬥爭還限

於很小程度內的勝利，而人與人之間的社會關係不像現代那樣的簡單化，對階級與階層間的鬥爭前途，不可能有堅定而樂觀的看法；因此，呈現在自然現象與社會現象上的貌似的循環與反覆，一方面使那些聰明深思之士獲得了多少合乎辯證的思考方法，另方面卻讓他們得出了虛無玄妙的宇宙觀，以及消極懷疑的、玩世不恭的甚至於厚顏無恥的人生觀。辯證法要到黑格爾身上才發揚光大，更重要的，落到他手裏才賦與積極的看法，可見不是偶然的。雖然黑格爾是個極端的唯心主義者；但他對辯證法的理解卻是積極而革命的。因工業革命而引起的自然科學的大進步，因法國大革命而促發人類思想的大解放，對於黑格爾那樣的偉大頭腦，不能不起積極與革命的作用。所以黑格爾回顧了辯證法的歷史後，就指出人們「主要的成見在這裏是認為：辯證法只有着否定的結果」。他又説：「但是他者在本質上並非是空虛的否定，亦非通常被認為辯證法之結果的虛無，它乃是第一者的他者，直接者的否定；因此，它被規定為被媒介者，一般地在自身內部包含着第一者的規定。……於是第一者在本質上也在他者之中被包含着和被保存着。認為在其否定的東西中保持有積極的東西、在結果中保存着前提的內容，──乃是理性認識的一個最重要的部分……」（轉引自列寧《哲學筆記》。）

　　黑格爾這一段論到「揚棄」的話，列寧認為「對辯證法的了解甚為重要」。故於摘錄之後，作了如下的引申：「並非空洞的否定，並非徒然的否定，並非懷疑的否定，動搖、疑惑，是辯證法中特徵的和本質的東西，──無疑地，辯證法自身包含着否定的要素，──不，辯證法中特徵的和本質的東西，是作為聯繫契機的、作為發展契機的否定，這個否定是保持着肯定的東西，即是，沒有任何動搖，沒有任何折衷。」（見列寧《哲學筆記之一》中譯本，197–198頁。）

　　黑格爾那種積極的辯證法，特別是他那個「作為聯繫契機的、作為發展契機的否定」，被馬克思無限豐富地應用在人類社會史的研究中，然後又被列寧無限壯烈地應用於國際社會主義革命的實踐中了。

　　雖然如此，這卻並不是說，從此再不會有消極的、懷疑的、機會主義的甚至不革命的辯證法。事實證明相反，正好像科學昌明還不曾根除迷信，唯物主義的奏凱尚未徹底排除唯心主義一樣，革命的、徹底的、積極的辯證法的確立也還遠不能阻止不革命的（包括機會主義的）、折衷主義的、消極與虛無的辯證法立場的存在。這裏我們不準備討論所有與革命辯證法相反的辯證觀，因為本書畢竟不是一本專門哲學的著作，我們要談的只關於機會主義的辯證觀，因為它和毛澤東的思想方法，亦即和他對辯證法的理解，有密切關係。

　　前面我們曾經提到，馬克思辯證法很易和小資產階級的立場拉扯到一起。下面便是馬克思表示這個意思的原文：

　　　　蒲魯東按其本性是傾向於辯證法的。但是因為他從來也不理解真正科學的辯證法，所以越不出詭辯主義的界限。實際上這是和他的小資產階級觀點有關的。小資產者也像歷史家勞麥一樣，是由「一方面」和「另一方面」所構成。他在自己的經濟利益上是如此，因此在自己的政治上，在自己的宗教觀點、科學觀點和藝術觀點上也是如此。他在自己的道德上也是如此，他在一切方面都是如此。他是個集中體現的矛盾。而既然他同時還像蒲魯東一樣是個有機智的人，所以他就很快地習慣於玩弄自己本身的矛盾說法，根據情況把這種說法變成一些意外的、鮮豔奪目的、時而是出醜的、時而是輝煌的怪論。科學中的江湖騙術和政治上的

隨機應變是與這種觀點不可分割地聯繫在一起的。（見馬克思給施維澤爾的信）

不難看出，這段文字裏提及的蒲魯東、勞麥、小資產者，在某一限度內，完全可以代之以毛澤東這個名字。毛澤東與蒲魯東不同，曾經努力去理解真正科學的辯證法的，同時不能否認，他確實學到了不少此一方法。可是在本質上，他仍然「越不出詭辯主義的界限」。他非常出色地懂得「一方面」和「另一方面」，他善於將任何事物分割成十七八個方面，他有機智，所以他很快習慣於玩弄自己本身的矛盾說法，根據情況把這種說法變成時而庸俗出醜的、時而輝煌奪目的議論。憑着這種觀點，毛澤東雖然在科學中（除了社會科學）不曾施展什麼江湖騙術，而政治上則永遠在隨機應變。為什麼會如此的呢？原因，毛澤東當然和蒲魯東一樣，是「和小資產階級觀點有關的」。然則當上了一個共產黨的領袖，長期進行着為工農解放的革命，怎麼還不能在思想上脫盡自己所從出的小資產階級觀點呢？這自然和他走上馬克思主義的過程有關，和他未曾成為馬列主義者以前的思想基礎有關，和他長期間從事活動的小資產階級環境有關，與中國共產黨的迄今仍以農民為主要成分這事實有關。這一些，我們在以前談到毛澤東思想形成時候都講過了，此地不贅述。這裏我還須着重指出的一個原因，即是：蘇聯在史大林統治下的官僚主義墮落，以及史大林官僚制度與官僚思想的普及於全世界共黨，也大大促成了毛澤東那種貌似辯證的、蒲魯東式的詭辯主義。史大林官僚主義的最初的階級來源是小資產階級，而官僚作風的最重要的一個「方面」便是「面面俱到」，「超出於所有階級之上」，以公正的仲裁者自居。毛澤東的「隨機應變」便是這一「方面」的一個最成功的因而是最完善的標本。

　　至此，我們已經說明了毛澤東對辯證法所抱的機會主義的（在某一意義上也可以說官僚主義的）理解。但跟着我們很自然地會聽到這樣的疑問：如果毛澤東的基本思想方法是機會主義的，那末他憑此方法所決定的機會主義的政治路線又怎會促成了中國革命的勝利？這問題我們在前面提出過，而且在一個意義上回答過，現在讓我們在另外意義上來解答它。首先要指出，促使中國革命在 1949 年前後勝利的原因，無論主觀上與客觀上都相當複雜，所以我們完全不能說毛澤東的政治路線促成了革命勝利；第二、毛澤東的思想和活動自然對中共起很大的決定作用，因而也對中國革命的進展及其勝利起若干作用；但凡機會主義的（或官僚主義的）政治路線只能起負作用，而起過或能起正作用的政治路線則總是被迫放棄了機會主義的。可是什麼叫做被迫放棄呢？這便是我們需要解釋的第三點了。前面我們不止一次地指出過：毛澤東本質上是一個先行後知者，是實行家而非理論家，是理論為行動辯解而非行動受理論規定的人，是策略高手而非戰略大家：這個品質在壞的方面使他陷於經驗主義的泥淖，使他不能高瞻遠矚，使他不能成為列寧式的第一流的大革命家，可是在好的一面，這同一品質卻能使他在行動時候不始終受錯誤理論的束縛，使他能隨機應變，能令理論遷就行動的需要，或竟能使行動與理論脫離或兩相背反。此種言行不符，雖然大大損害了毛澤東作為一個徹底思想家的聲譽與地位，但在許多情形中，特別在革命迅速發展的場合中，卻曾幫助了作為革命實行家毛澤東的成功，因為它抵消了機會主義對革命可能造成的禍害。

　　好了，現在讓我們從政治再回到哲學上來。我們看見了毛澤東政治方面的機會主義，在思想方法上，原來導源於他對辯證法理解的機會主義。而後一種機會主義則植根於他與生俱來的小資產階級立場以

及他日後獲得的「超階級的」官僚地位。從「超階級的」、小資產階級的官僚立場或地位來看，什麼矛盾都是相等的，其重要性隨時變換。因此他今天可以因客觀需要站在「這方面」反對「那方面」；明天又可以因同樣需要聯絡「那方面」攻擊「這方面」。「兼顧，兩利」，四面八方，可左可右，頭頭是道。此種玲瓏活潑，無所不可的態度，雖時常披着辯證法的外表，其實卻屬於最要不得的詭辯。這裏一個根本原因，在於這些人完全否認了絕對，完全否認了不動。一切都是相對，一切都變動不居，這是辯證觀念。但若由此而進一步斷定說：即使在特定的條件下，也不可能確定一個在某一時期內的絕對標準；又若在絕對的變動中，根本否定了有任何相對的不動，那末就陷於無救的詭辯中了。我們應該承認，在資本帝國主義與世界無產階級革命的整個時期內，勞資矛盾是主要的、是基本的、是一切矛盾中的矛盾。這是一個有條件的絕對。當此一歷史條件不變之時，此一矛盾的主要地位是不動的，是不可能讓位給其他矛盾──有如民族矛盾之類的。我們不可能將此主要矛盾與其他矛盾一視同仁；我們不應該隨次要的歷史矛盾的改變而宣佈階級矛盾退居於次要地位。對現時代從事於無產階級革命的馬克思主義者說，勞資之間的階級矛盾是一種絕對，是一個不變的軸心。這裏正是「萬變不離其宗」，正是「以不變應萬變」。如果說勞資之間的階級矛盾只是目前形形色色的社會矛盾之一，它並非一定居於主要地位；它的地位是跟着社會諸般關係的暫時變動而變動；因而階級鬥爭（包括工人對資本家，農民對地主）可以隨共產黨的政策（特別是它對資產階級政黨與地主政黨之間的策略）不同而時收時放，有時採用，有時放棄，那末，這個共產黨不但會喪失勞苦大眾對它的信仰，而且事實上它確已失去了階級立場，即失去了一個自命為共產黨的政黨所以存在的理由。

　　不管毛澤東及其所領導的中國共產黨，迄今為止，給中國革命贏得了多大勝利，但至少一小部分由於上述毛氏哲學上與政治的機會主義，特別是由於那個「主要矛盾隨時易位論」；再加上前面我們批判過的「A 矛盾必須用 A 方法來解決」的那個機械論，所以他們造成了許多原可不犯的大錯誤，走過了漫長的崎嶇的冤枉路，並且當他們取得全國政權之後，又不斷犯着原則上與策略上的錯誤，危害着社會主義的經濟建設與世界革命的開展。（不用說，毛澤東思想方法的此一毛病，並非所有這些錯誤與過失之直接原因，更非唯一的原因；它只是諸般客觀與主觀原因中的一個，而且在主觀原因中也不是主要的一個，因為對中國革命的方針性的決定上，毛澤東在長時間處於莫斯科決定的執行者地位。不過它之所以會反對不斷革命論，擁護史大林的階段論與四階級聯盟，擁護一國建設社會主義，原因之一，即在於思想方法上史毛二人的同一。）

注釋

1.　指給威廉・勃拉克的信——王凡西。

2.　毛澤東說俄國二月革命與十月革命所要解決的矛盾性質不同，嚴格說來，並不完全正確。二者的性質其實是既相同而又不相同的。相同，因為引起二月革命的民主任務並未解決，促成十月革命的正也是這些任務；不相同，則因無產階級在十月革命中走上了政權，當然要解決社會主義的矛盾了。

3.　1956 年 9 月，劉少奇在八大報告，說，「人民民主專政實質上已經成為無產階級專政的一種形式……」自八大二次會議（1958 年 5 月）開始，公開使用「不斷革命」這個名稱（當然有他們特殊的解釋）。

九、文藝政策與文藝創作

要談一般共產黨人關於文藝的見解，特別毛澤東關於這個問題的見解，我們先得談談列寧的一篇文章，因為這篇文章，一貫被奉為這一方面的最高標準而加以徵引的。這篇文章便是列寧在 1905 年 11 月間所寫的《黨的組織和黨的文學》。

人們不斷地徵引這篇文章，拿來做他們文藝政策的護符。但是，我們假使詳細地研究列寧的原文，卻不難發現，列寧的本意與徵引者們的用意並不一致，至少有不小距離。

首先我們想指出，歐洲文字裏 Literature 那個字，並不僅僅與恰恰等於中文裏的「文學」。除了「文學」之外，它還有「文獻」或「文件」，「出版物」或「出版業」之意。在普通文字中，人們應用這個字，倒是取其後一意義者為多，取其前一意義者較少。列寧在這篇文章中，談到 Literature 時顯然不是專指狹義的文學，卻同時指廣義的「出版物」或「出版業」而言的。這個詞義在通篇文章中並不統一，有時着重其廣義，有時又偏重其狹義。約略區分，可以說在文章的前一小半作「出版物」解，在後一大半作「文學」解。徵引者們一律將它作狹義解，顯然是不正確的。【朱正按　《列寧全集》第二版裏已經把這一篇的標

題改譯為《黨的組織和黨的出版物》了。】其次，我們看到，所有徵引者都不曾把列寧的這篇文章，與它寫作時候的客觀條件聯繫起來，因而他們的徵引是斷章取義的，他們的了解是片面甚至歪曲的。

其實，只要我們不有意或無意地忽視列寧文章的頭兩段，上述的誤解與曲解都很容易避免。文章一開頭就說得非常清楚：

十月革命[1]以後在俄國造成的社會民主黨工作的新條件，使黨的文學問題提到日程上來了。非法報刊和合法報刊的區別，這個農奴制專制俄國時代的可悲的遺跡，正在開始消失。它還沒有絕滅，還遠遠沒有絕滅。……

當存在着非法報刊和合法報刊的區別的時候，黨的報刊和非黨報刊的問題解決得非常簡單，非常含糊和很不正常。一切非法的報刊都是黨的報刊，它們由各個組織出版，它們由各個同黨的實際工作者團體有某種聯繫的團體主辦。一切合法的報刊都是非黨的報刊──因為黨性是被禁止的──但是它「傾向」於這個政黨或那個政黨。畸形的聯合、不正常的「同居」、虛偽的掩飾是不可避免的。願意表達黨的觀點的人被迫說出的含糊其詞的話，同那些還沒有成長到黨的觀點的人，實質上還不是黨人的人們的考慮不周和思想畏縮，混淆在一起了。

伊索寓言式的筆調，文學上的卑躬屈膝，奴隸的語言，思想上的農奴制──這個該詛咒的時代呵！……

革命還沒有完成。沙皇制度已經沒有力量戰勝革命，而革命也還沒有力量戰勝沙皇制度。我們生活在這樣的時代，到處都看得到公開的、誠實的、直率的、徹底的黨性和秘密的、隱藏的、

「外交式的」、狡詐的「合法性」之間的這種反常的結合。這種反常的結合在我們的報紙上也看得到！……

無論怎樣，已經完成了一半的革命，迫使我們大家立刻重新安排工作。現在文學都可能成為、甚至可能「合法地」成為百分之九十的黨的文學。文學應當成為黨的文學。與資產階級的習氣相反，與資產階級營利的商業性的出版業相反，與資產階級文學上的名位主義和個人主義，「老爺式的無政府主義」和唯利是圖相反，社會主義無產階級應當提出黨的文學的原則，發展這個原則，並且盡可能以完備和完整的形式實現這個原則。

這個黨的文學原則是什麼呢？這不只是說，對於社會主義的無產階級，文學事業不能是個人或集團的賺錢工具，而且根本不能是與無產階級總的事業無關的個人事業。打倒無黨性的文學家！打倒超人的文學家！文學事業應當成為無產階級總的事業的一部分，成為一部統一的、偉大的、由整個工人階級的整個覺悟的先鋒隊所開動的社會民主主義機器的「齒輪和螺絲釘」。文學事業應當成為有組織的、有計劃的、統一的社會民主黨的工作的一個組成部分。

……文學事業必須無論如何一定成為同其他部分緊密聯繫着的社會民主黨工作的一部分。報紙應當成為各個黨組織的機關報。文學家一定要參加黨的組織。出版社和書庫、書店和閱覽室、圖書館和各種書報販賣所，這一切都應當成為黨的機構，都應當彙報工作情況。有組織的社會主義無產階級，應當注視這一切工作，監督這一切工作，把生氣勃勃的無產階級事業的生氣勃勃的精神，帶到這一切工作中去，無一例外，以此消滅古老的、

半奧勃洛摩夫式的、半商業性的俄國原則 ——「作家寫，讀者讀」—— 的一切基礎。

從上面這些引文中，很顯然可以看出，列寧此地所用「文學」這個詞的意義，並非專指狹義的美文學，而時時兼指出版物而言的。否則，像「現在文學都可能成為、甚至可能」合法地「成為百分之九十的黨文學」那樣的句子能有什麼意思？如果依照該文最大多數的徵引者的意思，將列寧此地所說的「文學事業應當成為無產階級的事業的一部分」，解釋為文學家的創作活動應當成為無產階級的事業的一部分，那末，下面像「出版社和書庫、書店和閱覽室、圖書館和各種書報販賣所，這一切都應當成為黨的機構，……」那樣的話，將何從而生？又能有什麼意義？其實單憑我們上面摘引的幾段話，已清楚地可以看出列寧寫這篇文章的重要用意之一，是在於主張把一切與革命有關的刊物置於黨組織的監視和領導之下，要它們完全為黨和革命的利益服務；又在於主張這些報刊上的文章（文學）應充分表明自己革命的立場，不應為了合法地位，說些灰色的、模稜的，伊索寓言式的，卑躬屈膝的，奴隸式的語言，而應該代以公開的，誠實的，直率的，徹底的黨性。列寧提出這樣的主張，並非空空洞洞的（列寧終身不曾空空洞洞地寫過一篇文章），卻是針對着當前的情形，有所指而發的。因此我們如果不先查清楚列寧寫作此文的時代背景，簡直就不能正確了解文章的內容。

我們知道列寧這篇文章發表於 1905 年 11 月 26 日的《新生活報》上。這時候，1905 年的革命正處於日益上漲的高潮中，在一切因革命而爆發出來的新事物中，最顯著的是那個做了幾世紀大啞巴的俄羅斯，突然間說起話了，他通過街頭，通過會場，特別是通過了報紙，發出了最宏亮的聲音。形形色色的報紙，可說像雨後春筍般創辦出

來。其中最出名、影響最大的，則有下列幾種：《消息報》，彼得堡蘇維埃的機關報，創刊於 10 月 30 日；《俄羅斯報》，該報原屬激進自由派，此時由托洛次基與巴爾武斯接過來辦，變成社會主義派的刊物；《開始》，門雪維克派與托洛次基合作發行的，創刊於 11 月 13 日；《新生活》，布爾雪維克派的合法刊物，由列寧、高爾基、盧那查爾斯基、波格丹諾夫編輯，大約創刊於 11 月 15 日。此外，在莫斯科，布爾雪維克辦了一份《戰鬥》報，門雪維克派辦了一份《莫斯科報》，全俄其他的較大城市中，也幾乎同時出現了許多傾向革命的合法報紙或期刊。這些報刊有的是由某些個別的革命家或文人創辦，他們表示了對某一革命黨派的某種程度的傾向；或者直接由某一政黨的某一機構主持，作為該黨該組織的合法的發言地盤。不過無論前一情形或後一情形，黨性都是不夠的，換句話說，這些報刊的言論大多不是「公開、誠實、直率與徹底的」，它們對敵人的攻擊婉婉轉轉，對報紙的立場掩掩飾飾，對自己的主張吞吞吐吐。所以會如此之故，客觀上固然是由於革命尚只獲得部分勝利，主觀上卻又由於在黨革命家與非黨革命者的見解都尚未成熟。這裏的所謂未成熟又是分為兩種的：一種，其本人的思想見解確實不曾跟得上革命的發展，他們那種「卑躬屈膝的、奴隸式的語言」，其實代表了他們「卑躬屈膝的、奴隸式的思想」；另一種，他們本人的思想是已經成熟到革命了（戰略上與策略上是否正確是另一回事），但是寫文章，辦報紙，都不敢把自己真正的想法說出來，故意說些轉彎抹角的，假撇清的，灰色的與「伊索寓言」式的花腔，以此（照他自己的辯解）取得「合法性」，求取存在，「適應環境」。

正是這後一種態度（這態度在任何革命初期都會流行），列寧在那篇文章裏特別加以攻擊的。當然，列寧在這裏也攻擊了那些對黨獨立的，個人自由的辦報態度，所以他特別強調了「報紙應當成為各個黨

組織的機關報，文學家一定要參加黨的組織。出版社和書庫、書店和閱覽室、圖書館和各種書報所，這一切都應當成為黨的機構，……」我們知道，列寧對無產階級革命的貢獻，一半在於政治理論方面，一半在於組織原則方面。列寧關於黨的看法，他主張必須經過組織嚴密、紀律嚴明的黨，在革命的任何方面加以監督和領導，無產階級才能推翻統治階級，實現民主的與社會主義的革命。這個組織觀念，對於布爾雪維克黨的完成革命，無疑是起了十分重大作用的，其重大意義，如果說與列寧的政治見解不相上下，決非過分。列寧這個以黨領導一切革命工作的觀念，在不同時候，不同情形，曾經在不同的活動範圍內為其實現而鬥爭。而在 1905 年 11 月間，列寧便是為它在「文學事業」中的實現而鬥爭的。針對着黨內黨外某些人，他們自覺或不自覺地要以「作家寫，讀者讀」不受其他任何束縛的態度來辦革命報紙，他就叫出了「打倒非黨的文學家！打倒超人的文學家！」的口號，並且明白聲明：「文學事業應當成為無產階級的事業的一部分（加重號的是列寧自己），成為一部統一的、偉大的、由整個工人階級的整個覺悟的先鋒隊所開動的社會民主主義機器的『齒輪和螺絲釘』。文學事業應當成為有組織的、有計劃的、統一的、社會民主黨的工作的一個組成部分。」

列寧這裏的態度和用意都是非常清楚的，他決不是對狹義的寫小說詩歌的文學家說話，更不是說這些文學家若不加入本黨就要「打倒」，如果列寧真的「蠻橫」到如此程度，他也不成其為列寧了。列寧這裏顯然主要是對黨內或接近黨的「文學家」（包括一切從事文學活動的人）發言的，說他們的活動和事業必須置於黨的領導之下，與整個社會民主主義的革命機器，有組織地與有計劃地配合起來，成為這架

機器的「齒輪和螺絲釘」。否則,他們不可能為革命服務,革命亦必因此蒙受損失,所以必須「打倒」。

因為 1905 年 10 月以後俄國發生新形勢,非常尖銳地提出了「文學事業」與革命及革命黨的關係問題,列寧便及時地在《黨的組織和黨的文學》中解答了它。列寧是從來不會無的放矢的。

我們還可以有相當理由說,列寧這枝矢乃射向他自己黨內的一些文學家,特別還可能是射向高爾基或盧那查爾斯基的。有一件事實應該在這裏提起:當《新生活報》剛在彼得堡創辦之時,列寧還留在瑞典斯德哥爾摩。那時新成立的蘇維埃正起着愈來愈大的作用,可是布爾雪維克派的領導機關對此組織,卻採取了教派的不合作態度,因為他們認為不問黨派、每一千工人得選一個代表的辦法不對,他們主張以黨派為基礎。列寧反對布爾雪維克派的此一態度,從瑞典京城寄來了長信,要在《新生活報》上登載,可是始終不曾登出來。(按:此信要在三十五年之後,首次發表於 1940 年 11 月 5 日的《真理報》上)。我們不知道此信不被刊登的確切原因。可能因為郵遞延阻(即列寧本人比信早到,一到彼得堡,他就將布爾雪維克的教派態度轉變過來了),但也可能因為信的立場不合當時彼得堡一些布爾雪維克派的意思,更可能因為文章的口氣和調子,與《新生活報》上其他文章的「伊索寓言」與「外交辭令」不相一致,於是信被編輯部同人為了顧全報紙的「合法性」而壓下來了。

不過無論如何,列寧在此事發生後不到旬日的時間內,寫出了〈黨的組織和黨的文學〉這篇文章,二者之間,多半是有若干關聯的。多半是由於此事,列寧在一個實例中看到了「合法」革命刊物不受黨組

織監督與領導的害處，由於此事，列寧更痛感到那種遷就合法存在而大量湧現的「奴隸式」的廢話；由於此事，列寧要「在日程上提出黨的文學問題」，要一勞永逸地解決非法刊物與合法刊物的關係問題，要解決黨領導與一般的黨的出版事業之間，以及黨領導與特殊的黨的文學活動事業之間的關係問題。我們如此設想，看來與史實不會有甚大乖離的吧。

歷來史大林派的文學理論家們，抽出了列寧這篇文章的時代背景，抽去了它的客觀條件，更不肯研究此文的實際用意與所指為何，卻簡單摘取其中的某些段落或字句，從而昭告天下，說馬列主義關於文學創造活動的唯一正確立場，便是它必須服從黨的領導。這樣的昭告，不但貽害無窮，而且也厚誣列寧。

要求在革命時期，一切有關革命的文學（出版）活動必須嚴密地置於黨的監督與領導之下，必須與其他革命活動配合統一起來；同時要求此時的報章文字必須充分徹底地發揮黨性，不可吞吐掩飾，玩弄外交，以致癱瘓群眾的革命意識——這是列寧文章〈黨的組織與黨的文學〉的重要含義，這是一回事；至於要求在任何時期，即不管在什麼時候，（狹義的）文學家的創造活動必須在黨機關的監督與命令之下進行與完成，必須適應於黨的政策與口號——這是列寧文章中未曾說過的，這是另一回事。前一回事是符合列寧精神的，後一回事卻是史大林主義的。

「然則列寧在文章裏根本沒有原則地與一般地談及狹義文學的創造活動與黨和革命的關係嗎？」

有的。前面我們曾經說過，文章的後一半段，主要就是談到了這種關係。對於某些人指責列寧「否認絕對個人的思想創作的絕對自

由」，他答覆了兩點：第一，「我們說的是黨的文學及其對於黨的監督之服從」，即是說，這裏問題首先只關於黨和它所屬的文學家（一般的作家）之間的關係。文學家固然「有寫他所願意寫的和說他所願意說的」自由，但革命黨卻同樣有「趕走利用黨的招牌來鼓吹反黨觀點的成員」的自由。一個革命黨為了不願自己在思想上瓦解，不願在實踐上癱瘓，為了要使革命成功，它必須堅守自己的黨綱，堅守自己策略上的決議和黨章，因此它一定得要求自己的成員，在各自的活動範圍內（文學活動乃此種範圍之一），嚴格服從黨的領導。如果有誰不肯那樣做，那就得請他離開。第二，所謂創作的「絕對自由」其實不過是一種偽善。「資產階級的作家、藝術家和演員的自由，不過是他們依賴錢袋，依賴收買和依賴豢養的一種假面具（或一種偽裝）罷了。」社會主義者要揭露這種偽善，要「打破這種假招牌，不是為了要有非階級的文學和藝術（這只有在社會主義的沒有階級的社會中才有可能），而是為了要使真正自由的，同無產階級公開聯繫的文學，去對抗假裝自由的、事實上同資產階級聯繫的文學。」

列寧這裏非常扼要與恰當地闡明了革命的無產階級政黨對於文學家與文學的態度。首先，文學家如果想革命，想以自己特有的勞動催促人類歷史的前進，那他必須參加革命黨的組織，並使自己的文學活動遵照着黨綱、黨章與決議的領導，不能一任己意，胡亂發表與黨相反的觀點。否則，黨有必要將他清洗出去。這在文學家方面說來，也就是喪失了為革命服務的可能。其次，革命的社會主義者認為，文學在有階級存在的社會中，不能不無意反映或有意代表着某一階級立場。所謂超階級與非階級的文學根本是一種欺騙與偽善。當無產階級革命時期，革命的文學家必須有意識地去反映乃至代表無產階級的利益，由此去贊助革命，並使文學本身成為有價值的、真正自由的文學。這兩個態度，雖然表明於 1905 年革命的條件中，是聯繫於當時合

法刊物問題而表明出來的；但基本上卻一直可以作為社會主義政黨對文學家與文學的正確態度。不過歷史證明出非常不幸，列寧的此一態度卻被可怕地曲解了、濫用了。以史大林為首的共產黨的領袖們，假列寧這個立場來實行的，卻是黨機關（實則黨官僚）對文學藝術的極其精微的創造活動，做了極其粗暴可笑的干涉與指揮。這些官僚們在進行此種干涉時，老是抬出列寧上述的兩點態度，卻根本不理列寧同時在同文中所指出的兩點注意：

一、無可爭論，文學事業最不能作機械的平均、劃一、少數服從多數。無可爭論，在這個事業中，絕對必須保證有個人創造性和個人愛好的廣闊天地，有思想和幻想、形式和內容的廣闊天地。

二、我們還沒有想宣傳什麼清一色的制度或者用幾個決定來解決任務 [2]。不，在這個領域中是最不能來一套公式主義的。

上面我們替列寧的一篇短文做了冗長的詮釋。讀者們由此不難看出，史大林與毛澤東們的文藝政策，與他們自稱為所從出的列寧態度，其間有着多麼大不同。

首先讓我們約略回顧史大林的文藝政策，然後再詳盡地評介由此派生的毛澤東的文藝理論。

史大林自己說過：「我不是文學專家，當然也不是批評家。」（見他寫給別塞勉斯基的信）這句話，在史大林及其所有信從者方面，雖然是含有無上優越感的一種謙辭，但在客觀的讀者看來，這倒是史氏以謙虛來掩飾的一種真實的、雖然是痛苦的自認。史大林當然不是文學家，也不是文藝批評家。不管到了三十年代後期，尤其是到了第二次世界大戰之後，史大林的文章被宣佈為俄文修辭的典範，他對文學

（乃至所有藝術）的見解及其一己的愛好被當作一切文藝創作的最高標準；可是事實仍舊是事實。史大林既不是文學專家，當然也不是文藝批評家。這裏我們還可以補充說，史大林甚至不是文學和藝術的喜愛者，他根本對於這些空洞的、無助於權勢之獲得的東西不感興趣。因此，即使他在「語言藝術」方面亦被捧為無上權威之後，他也不曾對文藝政策，不曾對共產黨與文藝創作之關係等等，作過任何有系統的與正式的發言。（有之，只有被編入《馬、恩、列、斯論文藝》一書中的六封信。）「史大林主義的文藝觀」，乃是以史大林的得力助手日丹諾夫為發言人的。

史大林最初注意到文藝問題，只因為他的主要政敵托洛次基在這個問題上發了言。那是在一九二〇年代的初期。內戰停止，新經濟政策開始，蘇聯的文學藝術生活也跟着活躍起來。這時候，在某些年青的文學家中，同時也在一些負責文化教育工作的老革命家中，發生了所謂「無產階級文化」與「無產階級藝術」的思想和活動。他們認為無產階級專政的制度，正好如過去的封建統治與資產階級統治一樣，應該有符合於自己階級觀點的文化和藝術。他們否定過去一切階級社會中所創造的文化遺產，要一刀斬斷過去的傳統，要單靠無產階級出身的作家們，憑空創造出無產階級特殊的文化。這當然是一種左傾的革命幼稚病，是文藝方面的虛無主義。列寧竭力反對這個傾向，斥之為有害的 [3]。這些「無產階級的文藝家們」受到了列寧方面的怒斥，就轉而求助於當時與列寧齊名的托洛次基。托洛次基的答覆是這樣的：他無論如何要保護他們自由主張這種觀點的權利，但他同時聲明，關於無產階級文學與無產階級藝術的有害性與空洞性，卻完全同意列寧的看法。後來，在 1922 年夏季及第二年的夏季，他利用了休假的時間，寫出了那本非常出名的著作，《文學與革命》，他在那裏充分

發揮了共產黨對於文學與文化的全盤看法，並且確定了一種在他認為可取與應取的政策。

托洛次基首先認為「無產階級文學」或「無產階級文化」是不可能存在的。理由是：一、無產階級專政不可能像封建貴族統治與資產階級統治那樣，構成一個漫長的與獨立的歷史時代。它多半只能延長數十年。在此短時期內，不可能形成一個特別文化的。因為所謂文化，據托洛次基的看法，並非指某一作家，在某一作品或某一學問方面的突出成就，而是指某一社會的「知識與技能的總和，這個總和要成為整個社會的特徵，至少要成為其統治階級的特徵的。」第二個理由是：「無產階級專政，就其本質說，總不是產生新社會的文化的一種組織，而是為新社會作鬥爭的一種革命的與軍事的制度。」無產階級專政時期非常活躍的變動性集中於政治，集中於革命與戰爭，而這二者卻是要大量破壞技術與文化的。理由之三是：無產階級專政與過去各種的階級統治不同，它的歷史使命不在於鞏固階級，而在於消滅階級；不在於創造一個階級的文化，而在於創造沒有階級的文化，即創造社會主義的文化。可是社會主義文化的產生，卻只有在社會主義的社會基礎上才是可能的，換句話說，它只當無產階級專政業已消滅的時候，才能出現的。

那末在以無產階級專政為統治形式的過渡時期中，難道沒有文化藝術工作？沒有新文化的建設任務了嗎？托洛次基當然不否認這種任務；不過他認為：「無產階級知識分子的主要任務，不在於不顧基礎之缺如而造成抽象的新文化，而在於從事明確的文化孕育工作，即是說，他們應該有系統地，有計劃地，當然又要批評地，將既存文化底重要成分輸送給落後群眾。」他認為：「工人階級拼命把國家機關變成一架強有力的壓入機，將文化的液漿灌注到群眾中，藉以解消他們的

文化飢渴。這是一個具有偉大無比的歷史意義的任務。」總之，他認為：「過渡時代還不是一個新文化的時代，而只是進入新文化時代去的入口——給一種新文化鋪平道路。」

在無產階級專政的過渡時期，可以產生而且必須助其產生的，托洛次基認為是革命的文藝。這種文藝不是無產階級的文藝，而是為無產階級的文藝。它「注意到無產階級所讀、所需與所吸收的是什麼，注意到什麼能催促他們行動，什麼能提高無產階級的文化水平且因而給一種新藝術準備基礎。」

關於共產黨與工人政府對於文藝與文學家所應採取的態度，托洛次基的意見是：「向他們提出了擁護革命抑反對革命這個不含糊的標準之後，我們要容許他們在藝術園地內有自決的完全自由。」對於互相競爭着的文學團體，黨不應該急躁地與粗暴地作左右袒，「只要這個派別在企圖接近革命，而且在企圖加強革命的一個環節，即加強城鄉之間，或黨員與非黨員之間，或知識分子與工人之間的連繫」，那末即使這個團體的成員都是小資產階級知識分子，黨都不應該加以排斥的。

那末黨是否在文學藝術方面採取折中態度與放任政策呢？托洛次基說：不是的。他主張黨應該在文化方面亦都發揮其領導作用；不過他叫人家注意這一方面的特殊性質，注意到黨領導的特殊方式，他說：「馬克思主義的方法給了我們一個機會，讓我們能以估量新藝術的發展，探索其來源，藉批評的指明道路之法來幫助那些最進步的流派，但我們的能事只能以此為限，藝術一定要走它自己的道路，運用它自己的方法。馬克思主義方法與藝術方法並不是一個東西。黨領導無產階級，但不領導（全部）歷史過程。在有些領域中，黨直接地用命令來領導，在某些領域中，黨只能協助。最後，在又一些領域中，

黨只能表明自己的方向。藝術領域是這樣的一個領域，它不是依靠黨的號令行事的。黨能夠而且必須保護藝術與幫助藝術，但它只能間接領導藝術。對於某些藝術派別，它們誠心在趨向革命的，黨能夠而且必須予它們以額外信任，以此幫助一種革命藝術形式的確立。」

最後，托洛次基談到了革命藝術所應採取的藝術態度，他認為現實主義這個態度是合適的；不過他對現實主義有他自己的了解法，那就是指「人生哲學中的一種現實主義的一元論」，不是文學派別傳統武庫中所貯放的那個「現實主義」。所謂「人生哲學中的現實主義」，意思是指：「對如此這般的人生所發生的感情」，「在藝術上接受現實而非躲避現實」，「對生命的具體動靜具有積極的興趣」。一句話，托洛次基所主張的現實主義，首先是指藝術家必須以如實的人生作活動的對象，而且必須對這個對象抱有積極關心的態度；至於革命藝術家應該以怎樣的手法去體現這個態度，托洛次基卻並不以為必須套取文學史已經有過的現實主義。在這方面，他倒認為：「新的藝術家反而需要以往演變完成了的一切方法，並且還需要一些補充的方法，以便把握新的生活。」他認為重要的在於藝術家必須「首先關心於我們這個三度空間的生活。以之作為足夠的與無價之寶的藝術主題。」至於如何處理這個主題，那末他說：你可以「如實地描繪人生，或者把人生理想化，或為它辯解，或給它以譴責；或加以攝影，或加以一般化與象徵化」[4]，這些都沒有問題。

以上是托洛次基和「無產階級文藝派」爭論時所提出的全部積極意見。同時，它也是馬克思主義派有關文藝和文化政策的首次詳盡的闡明。此書出版至今，已經有四十多年了。四十年來蘇聯以及其他由共產黨執政國家的歷史，特別是它們文化建設與文藝鬥爭的歷史，曾經提供了極其豐富的材料，讓我們來和《文學與革命》一書中所作的

預斷和主張作一個對照。讓我們看出哪一些已被證明為不確的，哪一些證明出有先見之明的，哪一些是今後必須要讓人引作借鑑的。【朱正按　托洛次基的《文學與革命》，香港信達出版社 1971 年出版王凡西的譯本，譯者署名惠泉。人民文學出版社 1993 年出版了劉文飛、王景生、季耶三人的新譯本，所據底本比王譯本完全。】

人人看得清楚，托洛次基沒有料中無產階級專政這個過渡時期的長短。但是，以此預料作為理由之一，托氏所否定的無產階級藝術與無產階級文化，卻並未因這一個理由之失效而呈現。無論在蘇聯，無論在其他後起的共產黨執政的國家中，我們都不見有這樣的藝術，這樣的文化。有之，不過是資產階級既有文化的加速的採納，以及歌頌政府乃至歌頌領袖的一些毫無光彩的藝術罷了。

托氏有關共產黨對文化藝術應如何領導的方針，他關於革命藝術應如何方能苗長的種種意見，可說已由蘇聯以及其他社會主義國家在這方面的歷史供給了最出色的例證，讓人們從正相反對的方面，去認識那些方針和預見的完全正確。

不過，這是後話，我們還得先把當時的情形講完。

當《文學與革命》出版及上述文學爭論進行之時，托洛次基在政治上正受着以史大林為首的其他領袖們的排擠與攻擊。為要在蘇聯群眾的眼中，把一向聲望僅次於列寧的托洛次基打下去，史大林等真是無所不用其極，不擇任何手段的。他與任何反對托洛次基的人締結聯盟，他插手於任何與這個頭號政敵有關的鬥爭。

托洛次基既然在文學藝術方面樹了不少敵，史大林就很自然地成為他論敵們的保護人與朋友了。不過他並不親自出馬，他只假手於

人，多假手於布哈林與盧那查爾斯基，甚至假手於某些少不更事的「無產階級文學家」。經過他們，終於判定了托洛次基的見解乃是「無政府主義者的『左翼』辭句，與門雪維克派的溫情主義的混合物」，「是應用於觀念形態和藝術上的托洛次基主義」（見 1925 年 1 月全蘇聯無產階級作家第一屆大會的決議）。他們特別攻擊托洛次基下述這個說法：「馬克思主義方法與藝術方法並不是一個東西」。決議案把這句話的文字改成為：「馬克思主義方法 —— 不是藝術的方法」，並從而加以解釋道：「用了別的話，便是說，在藝術上，階級鬥爭的法則是不通用的。」這個明顯而幼稚的曲解，如果只牽涉到論爭的良心問題，那還是小事；不幸，它更是有關乎往後蘇聯共產黨對文藝工作的整個方針的。根據托洛次基，馬克思主義方法不等於藝術方法，因此，精通馬克思主義及其方法，不一定能很高明地從事藝術創造。一件藝術作品，從馬克思主義觀點看非常正確，但從藝術觀點看完全糟糕，或並不出色，那它便不是好的藝術品；反之，如果從馬克思主義看並不正確，或不甚正確，而從藝術觀點看卻是相當高明的，或甚至很高明的，那就仍不失為好的藝術。但是根據托洛次基的反對者的意見，即認為馬克思主義方法與藝術方法是一個東西，即認為不論在政治活動上或藝術活動上，最主要的方法同樣是「階級鬥爭的法則」；那末，其結論便必然是這樣：判斷一個藝術作品的唯一標準是作者對馬克思主義方法的把握，是他對馬克思主義的認識；換句話說，一件藝術作品價值的大小高下，決定於其中所含馬克思主義正確性的多少。結果是不言而喻的，最類似黨報社論的詩歌小說，便是最優秀的文學作品。流風所及，真叫做不堪設想，史大林時代文字賈禍，懷才遭殃，成千上萬的文藝工作者被捕入獄，被送勞改，不少人才枉死槍下，雖然原因甚多，而此一以「政治標準」衡量所有藝術的那個見解，不能不說是原因之一。

　　當然，從這個標準的確立發展到憑此標準以坑人，其間經過了將近十年。離上述的文學大爭論不久，於 1925 年 6 月由俄共中央委員會通過的，《關於黨在文藝方面的政策》這個決議，本質上是排斥了「無產階級作家」們那種專橫、放肆與幼稚的想法，在很大程度內還採納了托洛次基的立場，譬如，它聲明：「雖然無產階級手中現在已經有對於任何文學作品的社會政治內容的正確標準，但是它對於藝術形式的一切問題都還沒有同樣肯定的回答」；它反對「純粹在暖房裏培植『無產階級文學』的嘗試」；它主張「利用舊技巧的一切成就」；主張文藝「這個領域中的各種集團和派別自由競賽」，反對「用任何旁的方法來解決這個問題」，認為這樣的解決「都不免是衙門官僚式的假解決」；又譬如它強調：「共產主義批評應當在文學上避免使用命令的語氣」，認為「這種批評只有以自己思想的優越性為依靠的時候，才能具有深刻的教育意義。」它號召「馬克思主義批評應當從自己中間堅決驅除狂妄的、半文盲的和神氣十足的共產黨員架子。」「黨應當用一切辦法根除對文學事業的專橫和不勝任的行政干涉底嘗試。」所有這一切都規定得很好，很正確。雖然在這個決議後面，正如我們前面所說，已經「舞着史大林的指揮棒」了，但若和十年以後的蘇共文藝政策相比，那這簡直是十足「自由主義」的或十足「托洛次基主義」的了。事實上，這個決議也確乎反映着那時還存在於蘇聯的十月革命的平民民主精神，還反映着大時代群眾覺醒的創意力，還保持着列寧以下整輩老革命家的那種非官僚的風氣，並且還遵守着列寧關於文藝的那種正確態度，即一方面強調黨性，另方面又強調文學事業之「最不能機械地平均，劃一，少數服從多數。」

　　由列寧時代轉變到史大林時代並非完成於一朝一夕的。而二十年代，即令在 1925 年，列寧精神也還遠不曾為史大林精神所代替。

不錯，那時政治的氣候在變，反對十月革命精神及其制度的勢力在抬頭，但這個更替並非在所有範圍內以同一步驟完成成的。蘇聯的「特米多（熱月）派」首先在黨、政、軍方面着着奪取陣地，而文藝學術方面的風氣轉變，雖然也依照了同一方向，但總是落後些，跟在後面。

在共產黨對文藝活動採取比較開明與放任的條件下，二十年代的蘇聯文藝，在各方面都有了輝煌成績。

無怪許多蘇聯的文學批評家，在史大林死後，要在回顧中稱二十年代為「蘇聯文學史上失去了的樂園」了。事實也確乎如此，你們看，馬雅可夫斯基的力作都是在這些年中產生的，詩人別德納衣也只在這些年月裏，寫下了他最出色與最完美的詩篇；小說方面，這時期出現了法捷也夫的《毀滅》，富曼諾夫的《恰巴也夫》，綏拉菲摩維奇的《鐵流》，格拉特可夫的《士敏土》以及蕭洛霍夫的《靜靜的頓河》等等極其優秀的作品，這些作品，大多是為同一作家的後期作品所無法比擬的；至於戲劇方面，特別是電影藝術方面，由愛森斯坦，普道符金等導演攝製出來的幾部電影，例如《波捷姆金戰艦》與《震動世界的十日》等片，簡直將電影一下子提高了好幾級，從技術性的活動影片高升到有十足資格的電影藝術，以此震驚了國際影壇。此外，無論音樂繪畫建築等方面，即令成就上大小不同，卻總也是生氣蓬勃，意氣昂揚，在繼往開來的創造上，作出了多采多姿的，清新別致的貢獻。

二十年代蘇聯文學與藝術的成就，確實無愧於由十月革命開放出來的時代精神的。雖然就積極成果說，就各個作品的品質說，它們中間還不曾都達到俄國古典文學的高度水準；但就風格、氣魄與抱負論，卻早已邁越前輩，甚至是不可同日而語的了。這個文藝新軍，如果假以時日，不用說，一定會產生空前絢爛的，不僅屬於俄羅斯，而且屬於全世界的花朵來的。

可是不幸得很，蘇聯政治上對於十月革命的反動，在 1930 年左右徹底完成了。以史大林為首的官僚獨裁，代替了工人階級先鋒隊的專政。在蘇聯人生活的任何部門中，官僚們的專橫「領導」撲滅了群眾自發性的創造。結果，初顯豐收美景的蘇聯文藝，就在官僚統治的慘酷摧殘下斷送了。

馬雅可夫斯基在 1930 年將一粒子彈結束了自己生命，那是一個富有意義的象徵。它象徵着被十月革命喚醒，苗長，發揚於二十年代的蘇聯新文藝，此時給官僚統治的手槍射中了心房。

為的要把所有的天才變成奴才，史大林也應用了他對付革命同志的同樣方法，應用了十分恐怖與血腥的手段。首先被史大林拿來開刀的，是當初曾經被他利用來反對托洛次基，那些文學藝術中的極左派，那些主張過各式各樣無產階級文藝的人們，幾乎毫無例外的，都被加上了「暗害分子」，「人民公敵」與「托洛次基分子」的罪名而肅清了。其中大多數人之被清除，是所謂「破壞了社會主義法制的準則」的，即簡單地加以拘捕，投入牢獄，或乾脆殺死。對那些成就較大，名氣較響的作家或藝術家們，大抵經過了開會批評，自我檢討這個階段，藉收警戒與宣傳之效。這時候，一個無情的抉擇提出於那些才子藝人之前，或者跟着官方的指揮棒跳舞 —— 這對於其中的多數人意味着拋棄自己所信，意味着虛偽的奉迎 —— 以此達到精神的毀滅；或者堅持自己的想法與做法，以此走向了肉體上的毀滅。所以三十年代初的蘇聯，真乃是才智之士遭大難的年頭。這些年頭裏一方面充分表現了荒謬的無知，暴露了官僚們可笑與可悲的顢頇，可恨與可惡的粗暴；另方面，卻造成了最慘痛的精神分裂，迫出了「人類靈魂工程師們」最辛酸的血淚。人類「靈魂」中的軟弱與堅強，卑鄙與高貴，這時候也假借了不同氣質的作家，盡情表現了出來。有些人逞其小慧，

揣摩當道心意，極盡了文學弄臣的能事；另一些人珍惜一己才能，重視本人創造活動的成果，不肯人云亦云，不願違心説話，他們便受盡了屈辱摧殘。有關此一時期「斯文遭殃」的詳細情形，我們不必在此地敍述。因為自從赫魯曉夫們掌權以來，這類記述已經發表過不少了。

1932 年 4 月 23 日，蘇聯共產黨中央通過了《關於改組文藝團體》的決議，並責成中央組織局擬訂實行這個決議的辦法。這是實行了已有數年之久的文藝界整肅運動的正式宣告。至於將整肅的經驗加以歸納，並且為未來整肅定下標準的，那是 1934 年八九月間第一次蘇聯作家代表大會通過的《協會章程》，以及在大會上發表的日丹諾夫的講演。這個章程和這篇講演，從此成為蘇聯文藝工作的最高指導，而且也擴大其影響到外國共產黨去，包括中國共產黨在內。

1925 年聯共中央關於文學決議中的主要精神，在這兩個文件中完全消失了。《章程》首次提出了文學必須為黨和蘇維埃政權的當前政策服務，同時，它首次宣佈了一個蘇聯文學的新的創作原則已經找到，那便是社會主義的現實主義。這，如果借用日後中國胡風的話來説，可説是兩把刀子，懸掛在蘇聯作家的頭上，它們斬去了任何創作的萌芽，甚至斬去了不少創作家們本人的頭顱。

文學必須要為黨和政府的當前政策服務，原則上是否對呢？所謂社會主義的現實主義，到底它的含義為何？為什麼會扼殺作家與藝術家們的創造生機？這些是必須討論的，不過讓我們留待後面，聯繫着毛澤東的文藝理論，聯繫着中共推行文藝政策的史實，來詳細討論吧。

毛澤東的文藝思想完全是從史大林那裏承繼來的，其中真正可以稱之為毛澤東思想者，簡直少之又少。實質上它不過是史大林的文藝政策，由毛澤東作一番中國化的講述與辯解罷了。

史大林文藝政策自稱以列寧 1905 年那篇文章為主要根據，反對托洛次基的文藝理論。毛澤東的文藝思想亦然。毛澤東一方面抬出列寧，強調無產階級的文學藝術是無產階級整個革命事業的一部分，是整個革命機器中的「齒輪和螺絲釘」；另一方面，他也攻擊托洛次基，說托氏曾經主張「政治 ── 無產階級的；文學 ── 資產階級的。」

其實，讀者諸君，你們讀過了我們在本章前面的敍述，就不難看出，毛澤東既不曾正確地了解列寧，又不曾親自研究過托洛次基。他只是受了（當然出於自願地）史大林與日丹諾夫的欺騙，把史大林對列寧的曲解當作列寧意見，又把史大林對托洛次基的誣衊當作托洛次基主張。

毛澤東在這裏是完全欠缺了他一貫向人推薦的所謂調查研究精神。

不過我們現在也不想為毛澤東而重複我們前面已經說過的話。無論列寧在這個問題上的確切意見，也無論托洛次基為此發表過的主張，前面已經介紹和分析得足夠詳盡，此地不必再來浪費筆墨。在此地，我只想提出這樣一個問題，作為進一步研究的起點：

究竟史大林和毛澤東的文藝政策是否應該由列寧來負責？

因為人們看了我們上面的論述，很自然地會說：「你自己承認，列寧文章中所指的『文學』，除了廣義的『文學事業』之外，確實也指狹義的『文學藝術』而言。那末將文藝活動比作黨機器的『齒輪與螺絲釘』，要將文學創造嚴密地置於黨的監督之下，始作俑者到底還是列寧。因此，史毛二氏的文藝政策不論正確與否，畢竟要由列寧負責的。」

好吧，讓我們來討論這個問題。

首先，我們以為列寧不應該替他們的文藝政策負責。

你們看，列寧在文章裏做了「螺絲釘」的比擬之後，接下來他便立刻聲明：「法國俗語説：『一切比喻都有缺陷』。我把文學比作螺絲釘，把生氣勃勃的運動比作機器也是有缺陷的。」為要指明比擬的缺陷所在，他就特別指出：「無可爭論，文學事業最不能作機械的平均、劃一、少數服從多數。無可爭論，在這個事業中，絕對必須保證有個人創造性和個人愛好的廣闊天地，有思想和幻想，形式和內容的廣闊天地。這一切都是無可爭論的，可是這一切只證明，無產階級的黨的事業的文學部分，不能同無產階級的黨的事業的其他部分刻板地等同起來。」接下去，他說過了「文學事業必須無論如何一定成為同其他部分緊密聯繫着的社會民主黨工作的一部分」之後，又着重地聲明：「我們還沒有想宣傳什麼清一色的制度或者用幾個決定來解決任務。不，在這個領域中是最不能來一套公式主義的。」

列寧的意思這裏説得非常清楚，他並非簡單地作出決定，要使普天下的文學藝術活動，統統聽命於黨的命令和指揮。他是在極其明確的條件下，在很清楚的意義中，將文學事業，或甚至文學藝術，比之以「齒輪和螺絲釘」的。換言之，他不是無條件地要文學活動服從於黨的監督，而是有條件地，或竟可以説是「雙方互惠」地使它服從於黨的領導。黨一方面，必須尊重該一部分工作的特殊性，充分保證它的個人創造性等等的「廣闊天地」；而文學家的一方面，則應自願地，根基於清楚認識的需要地，在其創作的範圍內充分保持獨立地，將文藝為革命服務。所以列寧的黨的文學觀包含着兩個不可分割的要素：（1）文學事業要成為整個革命機器的「齒輪和螺絲釘」，它必須受黨的監視；（2）黨對文學事業實行監視的同時，必須保證這個特別部分工作的充分獨立和自由。

我們説這兩個要素是不可分割的。因為，如果沒有前一要素，那末文學本身固然又要墮落成為「資產階級文學上的名位主義和個人主義」，又要墮落到「老爺式的無政府主義和唯利自圖」，而革命也將失去一件最有影響與最有力量的武器。但若沒有後一要素，那末，文學藝術必然會被機械地平均化了，被劃一化了，被置於少數服從多數的表決機器中，因此，被根本摧毀了。

這兩個要素就是這樣地相輔相成，缺一不可的。二者合一，它就成為既有利於文學又有利於革命的正確立場；倘有偏頗，那就是首先要扼殺文藝，然後又要貽害革命的惡毒路線。自從 1905 年列寧提出這個黨的文學方針之後，直到他的去世，中間再不曾有機會回到這個問題上來。但我們從他關於托爾斯泰的幾篇文章，以及他最後反對「無產階級文化」的態度看，很顯然，他是始終堅持這個立場中那兩個既矛盾又統一的要素的。

列寧是一個淵博精深的學者，他充分了解文學藝術活動的獨特性質。他自己雖不是文學家（就其狹隘的意義而言），但他是極其高明的文學欣賞者。又因他在哲學上的深邃造詣，他通達了一般的、以及特殊的馬克思主義的美學。〈黨的組織與黨的文學〉一文，自非列寧刻意經營，專為發揮馬克思主義美學的文字，文章的主旨正如我們前面所説，完全是政治的。但是，從他不着意的論述中，即從他為了補救「螺絲釘比擬的缺陷」而作的説明中，我們可以看出，他多麼精確地指出了文藝活動生命所繫的那幾個必要條件。他這裏指出了兩個要點：(1)「個人創造性和個人愛好的廣闊天地」；(2)「思想和幻想，形式和內容的廣闊天地」。這兩種「廣闊天地」，亦即一切文藝創作活動的必要條件，列寧這裏指點出來是極端重要的。因為列寧文章的主旨，是要將個人主義的文藝活動，變成為集體主義的。形象地説，就是要使它變

成一架龐大機器的小「齒輪與螺絲釘」，但是，正因為列寧不是不懂文藝的革命政治家，所以他先從革命利益，或從革命角度提出了這個集體主義的要求之後，卻立即又從文藝本身的利益，或可說從文藝特性的角度，提出了「個人主義」的要求。這裏，既表示了列寧這個天才革命家與思想家的深廣莫及，而且表示了列寧這個天才的辯證法家對於事物觀察之聰明無比。他在文學政策上，也首先把握了矛盾統一這個規律。無產階級革命的集體性與紀律性，要求文藝活動也一定要參加這個集體，服從這個紀律，否則，文藝便不能隨革命而俱進，不能幫助革命，而且還要妨礙革命，甚至反對革命，所以使文藝具有充分的黨性，公然為革命，幫革命，使自己的活動像一枝螺絲釘那樣緊扣在革命機器上，那是絕對必要的。這是一方面。另一方面，變成了「螺絲釘」以後的文藝，一定要仍不失其為文藝，而且要成為更好與更高的文藝。如何才能做到呢？使文藝家集體來創作嗎？叫他們完全受命於革命黨的指揮嗎？這，顯然不是辦法。因為我們必須承認，文藝創造絕對離不開個人的才能，離不開由某些個人秉賦的天才，所以就創造活動的具體過程說，這總是個人的，亦可說是個人主義的。當然，如今文學上有過不少所謂「集體創作」，在藝術中，特別像建築與電影之類，都屬於集體創造的範疇；但無論集體創作的文學也罷，或藝術也罷，如果想有一個渾一的風格，那其中總得有一個主導的「靈魂」，而「靈魂」卻必須屬於某一個人的，因之仍然是「個人主義的」。

文藝活動的特性使然，需要特別保證個人的創造性，需要特別尊重個人的愛好。沒有前者，根本產生不出任何形式的集體創造；沒有後者，便無從激發任何種類的創造熱情。因此，列寧認為當我們提倡黨的文學同時，必須要給文藝家的個人創造性和個人愛好以「廣闊天地」。換句話說，就是在這方面要讓文藝家享有廣闊的迴旋餘地，廣大的活動自由。

指明了這一點還不夠，列寧更加具體而明確地説道：文藝家的「思想和幻想、形式和內容」，都應該被賦有「廣闊天地」，不應該受革命黨的束縛和規定。列寧説這句話的時候，彷彿預先見到了後來的思想統制，彷彿他已經看見有些大權在握的革命領袖們，發出「不許幻想」，「不許嘆氣……」那一類的可笑命令。他彷彿已經知道有人規定某一主義作為「社會主義文藝」的唯一可能的形式；所以他特別提出了這一方面的「廣闊天地」。非但思想，而且連幻想；非但內容，而且連形式，他都不許革命黨給他以狹小的範圍，而主張保證它們自由翱翔、從容飛躍的「廣闊天地」。

這樣，我們看見了列寧那個「螺絲釘」説的全貌，認識了列寧關於「黨的文學」的正確立場，同時，我們可以肯定地説：史大林與毛澤東的文藝思想和文藝政策，根本與列寧的相反，所以絕對不能由列寧負責。

史大林與毛澤東的文藝思想，如果簡單地説，只是襲取了列寧「螺絲釘」的譬喻，卻非但不曾糾正其缺陷，反而荒唐地誇大了這個缺陷。

在 1934 年 9 月通過的蘇聯作家協會章程中，關於文藝與文學批評的方針，主要確定了那個標準：（1）「與黨和蘇維埃政權的當前政策問題的密切和直接的聯繫」；（2）社會主義現實主義為蘇聯文學創作的主要原則。

在有名的《在延安文藝座談會上的講話》中，毛澤東以如下方式複述了這個標準：「黨的文藝工作……是服從黨在一定革命時期內所規定的革命任務的。」[5]

説文藝要為黨和政府的政策服務，或文藝要為黨在一定革命時期內所規定的革命任務服務，自然都可以解釋為列寧「螺絲釘」説的應

用和引申，但因其片面着重之故，一個原本正確的立場，便被歪曲成非常錯誤，甚至有毒害性的態度了。

這個態度的第一個不良結果是：將整個文藝活動縮小成文工團的宣傳工作。我們不是為藝術而藝術的主張者，好的文藝作品必然是與人生深相結托的，也必然是自己時代的鏡子。在革命時代，離開革命的（不必説反對革命的）文藝作家，不可能是優秀的，更不可能是偉大的。這是一方面；另一方面，一個深刻而成功的革命，多半有其文藝革命作為先行，並且在革命中會產生或形成出一種符合於革命精神的新文藝來。此外，在現代革命中 [6]，革命黨方面又都有意識地利用文藝的諸般形式，從事宣傳，當作與武力相配合的「文化大軍」。因此，文藝與革命的相互關係，特別是革命文藝與革命之間的關係，總是非常密切，而且是必須密切的。但雖如此，我們卻不能説，革命文藝，甚至一般的文藝，只能夠，並且只應該起革命某一組織的文工團的工作。換言之，它只能與只應完成着由革命機關交給它的定單，只能與只應跟隨在革命組織後面，密切配合它們的變動不居的政策，為每一個任務，每一個運動與每一個口號做出文藝形式的宣傳。

我們不否認革命文藝應該起這個作用。我們相信文藝也能夠在這方面對革命作出貢獻。在劇場、電影、無線電、電視業已普遍化的現代，在印刷業發達、書報閱讀已成為人民大眾日常生活一部分的現代，一個文藝家要想參加革命，完全不必「投筆」，完全可以用筆來戰鬥的。這情形，決不是現代文藝家的不幸，而是他們的大幸。革命對他們提供了廣大的戰場，讓他們可以用自己擅長的武器來直接參加戰鬥，參加革命。在這樣的戰場上發明出來的武器與所完成的戰績，非但不會降低其價值，反而有大收穫的可能，因為這些文藝家不是從外面，而是從內部認識了革命的；他們不是間接地而是直接體會了戰鬥

生活的。俄國革命時,別德納衣在報章上所寫的時事詩,曾經受到了列寧以下的革命領袖的熱烈稱讚,便是成功的例子。

但是,那種文工團式的「任務文藝」是否是唯一可能的革命文藝,甚至是唯一可能的文藝呢?是否除了這種形式的文藝之外,便不是革命文藝,甚至不是文藝,或只配被打倒的文藝呢?當然不能這樣說,理由何在,且待後面再說。

說文藝只應為革命黨政策服務的第二個不良結果,便是:以政治標準否定藝術標準,根本漠視藝術的特性。在《文藝講話》中,毛澤東提出了文藝批評的那個標準:政治標準與藝術標準。這個提法的本身原是正確的。問題只在於如何應用與如何對待它們。在這方面,我們看見過兩種完全不同的態度,一種是這樣的:

> 我們的標準顯然是政治的,無上的與不可寬容的。但正是為了這個理由,黨一定要清楚明白地規定自己的活動界限。為了要把我的意思更確切地表示出來,我願意這樣說:我們應該有一個警戒的革命檢查制,還應有一個對藝術方面的寬廣而融通的政策,它不應帶有小派別的惡毒意氣的。(見《文學與革命》,第七章。)

另一種態度可以毛澤東為代表,譬如在《文藝講話》中,他說:

> 但是任何階級社會中的任何階級,總是以政治標準放在第一位,以藝術標準放在第二位的。資產階級對於無產階級的文學藝術作品,不管其藝術成就怎樣高,總是排斥的。無產階級對於過去時代的文學藝術作品,也必須首先檢查他們對待人民的態度如何,在歷史上有無進步意義,而分別採取不同態度。

上面這兩種態度，初看彷彿是相同的。大家都分出兩個標準，大家都將政治標準放在首要地位。但是細按其實，二者卻代表着兩種根本不同的精神。依照前者，黨和政府的干涉只限於政治方面，它要求樹立一個警戒性的檢查制，要求立下一些明確的政治性的限制，它要寫明着什麼不准侵犯，什麼不准觸動，以便文藝家一望而知，易於遵守，至於此外，在藝術方面，那讓文藝活動家自由自在，各適其適，黨和政府並不命令他們該做什麼，可做什麼。它們定下了「寬廣而融通的政策」，「保證」他們在「個人創造性與個人愛好方面的廣闊天地」，保證他們在「思想和幻想、形式和內容方面的廣闊天地」。一句話，按照這個態度，黨只是消極地預防着文藝犯政治標準上的錯誤，卻並不積極地拿了這個政治標準，去廣泛干預文藝家們的藝術活動。

可是按照了後一態度，事情恰好相反：既然政治標準第一，藝術標準第二；既然文藝活動必須處處服從政治指導，那末政治家提出的政治標準，首先也就是文藝家們的藝術標準。政治家不但應該按照政治標準來指揮藝術家的政治思想，而且也可以憑它來「領導」藝術家的藝術活動。結果就必然是只有政治標準，沒有藝術標準。不管你口頭上說得如何好聽；不管你主觀上是否真誠地要求「政治和藝術的統一，內容和形式的統一，革命的政治內容和盡可能完美的藝術形式的統一」；但只要你主張政治家應該而且有權對文藝活動作廣泛與嚴密的干涉，那麼，無論你怎樣進行「兩條戰線鬥爭」，而結果只能有「只有正確的政治觀點」（即完全符合當權政治家的觀點）而沒有藝術力量的所謂「標語口號式」的文藝。

前一態度是嚴格地限於政治的，而且只在明確與有限的範圍內行施這個政治標準的干涉，以此保證了藝術標準的確立，亦即保證了文藝活動的健全發展與蓬勃生長。後一態度是既政治又藝術的，而且無

論在政治上或藝術上，它都不給自己立下任何明確的界限。它無所不
管，無所不理。它主張管得寬，管得多。它要求文藝家在任何方面都
服從黨的領導。文藝創作的題材固然要符合於黨在某一時期政策與任
務的需要，就是他們從事創造的「思想和幻想、形式和內容」都必須
時時聽「上級」命令，處處受領導指揮。至於列寧提起過的「個人愛好」
之類，則被歸入於「小資產階級」或「資產階級」範疇，一定要棄盡
棄絕的。

政治標準與藝術標準之間的這樣一種關係，實際上自是前者對後
者的否定與毀滅的關係。在這樣關係中，其實已根本談不上什麼藝術
標準，因而也根本不容許產生完美的、且別說偉大的、文藝作品。

主張對文藝工作實行無微不至的領導，主張以政治標準來包辦藝
術標準，這些人的起碼錯誤，就是不承認文藝創造有它自己特有的道
路。在某些高高在上的政治家的頭腦中，以為文藝作品的產生，與任
何物質生產的過程一樣。所以只要在上者定出計劃，發出指示，標明
規格，就可以坐待來取了。其實這是大錯的。不錯，文學家與藝術家
的創造活動也是勞動，他們的創造也是生產，但這是一種非常特殊的
勞動，相當微妙的生產。和一般的勞動生產相比，它顯然具有不少特
點的。列寧說得好：「在這個領域中是最不能談公式主義的」。「不能機
械地平均」，不能「劃一化」，不能「少數服從多數」，其勞動不能還原
成簡單的勞動日的。顯然，當列寧考慮到黨的文學政策的時候，他已
經充分考慮到了文藝的特性。

可是毛澤東並不如此。在《講話》的結論中，毛澤東首先說明了
他是如何考慮問題的。他說：「我們討論問題，應當從實際出發，不是
從定義出發。如果我們按照教科書，找到什麼是文學，什麼是藝術的
定義，然後按照它們來規定文藝運動的方針，來評判今天所發生的各

種見解和爭論，這種方法是不正確的。」因此，毛澤東完全不顧文藝活動的特性，而只從當時「客觀存在的事實出發，從分析這些事實中找出方針、政策、辦法來。」

其實在這裏，光從方法論的觀點看，不正確的也恰恰是毛澤東自己。試問，要制訂共產黨對於文藝的基本政策方針，怎麼可以簡單羅列一下當前的政治局勢與階級關係就夠了呢？不從文藝創造這種勞動生產的特殊性質（亦即「什麼是文學」，「什麼是藝術」）着手，如何可以按照「客觀的形勢需要」，對這門特殊的「生產部門」定規劃，下命令，落定單呢？研究客觀的政治形勢與階級鬥爭的情況，乃是一個革命黨起草宣傳大綱、工作綱要或政治決議的前提，但絕不是黨決定它對文藝創造活動的基本方針的前提。要決定這樣的方針，重要的（當然不是唯一的）恰恰是要從「定義」出發，不是從「客觀事實」出發。不是從隨便哪一本「教科書」所給的定義出發，但必須從研究文學藝術這門勞動生產所具有的獨特性質出發。不清楚明白地了解這些性質，黨便無法規定自己對它的態度和方針，無法對它進行任何形式的領導，無法利用它來促進革命。如果不了解這些特性，或者了解了而不理會這些特性，一味依照客觀需要，將文藝這枚「螺絲釘」與革命機器上所有其他的螺絲釘等同起來，用同樣的命令方法來領導文藝，來對文藝提出這樣那樣的要求，那末結果必然與「豐收」的期望相反，必然要造成文藝的大荒歉。

什麼是文學與藝術？我們毋須給它們下定義的，也不必抄錄前賢先哲們對它們業已下過的定義。從黨的政策觀點看，這樣的定義是多餘的。但我們必須解答這個問題：什麼是文藝活動的特性？因為只有符合這些特性，順着這些特性，不違反這些特性，黨的文藝政策才能一方面保育文藝，另方面從文藝獲取有利於革命的成果。

根據馬克思主義，文學和藝術都是「上層建築」。它們的形態和發展在某種程度內決定於社會的物質基礎，它們與這個基礎相適應，並且反映了建築於此基礎之上的社會和時代。但是，這裏的所謂「決定」、「適應」與「反映」，從馬克思本人開始，一切高明而正確的馬克思主義者就不斷地警告過那些「馬克思主義者」，或不斷地給馬克思主義的批評家們反覆說明過：千萬不可以把它們解釋得機械了。早在《政治經濟學批判導言》裏，馬克思就指出過：「大家知道，在藝術上，它的某些繁盛時期決不是同社會的一般發展成比例的，因而同那成為社會組織骨骼的物質基礎的一般發展也決不是成比例的。」

可見機械的決定論或反映論，是違反了馬克思主義的。原來並非什麼樣的生產關係，就必然會產生什麼樣的文藝創作；並非較高或較低的生產發展，就決定了較好或較差的文藝作品；並非某一社會和時代的階級關係，必然會像照相一樣全部如實地反映於文藝之中。在一個意義中，在基本的與長遠的意義中，文藝雖受決定於「客觀事實」，適應這個「事實」，反映這個「事實」；但在另一意義中，在一種並不微小的意義中，它對這個「客觀事實」卻顯得不受拘束，獨立而主動。誠然，在所有的「上層建築」中，對他們腳下的基礎都表示了或大或小的游離。它們都享有相當程度的獨立性。不過游離最遠、獨立性最大的一種上層建築，大概得數文藝了。

這裏的秘密就在於文藝活動的特殊性質。

在過去的馬克思主義派大師中，俄國的普列哈諾夫可說與文藝最有緣。是他，曾經出色地應用了馬克思主義來解釋歐洲的文藝史。是他，拿了無可駁斥的實例，極其雄辯地說明了只有唯物史觀才能夠解釋文藝的發展史。可是也正是他，指出了用唯物史觀來解釋一般的思

想與特殊的文藝，該有哪些「保留」之處；也正是他，指出了文藝家之反映客觀，並非單單靠了解客觀就夠了的。在《歷史一元論》那本著名的著作中，他說道：「……我們要告訴米哈伊洛夫斯基先生，在那些涉及思想發展的問題中，就算是非常熟悉『弦』（按：此地指生產力的發展）的人，如果他們不賦有某種特殊才能，即藝術感覺，也可能無法去解釋歷史過程的。心理自行適應於經濟。但這個適應乃是一種複雜過程，為的要了解其全部進程，且能生動地給自己與別人描繪出來，描繪得有如真實發生一般，那末不止一次地需要有藝術家的才能。」

由此可見，「藝術感覺」與「藝術家的才能」，同那對客觀事實或客觀史實的明白理解，並非一回事。馬克思主義，政治教育，或「政治標準」，可以給人以那種理解，卻不能給人以那種感覺，也不能給人以那種才能。至於從「客觀事實」出發，那至多可以讓人獲得正確的理解，明白時代的要求，卻不能讓人取得藝術感覺和藝術才能。

馬克思主義方法與藝術方法之非屬一物，是顯而易見的。

那末藝術方法的特性究竟何在呢？它是否微妙得連捉摸都不可能？玄虛得連說明都不可能嗎？不是的。據我看，文藝創造活動的特性，有如下述：它是情感的多於理智的；幻想的多於紀實的；潛意識的多於有意識的；渾統體會的多於分析理解的；形象的多於理論的；表現的多於論說的。它主要是個人的而非群眾的 [7]，是發乎內心的而不能受自外命的；它必須真誠的與自願的，帶不得絲毫虛偽與勉強的。

如果我們承認上面所述確是文藝創造活動的特性，是為它所固有的，即如果違反了它們，就根本不可能有任何有價值的文藝創造的，

那末，藝術是否可以像哈巴狗跟隨地主人那樣，寸步不離地跟着黨的政策走，跟着口號走，也就不言而喻了。

列寧和馬克思、恩格斯一樣，總是把政治標準與藝術標準分開。他從來不憑前一標準來抹煞後一標準，也不強迫叫誰去服從誰，或分什麼第一與第二的次序。他是革命的政治家，是在思想問題上絕對嚴格的政治家，對於一件藝術品，特別對於含有思想性的文學作品，自當首先着眼於那位作家的思想立場，着眼於作品的思想內容。在這方面，列寧總是應用他犀利無比的馬克思主義的解剖刀，把對象進行無微不至的分析和研究。但同時，他卻能以藝術欣賞者與批評者的資格，在政治思想以外的藝術標準上，指出這個作家的地位，指出這篇作品的價值。有文字為證，列寧是能夠分清這兩種資格的，並且能夠使它們不相干擾，各自存在的。最顯然的例子是他對托爾斯泰的看法，譬如他說：

> 托爾斯泰的作品、觀點、學說、學派中的矛盾，的確是顯著的，一方面，是一個天才的藝術家，不僅創作了俄國生活的無比的圖畫，而且創作了世界文學的第一流作品；另一方面，是一個因為迷信基督而變得傻頭傻腦的地主。……一方面，是最清醒的現實主義，撕毀所有一切的假面具；另一方面，鼓吹世界上最討厭的一種東西，即宗教，企圖用信奉道德的神父來代替官方的神父，這就是說，培養一種最巧妙的、因而是特別惡劣的神父主義。（見《托爾斯泰是俄國革命的鏡子》）

列寧處處着重托爾斯泰身上這個矛盾的兩方面，一方面是天才的偉大的藝術家，另一方面是反動的與糊塗的思想家。「為了使他的偉大

作品真正為全體人民所共有」，列寧認為「就必須作鬥爭，就必須向那
使千百萬人陷於愚昧、卑賤、苦役和貧窮的社會制度作鬥爭，就必須
有一個社會革命。」可是在同時，列寧指出，「托爾斯泰的學說無疑地
是空想的，就其內容來講是反動的，而且是在反動這兩個字的最準確
和最深刻的意義上。」

列寧沒有因為托爾斯泰的藝術天才而曲宥他的反動思想，同時，
他也不曾因為托爾斯泰的反動思想而抹煞他的藝術成就。

同樣態度，我們可以從列寧對高爾基所表示的關切和批評中看出
來。譬如在《遠方來信》中，有這樣的一些令人感動的話：

> 本文作者有一次在卡普里島會見高爾基的時候，就警告他和
> 責備他在政治上的錯誤。高爾基用他的無比的和善和真誠的話擋
> 開了這些責備：「我知道，我是個不行的馬克思主義者。並且，所
> 有我們這些藝術家，都是有點不大負責的人。」要反對這個話倒
> 不大容易。

> 無疑的，高爾基是一個偉大的藝術天才，他帶給了，並且還
> 將帶給全世界無產階級運動許多貢獻。

> 但是為什麼高爾基在政治上搞錯了呢？

這裏列寧顯然也沒有因為高爾基犯了政治上的錯誤而否定高爾基
是一個「偉大的藝術天才」。更有趣的是下面一節列寧給高爾基的信：

> 我認為藝術家是可以在任何哲學裏採取許多對自己有益的東
> 西的。最後，我完全絕對的同意：在與藝術創作有關的事情上你
> 是最好的裁判者，當你既從自己的藝術經驗裏，又「從哲學裏，

哪怕是從觀念論的」哲學裏，提煉出「這樣的」的一種見解，你會達到對工人的黨有巨大利益的結論的。

列寧認為一個藝術家，當然是真正的藝術家，可以從「任何哲學裏」，「哪怕是觀念論」的哲學裏，「採取許多對自己有益的東西」。這說法跟思想決定藝術，特別跟政治思想決定藝術的見解，有着多麼大的距離！今天，如果有位藝術家，為了「擋開」史大林主義者或毛澤東思想者對他所作的政治錯誤的責備，說道：「我知道，我是個不行的馬克思主義者」，這位史大林主義的，或毛澤東思想的對話人，是否會覺得「不太容易反對這個話」，並且還會宣佈那個被批判者為「一個偉大的藝術天才」呢？

不，決不會，這些文藝領導人一定會覺得非常「容易反對這個話」的，他們只要舞起「政治標準」這條粗棍子，一棍子「徹底解決」了任何一位真的或假的藝術大天才。

光想想這些小地方，我們就可以斷言史大林－毛澤東的文藝政策，根本不是列寧主義的。

恩格斯自己在很大程度內就是一個傑出的藝術家，他極其清楚文藝創造的特性，所以他遺留下來的少數有關文學或文學家的書信與文章，乃是馬克思主義文藝批評的典範。恩格斯對於巴爾札克和歌德所說的話，在基本上，與列寧對托爾斯泰和高爾基的態度吻合的。他們都指點出思想和藝術不是一個東西；他們都告訴了我們：政治標準與藝術標準不是一個東西。恩格斯一方面說巴爾札克「在政治上是一個保皇黨」，另一方面卻說他「比過去，現在和將來的一切左拉都偉大得多的一個現實主義藝術家。」為什麼一個思想上十分反動的人，卻能

創造出偉大的藝術品來呢？恩格斯的回答是，因為這個藝術家採取了正確的藝術創作方法之故。恩格斯說，「我所提到的現實主義，甚至不管作者的觀點怎樣，也會顯露出來的。」一個作家採取什麼創作方法，問題主要不在於他有意識的選擇，而更在於他整個藝術修養與藝術才能所決定的方法。因此，恩格斯這裏所說的意思，顯然不是僅要推薦一個好的創作道路，而且還表示了這樣的意思，即藝術家的藝術作品不是由他的思想觀點來決定，而是由藝術家的創作才能來決定的。好的思想固然不一定能使藝術家創造出好的藝術；同時壞的思想也不一定就使藝術家創造不出好的藝術。因為，藝術品的好壞畢竟不取決於思想，而取決於創作方法，即取決於由藝術家的藝術才能與藝術素養所選定的創作方法。

關於歌德，恩格斯在他的論文中說：

> 歌德在他的著作裏是以雙重態度對付他當時的德國社會的。他是對它敵視的，他厭惡它⋯⋯但是，相反地，像在⋯⋯作品裏，他是和它親善的，和它妥協的⋯⋯他心裏經常發生着天才詩人與法蘭克福市參議員的謹慎的兒子或魏瑪的樞密顧問官之間的鬥爭；前者對於環繞在他四圍的鄙陋抱着嫌惡的心情，後者使他必須和它妥協，適應於它。因此，歌德有時候是偉大的、有時候是渺小的；他有時候是反抗的、嘲笑的、蔑視世界的天才，有時候是拘謹的、滿足於一切的、狹隘的小市民。（見《論歌德》）

從恩格斯這段話裏，我們可以悟出如下幾點道理來：（1）像歌德那樣世界上稀有的大天才，也不是百分之百用偉大的原料來做成的，他一身含有極其明顯與尖銳的矛盾，他有偉大的一面，也有渺小的一面；（2）我們絕不可以因為他是天才而寬容、甚至讚美他的缺點（恩

格斯文章的主要目的就是反對這一點），但在反面，我們當然也絕不可以因為他狹隘的小市民性而抹煞或否定他那縱橫千古的天才；（3）並非先得有完美正確的思想性格，才能產生出完美偉大的美術品的；不錯，偉大的藝術家的思想氣質不可能是庸俗渺小的，但它們並非時時如此，亦非事事如此；他們有時可能庸俗，對某事的態度亦可能渺小，因為，藝術與思想，藝術與道德畢竟不是一回事啊。

「一般説來，我們不是從道德的、黨派的觀點，而主要是從美學的、歷史的觀點來對他（歌德）加以責難。」恩格斯這句話説得好極了。彷彿恩格斯事先知道，當他「百年」以後，會有許多自稱為他的信徒的人，出來認為除了道德的與黨派的觀點之外，不可能有什麼獨立的美學觀點，不可能憑此觀點去批評文藝作品和作家的！

毛澤東承認矛盾是絕對的，和諧是相對的。所有史大林主義者亦都承認矛盾是進步的動力。但是他們要求文藝活動家具有絕無矛盾的思想與性格，他們要求文藝作品的思想百分之百正確，他們絕對不能容忍思想上錯誤（或只有部分錯誤）而藝術上完美的作家和作品。依照毛澤東的説法：「內容愈反動的作品而又愈帶藝術性，就愈能毒害人民，就愈應該排斥。」如此，則不但宣揚「特別惡劣的神父主義」的托爾斯泰，不但將同情放在保皇黨一邊的巴爾札克，應該為了他們天才的藝術性（因為它最能毒害人民）而「愈應該排斥」，便是有時發散出庸俗的小市民性的歌德，便是哲學上同情馬赫派，政治上自稱「不負責任」的高爾基，也要因為他們天才的藝術才能而更受到打擊了。

矛盾是進步的動力，絕對順從是停滯與衰退的起因。這情形如果在自然界與社會現象中是正確的，那末在文藝家的創造活動中是更加正確的。文藝家的創作「靈感」，首先與主要地乃由於他自己身上的矛

盾，由於他和周圍世界的矛盾，由於他和過去或現在的時代之間的矛盾，所激發出來的。說「文藝乃苦悶的象徵」，未免失之於偏頗。但說文藝的創造活動基本上乃由矛盾所激發，卻是合乎實情的。因此，「不許有矛盾」，事實上等於堵塞了文藝的來源。而史大林與毛澤東的文藝政策要求文藝家在絕對順從政治標準的條件下，甚至在絕對跟隨政策口號的條件下，從事文藝創作，事實上便是不要他們創作。

讓我們做個這樣的假定吧。假定中國目前產生了像歌德、巴爾札克、托爾斯泰與高爾基那樣偉大的藝術天才，他們寫出了夠得上世界第一流水準的文學作品；但是從政治標準看，這些作品卻不是完全正確的，或竟是很不正確的。他們將得到怎樣待遇？他們將遭到怎樣的命運呢？根據毛澤東的標準，既然政治第一，藝術第二，既然前後兩者有着主從關係，那事情就很簡單：首先，要他們依照政治標準，即依照當時面對的特定政治任務，亦即當時流行的政治口號，徹底修改他們的作品。如果作者的思想與共產主義的思想體系有若干基本分歧，那作者首先得進行徹底的思想改造，然後再去改作他的藝術作品；在修改中，應該不吝惜在任何藝術上的優點，應該把一切不合標準的東西大刀闊斧地砍掉，務使作品在政治標準上達到百分之百的正確，即百分之百地符合於黨和政府的迫切要求，這是第一關。這幾位藝術天才如果闖過了這座政治關，並不就此一無險阻了，他們還得通過藝術關。這座關口雖然號稱藝術，但守將手裏拿的武器都還是政治，而且是更加空泛，更無範圍可守的政治，因為所謂「社會主義的現實主義」究竟有什麼內容，言人人殊，一個領導者有一個領導者的解釋。毛澤東沒有給它下過定義，他只給它下過一個反定義，即他曾經列舉了一些創作情緒，號召大家徹底破壞它們，以便建設起新東西來，即確立起社會主義的現實主義的創作方法。毛澤東所列舉約有如

下的一些：「封建的、資產階級的、小資產階級的、自由主義的、個人主義的、虛無主義的、為藝術而藝術的、貴族式的、頹廢的、悲觀的以及其他種種非人民大眾非無產階級的創作情緒。」「天條」如此之多，如此之寬，又如此之伸縮不定，要想使一個作家全都不犯、實在是難而又難的。更壞的是所有這些「天條」的解釋權，完全操於文藝黨官之手；其解釋又完全要依據於這個或這些領導者的個人口味，以致作家即使想努力遵守種種標準，拼命想不違犯清規戒律，事實上亦很難辦得到，因為顧此勢必失彼，「順了哥情失嫂意」，原想面面俱到，而結果卻處處碰壁。萬一你百依百順，奉命一改再改，終於讓你連這第二關也闖過了，可是，試問，如此通過出來的中國藝術天才，還可能有歌德、巴爾札克、托爾斯泰或高爾基的成就嗎？

不過這還不是最壞的情形哩。在我們這個假定的例子裏，那位藝術天才多半不會順利過關的。打從王實味事件以來，中共表現過不少次的文藝戰線上的鬥爭，已經很清楚地告訴我們，任何一個具有真正藝術家氣質的人（更不用說藝術天才了），都無法通過那道關口的，他們多半在第一道關口就要蒙上「不光彩的政治罪名」倒下去，以致不但失去了藝術生命，而且喪失了肉體生命的。說到這裏，就得談史大林主義文藝政策的第三個惡毒結果了。

那便是宗派主義的假公報私，以及阿諛成風的領袖膜拜。這兩者原是一而二，二而一的。上諂者必下驕，驕下者必諂上。為的要傲視儕輩，欺凌同行，一些本無才氣而偏好文藝的作家，或不喜辛勤而極想成名的文人，就拼命想從文藝創作以外的活動中去造成作家身份，一味想從「政治標準」上去抬高藝人地位。對於這些「文藝活動家」，史大林主義的文藝政策真是大開了方便之門。他們不必辛勤創作，卻可以成家成名，他們只須登台指揮，便能高人一等。

不過要想登上台去做文藝的指揮官，雖然不需要藝術上的才能，卻需要有做官的本領。為的要爬上台去，為的要爬了上去而不倒下來，那就得付出代價，對上諂媚。否則，這些文化官既無革命功勞，又無文藝成就，叫他們憑什麼樹立起威望來呢？

就這樣，一種非常奇特的關係造成了；一方面，黨為了要維護它的那個標準，為了要嚴密地控制文藝活動，必須成立一整套機構，必須保持一大批文化官僚；而另一方面，這批文化官僚為要鞏固自己的地位、就無所不用其極地來發揮領袖謳歌制度。

史大林與毛澤東的領袖崇拜制度，成因當然很多，不過他們文藝政策所必然產生的歌功頌德風氣與阿諛諂媚的作風，在不少程度內，總曾經起了推波助瀾、幫腔作勢的功用的。

在蘇聯，史大林崇拜的瘋狂推行，與蘇聯作家的統一組織，與控制文學的整套衙門的設立，是同時開始的。在中國，毛澤東崇拜的建立經過，簡直與中共在文藝戰線上的鬥爭分不開，特別與中國文藝運動中的宗派鬥爭分不開。

毛澤東的《講話》發表於 1942 年 5 月，這是由同年 3 月間王實味發表的〈野百合花〉引出來的。〈野百合花〉事件是中共文藝戰線上的一次重要戰役，它的意義遠遠超過了那幾篇雜文的本身。作者王實味這個人，和後來的胡風一樣，其重要性也並不在於他們本人，而在於他們所代表的傾向，在於他們有意或無意代表着的宗派。就〈野百合花〉那幾篇文章的本身說，並不含有什麼了不起的深遠意義，它之所以能引起軒然大波，能造成中共治下的第一次文學大獄，能促使毛澤東親自出面干涉，親自出來領導座談者，主要因為它代表着魯迅傾向耳。

中共對於魯迅的態度是極其矛盾的。魯迅反對國民黨，擁護中共，這自然使中共歡喜，使他們由衷地高捧魯迅，這是一方面；但是另一方面，魯迅的骨頭太硬，有自己主張，歡喜批評，不容易受指揮，這卻使中共頭痛，希望給他一點抑制或教訓。魯迅本人非常幸運，死得其時。正當他的可喜作用發揮到頂點，他的可憎作用初露端緒的時候，就離開了人間。因此，中共只需要捧他揚他，完全不需要打他抑他。魯迅就這樣以最完善的人格留在中共的歷史上，而他和中共的關係，也只記載着和洽愉快，沒有多大的隔閡揆離。

可是魯迅作風和中共之間的本質上的矛盾卻不曾因魯迅之死而消失。相反，隨着中共勢力之鞏固與擴大，隨着中共自己一套文藝政策與文藝控制制度的確立，中共與魯迅風格代表者之間的矛盾，卻日益尖銳了。

直到 1942 年以前，毫無疑問，在中國左翼文藝隊伍中，魯迅享有無上權威。一切趨向革命的青年們，可說無一不以魯迅為師的。他們在思想上接受了他那反帝反封建的批判精神，風格上承繼了他的嬉笑怒罵的諷刺筆調，抗日戰爭把大批青年送到了延安，魯迅風也跟隨他們吹到了延安。結果，魯迅與中共之間潛伏着的矛盾，在事實接觸之下而終於爆發出來了。

與中共的過分吹捧相反，魯迅不曾是五四運動的主要領袖；但就五四運動的精神說，魯迅卻確實比當時任何一個領袖代表得更充分，繼承得更徹底。魯迅，不管他後來在思想上已接受了多少馬克思主義，可是他的整個精神，在他的靈魂深處，卻主要仍是一個徹底的民主主義者，一個自由主義的人道主義者，一個個人主義的批判精神的堅持者，一個孔家文化的叛棄者，一個西方文明的崇拜者。這樣的一個藝術家，如果光從思想與政治的標準看，他實在應該像高爾基一

樣，是「一個不行的馬克思主義者」，甚至是「一個不負責任的人」。但是這樣一個有天才的藝術家，倘在列寧眼光中，不管他在思想上和科學的社會主義有着多少距離，特別和無產階級的戰略與策略，有着很大距離，卻仍然會「帶給了，並且還將帶給全世界無產階級運動許多貢獻」的。因為列寧對於高爾基（如果在中國的情形中，亦都會同樣地對於魯迅），所期待與要求的並非一般革命者的工作，而是一個賦有巨大藝術才能的人，在他特殊的範圍內所能做的對於無產階級乃至全人類的貢獻。列寧的這個態度，我們可以從他給高爾基的書信中看得最清楚。對於他的思想上的糊塗與錯誤，列寧總是嚴格地加以批評的；但他從來不因此而減少了對於藝術家高爾基的敬愛，從來不因為哲學與政治上的「負號」而抹煞他在藝術事業上的「巨大的正號」。列寧曾經一再聲明：「無論在什麼情形之下都不容許把作家們關於哲學的爭論和『黨的』（即『派別的』）事混在一起。」所以列寧始終不斷地要求高爾基在黨報上合作，時常要他寫些短文，有時甚至要他起草傳單，有時要他編輯報紙的文學欄。他希望高爾基以這樣方式「把文學批評『更密切地』和黨的工作、和黨的領導聯繫起來。」但在同一信裏，列寧卻又說：「如果你覺得更歡喜寫『大』作品，那末當然，我不勸你中斷它。它會帶來更大的貢獻！」列寧說這幾句話絕不含有譏諷之意。在同一時候，為了同一件事情，列寧給盧那查爾斯基的信上還說得更加明白，他說：「因為我『不知道』高爾基工作的性質（以及他的工作意向）。如果一個人在忙着某種重要的巨大的工作，如果拖他來搞些瑣事，搞報紙，搞政論，而損害到那個工作——那樣，擾亂他，拖他離開那個工作就是愚蠢行為，而且是有罪的行為！」

這裏有一個意見非常重要，列寧希望高爾基能盡「螺絲釘」的作用，希望他的文學工作能與黨的工作密切地聯繫起來；但是，（重要的

「但是」！）如果高爾基自己有更大的工作（自然是文藝創作工作）在着手，那就不應該「擾亂他，拖開他」，應該讓他給無產階級運動「帶來更大貢獻」；這時候如果硬叫他「搞瑣事、搞報紙，搞政論」，「就是愚蠢行為」，甚至是「有罪的行為」！

列寧是多麼尊重藝術家的獨特的藝術活動！多麼懂得區別政治活動與藝術活動！多麼正確地一方面對藝術家的錯誤思想進行批評，另一方面充分保證藝術家創作活動的「廣闊天地」呀！

如果列寧遇到了魯迅，毫無疑問，也一定會採取同樣態度來對待他的。對於他思想上的不足之處，一定會用嚴格而親善的態度來批評，來幫助其前進；而對於他藝術上的才能，則一定會予以充分的尊重：不僅給以崇高的評價，而且還一定會保證不干涉他的活動，一任他自己發揮和發展的。

說到這裏，讀者們也許會說，中共與毛澤東不正是這樣對待魯迅嗎？是的，他們是這樣對待死去了的魯迅；但他們用了完全不同的態度對待了繼承魯迅衣缽的人，對待了魯迅未死的精神。

誰是繼承魯迅衣缽的人？什麼是魯迅未死的精神呢？把魯門弟子僅僅限於胡風，雪峰等人，未免將問題看得太小了。其實，二三十年代整整一輩的中國進步的文學青年，都可以算是魯迅弟子的。他們幾乎無一例外地，只在程度上略有差別地，都學習着魯迅的筆法，魯迅作風，魯迅精神。那末究竟什麼是魯迅精神呢？它簡單可以歸結為：對黑暗的反抗，對權威的挑戰，對傳統的批評，對弱小的同情。這個精神，我們上面說過，主要是五四時代形成的，其思想根基首先是資產階級民主主義的；但隨着中國社會情形的發展和改變，魯迅精神的

思想基礎也逐漸在變，在固有的「啟蒙運動」式的思想中，又參加了馬克思主義的，無產階級思想的成分。這樣，到了晚年的魯迅精神，確實建築在比較堅實的思想基礎上，它與社會主義革命的思想及其體制，應該可以融合無間，完全可以適應的了。

那末為什麼會和中共發生衝突呢？

原因在於：1942 年前後的延安中共政權，早已徹底史大林主義化了，它完全不等於列寧的蘇維埃政權，而完全依照了史大林官僚的方式建立起來的了。對於這樣的政權，不用說，由上述內容所構成的魯迅精神，是格格不入的，是無法容忍的。毛澤東為了要造成史大林式的個人崇拜，當然首先要清除這種魯迅精神。

1942 年春天的〈野百合花〉事件與接着發表的《文藝座談會講話》，其主要意義應作如是觀。

王實味是北京大學學生，胡風的同班同學，魯迅的崇拜者。由這樣一個人來引起中共和魯迅之間的鬥爭，具有很大象徵意義。〈野百合花〉的幾篇雜文其實不配造成「事件」，它之所以被抓住來迎頭痛擊，只因為它代表着魯迅風罷了。

所以等到毛澤東出場，《講話》中便不再提到什麼王實味或〈野百合花〉，乾脆就打擊魯迅本人和魯迅精神了。在講話中，毛澤東列舉了延安當時存在着的一些「糊塗觀念」。它們是：

「人性論」；

「文藝的基本出發點是愛，是人類之愛」；

「從來的文藝作品都是寫光明和黑暗並重，一半對一半」；

「從來文藝的任務就在於暴露」；

「還是雜文時代，還是魯迅筆法」；

「我是不歌功頌德的，歌頌光明者其作用未必偉大，刻畫黑暗者其作用未必渺小」；

「不是立場問題，立場是對的，心是好的，意思是懂得的，只是表現不好，結果反而起了壞作用」；

「提倡學習馬克思主義就是重複辯證唯物論的創作方法的錯誤，就要妨害創作情緒」。

上述八種「糊塗觀念」，歸結起來，最中心的其實只有一點：內容不許批評黑暗，應該歌功頌德；筆法不許冷嘲熱諷，應該熱情讚揚。他宣佈「雜文時代」的魯迅已經過去，魯迅筆法必須廢除。當然，毛澤東的講話沒有說得那樣簡單直率。其中有些批評，例如關於人性論與人類愛那些段落，說得又頗為對症的，同時在明顯涉及魯迅的段落中，褒貶也頗有分寸，所謂廢除也保有限度；但是我們如果不拘拘於文字，如果着眼於文字背後的精神，以及它發表時候整個中共的政治形勢，那我們就能清楚看出，毛澤東延安文藝座談會上講話的主要用意，是要阻遏中國新文藝運動中已成主流的批判暴露精神，就可以懂得講話的中心打擊是向着魯迅及其門徒的了。1942 年，即發表《文藝講話》時候的中共政治形勢，有什麼特點呢？那便是毛澤東對王明系統的鬥爭已取得決定性的勝利 [8]，他的一尊地位業已造成而有待於鞏固與擴大，因此，迫切需要消滅文藝方面的魯迅傳統與魯迅精神。因為魯迅精神既然以反權威、反壓制、重批評、倡民主為其骨幹，對於以神化領袖為其象徵的官僚極權制度的造成，自必被證明為最大的障礙物；自必要以任何代價去撲滅它了。

在這個意義上，毛澤東的文藝講話，可說是中共反對「魯迅風」的第一聲戰號，是第一個完整的綱領。

信號一出，團集在中共內外的各個文藝小宗派便紛紛響應。它們以不同方式，將各自的立場去遷就這個綱領。由此爆發了新的鬥爭。原來受魯迅影響的人，有的被加上「托派」罪名被整肅了，有的真心地或假意地由「批評派」轉變成了「歌德派」。其中處於中共軍政勢力以外，以胡風為精神領袖的一群人，則表面上接受《講話》，而實際上堅持魯迅作風。至於原本在非解放區「領導」文藝的一群文藝官僚，那當然奉毛氏談話作聖旨，「拉大旗作為虎皮，包着自己」，變本加厲地去「嚇唬別人，定人罪名」了。這一批人，就是當年被魯迅痛罵過的周揚（即周起應）和徐懋庸等人所率領的。

關於中共治下文藝小派別的鬥爭，我們不將作充分敍述，因為後來的反胡風，打丁玲，踢倒馮雪峰，壓下王任叔的連串事實，都是公開進行，眾所周知的，毋需我們在這裏浪費篇幅。在這裏，我們想要指出來的，只是那個鬥爭的歷史淵源。原來所有這些鬥爭，歸根結蒂，無非是當年（1936 年）見拒於魯迅的周起應輩，「抓到一面旗幟，就自以為出人頭地，擺出奴隸總管的架子」，將曾經受魯迅保護而多少保持着魯迅精神的胡風、雪峰、巴人等輩，「鍛煉」入罪，「充軍……殺頭」，以遂公報私仇的宿願罷了。（以上引號中文字，均見魯迅〈答徐懋庸信〉）

被魯迅畫盡了嘴臉的周揚等輩，這些「戚戚嚓嚓的作家」，這些「破落戶的漂零子弟」，這些「輕易誣人的青年」，這些「信口胡說，含血噴人，橫暴恣肆達於極點」的人，能夠幹出魯迅所預言的齷齪勾當來，對於稍明近三十餘年來中國文壇內幕的人，一點都不稀奇。稀奇

的是：顯然與此文壇恩怨毫無瓜葛的毛澤東，對魯迅又表示敬佩的毛澤東，為什麼會將「大旗」與「虎皮」授給周起應等人，讓他們去胡作非為，讓他們去摧殘陷害魯迅的那些及門弟子？

要解釋這個疑問，當然不能從宗派利益着眼，更不能從個人恩怨着眼。這裏起着決定作用的，乃是中共黨制走向個人崇拜的過程，是史大林主義文藝政策的性質。那個過程和這種性質所加於毛澤東的影響力，遠遠超過了毛澤東個人的愛憎。在藝術上，毛澤東可能喜歡魯迅的，但是在政治上，他卻必須撲滅魯迅精神。因為「政治第一」、「藝術第二」；而藝術必須為政治服務，藝術必須為政策服務的。所以中共將文藝大軍的帥印付託給周揚而不交給魯門弟子，只有一小半是人追路線，一大半卻是路線擇人。試想，必須將文藝家的脊骨折斷的路線，有誰比那些原本無骨的人更能和它配合呢？吮疽舐痔者流，未必為神化了的獨裁者們所珍視；但是個人崇拜制度建立時候的需要，以及這個制度建立後它本身邏輯的推動，使獨裁者只能喜好與利用那些隨時準備舐靴的人。這是個人獨裁制度無可解決的矛盾之一，也是獨裁者本人無法解消的悲哀之一。任何一個獨裁者都希望有真正傑出的文藝來裝點他的時代，連最反動的墨索里尼都存在過這個希望；但所有這些希望都落空了，因為文藝，正如意大利小說家伊那齊·西龍對墨索里尼所說，是「一朵野花」。毛澤東固不能與墨氏相提並論，他是代表進步的個人獨裁者；但他既然踩死了「野百合花」，他那溫室裏的「百花」，也就不可能「齊放」的了。

文藝必須為政治服務，甚至必須為變動不居的政策服務，其對於文藝的毀滅性的影響，到此我們已相當詳盡地說明了。這裏我們還想簡單談談的，是「社會主義現實主義」這把「刀子」。

首先我們覺得，將某一個創作方法定為標準，命令所有的作家與藝術家嚴格遵循，不得有違，根本就不是在「內容和形式上」給文藝家們「保證廣闊天地」。在題材與內容上限制文藝創作已經貽害無窮；在形式和方法上定下規格則簡直是愚不可及。限制內容，還可以說是由於革命的利益需要；而規定形式，即使就「革命的功利主義」說都是多餘的，都是有害無益的。一個革命故事，或者一個革命激情，誰能說如果用現實主義派的手法表現出來，一定會比用浪漫主義派手法表現高明而進步呢？毫無根據這樣說，也全無理由這樣說。

無產階級革命政府最大的責任，是要保衛革命的利益，使它不受任何方面的攻擊。它關心到了文藝，首先也應該在這個方面。這即是說，它所關心於文藝的是某一作品，或某一流派對革命的政治態度如何，絕不是他或他們所從事創造的藝術態度如何。由無產階級專政的政府發號施令，甚至制定條款，使普天下的文藝活動家一定要按照這種方法創作，不許採取那種方法創作，那不但徒勞無功，而且會根本窒息任何文藝的真誠活動。這樣辦，於革命並無一利，於文藝卻有百害。那末史大林為什麼要行之於前，毛澤東又要繼之於後呢？理由很簡單：官僚制度向文藝領域的延伸與控制而已。

這裏還應該指出：由史大林與毛澤東們欽定的所謂「社會主義現實主義」，其實只是「只許歌頌、不許批評」那個勒令的別名罷了。

不過說到這裏，史大林主義者與毛澤東思想者一定會提醒我們道：「現實主義方法是恩格斯首先提倡的；而且，在你前面一再引證而認為正確的《文學與革命》中，托洛次基不也是主張現實主義的嗎？」對，我們得解釋兩句。首先我們得清楚，不論恩格斯在《致哈克尼斯》的信中，或托洛次基在《文學與革命》中，他們之推重現實主義，都不是簡單指文學中某一特定的流派而言的。恩格斯說工人階級的一

切鬥爭「都是屬於歷史的，因而可以在現實主義的領域中要求一個地位」，其意義顯然是說：凡是符合於歷史發展進程的事物都可以而且都應該現實主義地表現出來。反過來，他認為，一部小說「如果能忠實地描寫現實的關係」，那末甚至不管作者的觀點如何，也會讓他看出歷史的真相，看出社會發展的正確趨勢，並且完成很好的藝術作品。這裏恩格斯主要是在應用哲學唯物論的認識方法到文藝領域中，他不曾排斥文藝中的其他創造方法，更不曾給現實主義方法謀取唯一獨尊的地位。在《文學與革命》中，托洛次基把這層意思說得非常清楚。他如何在寬廣的哲學意義而非文學派別的狹隘意義中，說「新藝術將是現實主義」的。我們已經在前面充分介紹過，這裏不再重複。

　　總之，恩格斯與托洛次基所竭力推薦的現實主義，決不是想在文藝創作的形式上限制或縮小文藝家們的「廣闊天地」。它們只是以社會主義的革命家資格，以文藝批評家的資格，指出了認識世界與認識人生方面的現實主義態度對於文藝活動家們的極端重要性，卻完全不以為現實主義乃是文藝創作唯一可行的、或唯一准許的方法。

　　這和史大林毛澤東將現實主義當作文藝創作的唯一方法，以決議昭告天下，咸令遵守，違者有罪的做法，根本是兩回事。何況，史大林毛澤東將所謂「社會主義現實主義」僅僅解釋為文藝對於政策的追隨、僅僅解釋為對於「最高領袖」的歌頌，僅僅解釋為對共黨政權下一切舉措之最淺薄無聊的宣揚，這和恩格斯所說的「忠實地描寫現實的關係」，非但不符，而且是正相反對的。因為這樣的追隨、歌頌和宣揚最不忠實，往往最為虛偽，因而是最非現實主義的。

　　只有一方面堅持「新的藝術家反而需要以往演變完成了的一切方法，並且需要一些補充的方法，以便把握新的生活」，同時另方面提倡文藝家去學習和把握一般哲學意義上以及特殊的人生哲學意義上的現

實主義態度——才能促進而非妨礙文藝家的創造，才能既使文藝為革命服務，又使文藝創作的「廣闊天地」得到保證。

不然的話，如此這般的規定只能窒息任何文藝創造的生機，更壞的，只能成為宗派鬥爭的武器，成為某些得勢文人坑害敵對文人的陷阱。

胡風們曾經拿了這個武器去攻擊「浪漫主義」的郭沫若一夥。反過來，後者則在「浪漫主義和現實主義相結合」這面大旗之下，對業已落井的「胡風集團」下石[9]。一種文藝創作上的形式或方法，竟然變成謾謗乃至羅織對手的罪名，這當然違反了列寧的立場，也決非首先推重現實主義的恩格斯和托洛次基所能料及的。

＊　　　＊　　　＊

談到這裏，有兩個問題很自然地會在人們心中發生：毛澤東的文藝思想是否僅僅起了負的作用？在它的控制之下，二十餘年來，中共在文藝方面是否從來沒有過值得稱道的任何收穫？

下面是這兩個問題的簡短回答：

我們說過，毛澤東的文藝思想基本上承襲自史大林，但仍然有一小部分屬於他自己的。那個極大部分起的作用屬於負數；可是這個小部分卻不失為一個正數。這裏的所謂極大部分與小部分，也就是結合在他思想的任何領域中的所謂國際因素與民族因素，亦即所謂「馬列主義的普遍真理」與民族特點。如我們在以前諸章中所述，在許多領域中，毛澤東在民族特點方面的發揮，總是比「普遍真理」的運用上要高明得多，甚至還正確得多。這裏最主要的一個道理，乃是在於毛澤東所學到的「普遍真理」，實質上與主要是史大林主義而非馬列主

義。因之，如上所述，凡毛澤東獨出心裁的地方有時反能有利革命，抑且走向勝利，而照抄了史大林辦法的時候則或者失敗，或者有所成功而傾向反動。情形在黨、政、軍方面如此，在文藝方面尤然。

毛澤東文藝思想中「普遍真理」如何為害了乃至如何可能為害中國的文藝創造，前面已經充分講過，不贅述，這裏得談談他文藝思想中的民族特點。

批評地肯定傳統文化，提倡民族形式，推重民間藝術，這些，雖然不能完全記在毛澤東的功勞簿上，但總是與他的思想分不開的。中國早期的共產黨人都是五四新文化運動的健將。五四運動在「反對舊禮教」與「打倒孔家店」的旗幟之下，曾經企圖用「全盤歐化」來建立新文化。他們不加選擇地崇拜和介紹西方資產階級的文化，同時不分青紅皂白地排斥中國文化的遺產 [10]。等到五四運動的領袖們發生分化，向左的一群接受了馬克思派的共產主義，並且組織共產黨，決心把中國實行政治、經濟和文化的大改造時，他們 —— 這些早期共產主義運動的領導人，對中國的文化傳統仍舊採取着根本否定態度（何以如此，也不在此討論）。因此，自從中國共產黨成立（1921年）直至中國第二次革命失敗（1927年），共產黨和共產主義，對於中國最大多數的群眾說來，始終是外來的東西，始終不曾在中國廣大土地上生根，因而也難於結果。這情形在政治和社會的意義上是如此，在文化的意義上也是如此。革命失敗，部分的革命群眾勢力被迫深入到廣大的農民區域，深入到真正的中國去。那時，一方面由於客觀環境的逼迫，另一方面由於主觀上求生存和求發展的需要，中國共產主義者不得不逐漸放棄其「假洋鬼子」的思想和作風，不得不對中國固有的文化作深刻的認識和廣泛的適應。中國的共產主義運動開始民族化了，農民化了。因此也更為群眾化了，在中國的社會中紮下了比較堅實的

根。這個過程給中國共產黨帶來了怎樣的好處和壞處；它對中國革命的勝利起了怎樣的作用，毛澤東在這個過程中所起的作用究竟有多大⋯⋯這些問題，我們在本書其他適當地方論列過了，這裏不贅；我們在這裏須得指出的，只是：在這個過程中，毛澤東憑了他過去的教養和性格，曾經非常合適地，甚至相當出色地扮演了將史大林牌共產主義嫁接給中國固有文化的角色。關於這方面，我們覺得毛澤東的下面兩段話值得徵引一下。其一：

> 我們這個民族有數千年歷史，有它的特點，有它的許多珍貴品。對於這些，我們還是小學生。今天的中國是歷史的中國的一個發展；我們是馬克思主義的歷史主義者，我們不應當割斷歷史。從孔夫子到孫中山，我們應當給以總結，承繼這一份珍貴的遺產。（見 1938 年 10 月發表的《中國共產黨在民族戰爭中的地位》。）

其二：

> 所謂「全盤西化」的主張，乃是一種錯誤的觀點。形式主義地吸收外國的東西，在中國過去是吃過大虧的。中國共產主義者對於馬克思主義在中國的應用也是這樣，必須將馬克思主義的普遍真理和中國革命的具體實踐完全地恰當地統一起來，就是說，和民族的特點相結合，經過一定的民族形式，才有用處，決不能主觀地公式地應用它。（見 1940 年 1 月發表的《新民主主義論》。）

這兩段言論所代表的態度，對於整個共產主義運動的中國化固然有幫助，對於中國新文藝之民族化卻有更直接影響。五四以來，在語法、體裁乃至題材與思想上都以西方為師、竭力向外國摹擬的新文

藝，在三十年代末與四十年代初的延安，確實讓人看到了某些不同以往的新氣象，首先是小說，其次是詩歌，戲劇與音樂，都產生了一些土生土長的、內容上超出了小資產階級知識分子感情的、讀起來順口，聽起來熟悉的文藝作品和音樂作品。這些作品以農村的階級鬥爭為主要題材，大致採取着中國文藝的傳統形式，應用着民眾的口頭活言語，或採用了民間流行的老曲調，在這樣的基礎上加工與提高，其成就是不容否認的，同時，這點成就與毛澤東思想中的民族化主張有關，也是明顯的事實。

自從中共在內戰中勝利，建立起全國政權以後，新文藝方面的這一種民族化趨勢，不但繼續着，而且加強了。它被規定在「推陳出新，百花齊放」的口號中。不管這個口號後來與「百家爭鳴」聯繫起來之時曾經變成了騙人的圈套；但是在文藝領域中，它無疑是起了進步作用的。特別在戲劇、舞蹈、音樂、繪畫等方面，它確實盡了些起死回生的作用，做了些改舊創新的工作，它確曾相當刺激起群眾的創造努力，大大提高了那些部門內的數量和質量。

但是不幸得很，上述種種成就，還只在初見端倪的時候，卻很快被毛澤東文藝思想中的另一個因素，即繼承自史大林主義的那個毒素所抵消了，甚至被以壓倒的優勢摧殘了。文藝必須為政治口號服務，它必須成為這些口號的文學上與藝術上的表現，結果便把文藝因民族化及群眾化而獲得的若干生機窒息了。

瘋狂的領袖膜拜制度，又來完成了這個窒息過程。原本在「政治任務」追迫之下奔波得氣盡力竭的新文藝，再給它戴上那副「唯毛是頌」的鐐銬之後，終於就一蹶不振，整個倒下了。

* * *

談完了毛澤東的文藝政策，最後還得談一談毛澤東本人的文藝作品。這位中共領袖賦有文學才能，並且對中國的古老文藝有相當修養，那是無可爭辯的事實。這一點，便是台灣方面的文化小卒，那些千方百計想貶損毛氏的「專家們」，也不得不默予承認的。

其實，非凡的遭遇總能產生非凡的感情，而「情動則言形」，這個非凡的感情又常能產生動人的詩歌。劉項原來不讀書，但是一則榮歸故里，一則兵敗垓下，卻都自然地給我們留下了「大風」之歌與「拔山」之詞。然則，自來文宗昌黎，詞追蘇辛的毛澤東，當他功成業就，志得意滿的時候，又怎能不寫出些壯麗激昂的詩篇來呢？

毛氏詩詞，沒有疑問，將來一定也會像漢高祖酒酣擊筑所歌的篇什一樣，可以傳之永久。

至於它們從中國舊體詩詞的技巧標準上看，究竟其成就達到了什麼程度，那末筆者既沒有批評資格，又覺得沒有批評必要。同時這方面早已出了專業人材，有郭沫若在那裏作只此一家的詮釋和無以復加的讚揚，我們更不必多所辭費。

我們從毛澤東詩詞裏所感到興趣的有如下兩點：第一，毛澤東的文藝作品否定了他自己的文藝政策；第二，他的詩詞比他的文章更好地表明了毛澤東思想。

在延安的文藝講話中，毛澤東提出了兩個中心問題：（1）為誰服務？（2）怎樣服務？對於第一個問題的解答是：革命文藝應該為工農大眾服務，「為千千萬萬勞動人民服務」。對於第二個問題的解答是：文藝工作的首要任務應着眼於通俗和普及，給工農兵大眾「雪中送炭」，然後再在這個基礎上設法提高，「錦上添花」。毛澤東對這兩

個問題的提出與解答，在基本上都是正確的，特別是為革命利益所需要的。但正如我們前面所指出，如果以為這是唯一可能的革命文藝，甚至是唯一可能的文藝，除此以外，一概都被斥為「非無產階級文藝」，非革命文藝，因而必須打倒，那就將文藝創作活動僅僅限於文工團的活動，未免把文藝的範圍劃得太小了，把文藝創作的能事看得太低了。結果，是會窒息文藝，會殺害文藝的。理由我們在上面已經說過，此地我們只想以毛氏本人的作品，反觀一下上述道理。

毛澤東迄今發表的 37 首舊體詩詞，據郭沫若的推薦，已「使中國的文學寶庫增加了無比的財富」。（見《紅旗》:〈浪漫主義和現實主義〉。）我們自不必同意這位毛詩權威詮釋者的評價；但我們仍願承認，這些詩詞是優秀的文藝作品。我們也真誠地喜悅，看見中國漫長的文學史上增加了幾首傳誦的詩篇。不過有一點使我們大惑不解的，乃是這些詩詞如何能夠與毛澤東自己提出的那兩個立場相調和。同時這樣顯然不是「為大眾」和「謀通俗」的文藝，即屬於毛氏自己所說的「只為少數人所偏愛而為多數人所不需要」的作品，為什麼「硬要拿來上市，拿來向群眾宣傳」（引號中的文字，均引自《講話》）；不但此也，在「上市」和「宣傳」的時候，竟是以強大無比的聲勢，以比登載中共最重要政治決議更顯著的地位，並且以同樣方式登載於全國所有報刊之上，──如此做法，是否也為毛氏自己所斥，有「不但侮辱群眾，也太無自知之明」呢？

我們不想拿毛澤東本人之矛，攻他自己之盾。我們也不想從擴大到荒謬程度的詩詞宣傳中，再論建立毛澤東領袖崇拜制度的反動用意。談文藝時只談文藝，我們卻願意指出：毛澤東這幾批詩詞的發表，恰好證明了將文藝活動僅僅限制於文工團的活動，是如何的偏頗。當然，有人可以強辯說：「詩詞」的題材都是有關工農兵，特別是

首首都與革命有關的；所以它們是「間接」地為「千千萬萬人服務」。就算這樣吧。那它們又怎能符合於通俗要求呢？為了一首《送瘟神》的詩義的詮釋，臧克家與郭沫若有異，沈尹默則又和他們二人不同。臧、郭、沈三人，既不是「只能欣賞低級文藝的」「工農兵」，也不是只能欣賞普通高級文藝的幹部，他們是成了名的詩人詞家，是此道中的內行；但毛詩到了他們手中尚且了解不一，遑論群眾？如果這些詩詞不是出於毛澤東之手，而是別個作家所寫的，試問，倘若繩以《講話》中的標準，有不被斥為「謬種」，因而遭到圍剿予以禁絕的嗎？

幸而這是主席所作，於是乎，在大眾與通俗文藝之外就別開一格，並從而出版之，流傳之，無所不用其極地頌揚之，「使中國的文學寶庫中增加了無比的財富」。

斯雖毛氏文藝政策之不幸，卻是「中國文學」之大幸也。

或者，毛澤東可以這樣為自己辯護的：我不是文藝工作者，我作詩作詞，原只為了發泄自己的感情感想，所以不計對象，不計形式。我只用了我自小學到的一點形式，滿足我的創作要求。我原不想拿去上市的，就是怕「謬種流傳」。等到《詩刊》一定要拿它們去發表的時候，我也曾特別聲明：「不宜在青年中提倡，因為這種體裁束縛思想，又不易學。」

這番話，毛澤東或他的辯護者一定會說的。我們承認說得有理，談得非常對。但是我們要請問：不計對象，不計形式，只為了發泄自己的感情感想而寫點文藝東西，這權利是否為毛澤東所專有？如果不是，那末其他專業的或業餘的文藝工作者們為什麼不可以同樣做？為什麼他們一做便是「侮辱民眾」與「沒有自知之明」呢？這不是只准州官放火，不許百姓點燈嗎？

「我說過『詩當然應以新詩為主體』，只因我自小學就的是謬種，做不來新詩，如果勉強做，一定做不好。」——這也可能是毛澤東的辯解，同時我們也認為這個辯解有理，說得非常對；但是我們要請問：除了毛澤東之外的專業或非專業的文藝工作者，難道他們自己就沒有一些「自小學就」的本領（順便說一下：自小學就的本領與自小獲得的感情感想，常是一個文藝家決定性的條件），難道他們便不會受各自特殊情況的限制，而可以隨便依照黨的指示（不論形式與內容），可以毫不勉強地創造出好的文藝作品來嗎？

由此可見，毛澤東本人的文藝創作情形，非常突出地證明了：如果不給作家「保證個人創造與個人愛好的廣闊天地」，「螺絲釘」式的文藝政策乃是任何文藝創造活動的劊子手。如果有位文藝官將這些戒律硬叫毛澤東遵守，不許他採用那些連高級知識分子都不熟習的文學形式，不許他搬弄那些屬於「封建主義」的帝王將相，更不讓他拉扯到屬於「神怪迷信」的吳剛、嫦娥，只准他用大眾化的口頭白話，寫些現實主義的工農兵生活，那還能有這些「無比的文學財富」嗎？很顯然，毛澤東的詩詞乃是毛澤東文藝政策的直接否定，同時也是它無情的諷刺。

至於他口稱「不宜提倡」而偏偏大事宣揚，斥為「謬種」而廣為「流傳」；那不過屬於個人崇拜制度下面必有的「侮辱人」的怪現象。它屬於陳舊政治的權術範疇，不屬於文藝，甚至不屬於道德範疇，不必在這裏論列了。

*　　*　　*

詩言志，歌詠懷，散文長於說理。所以詩歌情真，文章矯飾。在散文裏，在論說體的文字裏，固然仍須有作者在，仍舊能讓人看出個

別作者的個別風格；但若比之於詩歌，這種主觀性總要差得多，隱得多，間接得多。詩歌不一定全是主觀的，尤其屬於史詩一類的作品，詩人的自我也不是無所不在的，但是在抒情詩中，在詠懷詩中，卻主要與首先總是把作者的感情感想呈現出來。

中國歷來的詩歌最大多數是抒情體，毛澤東的幾首詩詞尤其如此。因此，我們如果在毛澤東的文章裏看不到毛澤東這個人，那末在他的詩詞裏卻完全可以滿足我們的要求。

讀毛氏詩詞，呈現在我們心目中的那位作者的形象，無論如何都不可能和一個現代馬列主義的無產階級革命者聯繫到一起。甚至，連孫中山式的近代人都似乎想不起來。能從那些美麗鏗鏘的語言中喚起來的，好像總只能是秦皇、漢武、唐宗、魏武；最摩登的，也只能讓人想到太平天國的洪秀全、或石達開。何以會這樣的呢？那隻盛酒的舊瓶子當然是一個原因。內容與形式是不能截然分開的。中國的舊詩詞，特別是詞這個形式，彷彿已經給作者們規定了內容：不是風花雪月，兒女柔情；便是劍酒鼓角，壯士悲懷。此外的物和情，好像就不適於表達，抑且難於表達了。近代的、比較複雜的思想感情固然裝不進去，就是平民化的、不屬於英雄豪傑或才子佳人的情操志趣，都和它格格不入。當然，有才氣的人可以「推陳出新」，「古為今用」，可以在這隻舊瓶子裏裝新酒；但是即使如此，也不是無需代價的。新的內容要想裝得進去，總必須改頭換面，甚至脫胎換骨，弄得面目全非，才能兩相適應，叫人看來順眼。

舊詩詞體裁之所以成為「謬種」，新體詩之所以成為「主體」，其故即在於為要歌詠新人新事，為要發泄新感想新感情，必須借助於新形式了；否則，新內容必然受舊形式的影響。

毛澤東詩詞叫人讀了只能想起古人古事，想不起今人今事；只能叫人看見帝王將相，看見才子佳人，卻看不見百姓萬民，看不見庸夫愚婦——在不小程度內，我想是舊體詩詞的形式有以促成的。不過，更重要的原因卻總在於內容，在於毛澤東本人的思想，他本人的志向、他本人的感情。

這裏，主要是內容尋求着形式的。

如果毛澤東不擅作舊體詩詞，那我們簡直可以肯定說，他的感情抱負多半不可能記錄下來；因為在近體白話詩歌的形式中，毛澤東詩詞中所表達了的東西，便會顯得非常不合適，會顯得極端的不協調了。

正因為毛澤東懷抱的是帝王思想與英雄主義，所以才選取了最適於表現那種思想和主義的舊詩詞形式。這裏表裏相符，形式與內容二者相得益彰。

前面，在專門的一章裏，我們曾經研究過毛澤東的思想來源及其組成成分。其中我們指出了馬克思主義（主要是由史大林竄改與修正了的）只佔了毛澤東思想來源的三分之一，其餘的三分之二是儒家思想與游俠精神。我們又指出過，這三種成分並非平均配搭，亦非同時拼成的，其間有深淺，有先後；後二者顯然還是毛氏思想中的先入之見，因此在「靈魂」和意識的最深之處紮了根的。它們是進入了潛意識的東西，因之是半先天的，類乎本能性的東西。至於那在毛氏27歲上才開始攝取的馬克思主義，雖然變成了毛澤東思想中最有力的成分，但始終還是有意識的、不是最純熟的，一不小心便會走樣，時時會讓另二種成分捉住後腿的。

　　文藝創作的特殊性，正如我們在本章前面所說，其中非常重要的兩項是：感情的多於理智的；潛意識的多於有意識的。因此，儘管在毛澤東政論文章中充滿了馬列主義；儘管毛澤東在文藝講話中號召小資產階級出身的文藝作家要站穩工農立場，要改變自己的思想感情；儘管毛澤東還舉出了自己的例子，說明他已經徹底完成了「感情變化」，已從頭完成了思想改造；但是當他一進到文藝創作的範圍，一從事於詩詞的寫作。那真是鬼使神差，不由自主，毛澤東思想中清醒時候佔上風的三分之一不見了，那平時受着壓抑，潛伏心底的三分之二卻大肆活動起來。在抽象美麗的文字下面，在生僻古奧的典故下面，在現成詞句的引誘下面，毛澤東不僅欺蒙着讀者，甚至還欺蒙着自己，把一些與無產階級革命的民主精神及群眾精神根本對立的感情，極其鮮明地發泄出來了。

　　從毛澤東的詩詞裏，我們看見的確實不是一個「靈魂深處的小資產階級的王國」（毛氏《講話》中語），而是封建時代士大夫階級的帝國。我們在那裏當然看不見「工農兵的知心朋友」，看不見一個與工農兵感情上完全同化了的革命者；卻看見了一個倚天抽寶劍，挽弓射大雕，同時又文采風流，為江山折腰的霸王雄主。文藝誠然是離不開誇大的。我們更不以為浪漫主義的幻想手法絕對與革命文藝對立。但誇大中可以看見真實，浪漫的幻想其實反映着不浪漫的願望，如果真是一個思想感情徹底解除了陳腐包袱的革命者，率領着一支工農革命的軍隊，在與反動派久經戰鬥之後，終於來到了河套外，長城邊，眼見「北國風光，千里冰封，……山舞銀蛇，原馳臘象」，當然也會和毛澤東一樣「發思古之幽情」，大吐一下胸中的壯志；但是，他首先想到的卻多半會和毛澤東大不相同的。他多半會悼念那無數萬拋妻子、離故鄉、被牛馬似的驅策到這裏來服役的可憐的「黔首」們。他多半會同

情那些敢於違抗焚書令，因而頭上給刺上了字、被充軍到此地來日夜修築長城的士子們。至少，他多半會想起「適戍漁陽」，揭竿而起的貧僱農陳勝、吳廣們的吧。因為這樣才算得上「站穩工農立場」，這樣才真的是處處從階級同情出發，這樣才配稱為痛恨一切壓迫與剝削的革命態度。緬懷往昔，思考當前，本質上不可能出之於兩種感情。如果有人將列寧和過去的沙皇相比，他一定要當作莫大的侮辱；對自己，他當然連一秒鐘都不會作此種荒唐想法的。自從馬、恩以下，所有徹底真誠的社會主義革命者，無一不以能和古之「叛逆者」等同為榮，無一不深惡痛疾古之「壓迫者」，有如身受其害一般。

可是毛澤東怎麼樣呢？他站在這座古代勞苦人民和知識分子的最大血淚紀念碑旁邊，首先想起了打江山的「英雄」們，想起了「秦王」、「漢武」。他想起他們不是為了他們的罪惡，而是為了他們的功業。他想起他們不是為的要批判他們，而是要拿他們來和自己相比。相形之下，覺得他們功業雖盛，但可惜「略輸文采」。然後面對這多嬌江山，他又按次想到了為此折腰終於成功的三位開國大皇帝：「唐宗、宋祖，成吉思汗」。想到了又作對比，結果是其中二位「稍遜風騷」，另一位有勇無謀，不足掛齒。他們根本不是毛澤東的對手。因此，「數風流人物」，畢竟要讓能文能武，智勇兼備的今朝的開國之君了。

試問，這是什麼感情？這是什麼感想？這是什麼思想？

有好些文學侍臣，為的想替毛澤東掩飾表現在這裏的太過明顯的帝王思想，就硬說「風流人物」乃指「今天覺醒起來的工農大眾而言」，那真是不知所云，欲蓋彌彰。

其實，毛澤東的帝王思想並不只表現在《沁園春·雪》裏。有形無形，它幾乎散見於所有的詩詞中。譬如，在北戴河避暑，他就想起

了當年曹操在此地「揮鞭」；又譬如當一位詩友想回故鄉養息，他便想起了漢光武的老友嚴子陵的故事，叫他別回富春江去釣魚。在這些地方，一部分雖然由於舊體詩詞的限制，所謂「活人讓死了的給捉住了」。可是較大部分，卻總因為作者的感情和思想使然，以致一到情景湊合，便不期而然地流露了出來。

「我志未酬民亦苦，東南到處有啼痕」，這詩句不管是否是石達開寫的，但它總相當好地表達了一個革命領袖 —— 自然是社會主義革命以前的革命領袖 —— 的悲憫心懷。自古奮起民間，率先倡義的英雄豪傑們，不用說都懷有雄心壯志；但因為各人的性格不同，處境不同，在這種雄心壯志後面，多少可以看出兩種「發動力」，一種是為人的，大公的，即對於苦難者與受壓迫者的同情；另一種則是為己的，自私的，即個人對於富貴榮華的追求。劉季遊咸陽，遂見秦始皇的威風闊綽，於是就喟然太息曰：「嗟乎，大丈夫當如是也！」項羽在會稽，看到同樣情形，也發了同樣感慨，曰：「彼可取而代也」！劉項不是文人，說話直截痛快，他們毫不掩飾地把心裏的話說出來了。其實，歷朝那些開國之君，以及每當末造在各地崛起的豪傑們，其中大多數人的動機幾乎是莫不如此的。他們往往打着「為民除暴」、「替天行道」的旗幟，但這些都是宣傳，是幌子，是藉此博取廣大起義農民擁護的；等到他們功業成就，總是原形畢露，一味在權勢威儀、窮奢極欲的個人享受上去超越被他們打倒了的暴君。這種歷史循環，其決定性的原因，不用說，在於社會經濟的長期停滯，在於現代無產階級出世以前各個被壓迫階級的性質。領袖們的個人意志在這裏是起着極小作用的；不過最小也不等於零，我們仍不妨從各個起義英雄的言行上看出兩種心腸。我們仍能看出他們的賢抑不肖，正好像我們能看出他們的智或愚一樣。

「仁政」與「我入地獄」精神，其本身自是崇高理想。不過在人類過去的歷史上，因為階級社會的客觀條件使然，這種理想不是做了暴君們欺人的幌子和面具，便成了庸君們被人所欺的可笑話柄。為了不忍見民眾陷於水深火熱中而揭竿起義的英雄，他們的悲憫襟懷，常常變成他們悲劇性失敗的原因。或者，為客觀事變的邏輯所迫，他們的初衷逐漸改變。逐漸拋棄，與無情的現實相妥協；終於以放棄對苦難者的同情為代價，換取了帝業的成功。

過去確是如此的；但無產階級革命的新時代卻根本改變了這個情形。因為它造成了客觀條件，使根本消滅人類苦難的理想有可能實現，使領袖們任何偉大的悲憫心懷有可能實現。

有一種見解，認為「仁愛」與「慈悲」，根本與無產階級或社會主義革命不相容。它認為，這些都是過去統治階級用來麻醉與欺騙被壓迫與被剝削階級的符咒。所以它主張，馬克思主義者應以仇恨和無情來代替那些迷人的毒藥。這個見解，我覺得只對了一半。在劃分了階級的社會裏，不用說，什麼道德都是蓋上了階級記印的。不曾有過超階級的仁愛，也不曾有過超階級的慈悲。在階級鬥爭中，特別當它發展到激烈的時候，誰主張反抗的奴隸應該以仁愛對付壓迫者，以慈悲對付垂敗或已敗的敵人，當然是最值得鄙視的說教者，是最可恥的叛徒。在這種情形中，社會主義的革命者，乃至一切性質革命的革命者，其首要的與最神聖的責任當然是要喚起和提高被壓迫與被欺騙階級的階級仇恨，要號召他們，並且堅決地組織他們，以便進行以牙還牙，「針鋒相對」，絕對無情的反抗和革命；以便「徹底、乾淨、漂亮」地打敗階級敵人，摧毀他們的反動力量，使他們不能再度起來為害革命。

在這個意義上說無產階級革命者應該用仇恨和無情來反對「仁愛」與「慈悲」是完全對的。但這與我們前面所說的「為人的、大公的、即對於苦難者與受壓迫者的同情」，根本不是一回事。向壓迫者乞求慈悲，對被壓迫者實行仁愛是一回事，這是徹底荒謬與反動的一回事。對被壓迫者表示同情，以悲憫心懷去喚醒群眾對壓迫者的仇恨，參加他們反對壓迫者的鬥爭，幫助他去組織鬥爭，領導他們去完成鬥爭，這卻是另一回事，是完全符合於革命利益的一回事。後一回事並不與堅決的階級鬥爭相矛盾，而只是與群眾領袖們的個人野心相對立。對被壓迫者的深厚悲憫，非但不會減少對壓迫者的強烈憤恨，反而是加深這種憤恨的。古來革命領袖，多數不是原來屬於革命階級的人，他們大多是統治階級或半統治階級中的優秀分子，他們之所以「叛變」自己的階級，投向敵對階級裏去領導革命，總是一半由於看不慣同階級人物的荒淫無恥，另一半則由於同情被壓迫階級的悲慘無告。民主革命的領袖姑且不論，烏托邦社會主義的大師們也不必去談，就是拿科學社會主義的二位奠基人來看吧，他們的情形也是如此的。誰若以為馬克思恩格斯只憑着冷靜的理解，單單憑着科學的分析，一絲感情不動，即全無愛憎地，達到了資本主義必倒，社會主義必興的結論，並且發出了進行無產階級革命以推翻資產階級統治的號召，那是大大錯誤的。《資本論》是一本嚴格科學的大著。在這裏，馬克思用了解剖刀，用了顯微鏡，把資本主義的生產方法及與其相應的生產關係和交換關係，當作自然過程，加以考察、分析、和批判。這是絕對冷靜的、客觀的、不滲雜半點主觀情緒的。但是你如果讀讀《資本論》卷一的第二十三和第二十四兩章，即關於《資本主義蓄積的一般法則》與《所謂原始蓄積》這兩章吧，雖然仍是嚴格的科學，仍是無情的解剖；但那是怎樣的嚴格與無情呀！在這裏，馬克思這個科學家對於他所研究的對象，完全不是無動於衷的，完全不是冷靜得殘酷的。恰好

相反，讀者在那些無情與客觀的材料和記載下面，感覺到了一種極度強烈的愛憎，感覺到了作者對於榨取者的無限憤慨，對於被剝削者的無限同情，對於資本主義辯護士們的徹底揭露，以及對於這一制度的說教者們的辛辣嘲笑。資本主義的社會分成兩極：「一極是財富的蓄積，另外一極是窮困、勞動痛苦、奴隸狀態，無知、兇暴及道德墮落等等的蓄積。」這個情形，馬克思不但用科學家的準確性指示出來，而且用藝術家的非凡的感染性，用了滿腔悲憤描繪出來的。他斥責那些「冷血的資產階級空論家」，有如特‧托拉西門的「殘忍」，這些人心安理得地指出「富國的人民一般都貧窮的」，彷彿這是「自然法則」，是「理所當然」。馬克思對於「自從出世以來，從頭到腳，每個毛孔都滲透着血和污物」的資本，對於這些「血和污物」的敍述，是如此地不「心平氣和」，是如此地充滿了感情，因之竟可以說它是一首關於工農業勞動者悲苦貧窮的偉大史詩。在這方面，它簡直是超越了同時代英國那些「人道主義」的作家們的。

人們在這裏，在這個意義上，那是有完全的權利說：馬克思也是「從愛出發的」，以深厚的「人道主義」作根底的，是以「悲憫心懷」作發動力的。

可是在毛澤東的詩詞中，我們卻看不見這種心懷。詩篇中充滿了雄心壯志，但無法讓人看到悲憫的根底；這裏面多的是慷慨激昂，多的是英雄氣概；卻完全缺少了人溺己溺的博大精神，更談不上己達達人的利他主義。英雄壯志，如果不受着悲憫情懷的拘束，終於要變成個人野心的。「縛蒼龍」，「驅虎豹」，鬧它個「天翻地覆」，讓「日月換上新天」，壯志誠然凌雲，豪氣可吞山河；但若腳底下沒有那點子平民民主精神，心坎裏沒有一些兒為人為公的打算，那末充其量不過是「以野蠻對付野蠻」的所謂開明暴君，或者「以百姓為芻狗」的所謂聖人

罷了。這樣的「聖人」，郭沫若已經非常乖覺地從秦始皇、曹操、武則天等人的身上給發現出來，並且聰明地影射到「領袖」身上了。看來，毛澤東還是樂意接受這個道統的。

可是這樣的聖人，絕不應該是無產階級社會主義革命的領袖。他和社會主義的基本精神差得太遠了。

注釋

1. 指 1905 年 10 月的全俄政治罷工 —— 王凡西。

2. 文學事業的創造任務 —— 王凡西。

3. 列寧在《論無產階級文化》決議草案中寫道：「全俄無產階級文化協會代表大會堅持這一原則觀點。非常堅決地反對一切在理論上是錯誤的、在實踐上是危險的企圖：捏造自己的特殊的文化，把自己關在與世隔絕的組織中……」（《全集》卅一卷）

4. 以上凡用引號引出的文字，均係《文學與革命》中的原句。

5. 毛澤東在《講話》中沒有提到「社會主義的現實主義」，這乃因《講話》發表的時候，中國革命正處於「新民主主義」階段之故，不過在基本精神上，也是發揮了這個精神的，只是不指名罷了。

6. 革命者注意到文藝這件武器乃是非常近代的事。像中共那樣大規模地與系統地組織文工團，使文藝活動與軍事政治的革命鬥爭緊密地聯繫起來，則幾乎可以說是空前的。俄國十月革命以後的國內戰爭中，雖然也有一些文藝隊伍在戰地甚至在前線服務，但在規模上根本不能與中共的文工團相比。文藝活動如此這般地被做成革命機器與戰爭的「螺絲釘」，大致是從蘇聯的史大林時代開始的，它和黨部絕對控制文藝活動的制度同時實現。

過去革命對文藝所採取的態度，不是冷淡，便是仇視。其中最有趣的要算英國十七世紀的清教徒革命了。那次革命一勝利，倫敦的所有戲院全給封閉。1642 年，革命政府還發佈了命令：一切優伶均應依照懲處流氓法條治罪。這些戲院，一直要到查理第二登位才得重開，中間停演了十八年之久。

不過革命黨沒有組織「文藝大軍」，並不妨礙革命的新精神產生出好的或偉大的文藝家和文藝作品來。清教徒如此敵視文藝，卻擁有了偉大的革命歌手——密爾頓，使他產生了偉大的詩篇：《失樂園》等。

革命黨人在不同時代對文藝曾經採取過種種不同的態度這一個歷史事實，如果要解釋，那是要從多方面來解釋的。不過我們這裏不想跑這越野馬；除了指出這個事實之外，我們只想借它來證明一個道理，「有心栽花花不發，無心插柳柳成陰」——革命黨與文藝的關係就是如此。

7. 偉大的作家永遠是時代的代言人。這事實意味着一個文藝方面的天才不是脫離了與他們共同生息的群眾而憑空產生的。他的創作激情與藝術思想也不屬於他個人的。但這絕不等於說藝術創作必須是集體的。

8. 王明系在中共內部的最後失敗，不妨以 1941 年 1 月間新四軍事件為標誌，因為王明等曾經企圖拉攏項英等人，以為黨內復起的資本的。

9. 毛澤東自己始終不曾談到過「社會主義現實主義」這個問題。不過，從我們前面引徵過的那段有關必須破壞的種種不好創作情緒的話來看，他自然是完全贊成這個主義的。因此中共的文藝理論家們，從胡風起一直到周揚，自來都高舉了這面大旗，在文藝的王國裏東征西討，攻擊異己。後來毛澤東「出其餘緒」在文藝中也來獻上一手時，卻使這些舞弄大旗的人們狼狽萬分了。因為毛氏詩詞中特別在《蝶戀花》中，應用了不現實的神話典故，浪漫主義的氣息非常之濃，這跟文藝官們平素宣揚的現實主義——至少跟他們對此主義所作解釋，成了鮮明的對立。此時，過去曾經中過幾枝現實主義冷箭的郭沫若卻興高采烈了。他說他「個人特別感着心情舒暢」，因為「毛澤東同志詩詞的發表把浪漫主義精神高度地鼓舞了起來，使浪漫主義恢復了名譽。比如我自己，在目前就敢於坦白地承認：我是一個浪漫主義者了。這是三十年從事文藝工作以來所沒有的心情。」輕鬆之餘，郭沫若接着還乘機報復，說道：「如果我們要重新編寫『五四』以來的中國文藝發展史，我認為我們應該採取科學的方法來正視現實，像胡風、馮雪峰等人所擺下的一套一手遮天，一手遮地的迷魂陣，是應徹底粉碎的了。」（見郭沫若《浪漫主義者和現實主義》，載 1958 年 7 月 1 日《紅旗》。）

這個小故事告訴了我們不少東西：(1) 文藝創作者的毛澤東首先違反了文藝政策制訂者的毛澤東，這一點我們在後面還要更詳細地談到；(2) 用黨和政府的權威去規定文藝創作方法，對作家發生了多麼可怕的影響：人們「不敢坦白承認」自己是屬於官定路線之反對方面的；(3) 當極權全能的領袖崇拜制度業已確立之後，那個最高領袖的個人時尚會如何影響着他下面的宗派鬥爭，尤其是如何影響文藝界各個宗派之間的鬥爭。

10. 這裏我們絲毫不想否定五四運動的偉大意義。在近代史上，落後國家中奮發圖強的先驅者，無一不主張徹底除舊與全盤更新的。這是歷史必然的幼稚現象，絕不貶損整個運動的進步性與革命性；唯此乃另一問題，不在我們討論之列。

十、自力更生與「一國共產主義」

毛澤東在任何一方面的理論，都是從行動中總結出來的。政治方面如此，經濟方面也是如此。所以要研究毛氏經濟思想發展的過程，得先清楚他經濟實踐的歷史。

毛氏一生的最大部分精力和時間，是消耗在軍事鬥爭中的。因此，他的軍事思想也就最為豐富，最有特色。在經濟問題上，毛澤東生平所耗的時間比較的少，比較的少得多。好像只在一兩年不長的時期中，他才是專門負責經濟指導工作的。因此他在這方面的思想紀錄也少得多。不過雖然少，雖然《選集》中只有將近十篇專談經濟的文字，它們的意義卻仍然是很大的。而且，這寥寥幾篇文章，卻已足夠讓我們看到毛澤東經濟工作的大致面貌。

毛澤東的經濟工作，以及他在工作中所採取的辦法和所形成的見解，我們約略可以分四個時期來談。它們是：(1) 蘇區草創時期；(2) 蘇區內的經濟建設時期；(3) 抗戰中的「自力更生」時期；(4) 全國勝利以後以迄目前這整個時期。

第一個時期，即蘇區草創時期，大致可以說起於 1928 年之初，迄於 1931 年之秋，為時三載餘。關於這個時期，特別是它的初期，舉凡

「蘇區」中的經濟實況，以及當政者所採取的對策，在毛澤東的文章裏有很好記錄。

在〈中國的紅色政權為什麼能夠存在？〉這篇文章（該文寫於1928年10月5日，即在「南昌起義」之後一年又二月）中，有如下一段話：

> 在白色勢力的四面包圍中，軍民日用必需品和現金的缺乏，成了極大的問題。一年以來，邊界政權割據的地區，因為敵人的嚴密封鎖，食鹽、布疋、藥材等日用必需品，無時不在十分缺乏和十分昂貴之中，因此引起工農小資產階級群眾和紅軍士兵群眾的生活的不安，有時真是到了極度。紅軍一面要打仗，一面又要籌餉。每日除糧食外的5分錢伙食費都感到缺乏，營養不足，病的甚多，醫院傷兵，其苦更甚。這種困難，在全國總政權沒有取得以前當然是不能免的，但是這種困難的比較地獲得解決，使生活比較地好一點，特別是紅軍的給養使之比較地充足一點，則是迫切地需要的。邊界黨如不能對經濟問題有一個適當的辦法，在敵人勢力的穩定還有一個比較長的期間的條件下，割據將要遇到很大的困難。這個經濟問題的相當的解決，實在值得每個黨員注意。

這段文字把紅色割據區域初期遭受經濟封鎖的情形，說得相當清楚。經濟問題的嚴重性，也顯然受到毛澤東和他的同志們的應有注意。

在同期略後，即在1928年11月25日，毛澤東寫給當時中共中央的報告，即題名為《井岡山的鬥爭》的那篇文章中，對於這一方面，還有更詳盡的描寫。其中有一段文字如下：

　　日常生活壓迫，影響中間階級反水：紅區白區對抗，成為兩個敵國。因為敵人的嚴密封鎖和我們對小資產階級的處理失當這兩個原因，兩區幾乎完全斷絕貿易，食鹽、布疋、藥材等項日常必需品的缺乏和昂貴，木材、茶、油等農產品不能輸出，農民斷絕進款，影響及於一般人民。貧農階級比較尚能忍受此苦痛，中等階級到忍不住時，就投降豪紳階級。中國豪神軍閥的分裂和戰爭若不是繼續進行的，全國革命形勢若不是向前發展的，則小塊地區的紅色割據，在經濟上將受到極大的壓迫，割據的長期存在將成問題。因為這種經濟壓迫，不但中等階級忍不住，工人貧農和紅軍亦恐將有耐不住之時。永新、寧岡兩縣沒有鹽吃，布疋、藥材完全斷絕，其他更不必說。現在鹽已有賣，但極貴。布匹、藥材仍然沒有。寧岡及永新西部、遂川北部（以上均目前割據地）出產最多的木材和茶、油，仍然運不出去。

這是關於一般的經濟困難的。在同一文件中，另有一處提到軍隊中的經濟困難，寫得更加具體，文如下：

　　湖南省委要我們注意士兵的物質生活，至少要比普通工農的生活好些。現在則相反，除糧食外，每天每人只有 5 分大洋的油鹽柴菜錢，還是難乎為繼。僅僅發油鹽柴菜錢，每月也需現洋萬元以上，全靠打土豪供給。現在全軍 5,000 人的冬衣，有了棉花，還缺少布。這樣冷了，許多士兵還是穿兩層單衣。好在苦慣了。而且什麼人都是一樣苦，從軍長到伙伕，糧食外一律吃 5 分錢的伙食。發零用錢，2 角即一律 2 角，4 角即一律 4 角。因此士兵也不怨恨什麼人。

作戰一次，就有一批傷兵。由於營養不足、受凍和其他原因，官兵病的很多。醫院設在山上，用中西兩法治療，醫生藥品均缺。現在醫院中共有八百多人。湖南省委答應辦藥，至今不見送到。仍祈中央和兩省委送幾個西醫和一些碘片來。（見《井岡山的鬥爭》）

從上引幾段文字裏，我們大體上看到了紅色區域初期的經濟困難情形，看到它在國民黨經濟封鎖下所遭受到的極度痛苦。這種困難和痛苦，誠如毛澤東所說：假使沒有適當的對策，「割據將要遇到很大的困難」；「割據的長期存在將成問題」。其實毛澤東這裏說的還是故意以輕鬆口吻出之的（或者，此地的文字在事後修改過的），事實上，照那時的情形看，毛澤東統領下的軍隊已經到了餓死、凍死和病死的邊沿，如果沒有適當的辦法來改善，那末國民黨不需軍隊進攻，都可以叫割據完蛋的。

當時毛澤東他們採取了什麼辦法來渡過難關呢？從毛氏的著作中，我們只能找到這樣的一些：第一，是收稅，主要是收土地稅。但一因游擊政權的流動性太大，無法建立長期而穩固的稅收制度；二因大部分割據區域「都是山地，農民太苦，不好收稅」。所以同時採用了第二個辦法，即綁架土豪。據毛澤東在《井岡山的鬥爭》中告訴我們，當時「政府和赤衛隊用費，靠向白色區域打土豪。至於紅軍給養，米暫可從寧岡土地稅取得，錢亦完全靠打土豪。10月在遂川游擊，籌得萬餘元，可用一時，用完再講。」

所謂「打土豪」，亦即「綁財神」這個辦法，自然是權宜的。如果用以為取得現金的主要的與長期的辦法，那末這個軍隊未有不徹底墮落，變為土匪，而終被消滅的。中共沒有因此而墮落而被消滅，並

且還成長壯大起來，它當然還靠了其他辦法，靠了一些經濟性質的乃至非經濟性質的辦法。這些辦法中的最重要的一個，從毛氏的敘述中看，不能不數那種軍隊內部的民主主義。在同一報告中，關於這方面有如下一段有趣描寫：

> 紅軍的物質生活如此菲薄，戰鬥如此頻繁，仍能維持不敝，除黨的作用外，就是靠實行軍隊內的民主主義。官長不打士兵，官兵待遇平等，士兵有開會說話的自由，廢除煩瑣的禮節，經濟公開。士兵管理伙食，仍能從每日5分的油鹽柴菜錢中節餘一點作零用，名曰「伙食尾子」，每人每日 [1] 約得六七十文。這些辦法，士兵很滿意。

以上是紅軍草創時期的經濟問題，以及領導人如何應付這些問題的辦法。這些辦法當然不是毛澤東個人的創造，但因當時他是主要的政軍領袖，他直接處理問題，所以其責任不能不歸於毛氏。這些辦法本身是簡單的，中外古今的一切起義英雄，不管他們結果是功成為王，或終敗為寇，在初期客觀形勢的驅使下，都曾經採用過這些類似方法。毛澤東在這裏並無什麼發明。對經濟學家毛澤東這個資格，也不能因此而有所增益。

不過從這些措施中，我們仍不能不指出毛澤東所藉以表現的一些特性和長處。第一，他不會也不曾被經濟困難所嚇倒；第二，他絕非受傳統法律和道德觀念束縛的書生。有此需要時，他不會在任何「罪惡」之前卻步的，能夠取法土匪，「綁架財神」；第三，能夠將「四海之內皆兄弟」的梁山泊精神，和原始共產主義的絕對平等和民主作風聯繫起來，藉以維繫軍心，鼓勵士氣。這三點，自然與經濟學或經濟學家並無關涉，但作為解決經濟極度困難的辦法，特別是作為一支革

命隊伍處於封鎖包圍之下賴以克服經濟絕境的手段，那末，它們就非常值得重視了。毛澤東（當然在這個名字後面還代表着不少人的）如果沒有這些特點和長處，或只具備了其中的一點或兩點，那末紅區割據的局面絕對地搞不成，毛澤東的天下也無從打起了。

毛澤東的這三個特點，這三個特點的成功發揮，對於他往後的經濟思想乃至一般思想，都發生了極大影響。關於這些，我們將在以後談到。

現在我們要談毛澤東從事經濟行政工作的第二個時期了。那是所謂「十年內戰的後期」，即指起自1931年年底，迄於1934年年底的這個時期。這個時期，我們知道，正是毛澤東最失意的幾年。在1932年8月中共中央的寧都會議上，毛澤東被史大林直接派遣的王明系統逐出了黨的領導和軍事領導，罪名是「右傾機會主義者」和「狹隘的經驗主義者」。他受打擊後究竟被派擔任何項工作，在迄今我們所能看到的中共黨史中，並無明白說明[2]，不過從《毛選》所收該時期中的文字推測，說他被派去負責蘇區內部的經濟工作，大概是不會錯的。在1930年1月5日以後，1935年12月27日以前，在這五個年頭中，《毛選》中只收錄了四篇文章，其中除了〈怎樣分析農村階級〉那篇提綱之外，三篇都是純粹關於經濟工作的。

所謂經濟工作，在當時的「蘇區」中，顯然不受重視的。正如毛澤東在《必須注意經濟工作》這篇演說中告訴我們，那時「各地政府的國民經濟部的組織還不健全，有些連部長還沒有找到，或者也只拿工作能力較差的人去湊數。」毛澤東被派去指導這項工作，顯然是被當作「工作能力較差的人」了。

不過從《選集》所載的現有三篇文章看，我們不但可以看出毛澤東在經濟問題上所表現的「工作能力」並不差，而且還能認識到毛澤東在這些問題上的某些特殊見解和想法，還能看到這些見解和想法是怎樣發生，怎樣形成的。

1933 年前後贛南「蘇區」的經濟情形，比 1928 年前後，毛澤東在《井岡山的鬥爭》中所描寫者，自然已有很大不同。割據的區域大得多了（當時估計人口為 300 萬），軍隊和黨政幹部的人數也多得多了 [3]。幾年來，經濟問題當已不能用原始的應急的方法來解決，它必須樹立方針，建立系統，憑常規的課稅制度來保證收入，以切實的計劃來恢復乃至發展生產，而且採取積極的步驟來對付國民黨的封鎖，藉以安定區內的經濟生活，或至少緩和經濟「圍剿」所造成的民生痛苦。不過從毛澤東在 1933 年 8 月對江西南部十七縣經濟建設工作會議所作的演說看，當時「蘇區」，至少在他擔負指導工作之前，經濟問題的解決卻並未做出多大成績。譬如他說：

> 鹽很貴，有時買不到。穀子秋冬便宜，春夏又貴得利害。……

> ……每年大約有 300 萬擔穀子出口，300 萬群眾中每人平均輸出一擔穀交換必需品進來，不會是更少的吧。這筆生意是什麼人做的？全是商人在做，商人在這中間進行了殘酷的剝削。去年萬安、泰和兩縣的農民 5 角錢一擔穀賣給商人，而商人運到贛州賣 4 塊錢一擔，賺去了 7 倍。又看 300 萬群眾每年要吃差不多 900 萬塊錢的鹽、要穿差不多 600 萬塊錢的布。這 1,500 萬元鹽布的進口，過去不消說都是商人在那裏做的，我們沒有去管過。商

人在這中間的剝削真是大得很。比如商人到梅縣買鹽，一塊錢 7
斤，運到我區，一塊錢 12 兩。這不是嚇死人的剝削嗎？⋯⋯

還有，江西南部的許多土特產，例如鎢砂，樟腦，紙張，煙葉，
夏布，薄荷油等等，因為戰爭和封鎖，有的根本停止了生產，有的雖
有生產而運不出去，於是也不生產了。這對於「蘇區」經濟和財政的
開源方面，都是大有影響的。

當時「蘇區」政府面對着這些困難，已經採取而由毛澤東強調宣
佈，並督促其認真實行的，主要有下述三個辦法：（1）普遍設立糧食
調劑局；（2）發展合作社運動；（3）擴大與加強對外貿易工作。糧食
調劑局的工作是「一方面要使我們的糧食，在紅色區域內由有餘的地
方流通到不足的地方，不使有的地方成了堆，有的地方買不到，有的
地方價格過低，有的地方價格又過高；一方面要把我區多餘的糧食，
有計劃地（不是無限制地）運輸出口，不受奸商的中間剝削，從白區
購買必需品進來。」合作社的主要目的在恢復與發展「蘇區」的手工
業與工礦業，其次是幫助農業，這方面有如「組織犁牛合作社，動員
一切無牛人家自動地合股買牛，共同使用。」至於對外貿易局，主要
當然是要一方面擺脫商人的過分剝削，另一方面又要能打破敵人的封
鎖。它的任務要把「紅區」中多餘的糧食及其土特產運到「白區」，換
來日用必需品 —— 主要是鹽和布。

上述辦法，當然是當時當地所能採取的，也是必須採取的經濟政
策。它們是割據政權生死攸關的一些對策。這是因客觀形勢要求而提
出這些對策的。幾乎每一個人，只要其地位與見識能關顧到該區全局
的，都會想到它們，提出它們。因此，它們的創議權不能歸之於任何

一個人，也不能歸之於毛澤東。不過這些對策幾乎每一個高級幹部都能想出是一回事，把這些對策在實際上執行出來，而且要執行得好，卻是另一回事。在當年「蘇區」的實際情形中，後一回事自然比前一回事難能得多，可貴得多。這些辦法，如果在某一人的指導之下實行得好，那末，這個領導人當然有功可居的。我們自然無法知道當時這些辦法在毛澤東的指導下實行得如何。究竟從此時（1933 年 8 月）及稍前一直到長征開始（1934 年秋），「蘇區」經濟情況是改善了還是惡化了，我們現在也無資料可資判斷。據毛澤東自己在「江西南部十七縣經濟建設工作會議」上宣佈這些辦法之後五個月，在「第二次全國工農代表大會」上的報告（《我們的經濟政策》）中說：「蘇區」政府用以「衝破敵人的經濟封鎖的毒計」的「步驟，現在已着着勝利了」。他說各方面都有了改善，特別在手工業和土特產的恢復和發展方面，他說：「兩年以來，特別是 1933 年上半年起，因為我們開始注意，因為群眾生產合作社的逐漸發展，許多手工業和個別的工業現在開始走向恢復。」關於對外貿易方面的措施，他說：「……這一工作，閩浙贛邊區方面實行得較早，中央區則開始實行於 1933 年的春季。由於對外貿易等機關的設立，已經得到初步的成績。」

毛澤東擔任經濟事務的主管工作，大概就是從 1933 年的春季或稍前日期開始的，所以他老是拿這個時間作為一個分界線，標誌着「蘇區」經濟之由惡劣走向改善，由無辦法走向有辦法。究竟事實是否像他所說的那樣，今天我們是難於加以證實或否認的。不過有一點似乎可以肯定，即當年紅軍之放棄「蘇區」，從事萬里長征，主要是軍事受挫的結果，其次才是經濟陷於絕境所致。從這裏，我們如果承認毛澤東在處理經濟行政上也有一手，並且說他在那個時期的經濟工作中積累了經驗，大概不會與事實太不相符吧。

當然，從毛澤東思想長成史的角度出發，重要的不是這些對策和實施對策的能力，重要的乃是他在這個時期所表現出來的這一方面的思想，乃是一些有關於經濟建設的、比較基本的見解。這些思想和見解，對於日後，乃至今天，毛澤東在經濟問題上的方針，都具有決定力量的。換句話說，毛澤東之所以成為堅決而徹底的一國社會主義者，甚至成為堅決而徹底的一國共產主義者，在別的一些原因（例如他的根深蒂固的民族主義）之外，我們不能不回溯到此一時期與他後來在陝北時期，在此問題上所積累的經驗，並由那些經驗所歸納出來的理論。

在贛南閩西的割據時代，轄區僅有支離破碎的二十幾縣，人民才達 300 萬，地僻民窮，且又流動不居，這時候，毛澤東當然不可能提出「自力更生」口號，更難於作「割據社會主義」的夢想，但是我們若細細研究代表他該一時期思想的那三篇文章，我們卻不能不說，此時毛氏已經有建設「區域性社會主義」的思想了。在所有那些文字中，毛澤東始終和一種不指名的思想鬥爭着。那種思想，據毛氏說：「認為革命戰爭已經忙不了，哪裏還有閒工夫去做經濟建設工作，因此見到誰說經濟建設，就要罵為『右傾』。他們認為在革命戰爭環境中沒有進行經濟建設的可能，要等戰爭最後勝利了，有了和平的安靜的環境，才能進行經濟建設。」毛澤東指出「這些意思是不對的」，「是極端錯誤的」。反對着這個錯誤意見，毛氏提出了「立即開展經濟戰線上的運動，進行各項必要和可能的經濟建設事業」。為什麼要這樣做，他的理由如下：

> 現在我們的一切工作，都應當為着革命戰爭的勝利，首先是粉碎敵人第五次「圍剿」的戰爭的徹底的勝利；為着爭取物質上的條件去保障紅軍的給養和供給；為着改善人民群眾的生活，由

此更加激發人民群眾參加革命戰爭的積極性；為着在經濟戰線上把廣大人民群眾組織起來，並且教育他們，使戰爭得着新的群眾力量；為着從經濟建設去鞏固工人和農民的聯盟，去鞏固工農民主專政，去加強無產階級的領導。為着這一切，就需要進行經濟方面的建設工作。(見《必須注意經濟工作》。)

這些話當然全都對的。一支革命軍隊，當它佔據了某些地區，在那些地區裏且已組織了長久性的政權，此時的經濟財政問題毋須説具有十分重要的意義。對這方面的問題是否有足夠注意，對它們是否做出了正確的政策，這些政策是否切實執行與行之有效，── 與那支革命軍隊的戰爭勝負，與那個革命政權的生死存亡，自有着最直接的關係。以為處在戰爭條件中，無法談經濟建設，甚至無法採取略為長期的經濟措施；以為革命戰爭和革命政權的經濟需要只能靠緊急應付，只好得過且過；以為任何經濟問題的解決都得推遲至革命全部勝利之後 ── 這種看法，不用説，是極端錯誤的。如果「蘇區」當年確有這樣一派主張，而其主張也恰如毛澤東所述，那末毛氏對此提出異議，主張採取成套的，積極的經濟措置與政策，當然是正確的。

不過我們現在想要研究的不是問題的這一方面。我們感到興趣而想要研究的，乃是毛氏當年的經濟思想，亦即他生平第一次形成的有關「經濟建設」的思想，與他後來的思想，特別和他的一國社會主義理論，究竟有什麼關係。我們想要指出的，乃是在那一時期的思想中，究竟讓人看得出哪一些是一國社會主義的萌芽。問題的這一個方面，對於毛澤東經濟思想發展的史的研究，有極大意義。

毛澤東把當時「蘇區」的經濟工作與經濟政策，稱之為經濟建設。其實此項所謂「建設」的全部內容，如我們上面所見，只有 300 萬元

建設公債，其中 100 萬元是紅軍戰費；200 萬元用以發展下面三種機構：（1）合作社；（2）糧食調劑局；（3）對外貿易局。這四項辦法，實際上只像毛澤東所說的：「是戰爭所迫切地要求的一些工作。這些工作每件都是為着戰爭，而不是離開戰爭的和平事業」。但是他一定要將它們稱之為「經濟建設」。這樣的稱呼表示了什麼？

有了內容上的明確規定，名稱原本是次要的，甚至完全不重要。所以毛澤東如果在這裏只是應用了一個不甚貼切的名詞，不值得我們注意，我們也不應該故作挑剔。我們現在要特別指出來，主要因為這個名詞確實代表了一個思想。它代表了毛澤東（當時尚在萌芽狀態）後來充分獲得發展的一個思想，那就是：不論在怎樣的環境中，不論在怎樣的經濟基礎上，也不論在多麼大的一個地區內，只要統治的政府想建設社會主義的經濟，便可以建設這個經濟。

這樣說，我們是否厚誣毛澤東，是否有意曲解他的意見呢？因為他在文章裏處處着重指出「經濟建設」的「必要和可能」這個限度；他還具體地說明：「我們並不說要修一條鐵路通龍岩」，「在現在的階段上」，毛澤東毫不含糊地說，「經濟建設必須是環繞着革命戰爭這個中心任務的」。那末，人們會反問：「你們究竟何所據，而說毛澤東即使在那時候有關經濟建設的意見中，就已含有若干區域社會主義的錯誤呢？」

我們不曾說毛澤東在那時候就已主張建設「割據的社會主義」。但很顯然，他那時的見解早已包含着一些萌芽，早已表示出某種趨向，它們在發展的形態中，必然會變成錯誤的一國社會主義，或區域性的社會主義。在他題為《我們的經濟政策》那篇報告裏，毛澤東在談到經濟政策的原則時說道：「我們的經濟政策的原則，是進行一切可能

的和必須的經濟方面的建設，集中經濟力量供給戰爭，同時極力改良民眾的生活，鞏固工農在經濟方面的聯合，保證無產階級對於農民的領導，爭取國營經濟對私人經濟的領導，造成將來發展到社會主義的前提。」在這段話裏，不是已表示出上述的所謂萌芽和趨向了嗎？什麼叫做「發展到社會主義的前提」呢？報告人是在什麼時候與怎樣的條件中預約了這個前提的呢？想想這些，問題便很清楚了。一個社會主義者，一個真誠的共產主義的革命者，自然隨時隨地都會想到社會主義的。無論他幹着什麼工作都不應該忘記社會主義的理想和目標。這是毋須說的，無可爭辯的。因為若不如此，那個社會主義者或共產主義者便是虛偽的，便是言行不符的。但是在另一方面，如果把每一個前進的步驟都叫做社會主義的革命，如果把革命中每一個設施都稱之為社會主義的建設，那末同樣是錯誤的。對於革命的利益說，同樣是有害的。馬克思列寧主義有個最基本的特點，那就是：以真名稱呼實物。名實必須相符。這不是為了什麼道德上的理由，而是為了革命利益，為了能給革命定出正確的戰略和策略。革命的過程首先是一個客觀存在的過程。主觀的因素能夠起重大作用、有時甚至起決定性的作用。但這裏必須遵守着一個條件，即這些主觀的謀劃是以正確地認識客觀規律為基礎的，是符合於因而是推進着這些規律的。否則，如果主觀思想違反於因而是逆轉着這些規律，或者，它們不符合於因而是阻撓着這些規律，那末，其結果在最好的情形中是完全不發生作用，革命循它自己的途徑前進；而在壞的情形中則是它使革命受到挫折，或竟致斷送掉革命。主觀的願望，如果脫離了現實，都是無補於事，或於事有害的。向右脫離如此，向「左」脫離也是如此。在行動上脫離固然有害，在名稱上脫離也不會有益，也可能帶來害處。這種情形，我們在馬克思和列寧的思想鬥爭中，是累見不一見的。列寧在這方面的一個最有意思的例子，可以說是他當初對俄國革命性質的命

名。他提出了「資產階級民主性質」這個名稱，不但讓好些革命的馬克思主義者不滿，甚至讓某些並非馬克思主義者而自命為社會主義者的民粹派吃驚。這些反對者們所持理由頗不相同，他們對社會主義服膺的真誠程度更不一致；但有一點是相同的，那就是：都以主觀的願望來代替客觀的真實。

1930 年前後由中共領導的軍事鬥爭，幾乎在任何方面都以主觀願望來代替客觀真實的。他們稱自己的軍隊為「工農紅軍」，稱自己的政府為「蘇維埃」——本乎此，他們也稱這個地區內的經濟措置為「經濟建設」，稱之為「造成將來發展到社會主義前提」的「經濟建設」。為什麼會造成這樣的糊塗與混亂呢？原因有二：第一，由於莫斯科的官僚主義與左傾冒險主義。史大林為了要掩蓋他斷送中國革命的機會主義的罪惡，為了要配合他當時在世界範圍內所採取的所謂「第三時期」路線，於是在中國革命失敗之後，命令中國共產黨組織「蘇維埃」與成立紅軍；第二，由於中國共產黨領袖們對於十月革命歷史的無知，同時也因為他們對於蘇聯種種的景仰，他們一切「以俄為師」，以致不加考慮，隨隨便便地張冠李戴起來。這種錯誤的結果如何，我們已在其他章節裏詳論過了，此地不贅。總之，在事實的碰壁之下，失敗一個跟着一個而來，終於乘着抗日之機，取消了所有這一切不合實際的名稱和辦法，走向了另一個對國民黨幾乎完全妥協的極端。

毛澤東為了造成社會主義前提的經濟建設思想，事實上碰過怎樣的硬壁，我們無從查考。不過在非常與極端貧窮的困難境地中，任何超現實的誇大的幻想無法付之實行，甚至沒有可能作小規模的樣版式的實驗，因此我們可以說，在這個時期中，毛澤東雖有建設「割據社會主義」的萌芽想法，卻不曾實施的。但是正因為未曾在事實中試驗，這個思想種子愈發可以保存。

在經濟建設方面不顧客觀條件，一味強調主觀能動性，一味着重「人定勝天」的官僚唯心主義，應該説，就是從那一棵種子發長出來的。

毛澤東經濟思想發展的第三個時期，可以説是從 1936 年開始，直至中共的全國勝利。這是毛澤東思想的成熟與定形時期。當他較有系統地補習了馬克思主義，比較全面地閲讀了史大林著作，他便企圖將自己在政治與軍事方面的見解都弄出個系統來。這項工作當然也伸展到了經濟思想的領域。這個時期的毛澤東思想我們已在前面的有關地方詳細談過了，此地只談到他的經濟方面。不過即使在這方面，我們也不能作詳盡的介紹和批評。因為這樣做的話，許多地方難免要重複，而且會大大打破這本書所能給它的篇幅的比例。所以這裏我們只能指出毛氏在該一時期中有關經濟思想的兩個主要特點。第一，我們必須指出他在這個時期初期提出的「新民主主義」理論；第二，他在此一時期中期所提出的「自力更生」口號。

「新民主主義」這個名字，首次見於毛澤東與人合著的《中國革命與中國共產黨》那個課本上。這個未完成的小冊子是在 1939 年冬季寫的。原計劃要寫三章，第一章「中國社會」，由別的人起稿，但經毛澤東修改的。第二章「中國革命」，乃毛氏所作，第三章「黨的建設」，據説「因擔任寫作的同志沒有完稿而停止」。在第二章的第五節，即在有關「中國革命性質」的那一節裏，毛澤東第一次提出了「新民主主義」這個名稱。他是以這樣的方式提出來的：「現階段中國革命的性質，不是無產階級社會主義的，而是資產階級民主主義的。但是，現時中國資產階級民主主義的革命，已不是舊式的一般的資產階級民主主義的革命，這種革命已經過時了，而是新式的特殊的資產階級民主主義的革命。這種革命正在中國和一切殖民地國家發展起來，我們稱這種革命為新民主主義的革命。這種新民主主義的革命是世界無產階級社會

主義革命的一部分，它是堅決地反對帝國主義即國際資本主義的。它在政治上是幾個革命階級聯合起來對於帝國主義者和漢奸反動派的專政，反對把中國社會造成資產階級專政的社會。它在經濟上是把帝國主義者和漢奸反動派的大資本大企業收歸國家經營，把地主階級的土地分配給農民所有，同時保存一般的私人資本主義的企業，並不廢除富農經濟。」

　　緊接着這篇文章，在 1940 年 1 月，毛澤東發表了〈新民主主義論〉，把上面的觀點更充分地發揮了。自來，至少在一個很長時期內，「新民主主義」曾經被宣傳為毛澤東的一大創造。因為新民主主義這個名稱，好像並未見於當時共產國際的文件上。那末事實上是否如此呢？這個理論的價值如何？特別是它的經濟理論，對一般的中國革命，對特殊的毛澤東思想，發生了怎樣的作用？

　　事實上「新民主主義」根本不是毛澤東的「創見」，也不是馬列主義在中國當時當地的具體條件中的「創造性的發展」。歸根結蒂，它不過是當時史大林在全世界提出的「人民陣線」理論，在中國的具體說明而已。所謂「新民主主義」，就理論的基本點上說，原不過是受到史大林曲解了的列寧關於俄國革命的舊立場，再由毛澤東做一番中國化和通俗化的手術罷了。在這次手術中，列寧那個早已過時而且早已被他本人送進歷史博物館去的「工農民主專政」的舊公式，不但換上了門雪維克「各革命階級大聯盟」的爛招牌，而且還替它與孫中山的三民主義之間，也劃上了一個荒唐的等號。這手術乃是毛澤東系統地研究了馬列主義（實則是史大林主義）的成績，實在是非常之不高明的。毛澤東在此略前時期，曾經把他的軍事見解與戰爭經驗系統化了，寫成了〈中國革命戰爭的戰略問題〉，〈抗日游擊戰爭的戰略問題〉，〈論

持久戰〉等文字，其中確實含有大量為毛氏所獨有的東西，含有許多不愧為有創造性的見解。可是在新民主主義論中系統化了的毛澤東的政治思想，相形之下，未免差得太遠了。這裏沒有任何獨創，這裏更談不到什麼發揮，有之，只是他那種有時庸俗得出奇的通俗化本領。有之，只是他那種古今中外牽強附會的拉扯手法罷了。憑了這些本領和手法，他不但把一九○五年時代的列寧立場和 1927 年的史大林路線視同一物，不但把列寧政策與馬爾丁諾夫政策搞到一起，而且還能將列寧當年的革命代數公式，硬套在孫中山幻想而反動的三民主義身上。

從〈新民主主義論〉表現出來的政治理論家的毛澤東，委實矮小得很。不過關於這一層，我們曾在有關的地方討論過，此地只想談談新民主主義的經濟學說。只想看看這學說對於毛澤東思想以及中國革命的往後發展，起了怎樣的作用。

新民主主義的經濟綱領，毛澤東自己說得非常坦白：其實也就是孫中山的民生主義，也就是「節制資本」與「平均地權」。它不過是小資產階級的改良主義的幻想，與大資產階級的國家資本主義兩相結合罷了。毛澤東提出這個理論，一半是策略性的，一半是原則性的。易言之，他一半是假信，另一半卻是真信這個理論。為什麼要來這麼一下策略呢？因為共產黨既然宣稱信仰三民主義，而事實上又不甘心這樣做，於是就運用詭辯，耍點手法，說共產黨所信仰的不是三民主義，卻是新三民主義，而所謂新三民主義，實質上即等於新民主主義。這樣一來，中共一方面洗刷了理論上投降國民黨之嫌，另一方面又可以防止黨內群眾認真地走向三民主義。這是一個極好的事例，可以拿來證明毛澤東思想中那種無原則的權變作風，可以拿來說明他時時以原則服從策略的特點。在這個意義上說，「新民主主義論」應該值

得我們特別注意；但是因為同樣理由，這個「理論」本身卻不值得對它作鄭重研究。因為理論的「發明人」自己就沒有看重它——他根本就不曾真正相信它。

但是，另外「真信」的那一半又怎樣呢？當毛澤東宣佈中國革命必須經過新民主主義這個歷史階段；當他宣佈在此階段裏必須讓「不能操縱國民生計」的資本主義生產發展，同時又宣佈這個歷史階段的時間是「相當地長，決不是一朝一夕」，為此，他以「新民主主義」的名義拚命攻擊「一次革命論」，竭力反對「托洛次基主義」，竭力反對「不斷革命論」——當這時候，毛澤東是否也在玩弄策略，是否也在說些自己都不相信的話呢？不是的，當他這樣說的時候，也是自以為是的，自以為這是既遵循了列寧主義，而又符合於中國國情的。那末這個信念，這一個基本思想，對於毛澤東的思想有什麼影響？我們是否應該予以充分注意與研究？它當然有很大影響，我們自然應該對它注意和研究。不過這個思想之本質上的錯誤，它在中國革命的實際發展中如何被證明為錯誤，因之，結果毛澤東不得不偷天換日地將「不斷革命論」來代替了「新民主主義論」——關於這些，我們已經在前面的章節裏，特別在談到「不斷革命論」的一章裏，很充分地講過，不必再在此多所辭費了。

這裏我們必須指出的一點是：毛澤東與所有經驗主義的實行家一樣，即使他所深信的「理論」，只要形勢略變，或與事實發生衝突時，他也很方便地可以放棄，還可以毫不加以說明地採取昨天被他所攻擊的理論；而當他這樣做的時候，他總是將此理論應用或解釋到荒謬地步，讓自己走到另一個、與昨天所犯的正相反對的錯誤。

毛澤東從新民主主義的階段論一下子跳到了「不斷革命論」；從整個歷史時期讓資本主義發展的理論一下子變成了在短期與一國之內就

要實現共產主義的想法，這一點，最清楚地表示出了毛澤東思想中一貫的原則性的缺乏，最明白地暴露了一個經驗主義的實行家是如何地不受理論的拘束。

不過，毛澤東並非不受任何思想或理論的拘束的。人總是受思想拘束的，問題只在於受哪一類思想的拘束。深刻與具有原則性思想的理論家，他的行為受着一貫的與系統的思想的指導；浮淺的與印象的實幹家們則受他們由某些經驗累積的個別思想所拘束。毛澤東不受拘束的是那些首尾一貫的「教條」，他受着牢牢拘束的則是他本人在實踐中所獲得的一些見解。毛澤東思想中的這一類成見是很多的，其中佔據着首位的，自是「槍桿子萬能」這一點，其次恐怕要算他經濟理論中的「自力更生」說了。「自力更生」這個思想與「新民主主義」的理論完全不同。它在毛澤東思想中屬於不變部分，它不受時間與地點的影響，它進入了毛澤東的下意識中，根本不需要經過分析性的思考的，因此，它成了他有意識思想的出發點，成了他那些思想的決定性的基數。

「自力更生」這個思想是道地的傳統貨。不管毛澤東是從「板倉先生」那裏繼承了朱熹的學說，還是一般地接受了佛家的口頭禪，這總是中國知識分子長期以來做人治學的老口號。毛澤東是從小就受了這個思想影響的，在中國革命初期，即在 1925–27 年那次革命的初期，因為「中國革命乃世界革命一部分」的思想太有力量，「必須聯合世界上以平等待我之民族」的口號叫得太響亮，這個「自力更生」想法無由抬頭。雖然從當時的種種事跡看，毛澤東顯然傾向於從國內找尋力量這個路線，而且也不太看得起處處寄託希望於莫斯科的那個作風，但無論在行動和言論上，他都不曾、也不敢以「自力」方向來和「他力」方向對抗。當紅軍困鬥於江西之時，軍事與經濟都必須藉自力以

圖存，事實上也確乎憑自力在掙扎之時，毛澤東也不曾叫出這個口號，其原因，主要自然在於形勢太明顯，光靠當時割據區內的這點力量是難有前途的。當時的紅軍雖然不可能從蘇聯直接獲得軍火或某他種類的物質援助，但是多多少少仍舊要靠「他力」的，例如，紅軍的指揮員需要莫斯科訓練出來的人來充當和補充，戰爭所必需的醫藥物品一定得從大城市購買，而這筆錢多數就是聯共黨來的[4]……因此，不管毛澤東只依靠，甚至只相信自己看得見、觸得着、甚至握得住的力量，卻仍舊不曾，也不敢將「自力更生」加以理論化。

在〈新民主主義論〉（1939年1月）中，毛澤東還將恰好相反的理論，充分加以發揮了的。他在該文的第七節中，寫下了如下一些非常正確的話：「這個世界上，所有帝國主義都是我們的敵人，中國要獨立，決不能離開社會主義國家和國際無產階級的援助。這就是説，不能離開蘇聯的援助，不能離開日本和英、美、法、德、意各國無產階級在其本國進行反資本主義鬥爭的援助。雖然不能說，中國革命的勝利一定要在日本和英、美、法、德、意各國或其中一二國的革命勝利之後，但須加上它們的力量才能勝利，這是沒有疑義的。尤其是蘇聯的援助，是抗戰最後勝利決不可少的條件。拒絕蘇聯的援助，革命就要失敗。……」毛澤東這番言語雖然是用來反駁「資產階級專政」的，但很顯然，如果拿它來反駁「無產階級的自力更生論」，非但合適，而且毋需掉換一個字。為什麼當時毛澤東會有這種正確主張？這首先當然表示出：在抗日戰爭初期，即當〈新民主主義論〉寫作的時期，毛澤東還存着獲得外援的希望，同時陝北政權的處境，照毛氏自己的話説，是「還有飯吃，有衣穿」的。環境還不曾迫着他們自己動手來解決最低限度的生活問題，因此，「自力更生」這個問題還不曾在客觀上以極其尖銳的形式提出來，在主觀上也就不需要鄭重考慮，更不需要加以理論化了。

毛澤東將「自力更生」的思想着重地提出來，加以理論化和系統化，將它當作革命地區經濟政策的指導方針，那是在 1942 年。這是當西北邊區在國民黨及日本帝國主義的雙重經濟封鎖之下，經濟情形愈來愈艱苦的條件中發生出來的。關於這個時期的客觀形勢，以及在此形勢下如何決定了這個方針，毛澤東自己有段話説得很明白：

> 五年以來，我們經過了幾個階段。最大的一次困難是在 1940 年和 1941 年，國民黨的兩次反共磨擦，都在這一時期。我們曾經弄到幾乎沒有衣穿，沒有油吃，沒有紙，沒有菜，戰士沒有鞋襪，工作人員在冬天沒有被蓋。國民黨用停發經費和經濟封鎖來對待我們，企圖把我們困死，我們的困難真是大極了。但是我們渡過了困難。這不但是由於邊區人民給了我們糧食吃，尤其是由於我們下決心自己動手，建立了自己的公營經濟。邊區政府辦了許多的自給工業，軍隊進行了大規模的生產運動，發展了以自給為目標的農工商業；幾萬機關學校人員，也發展了同樣的自給經濟。軍隊和機關學校所發展的這種自給經濟是目前這種特殊條件下的特殊產物，它在其他歷史條件下是不合理和不可理解的，但在目前卻是完全合理並且完全必要的。(見《抗日時期的經濟問題和財政問題》。)

這裏讓我們看得很清楚，中共的生產自給運動是 1940 年和 1941 年的國民黨「反共磨擦」迫出來的。因為這個辦法使中共渡過了難關，做出了成績，有了經驗，毛澤東對它更加重視，更有信心，因而將它理論化和系統化了。但雖如此，我們還必須看到，那時候毛澤東還不曾完全用它來代替那個「他力援助論」。緊接着對於「自給經濟」的高度估價之後，他立即指出「這種自給經濟是目前這種特殊條件下的特

殊產物，它在其他歷史條件下是不合理和不可理解的。」這表明出，毛氏在 1942 年還不曾是完全的「自力更生論」者。

公然將「自力更生」這個口號提出來，而且當作一條與「希望國際援助」根本不同的路線提出來，將它確定為今後中共解決經濟問題的唯一辦法的，那是在 1945 年。這也就是說，在提倡「工農商學兵」及政府機關全部實行「自給經濟」之後一兩年，站在這一兩年的新的經驗的基礎上，毛澤東才比較堅決，也比較根本地提出「自力更生」口號。1945 年 1 月，以《必須學會做經濟工作》為題，毛澤東給陝甘寧邊區勞動英雄和模範工作者會議講了話。在這篇講話裏，我們才第一次聽見他說：「我們是主張自力更生的。」

從此之後，中國人傳統的這一個有關興家創業的舊觀念，這一個一直潛伏在毛澤東心底裏的先入之見，就爬上了他的心頭，正式壓下了外來的關於國際援助與國際合作的新思想——這個思想他雖然一度信仰過，卻從來不曾真正服膺的。從此之後，自力更生這個觀念，基本上就成為經濟建設方面的「毛澤東思想」。

不過光就那篇講話的意見而論，當然，我們並不能馬上達到這個結論。因為在那裏，毛澤東說他主張自力更生的直接用意，在於反對國民黨的政策，在於反對他們「自己不動手專靠外國人，連棉布這樣的日用品也要依賴外國。」他說這句話的主要目的，在於表明中共雖也「希望有外援，但是我們不能依賴它，我們依靠自己的努力，依靠全體軍兵的創造力。」所以在這裏，講話者顯然不是原則性地提出問題，顯然不是談論建設經濟的方針，更不是談論建設社會主義的方針。這裏的問題顯然是限於應急的，是屬於權宜性的辦法。

那末我們憑什麼理由說這個時期毛氏的經濟主張大大影響了、甚至基本規定了他今後一般的經濟建設思想？

這當然不是憑一篇文章的文字和論據，而是以他後來的行為和事實作根據的。自從毛澤東正式宣佈自力更生的主張以來，到現在已經有整整二十個年頭。在這中間，對此根本問題毛澤東表示過不同的態度，經歷過不少改變，但其基本傾向卻是一貫的，總是朝着一個方向走去的。這個方向便是自力更生。

我們現在不預備詳細敘述二十年來毛澤東在這個問題上的態度變化，因為這樣做是需要太多的篇幅的，而且，為要了解毛澤東思想中這個根深蒂固的觀念，根本也不需要這樣的詳細敘述。所以我們在這裏只要指出下面這個事實就夠了，那就是：當他覺得有可能取得國外援助時，他就強調國際援助對於社會主義建設的必要；反之，當他無法取得這種援助時，他就高唱自力更生的「真理」。本來，社會主義建設是否可以依靠單獨一國的力量，是否可以在一國範圍之內達到成功，乃是一個極其基本的原則問題，是國際主義抑或民族主義的重要分界線；可是在毛澤東，這問題卻變成了可有可無的政策問題，變成為依可能性而轉移的辦法問題。毛澤東所以能有這樣態度，其中最主要的理由，在於他本質上是「一國社會主義者」，是民族主義的，是自力更生論者。因此，在他看來，自力更生是不變的原則，而國際援助、國際合作或國際分工，則不過是附從於原則的手段，是為實現原則所需要的，但不是絕對必需的手段。

認識了這個主要點，那末我們就不會迷惑於二十年來毛氏在此問題上的種種變化，就可以完全了解他在我們上述的所謂第四時期中，

即當中共全國勝利之後，毛氏對經濟建設問題所曾提出的忽而這樣、忽而那樣的主張。

在勝利前夜，毛澤東寫了那篇非常出名的論文：〈論人民民主專政〉。文章提出了「一邊倒」的口號，強調了「聯合世界上以平等待我之民族及各國人民共同奮鬥」的方針，並且着力地批判了「不要國際援助也可以勝利」的錯誤思想。他莊重地宣告：「在帝國主義存在的時代，任何國家的真正的人民革命，如果沒有國際革命力量在各種不同方式上的援助，要取得自己的勝利是不可能的；勝利了，要鞏固，也是不可能的。」

這毋須説是「自力更生説」的否定。所謂「勝利了，要鞏固，也是不可能的」，意思自是指革命勝利後有關國家諸方面的初步建設，其間特別指經濟方面的恢復、鞏固和初步建設。既然初步的經濟鞏固和建設，如果沒有國際援助都會是不可能的，那末長遠的社會主義的經濟建設之必然有賴於國際援助，它必然要在國際範圍內才能思議，自更不在話下。

為什麼毛澤東在踏上全盤勝利門檻的時候，忽然把他多年來大力提倡的「自力更生説」收了起來，換上了根本相反的主張？是否他從「第三時期」走上「第四時期」以後，關於經濟建設的意見根本改變了？我們得解釋這兩個問題。

我們不想説〈論人民民主專政〉中所發揮的論點是虛偽的。當中共軍隊取得了意外的勝利，毛澤東幾乎在一夜之間變成為全中國主宰之時，他面對這個原本「一窮二白」，而且又遭受了長達半個世紀戰爭災難的大國，那是無法不有此想法的。這裏不需要精深的經濟學的知識，也不需要有關國際社會主義革命的正確理論，只要具備中國舊式

大家庭中一個負責的當家人的頭腦，就會發生毛澤東在當時的想法。要想從無中生有，要想於百廢之餘從事興建，至少在最初時期，總得略借外力，俾自力有所憑藉，得以發揮其更生的作用。所以這個時候，毛澤東之大喊「一邊倒」，大叫「國際援助」的必要，以及他之親赴莫斯科，親自去向史大林求教又求助，並沒有意味着他拋去了自力更生的主張，並沒有意味着他要在國際全局的觀點上來考慮中國當前與未來社會主義的革命與建設。恰恰相反，那是為了取得在一國之內恢復與建設經濟的初步條件，才不得不將國際援助用作手段。這樣的國際路線，恰恰是走向自力更生的。

那時候的蘇聯如果是列寧時代的蘇聯，它真能給革命勝利了的中國以無私援助，它真能不分彼此地考慮中蘇兩國的共同利益，那末，憑着事實與思想二者並進的教育，也許能將毛澤東（如果不是毛澤東，至少是中共領導的大部分）改變成真正的國際主義者吧。它也許能讓毛澤東具體地認識到社會主義革命這個國際任務，它也許能讓他切實地懂得社會主義建設必不可少的國際規模，因而讓他由衷地拋去那種狹隘的、實質上反動的「民族社會主義」吧。

不幸事實上並非如此。史大林的「一國社會主義」，他的俄羅斯大國沙文主義，他之急欲恢復與堅持沙俄時代的對華特權，他之赤裸裸的民族利己政策，使那個被一時革命形勢所促成的「國際主義者」毛澤東，以一次切身的經驗，證實了「國際主義」之僅屬理想，甚至是僅屬幌子，使他最後地完全相信了：社會主義與資本主義一樣，必須以民族國家作堅實基礎，必須靠自力單幹以謀國家富強。當然，他沒有立即把這個信念公開說出來。只要有必要與有可能取得蘇聯的「無私援助」，他是不會作這樣的公開聲明的。史大林死去後，赫魯曉夫上台。赫魯曉夫這個系統最初表現得比史大林慷慨得多，以此延長了毛

澤東的國際主義姿態。後來，隨着中蘇兩黨關係的逐漸惡化，「國際援助」的獲得愈來愈顯得不可能，毛澤東的自力更生理論便逐漸地叫得響亮起來。直至最後，到了 1963 年 6 月間，毛澤東將這個理論正式寫進到《關於國際共產主義運動總路線的建議》中去，這才公然而肯定地宣佈「實行自力更生為主的建設方針，就是無產階級國際主義的具體表現」。它不但公然而肯定地宣佈中國共產黨實行這個方針，而且還當作一般的真理提出來，推薦給所有的社會主義國家，它認為：「任何一個社會主義國家的建設事業，主要地應依靠自力更生。」

這時候，毛澤東才算最後地從一個割據區內自力更生的經濟行政家，發展成為一國之內自力建設社會主義的理論家了。

＊　　＊　　＊

在進一步討論之前，我們先得弄清楚一個問題：自力更生這個名詞，究竟有什麼含義。據我們看，它可能包含兩個極不相同的意義。一個屬於行為道德方面，另一個屬於社會經濟方面。主張自力更生，或反對自力更生，不管着眼於理論，抑或着眼於實踐，都必須將這二者分清，絕不容許纏夾混淆。個人的自力更生已經如此，民族與國家的此一方針那就更不必説。所謂行為和道德方面的自力更生，無論個人或者國家，甚至不論其為何種人與何種國家，都是好的，應該的，合乎「道德」的。如果不肯定這個方面的自力更生，那就等於提倡懶惰、提倡依賴、提倡靠天吃飯、或提倡剝削他人、提倡坐地分贓。所以在這個意義上否定自力更生，在個人，其後果便是墮落腐化，在民族或國家則勢必趨於衰敗滅亡。毛澤東之強調自力更生，假使僅僅在這個意義上，當然完全正確。不但在贛南與陝北時期是正確的，就是在中共全國勝利之後，在經濟恢復與社會主義建設時期，也都是正確的，誰若在這個意義上反對毛澤東的自力更生，那他不是賣身投靠的

洋奴，便是徒託空言的懶蟲。不用説，真正馬列主義者，真正國際主義的不斷革命論者，絕對不會反對這一種自力更生；恰好相反，他們毋寧是竭力提倡這種獨立精神與勤奮精神的。

這個意義的自力更生論不可能成為爭論，也不曾引起過爭論。

在國際社會主義者中間成了爭論的，顯然是為了自力更生的另一個意義，即為了它的社會的與經濟的意義，特別是為了它與國際協力這個觀念適相反對，為了它肯定一國之內可以建設社會主義。

這個意義的自力更生，恰恰就是一國社會主義。

因此，要問「自力更生」是否正確，只要看「一國社會主義」是否正確好了。

也因此，我們不得不在這裏略跑野馬，談談一國社會主義的理論和實踐。

資本主義的世界統治應該被推翻，以及它終將被完全推翻，這至少在所有真正的社會主義者與共產主義者中，是不成其為問題的了。舊世界被推翻以後，新世界行將實現世界一體的社會主義，這也不會引起爭論了，因為誰都知道（至少在表面上），而且誰都承認（至少在口頭上），社會主義總歸是和民族國家不相容，它必須在全世界規模中才能充分與徹底實現的。如今真正成為問題的，除了因如何全部推翻資本統治所引起的一系列問題之外，便是關於如何達成這個世界一體的社會主義（並進而走向共產主義）的道路問題。

這個問題是可以歸結為如下方式的：社會主義大同世界的到來，究竟將在很大限度內有賴於各國社會主義革命者、特別有賴於已經獲

得勝利的社會主義革命者，自始就着重於世界全局，經常堅持國際協作，由全球觀點來規劃和建設暫時分為各國的社會主義經濟呢，還是它將由每一個大小不等的民族社會主義國家，在它們逐一建設成功以後，再像七巧板似的拼湊到一起？

主張和堅持前一立場的是馬克思和列寧，這個立場是傳統的國際協力的共產主義；主張和實行後一立場的是史大林，這個立場叫做「一國社會主義」。

馬克思根據他對於資本主義的特性及其趨勢所作研究，根據他對資本主義社會中階級關係與政治發展所作分析，肯定了世界資本統治必須靠國際工人階級的共同努力來推翻；而推翻了資本統治之後，要想建設社會主義，則更非在國際範圍內進行不可。

列寧不但在理論上繼承了這個基本立場，並且在行動上實行了它。當俄國無產階級革命一經成功，建立了歷史上第一個工人國家之後，列寧就全面推行了這條國際主義的路線。他一方面向全世界工人階級與一切被壓迫者呼籲，號召他們起來革命，同時又以實際行動，幫助他們起來革命，務使俄國工人階級的革命政權，成為世界革命的起點和火種。在另一方面，他提出了「蘇維埃社會主義共和國聯盟」這個公式，並且立即實行出來，務使俄羅斯蘇維埃社會主義共和國不成為單獨存在的國家，而成為「蘇維埃社會主義共和國聯盟」中的一個成員，成為不久便能實現的世界社會主義統一組織中的一個構成分子。

列寧所以要這樣辦，不是簡單為了他對共產主義的信仰，而更是為了客觀歷史的必然和必需。因為第一，他深信，這是俄國革命的

生死存亡問題。如果沒有各國工人階級與全世界被壓迫民族的革命支持，俄國工人階級的政權是難於長期存在的。第二，他深信，這是整個社會主義事業的前途問題。在世界革命進展的條件下，如果某幾個國家的工人階級先後奪取了政權，成立了「蘇維埃社會主義共和國」，那它們必須以「聯邦」形式結成極密切的聯盟，否則，它們便不能在帝國主義列強的包圍中保持自己的存在，它們便「不能實現被帝國主義所破壞的生產力的恢復和勞動者福利的保證」，而更根本的，它們便不能「趨向於建立一種統一的、依照總計劃由一切民族的無產階級所調節的整個世界經濟。」（以上引文見列寧起草的《民族和殖民地問題提綱初稿》第八節。）

很清楚，列寧是從世界歷史現階段的理論分析中，從世界規模的階級鬥爭中，特別是從蘇維埃國家的實際經驗中，得出了這些結論的。這些結論歸結起來，那就是：只有世界革命才能徹底打敗與根本推翻資本帝國主義，只有「蘇維埃社會主義共和國聯邦」，再由此過渡到「各民族勞動者的完全統一」，才能建設成世界一體的社會主義。

這個結論自然與「一國社會主義」無絲毫共同之點。它是在史大林未曾發明「一國社會主義」之前，列寧提出來的最有力的反對論據。

但是有人也許會說，「一國社會主義」雖然不符合馬克思主義的傳統立場，安知它不正是這個舊立場在新的歷史條件下的正確應用？

我們不想在這裏詳細討論這個問題，怕的是離題太遠了。在這裏，我們只想略略敍述一下當年產生「一國社會主義」的情形，以及它實施以來讓我們看到的一些結果。因為知道了這些情形，看到了那些結果，我們上舉的問題就不解自答了。

二十年代初期的蘇聯，國內戰爭已經結束，外國武裝干涉的危險暫時已成過去了，跟着，長期間遭受了破壞的國民經濟，也穩步走向恢復了。等得到了 1924 年前後，關於蘇聯未來經濟建設的問題，已經從各方面提出來，迫切要求有一個決定。可是正在此時，列寧卻病死了，西歐的革命形勢又迭遭挫折 —— 它們不能像俄國革命領袖們所期望那樣，及時地以革命支援俄國的革命，使之在聯合努力之下，共同解決有關革命之繼續前進與繼續擴大問題，以及共同解決社會主義建設的種種問題。

在這樣的情況下，關於蘇聯經濟建設的方針，蘇聯共產黨內部發生了兩派相反意見。

一派是以托洛次基為首的，他們認為：俄國工人階級既然奪得政權，並且保持了政權，那末不管國際革命的形勢如何不利，不管蘇聯是否在一時間或在較長時期內行將處於孤立地位，這個工人政權卻不但可以開始建設社會主義，而且應該去建設社會主義。因為不然的話，連政權本身都無法長期生存。不過在這樣的情形中開始建設社會主義，他們認為：該國的工人階級與一切革命者卻必須始終信守着社會主義的國際性的原則。因為他們肯定，在一個國家內開始建設社會主義是一回事，社會主義能否在一個國家內建設成功卻是另一回事。他們肯定了前者，卻否定了後者。因為他們深信，當資本主義已經不能限制在一國範圍之內的時代，社會主義是絕對不能在單獨一國中建設完成的。根據了社會主義建設國際性這個原則，他們又得出了關於社會主義建設的兩個基本態度：第一，必須把一國建設的利益從屬於世界革命的利益；第二，決不能把民族範圍內所已建設成功的東西叫做完成了的社會主義，更不能將它們當作共產主義，以免降底它的價值，醜化它的面貌，減損它的聲譽。

這一派的意見，顯然是列寧立場的繼續。

另一派以史大林為代表，他們認為：由於俄羅斯的地大物博，自然條件十分優越，所以只要沒有帝國主義者的戰爭干涉，俄國工人階級不但在蘇聯一國之內可以建設社會主義，而且可以建設到最後成功。根據這個認識，他們也採取了兩個基本態度：第一，世界革命的利益必須從屬於「社會主義祖國」的利益；全世界無產階級的中心任務歸結於「保衛蘇聯」。第二，當工業方面的生產工具與生產資料完成了國有制之後，只要再完成農業方面的集體所有制，社會上便已經取消了階級，社會主義制度便已經建設成功。

托史兩派的鬥爭，如所周知，主要因為蘇聯當年國內外的客觀因素有利於保守的民族立場，以致它在蘇聯共產黨中以斯勝托敗而告終。因此，自從二十年代中期以來，蘇聯的社會主義建設，就是依循着「一國社會主義」的路線而進行了的。

結果如何？

從第一個基本態度出發，史大林將共產國際變成為完全替蘇聯（實則替克里姆林宮官方）利益服務的一個機關，將世界革命變成為蘇聯與各帝國主義國家討價還價的籌碼。每當外國的一個革命局勢發生了，首先要看它是否與蘇聯利益有所衝突，如果衝突，即如果它妨礙了克里姆林宮與帝國主義的「和平共存」，史大林總是毫不猶豫地不加支持，或甚至幫同鎮壓那個革命。就這樣，一大串亞洲和歐洲的革命運動，在「保衛社會主義祖國」的名義之下被先後斷送了，以致在德國促成了法西斯的興起，使蘇聯認真地受到生死存亡的威脅。最後為了自保，竟不得不投入希特勒的懷抱，以此引發了第二次世界大戰，結果讓蘇聯陷入瀕於覆滅的悲慘命運之中。

　　從第二個態度出發，史大林採用了極端蠻橫的官僚辦法，付出極高的生命代價，不顧極大的財富損失，去完成農業方面的初步集體化。完成了這一步之後，史大林就貿然宣佈蘇聯「在基本上已實現了共產主義的第一階段，即社會主義」（見史大林對 1936 年 11 月舉行的第八次蘇維埃大會所作的《論蘇聯憲法草案》的報告。）。可是正在這個時候，蘇維埃和共產黨內的民主卻消失淨盡了，代表十月革命傳統的整代老布爾雪維克將被殺盡滅絕了，略有批評精神的年青一輩給摧殘鎮壓了，全體勞動者被置於資本家連想像都不敢想像的嚴厲管制之下了。警察特務的魔掌控制了一切，文化生活在任何方面都受到了窒息。這樣的社會制度，自然不是社會主義，不是共產主義的第一階段，而是用蘇聯工農的血淚繪成的一幅對於人類理想制度的諷刺畫。

　　可是這樣的諷刺畫，卻正是「一國社會主義」所能繪成的唯一作品。

　　由此可見，「一國社會主義」決非馬列二氏的國際主義革命立場在歷史新條件下的應用；恰恰相反，這是人們在不利的歷史條件之下不能堅持馬列的基本原則，叛離了這些原則，才製作出來的一種理論，它在理論上根本背棄了國際主義，在行動上根本放棄了革命，在實際上根本彎曲了社會主義。

＊　　＊　　＊

　　毛澤東的自力更生，和史大林的一國社會主義，無論就社會根源說，或就思想內容說，都是一類東西，都應該歸入民族社會主義之內。如果硬要在它們之間找出區別的話，只在於前者比較着重「主觀的能動性」，着重於「本國人民的辛動勞動和智慧」；後者比較着重「客

觀的實現性」，着重於俄國所具備的為建設社會主義「所必需的一切物質條件」。不過二者的畸輕畸重，根本不曾發展到我們前面所論述的有關自力更生的不同含義，所以實質上它們是完全一樣的。

理論上對一國社會主義的所有批評，毫無例外地適用於自力更生論。

中俄兩國不同的民族環境，相距二十餘年的不同時代條件，是否能使這同屬民族社會主義的兩種理論，發生不同結果呢？我們以為不能，因為首先，中俄兩國的民族差異絲毫不影響二國相同的階級關係。其次，二十世紀的二十年代和二十世紀的五十年代雖然具有極不相同的時代特點，但這些特點不足以影響社會主義的國際性或民族性這個根本問題（如有影響，那也是更加突出了國際性的）。換句話說，不管是二十世紀的二十年代或二十世紀的五十年代，時代的最基本的特點始終是帝國主義的瘋狂掙扎和世界革命的不斷進展。這就是說，史大林和毛澤東在基本上是屬於同一時代的。

因此，史大林曾經以一國社會主義名義犯下的種種錯誤與罪惡，毛澤東在自力更生名義之下也一定要犯，有的已經犯下了，有的則遲早也會犯下的 —— 只要這個方針繼續發展下去。

已經犯下的錯誤與罪惡，主要是在「三面紅旗」底下幹出來的。所謂三面紅旗，就是指 1956 年開始扯起的「總路線」；1957 年掛出來的「大躍進」，以及 1958 年高舉起來的「人民公社」。這三面旗幟是毛澤東自力更生思想的代表作。它們在中國人的政治經濟生活中掀起過空前巨大的波瀾，造成了非常深遠的影響，闖下了連續三年的「特大災害」。這個災害，比起一九三〇年代初期史大林「全面集體化」所造成的人為災荒來，縱未超過，也決不遜色的。

　　不過我們不想在這裏多事討論「三面紅旗」的錯誤。因為要詳盡地分析和評量這三件大事，需要巨大篇幅。做起來，將會大大超出我們本篇所定的範圍。我們在這裏所要研究的，畢竟只是經濟學家的毛澤東，只是想知道毛澤東對付經濟問題的態度，想知道他處理經濟問題的方法。經濟政策的結果，當然可以用來評量政策制訂者的地位，而且在某種情形下，也應該用這個標準來評量的。不過為了測驗和決定某一個政治家的思想家地位，那末，他制訂政策時所採取的態度和方法，卻具有更大意義的。當二十年代中葉，史大林初次提出他「一國社會主義」的理論時，史大林之所以為史大林，作為一個社會主義經濟理論家與世界革命戰略家的史大林，其地位與身量固已完全確定，根本不需要以後二三十年的事實證明了。同樣，毛澤東之所以為毛澤東，特別是作為馬克思主義經濟思想家的毛澤東，其地位與身量，也只要看他如何在思想上豎起這三面大旗就可以決定，不必更待它們造成的結果來證明的。

　　關於三面紅旗的本身，它們的經過和它們所造成的成績（如果有的話）和禍害，我們曾經在別的地方討論過。特別關於最後與影響最大的那面旗幟──人民公社，當它剛剛掛起來不久的時候，我們曾經做過相當詳盡的分析和批評，也曾對它的後果做過預測。這些預測，不幸都被往後的事實所證實的了。現在我們將該文不加修改，附錄在後面，請讀者們參考，同時也補足本文在這方面的省略。

　　這裏，我們將專談圍繞在三旗周圍的毛澤東思想。

　　「鼓足幹勁，力爭上游，多快好省地建設社會主義」這條總路線，是在 1958 年正式提出的。但在事實上，它在 1956 年就已經開始實行，而它在毛澤東的頭腦中最初形成，卻更在 1955 年年底。這條路線

如何闖進毛澤東的思想，是什麼客觀情勢使他想到了這條路線，毛澤東又是怎樣從客觀的經驗中做出他主觀的意見，——這些，實在是極典型的例子，足以讓我們憑此來認識毛澤東的思想方法。

1955 年年底，就中共的「經濟戰線」說，那是：經濟的恢復階段（1950–52 年）早已過去，第一個五年計劃也已執行了三年。因為有了蘇聯等兄弟國家的援助，因為有了蘇聯早期建國的正反經驗，再因為中國的工業落後，基礎低，起跑點近，恢復比較容易，所以無論是經濟恢復工作，或五年計劃最初三年的執行，都進行得相當順利，方法相當健全，成績是非常顯著突出的。

由於第一個五年計劃是以工業建設為中心的，在各項成績中，自然以工業為最突出，根據政府所發表的統計，五年計劃最初三年的工業生產，每年都超額完成了計劃。截至 1955 年為止，工業生產的總產值已經增長到 65%；而照五年計劃規定，五年內要增長 98.3%。這就是說，三年時間差不多已完成了四年的定額。又照五年計劃規定，五年內全國工業總產值，平均每年增長 14.7%，而在前三年，每年卻平均增長了 18%。

這種增長速度，不用說，在中國的歷史上是空前的，即使在先進的資本主義國家中也是少見的。不特工業方面如此，其他部門，除了那從無到有的各項基本建設工程之外，例如交通運輸部門，手工業與商業部門等等，它們增長和擴大的速度也都是如此 —— 雖然程度上不完全一樣。

可是在整個突飛猛進的背景上出現了一個例外，那就是農業。它非但沒有跟其他部門一樣去提前與超額完成計劃，卻一連兩年（1953與 1954 年）都沒有完成計劃。農業，按照第一個五年計劃，包含副業

在內的總產值，原本應該逐年增加 4.3%；可是，據說因為那兩年在許多地區發生春旱秋澇的自然災害，以致農業和副業的總產值非但不能按計劃增長，反而差點兒達不到 1953 年的水平。

為要配合基本建設及工業方面的飛快發展，使國民經濟其他部門可以跟上來，使各部門的發展能夠保持平衡，保持適當的比例，於是，中共在 1955 年的春天就計劃着，而且在秋天就發動了所謂「農業、手工業和資本主義工商業的社會主義改造運動」。他們企圖給前進了的生產力配上與之適應的前進的生產關係和生產組織，同時憑藉這樣的關係和組織，進一步地加速農業、手工業和資本主義的工商業的生產和運轉，其中自然特別要想促進農業的生產力，想補救它在過去兩年中無法完成計劃的缺點，更想藉以解決農業遠遠落後於工業的大問題。

這個運動，就其意圖說是正確的。處在當時情形中，從正確的馬列主義的立場出發，原本應該如此。可是結果卻大出乎意料之外：原本踏着相當堅實步子前進的中國經濟的各個單位，此時，一經努力「改造」，卻好像是幾匹競賽的馬，突然被瘋狂的騎師策進到一條完全沒有規則的，凹凸不平的斷頭跑道裏，以致混亂、衝撞、盲進、瞎退，發生了一場自相踐踏的大慘劇。它讓整個中國經濟蒙受了難以估計的損失，因而也使中共的政治聲譽受到了難以挽回的打擊。

怎麼會如此的呢？讓我們從頭講起。

1955 年 12 月，毛澤東寫了一篇具有深遠影響的文章，那就是他給《中國農村的社會主義高潮》一書所寫的〈序言〉。《高潮》是一本材料書。全是關於農村合作化運動的文章。中共中央所以要收集和編輯這些材料，目的就是要了解我們上面所指出的那個「農業、手工業和資

本主義工商業社會主義改造運動」進行的成績。特別是要了解農業合作化工作的情形。這個收集編輯工作是毛澤東親自主持的。那是他從來愛好的「調查研究」工作的一次大規模的實施。這部書編輯了兩次，一次在 9 月，第二次便是 12 月。第一次材料裏所反映的農村情況，大多數是 1955 年上半年的，少數是 1954 年下半年的。這些材料發給 1955 年 10 月召開的中共七屆六全擴大會議的各省級以下幹部閱讀，會後，大多數省、市和自治區送來了補充材料，其中有不少反映了 1955 年下半年的情況。毛澤東於是將全部材料重編一次，同時又重寫了一篇序言。這篇序言雖然不長，但是非常重要，因為它不但告訴了我們中共怎樣從「農業、手工業和資本主義工商業的社會主義改造運動」，走向「鼓足幹勁、力爭上游、多快好省」的總路線，而且讓我們很清楚地看見了毛澤東是怎樣做他們「調查研究」工作的，又是怎樣從「調查研究」中得出結論來的。

在那篇序言裏，毛澤東寫下了後來頗起作用，因而頗為出名的下面那段話：

> 問題還不是簡單地在材料方面。問題是在 1955 年的下半年，中國的情況起了一個根本的變化。中國的 1 億 1,000 萬農戶中，到現在 —— 1955 年 12 月下旬 —— 已有 60% 以上的農戶，即七千多萬戶，響應中共中央的號召，加入了半社會主義的農業生產合作社。我在 1955 年 7 月 31 日所作關於農業合作化問題的報告中，提到加入合作社的農戶數字是 1,690 萬戶，幾個月時間，就有五千幾百萬農戶加入了合作社。這是一件了不起的大事。這件事告訴我們，只需要 1956 年一個年頭，就可以基本上完成農業方面的半社會主義的合作化。再有三年到四年，即到 1959 年，或者 1960 年，就可以基本上完成合作社由半社會主義到社會主

義的轉變。這件事告訴我們，中國的手工業和資本主義的社會主義改造，也應當爭取提早一些時候去完成，才能適應農業發展的需要。這件事告訴我們，中國的工業化的規模和速度，科學、文化、教育、衛生等項事業的發展的規模和速度，已經不能完全按照原來所想的那個樣子去做，這些都應當適當地擴大和加快。

毛澤東這篇文章，尤其是文章中的這段話，對中共往後的全盤政策起了什麼作用，劉少奇曾經給我們做過了系統說明。在 1958 年 5 月召開的中共中央向八屆全代大會第二次會議所作的工作報告中，劉少奇說道：

事實上，到了 1955 年冬季，當生產資料所有制的社會主義革命顯然將在很短的時間內開始出現的時候，第一個五年計劃的「常規」就已經必須衝破了。毛澤東同志及時地提出了號召，要求以更高的速度來代替第一個五年計劃原來規定的速度。他在 1955 年 12 月所寫的《中國農村的社會主義高潮》的序言中說：

毛澤東同志接著把「序言」中所闡述的這個思想概括為又多、又快、又好、又省地建設社會主義的口號，並且指出了全黨的迫切任務，是要克服實際存在着的右傾保守思想……

根據毛澤東同志的倡議，黨在 1956 年 1 月向全國人民提出了《1956 年到 1967 年全國農業發展綱要草案》。這是一個多快好省地發展社會主義農業的綱領。它不但給全國農村工作指出了一個偉大的奮鬥目標，而且給整個社會主義建設事業指出了一個正確的發展方向。

　　毛澤東這篇〈序言〉與五年計劃的「衝破常規」有什麼關係，它跟以後「整個社會主義建設⋯⋯發展方向」有什麼關係，劉少奇在這裏是說得很清楚的。顯然，〈序言〉代表着十餘年來中共經濟政策的一個重要關鍵，它標誌出這個政策之由比較穩健轉為狂妄，由比較注意客觀規律轉而為「衝破常規」，由各部分的較有協調轉而為推翻平衡，由比較的逐年增長轉而為大進大退，由比較地能考慮客觀的物質條件和真實可能性，轉而為唯心主義地一味強調主觀的能動性，最後，由比較重視國際協作態度，轉而為專靠本國人力物力的單幹立場。

　　這樣一個關鍵所繫的重要文件，我們自須好好加以研究。不過在這裏，我們只想從上引文字中提出三個問題來談談。

　　一、根本變化的實質。在幾個月時間之內，有五千幾百萬農戶加入了合作社，即中國 60% 以上的農民進入了半社會主義的生產組織。無疑，這是「一件了不起的大事」。但它是否在中國的情況中起了「一個根本的變化」，換句話說，這樣一件大事是否真正能改變中國農業的落後情況？它是否確實能醫治這個農業的落後病？那還得看其他條件的。

　　較為進步的生產組織當然意味着較高的生產能力。合作化的農業經營，當然會比獨戶單幹更有出息。可是歸根結蒂，生產力的提高是要靠技術改進的；而合作社要想比單幹戶真能多出糧食，還得看人們走進合作社是否自願。如果以合作方式經營的農業組織，並沒有與之適應的技術基礎；又若這種經營方式並非為最大多數參加者自願接受，那末，所謂「先進的生產組織」，非但不一定能提高生產力，有時還能降低生產力。

所以最健全的「先進的生產組織」，應該是生產力發展的自然結果。技術改良了，生產力提高了，舊有的生產方式與生產組織無法與之適應了，那時候便順理成章地，產生出較大的、從個體趨向集體的、比較先進的生產組織。

整個社會的變革如此，某一經濟部門的變革也是如此。

當然，這個程式不是固定不變的。生產力和生產關係之間那種基礎和上層關係雖然不變，但是二者之相互作用與相互影響卻是可變的，而且是多變的。在比較落後的國家中，主要由於國內階級鬥爭的特殊情形，可以先發生先進的社會主義革命，然後再憑以建設社會主義的經濟基礎，同樣，在某一個較為落後的經濟部門中，也可以先採用比較先進的生產組織，然後憑此組織去加速促進該部門之內的生產力。

但是先變上層後動基礎的辦法，無論行之於一國之內或行之於一個經濟部門之內，都必須時時記得二者應有的關係，務使二者不要脫離得太遠，務使基礎能隨即追上並適應那跑在前面的上層。因為不然的話，那個太離基礎的上層建築必然無法穩固，必然要倒坍下來。

毛澤東似乎懂得並且注意了這一點的，因為在指出這個「根本變化」的同時，他要求工業化的規模和速度，以及其他方面發展的規模和速度，「都應當適當地擴大和加快」，藉以「適應農業方面發展的需要」。這裏毛澤東的意思，彷彿正是說：現在，農業組織的先進架子是搭起來了，但技術基礎跟不上，遠遠地落在後面。為的要讓這副架子不致落空，為的要使它真能大大促進農業生產，工業必須以比前更大的規模，比前更快的速度，將新的技術來支援農業，給先進的組織及時提供先進的基礎。

　　毛澤東是否這樣想呢？並不。依照他的意思，合作化本身就已經是一個根本變化，其本身就已經是農業發展，其本身就已經是農業生產大躍進的足夠保證。所以毛澤東在這裏要求擴大和加快工業化的規模和速度，其用意顯然不在於使農業的技術基礎趕上它先進的組織形式，而在於使工農二業齊頭並進。

　　這是一大錯誤，也是中共自 1956 年以來經濟上一切倒行逆施的起始原因之一。本來，合作化的推進，為的要鞭策農業去追趕工業，可是突然間，發現農業中起了一個「根本變化」，於是倒轉頭來，要鞭策工業等等去追趕農業了。這樣的「你追我趕」，只因那個「根本變化」既非根本而又非真實之故，以致一着錯，全盤落索；那原已落後的農業竟因之而更落後，原本快速的工業卻因進得太快而傾跌了。

　　二、怎樣發生這件「了不起的大事」的？毛澤東把「根本變化」的表象當成了實質，主要的原因，除了上述之外，又由於他根本不查問一下，究竟這一件「了不起的大事」是怎樣發生的。在〈序言〉裏，他提出過問題：「農業合作化的進度這樣快，是不是在一種健康的狀態中進行的呢？」這問題當然問得很好。如果他認真、冷靜而客觀地去尋找答案，那末，他當能看到那個根本變化的真相和實質，因而可能收回這個宣佈吧。不幸事實並非這樣。緊接着問題，他便自己斷然回答道：「完全是的」，理由呢？他舉出了兩個：第一，「一切地方的黨組織都全面地領導了這個運動」；第二，「群眾已經看見了自己的偉大的前途」。這兩個理由完全透露了一架全能主義官僚機器的最高領袖的可怕處境和他可憐的思想。同時，它們又暴露了毛澤東式「調查研究」的不濟事。一切事，只要是在黨組織的全面領導之下的，就已是足夠的保證，保證它們是「在健康的狀態中進行」的了。這種論斷，其實只是如下一種邏輯的應用，它就是：因為黨領袖的英明領導是永遠正

確的，所以在他領導之下的一切黨組織的領導也是永遠正確的。因為黨組織的一切領導是永遠正確的，所以在它們領導之下的任何工作也不可能有錯誤的。依據這個邏輯，黨領導成了正確或健康的同義詞，黨組織的本身就是正確與健康的本身。因此，當你要「調查研究」一件事進行得是否正確，只要問它是否在黨領導之下就得。至於黨領導之絕對正確與永遠正確，那是完全不成問題，而且根本不許成為問題。

這種態度是羅馬教會那個「教皇永不犯錯」，「教會永不犯錯」態度的翻版，是史大林官僚辦法的承襲，與馬克思列寧的科學的革命精神毫無相同之點。

當然，你也許會說，毛澤東這句話恐怕只是一時「語病」，因為事實上，他搜集、批閱和編訂了這樣一大批第一手資料，已經足夠證明他也在查究地方組織領導工作的是否健康了。對，他是在調查，不但調查，他還在不斷地清洗這些組織哩。可是問題不在於調不調查，問題更在於目前中共業已形成的那種制度和作風是否還能讓毛澤東調查出個什麼來。

由於瘋狂的個人崇拜，由於全能的官僚獨裁控制，毛澤東要想在他部下所寫的文章或報告中，看到一句半句他未曾說過或不準備說的話，那簡直比在沸湯裏找活魚還難。地方組織的所有文章報告，不是遵旨上奏，便是先意奉承。其中不會有一點異見，更不會有絲毫批評。它們只能把下面的實況砍之削之去湊合上級命令的框框，卻不敢把框框以外或不合框框的真情反映上去。領導上發給下級的命令，行得通固然拼命去行，以便爭取上級的表揚；如果行不通的話，幹部們也得不顧死活去行，或者裝模作樣去行，以此表示他們自己有辦法，有能耐，讓上面賞識；如果終於無法「克服困難」，行糟了，那他們就

來一個憂報喜，凶報吉，同樣「證實了」上級領導的永遠正確。在這樣的一個系統和這樣的一種風氣中，毛澤東縱使有萬分誠意，想從那些報告中調查研究自己政策的執行結果，試問又怎麼能夠？從那些報告中，他所看到的只是自己意見之較好或較壞的摹擬，以及自己愛憎之誇張的與虛偽的發揮。「上之所好，下必甚焉」，上之所憎，下亦必甚焉。毛澤東想從這些報告中看到自己政策的正確反映，實際只是聽到了擴大到可怕程度的自己說話的回聲罷了。

當毛澤東在湖南向「窮秀才，破產的商會會長，錢糧師爺與小獄吏」作調查研究時，他可能得到點真實知識的，因為那時候，他「給他們當小學生」。可是到了1955年，當毛澤東做了中國歷史上權勢空前的統治者之後，當全中國的黨政幹部與非黨幹部都必須依照「毛澤東思想」說話和辦事的時候，這樣的調查研究便絲毫科學性或客觀價值都沒有了。

因此，以黨組織領導來證明合作化運動的正確進展，是不能成為理由的。

毛澤東所舉的第二個理由也是不能成立的。他說：「農民是那樣熱情而又很有秩序地加入這個運動。他們的生產積極性空前高漲。最廣大的群眾第一次清楚地看見了自己的將來。」他們是從哪裏看見了「自己偉大的前途」的呢？據說是從五年計劃中。「在三個五年計劃完成的時候，即到1967年，糧食和許多其他農作物的產量，比較人民共和國成立以前的最高年產量，可能增加100%到200%。文盲可以在較短的時間內（例如七年至八年）加以掃除。許多危害人民最嚴重的疾病，例如血吸蟲病等等，過去人們認為沒有辦法對付的，現在也有辦法對付了。」

毛澤東的這番話無異在說：中國農民與全世界的農民根本不同。人家必須從長期痛苦的經驗中，必須從親自體驗的利害比較中，才能逐漸放棄小有產者的資本主義的偏見，才能接受半社會主義或社會主義的經營方法。中國農民卻只要看見中共擬訂的三個五年計劃的數字，只要聽到將來計劃完成後的美好光景，就能夠大徹大悟，心服情願地聽從黨組織的領導了。他們有熱情又有秩序地加入了這個運動，並且將自己的生產積極性提到空前高漲的程度。

如果毛澤東這個理由是符合實情而又正確的，那末，馬克思的唯物史觀便是錯誤的；恩格斯和列寧關於小農所說的一切話都是錯誤的。

英國人有句諺語：「你能夠趕馬入水，卻不能強迫馬兒喝水。」同樣，你能夠用命令（甚至像史大林當年用過的機關槍）在「幾個月時間」驅使五千幾百萬農戶走進合作社，卻不能用同一方法提高他們的生產積極性。

三、是科學家的鄭重先見呢，還是占星家的輕率預言？在〈序言〉中，我們還看到了毛澤東愛給重大事件開出期票的特點。他說：「只需要 1956 年一個年頭，就可以基本上完成農業方面的半社會主義的合作社。再有三年到四年，即到 1959 年，或者 1960 年，就可以基本上完成合作社由半社會主義到全社會主義的轉變。」一個革命思想家，當然有權利預言。甚至可以說，革命理論家的最大力量恰恰在於他對事變發展能有所先見。在預先指出事變的發展時，大體用上幾個年份的數字，當然是允許的，有時也是必要的。但是這樣做的時候，首先要使這個確定的年月數字實在是分析了過去和當前種種條件的結果；其次，這個確定的數字，又必須是鄭重分析今後種種條件的結果。只有這樣的時間數字才是必要的，才對事變的推進有幫助，才對政策的實

現有好處。否則，時間預約變成不兌現的期票，非但於事無補，而且大大有害：因為預約者的喪失信用事小，全盤工作因時間表之錯誤安排而遭致嚴重損失則事大也。

毛澤東愛定時間，愛以明確的數字來規定時間。當他這樣做的時候，卻很少注意到我們上面所說的鄭重分析。他總是直覺地估定，隨隨便便出口，為了宣傳，為了好聽。這樣的時間數字，當然不會比《燒餅歌》上的預言有更大價值，但是有無可比擬的更大害處。

星相「哲學家」們給你談了流年終身，到時不靈，充其量不過讓你損失少數金錢；一國元首給國計民生訂定了計劃，預言「交運」，「旺財」之期，如果一再失誤，卻關係着幾億人民的休咎，關係着無數財富的得失。

毛澤東的「張鐵嘴」作風，便曾造成了莫大損失的。下面我們將約略談談「毛澤東思想」在這一方面的表現。

不過首先請讓我談幾句題外的話。中國舊文人對於數字的態度，不是玄妙的，便是文學的，卻從來不是科學的。他們從數字中看出來的意義，多的是神秘的象徵，少的是確切的關於量的概念。毛澤東雖然不迷信，卻是個詞人，他的數學又是「蹩腳得可怕的」（他的數學老師徐特立給下的評語，見《西行漫記》。），這就使他很自然與很出色地繼承了這個傳統。這個傳統，當他將外來的共產主義拿來中國化的時候，也曾起了不小作用的。譬如：「三大……」、「八項……」「五反」、「四清」之類，不僅見之於通俗的口號標語，而且見之於鄭重的政策政綱。這類用語，在宣傳藝術上自有其不可否認的價值，因為它們易懂、易記、合乎中國人傳統的語法和想法。這是毛澤東在繼承了中國文人「數字傳統」的好的方面。

可是還有它壞的一方面，而且這方面為害之烈，其壞之甚，卻是大大超越了它的好處的。

當毛澤東以經濟政策與經濟建設的最高指導者資格出場時，他的那個詞人式的數學頭腦便闖其大禍了。無論什麼數字，不管它是關於時間年代的，也不管它是關於經濟資料的，或關於統計數值的，毛澤東都貫徹他那種詞人態度：粗枝大葉，不求精審，以意度之，稱心為尚。像「一萬年太久，只爭朝夕」之類的時限和數字，在詩詞裏固然不失為好的詞藻；但他以同樣態度，應用它們於經濟計劃之中，應用它們於有關此等計劃的指示之中，那又怎能不貽害無窮呢？

在〈序言〉中，毛澤東給農業方面半社會主義合作化的完成期定為一年，給半社會主義合作化到全社會主義合作化的轉變定為三年到四年。這個「一」、「三」、「四」的數字是怎樣定出來的？僅僅從一個事實推算出來，那便是：「幾個月時間，就有五千幾百萬農戶加入了合作社」。但是這裏的「幾個月」，究竟和「一、三、四」年之間有着怎樣事實上與邏輯上的關係？文章中完全沒有告訴我們。

也許毛澤東是考慮過這些關係的吧，不過事實證明；他即使考慮，也決非鄭重的。他定下了時限而毫不受其拘束；時限讓事實超越了，他從不加以交代；他時常以甲時限去代替乙時限，卻絕不給人以解釋。你們看，在〈序言〉中，毛澤東告訴我們：「只需要 1956 年一個年頭，就可以基本上完成農業方面的半社會主義的合作化」。但是事實上，這種合作化的完成，根本不再需要任何時間了。因為有了黨中央和毛主席的號召之後，幹部們就再不耐煩去按部就班搞什麼「半社會主義的低級社」了。他們乾脆將未曾合作化的 40% 的農戶，和其他已經合作化的 60% 的農戶拉在一起，一同躍進到「全社會主義的高級

合作社」去了。因此，在〈序言〉中定下的另一時限：「再有三年到四年，即到 1959 年，或者 1960 年，就可以基本上完成合作社由半社會主義到全社會主義的轉變」，也受到了影響：這個轉變不是在三四年內完成，而僅僅在 1956 年一年之內便完成了。

毛澤東如果對他自己走過的時期看得鄭重的話，對於這兩種合作化的提前實現，應該有個交代與解釋，以便對今後新時限的訂定能有所參考吧。然而不，他根本沒有再作任何檢查，甚至根本不再提起，乾脆把它們忘卻了。

1957 年 2 月，即在毛澤東寫作〈序言〉之後的一年零二個月，在他所作《關於正確處理人民內部矛盾的問題》的報告中，提到農業合作化的時候，關於合作化的迅速完成，關於「實際進展」遠遠超過了他 1955 年所定時間表這件大事，他不用一言半語來說明。他只是根據了新的「現實」，又給未來定下了一張新的時間表：「大概需要五年，或者還要多一點時間」，「合作社才能鞏固」。換句話說，那些提前了好多年辦起來的「全社會主義的高級合作社」，雖然成立，卻還不曾鞏固的。據毛澤東的估計，如果它們到了「第二個五年計劃期內」，即到 1962 年或再遲稍許的時候，「能得到鞏固，那就很好了。」

毛澤東這一次的時間表如果真是分析了當時的客觀情況定出來的；定出來之後，如果他又真能鄭重其事地依照這張時間表，切實加以執行的；那末，他不清楚交代舊時間表所以推翻之故，原不重要。因為問題畢竟不在於面子，而在於實質也。

不過事實證明，毛澤東 1957 年的時間表，比他的 1955 年時間表，制定得更加輕率，推翻得更加荒唐。

自從這張新時間表定下來，僅僅過了一年零六個月，即到了 1958 年 8 月，那時候，依照〈序言〉的舊表，由低級合作社到高級合作社的轉變尚未基本完成；若依《內部矛盾》報告中所定出的新時間表，則離開全社會主義的高級合作社的「鞏固」，至少還差三年或四五年；但是毛澤東通過那個震驚中外的《中共中央關於在農村建立人民公社問題的決議》，告訴我們道：現在問題根本不再是關於合作社，不再是什麼鞏固或整頓，因為合作社「已不能適應形勢發展的需要了。」現在的問題是：「大型的綜合性的人民公社不僅已經出現 …… 而且 …… 很可能不久就會在全國範圍內出現一個發展人民公社的高潮」…… 因此，代替着那張過時的時間表，提出一張最最新的時間表：「看來，共產主義在我國的實現，已經不是什麼遙遠將來的事情了。」

同樣是 1958 年。但是在這一年內中國農村中將能與所能完成的大事，在毛澤東的頭腦中，在前後相距不出三年的時期內，卻能有三種極不相同的想法與估計：在 1955 年 12 月，毛氏以為在該一年內將可使大多數低級合作社變為高級社；在 1957 年 2 月，毛氏以為在該一年中將開始「鞏固」「全社會主義的高級合作社」；可是一旦正式踏進了這一年，毛氏卻說一切合作社均已過時，現在要辦人民公社，共產主義的實現已經不遠了！

這裏我們不談事情發展的實質，不談毛澤東在此期間一再改變看法是否正確，不談這些改變是否為客觀所需；我們僅僅從他預約確定時限與年數，並隨便改變時限與年數這一點看，也可以充分看出他是多麼的輕率，多麼的兒戲，多麼的信口開河！

不過，以上所述還不是有關此事的最典型的例子，更精彩的還在後頭。

在建立人民公社問題的決議中，毛澤東對於「建立社會主義」究竟需要多少年這個問題，給了我們很明確的答案：「有些地方可能較快，三四年內就可完成，有些地方可能較慢，需要五六年或者更長一些的時間。」到了那個時候，他說，「它的性質還是社會主義的，各盡所能，按勞取酬。」由這個制度發展到「各盡所能，各取所需」的共產主義，還需要一些時候。究竟需要多久？毛澤東沒有給過確定數字，他只是說「然後再經過多少年」。不過由於他接着聲明「不是什麼遙遠的將來」，這個「多少年」顯然不是指幾百年，甚至不是指幾十年。

說了這樣的話之後，又將近過了五年，即是說，到了 1963 年 3 月。那時，按照人民公社決議上所定的時間表，中國的社會主義，至少中國農村中的社會主義是已經「建成」了。那時就要準備在並非很久的將來進入共產主義了。可是，正在這個時候，毛澤東又提出了一張新的時間表，據他說：「現在所有的社會主義國家的經濟發展水平，都還離開『各盡所能，按需分配』的共產主義的高階段很遠很遠。因此，要消滅工人和農民的階級差別，還需要一個很長很長的時間的。」（見《關於國際共產主義運動總路線的建議》。）

這兩張時間表相差得太大了。第一張，對於革命成功才只九年、一窮二白的中國說，在「不是什麼遙遠將來」的「多少年」之後，就可以實現共產主義了。第二張，對於十月革命後已渡過了四十六年，經濟發展的水平比中國高出許多的蘇聯說，共產主義的實現卻還離得「很遠很遠」；它還「需要一個很長很長的時間」。如果將要在中國和蘇聯分別實現的共產主義本質上並無不同的話，那末毛澤東在前後五年內對它能約許了兩個如此不同的時限，實在是令人大惑不解的。

不過，令人大惑不解的還有更甚於此者。

自從毛澤東宣佈蘇聯離開「共產主義的高階段很遠很遠」之後一年，即是說，到了 1964 年 7 月，透過另一個基本文件（〈九評蘇共中央的公開信〉），毛澤東再提出了一張時間表。根據這張時間表，「在政治思想領域內，社會主義同資本主義之間誰勝誰負的鬥爭，需要一個很長的時間才能解決。幾十年內是不行的，需要一百年到幾百年的時間才能成功。」所以他宣佈「社會主義社會是一個很長的歷史階段。」

請大家注意，這回談的不是共產主義了，更不是「共產主義的高階段」，而只是社會主義。這個主義的完全實現，據說都「需要一百年到幾百年的時間。」

既然社會主義的完全實現都需要這麼長久的時間，不用說，共產主義的實現，更得在遙遠的未來了。可是，我們沒有忘記，僅僅在六年之前，毛澤東曾經莊嚴地宣告：「看來，共產主義在我國的實現，已經不是什麼遙遠將來的事情了。」

這是怎麼回事呢？一會兒，說共產主義可以實現於不遠的將來；一會兒，卻又說連社會主義的實現都得在一百年到幾百年之後！如果前一個斷語是對的，那末後一個時限便錯了。反之亦然。但是毛澤東卻能兼包並容，彼此相安，或竟能前後兩忘，說過就算！

如此這般的確定時限與年數，那是多麼的輕率，多麼的任意與不負責任！

當然，輕率、任意與不負責任只是表象。在它後面隱藏着遠較嚴重的實質。透過這個表象，我們可以看出毛澤東對於社會主義與共產主義的基本原則是多麼的無知或忽視；我們可以看出毛澤東對待重大的經濟問題是多麼的不嚴肅，不科學；我們又可以看出他在處理任何

重要問題時，是多麼的欠缺一貫性，多麼的陷於經驗主義和印象主義的泥淖而不能自拔！

　　如果聯繫着 1955 年以來中國所發生的實際情形，我們再來研究上舉的那些時限和數字，那就更加可以看出作為「理論家」的毛澤東的弱點。因為那時我們將會看到：毛澤東之宣佈它們，雖然輕率，卻非任意的。原來每一個時限和數字，都是以毛澤東在該一時期的經驗印象為基礎的。「形勢大好」了，共產主義在他「看來」便即將在中國實現；等到形勢一變，三面紅旗倒下來砸壞了他的腦袋了，他就宣佈社會主義的完全實現得在「幾百年之後」。一切都有根據，一切都有基礎——可惜根據的不是真實的客觀，而只是行情性的變化；它們的基礎，不是嚴肅的分析與一貫的認識，而只是毛澤東眼中以幻作真的印象。

＊　　＊　　＊

　　上面，我們主要從毛澤東的思想方法和工作方法的角度，觀察了並且研究了他從 1955 年以來如何豎起那三面紅旗，如何對待中國社會主義經濟建設中的基本問題。我們的研究是極不全面的，因為我們不想踰越給自己劃定的範圍，度量作為經濟理論家的毛澤東的身材。根據上面所說，大體上已經可以讓人看出這個身材高矮了。我們原可以不再詞費。只因人民公社是三旗之中最大最後的一面，毛澤東之提出這個辦法，據宣傳又是他對馬列主義在理論和實踐上所作的最偉大的貢獻之一。因此，毛澤東如何想到這個辦法，如何提出這個辦法，如何決定實行這個辦法，對於毛澤東的思想方法和工作方法實在是一個具有非常重要性的問題。我們還得談一談。

前面我們敍述過：因為在 1955 年夏秋之間的短短幾個月中，中國農戶 60% 以上合作化了，毛澤東從這裏看出了中國情況的根本變化，主張在經濟文化建設的所有方面，都要突破常規，加快發展速度，以便和起了根本變化的新情況相配合。接着，他提出了「鼓足幹勁，力爭上游，多快好省建設社會主義的總路線」；他又號召了「全民煉鋼」，大興水利的「大躍進」運動。由龐大嚴密的黨機器帶頭，在更為龐大的各種群眾組織的輔助之下，一個「熱火朝天，氣吞山河」的生產建設運動發動起來了。結果，「捷報」像雪片傳來，「奇蹟」不分晝夜出現，弄得北京城裏的中共領袖們歡欣鼓舞，認為馬克思說過的「一天等於二十年」的預言正在實現中。於是，原本被他們認為能促成生產建設戰線上全面大躍進的那個農民生產合作社，現在卻倒轉來成為農業生產更大高潮的障礙物了。必須突破合作社這個小框框，於是「人民公社」這面紅旗就適應需要而升起了。

這是三面紅旗先後升起的程式，也是那幾年事實發展的表面經過。這個程式的推進是否由於客觀群眾的要求，那個表面的發展下面是否有真實基礎，我們已在別的地方討論過，此地不贅 [5]。此地我們只想提出一個問題來談談，所謂合作社妨礙農業生產的更大高潮，因而必須打破這個小框框，必須代之以人民公社這個大組織 —— 這究竟何所據而云然？還有，毛澤東對於這樣一件大事，究竟做了怎樣的調查研究？

關於農業生產飛躍發展這個判斷，中共領袖們所根據的顯然是下級機關送來的「喜報」，甚至是領袖們自己幻想出來的「奇蹟」。不過二者相比，我們看見，「奇蹟」所起作用，還大大超過了「喜報」的。

農業的全盤合作化，最後完成於 1956 年初。這一年，據宣佈，乃是建設戰線上初現高潮的一年。這一年，據劉少奇在中共八大二次

會議上報告，農業生產增長了「4.9%」。1956 年又是所謂「右派猖狂進攻」之年。這一年，根據劉少奇的同一報告，因為「農業發展綱要四十條竟然受到了某些人的懷疑。其結果是損害了群眾的積極性，影響了 1957 年生產建設戰線上特別是農業戰線上的進展。」這就是說，1957 年的農業生產沒有增長，也許還減少了。究竟減少了多少，劉少奇沒有發表具體數字，在同一會議上作《農業發展綱要》說明的譚震林也不曾提及。按着便是「大躍進」的 1958 年了。這一年的農業生產，據譚震林在 5 月間對中共大會發表的樂觀估計，「如果今年不遇到大水大旱，…… 全國糧食增長的比例，將有可能達到百分之十幾到二十幾。」

這樣，我們看見了：自從農村中實行了全面合作化之後，一直到合作社被宣佈為「不適應形勢發展的要求」而必須轉變為人民公社，這中間，農業生產的增長率是 1956 年所曾實現的 4.9%，以及 1958 年所預許的「百分之十幾到二十幾」。

可是，請讀者們注意讀一下同年 8 月，即在上引劉少奇和譚震林發表報告之後三個月，中共中央《關於在農村建立人民公社問題的決議》。特別請注意讀一下決議案的第一節，關於建立人民公社的客觀原因一段。它說：「在克服右傾保守思想，打破了農業技術措施的常規之後，出現了農業生產飛躍發展的形勢，農產品成倍、幾倍、十幾倍、幾十倍地增長。」(加重點是我加的 —— 作者)

所謂「成倍」，即 200%；「幾十倍」，即百分之幾千。然而僅僅三個月之前，農業主管人在正式代表大會上提出來當作理想年景的，到 1958 年的年底，才只希望增長百分之十幾到二十幾哩！

究竟哪一個文件對呢？究竟連百分之十幾的增長都尚待實現對呢？還是兩年來早已增長了百分之幾千對呢？根據那時以前和那時以

後的中共自己發表的文件，再核對一下客觀事實，當然，譚震林的數字是較為老實的 —— 雖然也已經大大誇張了。

然則，毛澤東以及中共中央的委員們，怎麼能全無根據地，顯然與自己剛剛發表的數字完全不符地，甚至跟最起碼的常識都違反地、將「成倍、幾倍、十幾倍、幾十倍地增長」這樣荒唐的數字寫下來呢？要知道這根本不是什麼普通宣傳，不是群眾大會上的鼓動演說，而是中共中央的決議。它還不是中共中央的普通決議哩，而是在一次非常的中委會上關於一件非常大事所作的決議。這件大事與 5 億以上中國人民的生活有關。這件大事將要在數千年中國的歷史上完成一次空前的轉變。這件大事甚至要在整個人類史上創造一個「建成社會主義和逐步向共產主義過渡的最好的組織形式」。如此偉大的一件事情，為這件事所作的如此鄭重的決議，其中寫下來的客觀的物質的理由，怎麼可以如此的信口開河，如此的胡說霸道，如此的隨便到近於兒戲？

撇開客觀的需要不談，這裏主要是由於毛澤東那種輕率、大膽、冒險、浪漫與非科學的工作方法和思想方法。這種方法自然讓他做成過一些事情，但是也讓他搞壞了不少事情，而在這些搞壞了的事中最大的一件，大概要算這回的大躍進和人民公社了。

在毛澤東決心制定人民公社辦法之前，中共曾經大事宣傳，詳盡地記錄了毛主席親自訪問各地農村的情形。這種宣傳的目的無非想告訴大家：毛澤東始終是實事求是的，走群眾路線的，事非調查研究是不肯輕易舉辦的；所以那些報告竭力報導了毛主席如何不恥下問，如何謙虛和藹，如何一邊學習又一邊教導。總之，這些報告一方面宣揚毛澤東處處落實的工作態度與思想方法，另一方面想證明人民公社首

先是「從群眾中來」的一個普遍要求，然後才是「向群眾中去」的一條指導路線。

事實上，這些報告能發生怎樣的影響，我們不去管它。不過我們卻應該感激它們的，因為正是從這些報告中，我們形象地，因而更真實地看見了毛澤東怎樣「到群眾中去」，他的所謂「調查研究」究竟是什麼一回事。

下面是摘引自當時各報登載的一篇有名通訊。題為〈毛主席到了徐水〉。作者署名「康濯」【朱正按　康濯（1920-1991），本名毛季常，湖南湘陰人。曾經在延安魯迅藝術學院學習。擔任過中國作家協會理事。他寫這篇通訊的時候是河北省文聯副主席兼中共徐水縣委副書記。】，日期是 1958 年 8 月 4 日。再過半個月，即到了同月 29 日，中共中央就要在北戴河召開的會議上，通過《關於在農村建立人民公社問題的決議》了。毛澤東在赴會之前，順道訪問了河北、河南、和山東的農村。顯然，這次調查研究，是要給人民公社制度尋找「客觀的事實」根據的。那時人民公社已開始在河南的一兩個地方建立，所以不能說，這次調查促發了毛澤東關於人民公社的思想；但是可以說，毛澤東已經起意的人民公社辦法，經過這次調查，鞏固下來了，堅決起來了，一定要把這制度推廣到全中國（不僅農村，當初連城市都包括在內的），因之寫下了那個北戴河會議的決議，並且轟轟烈烈地，如火如荼地，搞起了人民公社的運動。

現在請看他是怎樣調查研究了徐水的。

　　下午四點半鐘，毛主席由河北省委書記處書記解學恭，河北省副省長張明河，……陪同，首先到了南梨園鄉的大寺各莊農業

社。毛主席精力充沛，滿臉紅光……主席在進門的時候，就已經認識了這個鄉的黨委書記詹登科，社裏的支書閆玉如和社主任李江生；現在，又讓寫了寫他們的名字，並且把每個名字都念了一遍。接着就抬起頭來問他們：

「今年的麥子收得好嗎？」

「很好！比哪一年都強。」李江生回答。

毛主席又問：「每畝平均多少斤？」

支書閆玉如答道：「754斤！」

毛主席笑着「啊」了一聲，讚歎地說道：「不少呀！」隨後又問大秋作物的預計產量；問了社裏的，又問全縣的。縣委書記張國忠告訴主席說：今年全縣夏秋兩季一共計劃要拿到12億斤糧食，平均每畝產2,000斤。張國忠又說，主要是山藥高產，全縣共種了春夏山藥35萬畝。毛主席聽過以後，不覺睜大了眼睛，笑嘻嘻地看了看屋裏的人，說道：

「要收那麼多糧食呀！」這時候，毛主席顯然是想起了張國忠在路上介紹的本縣情況，就伸出又厚又大的堅強的巴掌，算賬一般地說：「你們夏收才拿到九千多萬斤糧食呢！秋季要收11億呀！你們全縣31萬人口，怎麼能吃得完那麼多糧食啊？你們糧食多了怎麼辦啊？」

大家一時都被毛主席問住了。後來，張國忠答道：「我們糧食多了換機器。」

　　毛主席説：「又不光是你們糧食多，哪一個縣糧食都多，你換機器，人家不要你們的糧食呀！」

　　李江生説：「我們拿山藥造酒精。」

　　毛主席説：「那就得每一個縣都造酒精！哪裏用得了那麼多酒精啊！」

　　毛主席呵呵笑着，左右環顧地看看大家。大家不覺都笑了起來。張國忠也笑道：「我們只是光在考慮怎麼多打糧食！」

　　毛主席：「也要考慮怎樣吃糧食哩！」

　　很多人都在私下裏互相小聲説着：「毛主席看問題看得多遠，看得多周到啊！」

　　「其實糧食多了還是好」，毛主席又笑道，「多了，國家不要，誰也不要，農業社員們自己多吃嘛！一天吃五頓也行嘛！」

　　毛主席親切而很有風趣地笑着，一邊就站起來，要到村子裏去看看。」

　　讀到這裏，我簡直疑心是在讀《紅樓夢》了。「老祖宗」遊花園，身邊圍繞着一大群夫人、姑娘、媳婦、丫環。她們像眾星拱月似的，簇擁着這位寧國府裏的最高權威，這裏看看，那裏坐坐，千方百計地奉承她，迎合她，逗得那個老太太心花怒放。老太太樂了，偶爾也説上幾句笑話兒，那時這些丫頭，媳婦們便互相小聲説着：「老太太看得多遠，看得多周到啊！」乖巧的王熙鳳，配上那個善體人意的劉姥姥，即席表演了一兩段胡鬧劇，老太太就笑她們小家子氣，説道：「誰教鳳丫頭這麼寒傖來着，像咱們這種人家，一天吃五頓也行嘛！」

璉奶奶就立刻打自己的小嘴巴，趁勢兒又大捧了一陣賈母。大夥兒自然又免不了齊聲頌讚一番。

寧國府裏的老祖宗不可能從這樣的遊玩中摸清楚這個封建大家庭的家境家底；同樣，中國共產黨的主席也不可能從這樣的遊玩中調查出農村合作社的實際情況。圍繞在這個「老祖宗」身邊的，雖然不是珠光寶氣、千嬌百媚的娘兒們；但是這些身穿中山裝的偉丈夫，這些書記、省長、主任和社長們的伶牙利齒，他們的刻意奉承，他們那窺伺顏色的本領，他們那「逗人開心」的能耐，卻決不在於王熙鳳、薛寶釵等人之下的。

不過，讓我們跟着這位現代賈母再遊一兩處風景吧：

> 從食堂出來，向地裏走去。場裏地裏的社員都鼓掌歡呼，毛主席又接連不斷地揮手點頭，同大家打招呼。毛主席大概是看到地裏做活的婦女很多，一邊又對陪同他的人說：「這裏婦女勞力解放得很徹底哩。」

> 保定地委書記李悅農告訴主席，說這裏的婦女都脫離了炕台、鍋台、磨台、碾台這四台。主席就說：「是呀！人人都吃食堂，社社都辦幼兒園。」

由於這樣的一問一答一肯定，我們看見，在那時以後的至少整整半年中，全中國農民家庭中的鍋台全給拆了，人們必須每天兩次，在炎日下，或寒風中，走上長短不等的路，上破廟或舊祠堂改成的「食堂」裏去吃那半生不熟的，或焦黃墨黑的公家飯。這辦法給 5 億農民帶來了莫大的不便和痛苦，卻原來是如此輕鬆地調查研究出來的。

讓我們再往下看吧。

　　毛主席又看了玉米和穀子，看了糞堆形的山藥……主席聽到那些山藥都是畝產 25 萬斤，有的竟計劃畝產 100 萬斤，不禁又笑問道：

　　「你們這糧食吃不完，怎麼辦呀？」又對鄉、社幹部說：「糧食多了，以後就少種一些，一天做半天活兒，另外半天搞文化，學科學，鬧文化娛樂，辦大學中學，你們看好嗎？」

　　大家都說好，都聽得很高興。有人告訴主席，說這社已經辦起了共產主義的紅專大學；主席又驚喜地「啊」了一聲，笑着直點頭。跟着就走上大道，同大寺各莊農業社告別。

這一段遊園的精彩描寫，讓我們看到了：在一窮二白的基礎上，立即實現共產主義的可能性又是怎樣調查出來的。

最後──

　　毛主席到了縣委會，頭一句話就同省委解書記和張副省長說：「這裏的幹勁不小哩！」又對大家說：「世界上的事情是不辦就不辦，一辦就辦得很多！過去幾千年都是畝產一二百斤，你看，如今一下子就是幾千上萬！」

　　毛主席問了問河北省其他地區莊稼的情況，又了解了一下徐水去冬今春實現水利化和今年抗旱的情況。最後，指示徐水縣委要早抓明年的糧食規劃，要多種小麥，多種油料作物，種菜也要多品種，這樣來滿足人民的需要。又說，小麥地一定要深翻，翻到一尺以上；以後人民就主要吃小麥，玉米和山藥餵牲口，餵豬；豬餵多了，人民就多吃肉。最後說道：「下邊真好啊！出的東西真多啊！」又笑着對大家說：「北京就不出東西。你們說，北京出什麼呀？」

「北京出政治領導，」張國忠説，「出黨的總路線！」

毛主席又嘻嘻笑着，不斷點頭。

這些鳳奶奶們也算真的有本事，哄得老祖宗只好「嘻嘻笑着，不斷點頭」。不過老祖宗給哄糊塗了，充其量不過是叫丫頭打開私己的箱籠，拿出些絹帛珍寶來打賞打賞罷了。毛主席給哄糊塗了可完全不同的，他真的以為在他的英明領導之下，「過去幾千年的畝產一二百斤，如今一下子就是幾千上萬了。」他真的以此作為根據，在十幾天之後草擬的《關於人民公社的決議案》上，寫下了「農產品產量成倍、幾倍、十幾倍、幾十倍地增長」那樣的字句。他真的以為那時中國農業之所患已經不再是「寡」，而是「太多」，而是「大大地過剩了」，所以不但有足夠的物質基礎，讓人人多吃小麥，多吃豬肉，讓玉米和山藥餵牲口；而且有充分的基礎進入農村共產主義組織了。

七點半鐘，毛主席走了。毛主席臉上煥發的容光，把西邊地平線上黃金鮮艷的彩雲照得花團錦簇。……

黑夜，縣委召開了全縣電話會議。鄉鄉社社都在電話會議上向黨和毛主席宣誓，保證今年糧食畝產超過 2,000 斤。……

黑夜……早晨還是不可能辦到的事，十幾個鐘頭以後就不僅辦到，而且被超過。大寺各莊早已醞釀的公社，也在這天黑夜正式成立。樹木全部由集體，房屋也由公社統一分配，社員實行工資制……

我們真得感謝這位隨駕記者的精細描寫。它不但讓我們看到了在人民公社決議擬訂前夕毛澤東所做的調查研究工作（這裏充分表現了毛澤東一般的工作方法），而且讓我們看到了中共已經形成的那架官僚主

義的機器。這架機器性能不壞，效率很高，結構嚴密，行動迅捷。它是非常便於操縱的，而且是在毛澤東的絕對操縱之下。這是好的方面。如果毛澤東想對了主意，把正了方向，只要將電鈕一按，機器開動，行動和效果立見。但這架機器還有另一個方面，還有壞的一方面，那就是：它的嚴密結構靠下對上的完全服從來維持，它的高速的效率憑上對下的絕對控制來獲致；隨着機器的愈來愈龐大複雜，控制者的愈來愈驕縱自滿，紀律的服從或變成盲目的執行，或變成虛偽的做作；上級領導墮落成神化的膜拜，又輔之以最殘酷的鎮壓，以致這架機器的性能大成問題了。效率也許還是很高的，但因上驕下諂成了風氣，批評精神蕩然無存，在上者一味好大喜功，在下者只會推波助瀾，以致這種效率時常向相反方面表現！不是成就大功，而是闖下大禍。

對於尚未腐化的官僚主義的黨政機器言，只有自己行動造成的禍害，而且還得是非常顯著、絕對無法掩飾的大禍害，才能起若干批評作用。在沒有達到這一步之前，每一個動作都要去證明最高當局的「英明領導」，每一個報告都要歌頌上級決定的「完全正確」，每一個結果都要說成是總路線帶來的「偉大成就」。

在這樣情形中，最高領導者要想從下面執行者那裏獲知政策執行的實際結果，當然是不可能的。何況毛澤東方式的調查研究，原本算不得什麼科學方法的，它僅僅是新聞記者的訪問；可是等到後來，特別是當他成了一尊，充分神化之後，那末它的這一套調查研究方法，正如這一位新聞記者所記錄的徐水情形告訴我們的，簡直連新聞記者式的訪問價值都沒有了。我們不想懷疑毛澤東的動機，他仍舊是「實事求是」的，仍舊想先做調查而後取得發言權的，所以他雖已貴踰帝王，卻仍不辭炎熱之苦，不辭跋踄之勞，自行到鄉村去下放幾個小時。也許，他仍然懷着做小學生的心情，去向父老們學習研究的。可是那整

個的官僚機器不讓他這樣做了。眼見的都是逢迎的笑臉，耳聽的都是他最樂聞的答案。「聖意」是昭告過的，根本連揣摸都用不着，人人只要順着這個方向（即所謂總路線），添油添醬，推助渲染，以此去證實主席的遠見，以此去讓「老祖宗」既驚且喜，讓他覺得凡事都一如他之所料，而且還超過他之所料 [6]，因此樂得連連點頭，不斷歡笑。

擁有無上權勢的人也自有其不幸的。一道人為的牆，甚至許多道人為的牆，將他和周圍世界，和周圍的人，甚至和他最親密的人，都隔絕起來。不管他原本是多麼的聰明，一旦被隔離在這道權勢之牆的後面，總就會聽而不聞，視而不見的了。當然，這也是生活決定意識的絕好例子。就拿這篇〈徐水紀行〉中的情形來看吧，毛澤東在和下屬談話中所表現出來的天真、輕信與顢頇，簡直是令人萬分驚奇的。譬如，他聽了縣委書記的報告後說：「你們夏收才拿到九千多萬斤糧食呢！秋收要收 11 億呀！」按常理，亦即按普通人的思想方法，這兩句話接下去一定會問：「這樣大幅度的增加真的辦得到嗎？如果辦得到，那到底是怎樣辦到的？」因為這樣發問才能算作「調查」，這樣追尋才能稱得上「研究」。可是事實上，毛澤東並不這樣問。打上引的說話跟下來，接着他問道：「你們全縣三十一萬多人口，怎麼能吃得完那麼多糧食啊？你們糧食多了怎麼辦啊？」關於糧食收穫量之「成倍、幾倍、十幾倍、數十倍的增長」，關於這個自然界中未曾前見的奇蹟，毛澤東聽了連絲毫驚奇的感覺都沒有；相反，他竟把它當作當然之事，把它當作完全已經實現之事。所以問題不再是研究這個「奇蹟」，而是要以此一奇蹟作為前提，研究如何處置這個奇蹟，如何適應這個奇蹟，乃至使其他種種如何都去追上這個奇蹟了。人民公社及其有關的整套辦法與全部理想，便是以「過去幾千年都是畝產一二百斤，如今一下子就是幾千上萬」這個「科學」結論為前提的。人民公社這個「建成社

會主義和逐步向共產主義過渡的最好的組織形式」，恰恰因為出現了「農業飛躍發展」這個奇蹟，恰恰因為具備了這個「客觀物質基礎」，才「不得不」設計出來的「上層建築」，以便適應和追上這個奇蹟的！

以這樣的奇蹟為前提，以這樣的「物質條件」為基礎而設計出來的人民公社，焉有不倒裁觔斗，慘遭失敗之理？[7]

人民公社的試驗給 6 億人民帶來了莫可名狀的痛苦，造成了無法估計的財富損失；而它唯一的好處，就是作為一個最集中與最徹底的例子，讓我們看到了整個毛澤東的思想方法和工作方法，讓我們確定了作為一個經濟理論家的毛澤東的高度，並且讓我們看到了成為最高權威後毛澤東那種「調查研究」的無用而且有害。

上面，我們觀察了和討論了馬克思主義經濟學家毛澤東的許多方面。已經夠詳細，而且近乎瑣碎了。現在得總起來說幾句，做個結束。在經濟問題上，跟他在其他問題上一樣，毛澤東始終以民族主義的一國社會主義為思想基礎，以經驗主義為思想方法。這樣的基礎和方法，也曾經在經濟事務和經濟建設方面，大有助於毛澤東這個高明的策略家之成功的。但是，一方面，由於中共官僚主義化的愈來愈嚴重，中共所控制的那架國家機器的愈來愈完備，毛澤東要想憑調查研究去獲得直接經驗的可能就愈來愈小，以致逐漸只能以被官僚機器可怕地加以誇大了的他主觀的意圖或幻想，當作「客觀經驗」，結果，他那策略家的特點再也不能起正的作用，而只能起負的作用了。另一方面，因為中共已不是某一割據地區的主人，它所面臨的經濟問題，不再是如何克服困難藉以謀取革命戰爭的勝利。它現在是全國的統治者，它的任務，用列寧的話說，不但要在帝國主義的軍事包圍中圖存，也不但要在被嚴重破壞了的窮白國土上從事經濟的恢復和建設；

而且要「趨向於建立一種統一的、依照總計劃由一切民族的無產階級所調節的世界經濟」。面對着這樣一個任務,毛澤東一向發揮作用的那個「自力更生」方針愈來愈不合適,他的一國社會主義的基本思想愈來愈顯出其反動性質,而戰略家毛澤東的弱點也就暴露無餘了。

中蘇兩個共產黨所以會發生嚴重分歧,原因固然甚多;不過其中一個非常根本的原因,卻在於蘇共方面「反」史大林的史大林主義者,和中共方面自命正統的史大林主義者,大家都堅持了和堅持着一國社會主義(或一國共產主義)。

注釋

1. 「日」字疑係「月」字之誤。

2. 據毛氏自己說:「從 1932 年 10 月起,直至長征西北的開始,我的時間幾乎全部貢獻於蘇維埃政府工作,將軍隊的指揮權讓給朱德及別的幾位。」(見斯諾《西行漫記》。)

3. 根據各種材料,當 1934 年 10 月,紅軍開始長征之時,共有士兵約 85,000 人,黨政幹部約 15,000 人,共約 10 萬。

4. 當中國革命失敗以後,直至紅軍長征以前,蘇聯究竟以怎樣方式援助了中共,至今還不大清楚。我個人只知道 1929 年至 1930 年時期,蘇聯每月有一筆款子(大約二三萬元)是經由美國的私人關係匯到上海的。此外,周恩來對當時留學莫斯科的中國學生透露過,聯共將列寧格勒一區所有黨費,按月贈送給中共作為經費。

5. 見本書附錄:《我們對人民公社的認識和態度》。

6. 為了支持和「證實」這個毛澤東調查出來的「農業飛躍」的大奇蹟，當時便四面八方傳來了更大的與特大的奇蹟。隨便舉個例，就像同年 8 月 12 日，即毛澤東視察了徐水大寺各莊農業社之後的第八天，中國新聞社從武漢發出來的一則報導說：「連放高產衛星的湖北省麻城縣，又出現了驚人記錄。這個縣的麻溪鄉建國第一農業社，在 1.016 畝播種『江西旱』種籽的早稻田裏，創造了平均畝產乾穀 36,956 斤的高額豐產記錄。⋯⋯ 麻城縣全七萬三千多畝早稻現已基本收割完畢，根據對實收情況的反覆核算，平均畝產達 1,232 斤，比去年猛增二倍以上。這個縣平均畝產 3,000 斤到 5,000 斤高額豐產田有 4,900 畝，5,000 斤以上到 7,000 斤的有 1,190 畝，7,000 斤以上到 10,000 斤以下的有 530 畝，10,000 斤以上的有三十多畝。」

如果麻城縣 1957 年的平均畝產量為 300 斤，那末依照這個報導，一年之間的飛躍就有 2 倍，20 倍，竟至 123 倍！中共中央關於人民公社決議上所說的「成倍、幾倍、十幾倍、幾十倍地增長」顯然是以這一類報導為根據，不過做了「謹慎的核實」罷了。

7. 1959 年至 1961 年持續了三年半的「特大自然災害」，據中共說，乃是 1960 年以後爆發出來的中國農業經濟大恐慌的原因，而且是唯一原因。他們根本否認人民公社政策對此要負任何責任。他們說：幸虧有人民公社，才使這空前嚴重的自然災害不曾造成更嚴重的後果。

事實到底如何？究竟是人民公社這個錯誤政策大大傷害了農民的生產積極性，因而造成了人為的災害，並加重了自然災害呢？還是真如中共所云，恐慌的唯一原因是自然災害，人民公社是幫助了農民去戰勝這些災害，因而減輕了恐慌的？

想用事實和數字來解答這個問題是很難的。這是一個專題，需要長時間的搜集材料，再做一番審核、對比和分析的工作才能有根據地、充分地與肯定地回答這個問題。我們現在不想這樣做。處於目前的環境，我們也無法這樣做。為此，我們只能簡單地指出下列幾點。

(1) 根據中共官方發表的統計：1958 年「遭受水旱災害影響的面積約有 4 億畝」。1959 年「受災面積達 6 億 5 千萬畝，受旱災的就有五億多畝，佔播種面積的 30%。」1960 年「中國有 9 億畝農田受到程度不同的災害，佔總耕地面積一半以上。」這些數字告訴我們：從 1958 年起，中國農業就已遭受了大規模的自然災害的。1959 年比上一年的受災畝數增加了三分之一點五；1960 年比上一年則增加了三分之一不足。

可是從糧食的收成方面看卻是這樣的：1958 年雖然有 4 億畝農田受災，而所收糧食之多，卻打破了中國有史以來的豐收紀錄，造成了農業上的奇蹟。1959 年雖然災情大了三分之一點五，而收成卻非但不減，反而比 1958 年的空前豐收還多了 8%。由此可見，自然災害與農業收成之間的關係，並不是絕對的，也不是按照比例大小而增減的。

中共既然高叫着「人定勝天」，拚命強調「主觀的能動性」，認為「人的因素決定一切」，那就更沒有理由將中國那一次經濟上恐慌的全部責任，統統歸之於「天」，統統賴在「自然災害」身上。

(2) 1958 年的「空前大豐收」催促了人民公社這個制度的誕生。並非有了人民公社這個制度才造成農業生產的「奇蹟」的。因此，人民公社不能將特大豐收的功勞攬到自己身上。它不但無功可居，而且還損害了那次豐收的。人民公社這個制度鹵莽滅裂地建立於 1958 年秋收之際，顯然是「秋季大豐收的勞動力安排不很好，割、打、收、藏的工作進行得有些粗糙」的主要原因（見 1959 年 8 月 226 日《修訂 1958 年農業統計數字的公報》）。

(3) 召開於 1961 年 1 月的中共八屆九中全會，在公報中首次公開承認「由於在 1959 年的嚴重的自然災害之後，1960 年又遭到更為嚴重的百年未有的自然災害，農業生產計劃沒有完成。」為了在 1961 年爭取農業生產的較好收成，公報指出了幾個辦法，其中最主要的是：「在農村中必須進一步鞏固人民公社，貫徹執行關於人民公社和農村經濟的各項措施，切實安排好社員的生活 …… 」以及「迅速採取措施，幫助 …… 家庭副業和郊區農業的發展，增加各種日用品和副食品的生產 …… 活躍農村初級市場」。

怎樣「鞏固」與怎樣「貫徹」呢？當時的農業部長廖魯言在一篇專文〈鼓足幹勁、力爭豐收〉（見《紅旗》1961 年第三、四期合刊）中，作了詳細說明，要旨如下：

必須徹底廓清隨人民公社以俱來的那種共產主義的想法和做法。為要做到這一點，第一，必須讓大家來弄清楚「社會主義與共產主義的區別，社會主義的集體所有制與社會主義的全民所有制的區別。」必須讓大家知道現階段農村人民公社所實行的是社會主義的集體所有制，其「具體

形式是三級所有，隊為基礎」。第二，「吃飯不給錢」的供給制，「在分配給社員的消費的總額中所佔的比例不超過 30%，其餘的 70% 是工資，按各個社員所做勞動工分的多少，進行分配，多勞多得。」第三，「生產投資、管理費用、公共積累和農業稅收等支出的總和，在主要還是手工勞動的社隊，一般應控制在總收入的 35% 左右，而把總收入的 65% 左右分配給社員消費。」第四，「鼓勵公社社員不妨礙集體生產的條件下經營家庭副業，飼養家畜家禽。社員的自留地，除了一小部分作為公共食堂的菜地以外，其餘由社員家庭自己經營。有計劃有領導地組織農村的市集貿易。」第五，大約包括三、四十戶的「生產小隊是組織生產小隊的基層單位，安排農活的指揮權劃應該歸生產小隊……公社一般領導機關有權根據國家計劃向生產隊提出建議……但是不能不問實際情況，不聽生產隊、生產小隊和社員的意見，任意規定產量指標，機械地安排作物種植面積，硬性推行技術措施。」第六，「生產小隊的利益是社員群眾最直接關心的。堅持生產小隊這種小部分所有制，對於調動社員群眾和小隊幹部的積極性是十分必要的。」第七，「勞動力、土地、耕畜、農具必須堅決固定給生產小隊使用。凡是還沒有實行『四固定』的，必須在春耕以前把『四固定』落實到生產小隊，並且登記造冊，不許任何人隨便調用。生產小隊與生產小隊之間進行協作，必須……自願兩利，等價交換，以工換工，評工記分。」第八，「生產小隊要實行包產、包工、包成本和超產獎勵的制度。三包必須落實，獎罰必須兌現。」

以上八點，大致已從正面指出了，或是反面托出了人民公社在其兩年多存在期間所發生的種種毛病，及其補救之法。總的來說，所有毛病均由於「一大二公」，而所有補救（按照中共的官方說法：「鞏固」或「貫徹」）之法，都在於回復到「一小二私」。

既然文章的意思，亦即按照中共八屆九中全會決議的意思是：為了要和連續兩年的災荒作鬥爭，為了爭取 1961 年的農業豐收，必須從「一大二公」的原則落實到「一小二私」的方針，必須憑此方針去「進一步搞好人民公社的經營管理工作」，那末問題不是很清楚嗎？過去的農業災難，如果不是全部，至少是它的主要部分，應該由「不落實」的人民公社負責的。我們說1960 年開始的，連續數年的中國農業經濟的大恐慌，證明了人民公社原來計劃的失敗，不是也很清楚嗎？

十一、歷史地位 —— 論風流人物

我們從各方面研究了毛澤東思想。最後，我們還得談一談毛澤東這整個人物，談一談他事業的功過，談一談他在縱的歷史與橫的世界上的地位。

「千秋功罪，誰人曾與評說？」—— 毛澤東自己在一首詞裏發泄過的感慨，這裏我們卻想來試做一個交代。

衡量人物，與衡量任何事物一樣，首先得選好一個標準，一個尺度。人物之所謂偉大或渺小，很難在絕對的意義上顯示，而只能在相對的與比較的意義上確定的。

用以衡量一個革命家的尺度，自然應該是革命家。人們不能拿袁世凱和孫中山比功業，更不能在俾斯麥與馬克思間論高下：類型不同，無從比起。

中國有句古話說：「擬人必於其倫」，就是這個道理。

同樣道理，又可以反過來看的：一個政治家拿歷史上的什麼人來和自己相比，總是毫不含糊地泄漏出他是屬於哪一類型的人物。孔夫子夢見周公，諸葛亮自比管樂，史大林從伊凡雷帝的鏡子裏欣賞自

己，蔣介石將「曾文正公」的家書當作他本人的手諭——這中間，不但透露出相同的性氣，而且表示出了相同的抱負，甚至相同的階級立場。

列寧認為：「馬克思的尺度乃是測量人類用的最巨大的尺度」（見托洛次基《自傳》：《列寧的死和政權移轉》一章）。所以他雖然「永不在歷史的鏡子裏照面，永不想到後人對他會懷着怎樣的感想……」（盧那查爾斯基語）但據列寧夫人告訴我們，當他死前不久，卻曾注意地，也許感動地，一再讀了托洛次基將他和馬克思相比的文章。

這是十分自然的，列寧只能以馬克思來自況，只能以馬克思來自勵。

人們也只能從馬克思這個「最巨大的尺度」，才能確定像列寧那樣偉大的身型與崇高的地位。至於俄羅斯歷史上那些「偉大的」沙皇們，在列寧的詞彙中，永遠與「劊子手」和「絞刑手」聯在一起的，他們與列寧屬於絕對相反的類型，又怎麼可以相比？又怎麼可以拿來測量？

然而，史大林和毛澤東的情形卻非常特別。他們一方面雖以馬列主義者自居，即是說，他們以今之馬克思或今之列寧自命；可是在另一方面，他們卻又自擬於古之君主，沾沾自喜地同各自的「偉大祖先們」較文采，比武功。

為什麼有這種不同呢？

因為：列寧所代表的是純粹與徹底的革命；而史大林與毛澤東所代表的卻是既革命而又反動的一個矛盾的混合體。因此，對於列寧，以及次於列寧但與列寧同屬一型的真純的社會主義革命家們，我們只

能用馬克思這個唯一的尺度去評價其意義，去確定其歷史地位；但是對於史大林、毛澤東以及他們的同類人物，都可以，而且也應該用雙重標準去測量的。我們必須一方面從馬克思列寧型的革命家角度去測量他們；另一方面從過去歷史上那些進步的與反動的大統治者的鏡子裏去觀察他們。

這裏我們自然不談史大林，只論毛澤東。

毛澤東如果站在馬克思和列寧這兩個巨人身旁，其高度縱然能高及膝頭，卻總不能升達他們的腰際。在這方面毛澤東似乎有自知之明的。從來毛澤東的言論與行動，都甚少想到從馬列二人的著作中去找根據。他之所以如此，一半由於語文上的限制，而更重要的一半卻由於他心智上的隔閡。關於政軍二方面的行動，他覺得中國土生土長的理論和經驗，已有足夠的智慧可以汲取。從國外輸入的，只要共產國際的若干決議，史大林的少數著作，已經夠他受用了。這些東西，在毛澤東的眼中，也不是了不起的，其主要作用，與其說是做他行動的理論指導，毋寧說是替他的獨自行動作辯護的幌子。毛澤東至少在他從事最近這次國際思想戰之前，根本不曾普遍與深入地研讀過馬、恩、列三人的基本著作。更不必談國際社會主義運動中另一些理論家們的作品。史大林的著作，如我們前面所述，他是讀過了的，但也只限於《列寧主義問題》，以及另一些不收在該書中幾篇關於中國革命問題的文章。因此，若從社會主義的知識和理論的水平看，毛澤東不但對馬、恩、列三人是望塵莫及，便是與第二第三兩國際鼎盛時代的那些其他領袖，例如與未曾變節以前的考次基，與盧森堡、梅林，與普列哈諾夫、托洛次基、齊諾維也夫、布哈林等人，都有着很大距離。事實上，毛澤東所掌握到的共產主義或馬克思主義，僅僅是幾個大的方面，僅僅是幾條一般的原則，僅僅是有關組織和行動的一些方

法，而所有這些，特別是那些方法，又都是史大林工廠裏製造、冒名列寧的假貨色。所以毛澤東這個名字在世界共產主義革命理論家的譜系中，所能佔據的地位是很小的。倘就馬克思主義的創造性的發揮上看，那他甚至還根本沒有地位哩。

不談理論家，僅就馬克思列寧型的革命家標準看，毛澤東的地位是否會高得多呢？是的、會高得多的，但也決計高不到與那標準齊肩的地步。這裏最大的原因是：在馬克思與列寧那裏，永遠是原則決定問題，而毛澤東卻與史大林一樣，總是準備拿原則來交換一時政策上的便利。實例甚多，在本書適當的地方曾經講過了。

在馬克思與列寧的尺度前面，毛澤東顯得非常渺小的還有國際主義者這個身份。儘管他讀了《共產黨宣言》以後，毛澤東就知道了，也接受了共產黨人那個「全世界無產階級聯合起來」的基本口號，但是實際上，這種國際主義精神卻完全不曾進入毛澤東的靈魂裏。中國以外的世界，在毛澤東只是觀念上存在的東西。那些地方的無產階級，跟這位成長在華中農業地區的知識分子既無生活上的接觸，亦無精神上的交流。他對他們是陌生的，不了解的。在中國革命的進展中，毛澤東從蘇聯所給與的物質援助與精神援助上，首次體會到了「全世界無產階級聯合起來」的真義。但因蘇聯在史大林當權之後，那種援助在錯誤的乃至反動的政策的支配之下，結果卻促成了中國革命的失敗，以致毛澤東在這中間僅僅獲得了中國革命必須自力更生的教訓，鞏固了他的民族成見，鞏固了他的非國際主義的成見。等到中國革命成了功，以及成功後他所統治的中國和史大林統治的蘇聯之間所發生的關係，那就最後打消了毛澤東心中「全世界無產階級聯合起來」的理想。今天，毛澤東雖然以世界共產主義運動的革命派領袖自命，可是實質上，正如我們在有關中蘇爭論的兩章【朱正按　指《毛澤東

思想與中蘇關係》一書。】中所指出，促成毛澤東出來扮演真正國際主義者這個角色的，主要是他所代表的中國的民族利益或國家利益，並不是什麼國際主義。這和列寧當年之完全站在無產階級國際主義革命立場上，完全站在馬克思主義的原則立場上，始終一貫地，不計成敗利鈍地，反對修正主義，根本不可同日而語。

站在馬克思與列寧這兩個偉大標準旁邊，毛澤東的身型顯得最為渺小的，乃是在領袖神化這個方面。馬克思與列寧都非常看重領導和權威的意義；但因他們是徹底唯物史觀的闡明者，是真正無產階級的領袖，所以他們最懂得偉人和天才在群眾的歷史運動中的適當地位。他們一方面是決不「妄自菲薄」，當仁不讓，另一方面卻更不「妄自尊大」，把自己的作用擴張到不相稱的、甚至荒唐的地步。他們是始終謙虛的。馬克思窮困一生，未嘗當權，所以他的謙遜還不曾有充分表現機會；列寧及身成功，當上了國家、黨乃至國際共產黨的領袖，可是他的謙虛平易作風，非但不曾因此稍有改變，而且因實際責任的重大，在這方面更加警惕了。例子是很多的，但是最清楚的要數 1920 年 4 月 23 日，他在俄共莫斯科委員會給他慶祝五十生辰大會上的表現。在那次大會上，他沒有公然斥責那些好心為他祝壽的同志們。他感謝他們 —— 為的沒有叫他聽祝壽演說，沒有聽那些縱非無聊，卻屬多餘的恭維話。其次，他拿了一幅諷刺祝壽的漫畫給大家看，希望大家看了之後，「今後根本免去這種祝賀儀式」；接着，他引證了考次基還是傑出的社會主義者時候寫的一段文字，其中說到「轟轟烈烈的俄國革命運動，也許會成為有效的手段，足以剷除在我們隊伍中 [1] 開始蔓延的萎靡不振的庸俗習氣和狹隘小氣的政客作風……」最後，他說，「這段話使我想起我們黨目前可能陷於十分危險的境地，即陷於驕傲自大的境地，這是十分愚蠢，可恥和可笑的。大家知道，一些政黨在它失

敗和衰落之前，往往會驕傲自大。……我希望我們無論如何不要使我們黨落到驕傲自大的黨的地步。」（見《列寧全集》中文版，第三十卷，484-486頁。）

這裏讓我們看到一位多麼樸素，多麼高超，多麼有遠慮與多麼徹底的大革命家！在這種並不鋪張的（沒有後來史大林時代同樣儀式萬分之一鋪張的），完全出於同志誠意的（其中絕無由上面安排的成分的）祝壽會上，列寧卻已經無法忍受了。列寧是絕對不會容許，也絕對不能容忍頌禱與諂諛的，哪怕是一點點的阿諛，哪怕是真實的稱頌，他都要提出反對，要提出警告。這樣做不單單為了謙虛的美德，更為了這種無聊習氣會使一個政黨墮落，會使它衰敗。

可是，列寧在二十年代初期諄諄告誡的事物，他所竭力反對的習氣和作風，等到十年以後，在他所締造的黨內和國家裏，不但一一出現，而且以最狂妄的方式出現，以一種比普通官僚國家中所習見者還要嚴重千百倍的方式存在着。等到列寧五十生日之後的第十九年，當史大林做他的六十大慶之時，那種列寧所憂慮的「驕傲自大」，那種無聊庸俗，在史大林神化手術中簡直達到了人類史上空前荒唐的程度。

光從大革命家鄙棄虛榮這個必不可少的特性看，列寧與史大林二人的身型高矮，也已經有天壤之殊了。

而毛澤東的身型，顯現在這個問題上，恰好與史大林看齊，因而無法望到列寧項背的。

毛澤東表面是謙遜的。人們還能指出，迄今為止，他還不曾大做生日呢。不但不做，而且還在黨的決議上規定，根本不許給在生的黨領袖們祝壽，也不許以他們的名字去「佔有」工廠和街道。這是事實，

但是這個事實，人人能夠看到，一點也不妨礙中共所推行的瘋狂的領袖崇拜，特別是毛澤東崇拜。

毛澤東的表面謙虛同他實質上的最不謙虛，應該怎樣解釋？它的原因何在呢？客觀原因也是最主要的原因，當然在於中國經濟文化的一般落後，在於中共與中國革命的深厚的農民基礎，它們無疑給了偽善、官僚習氣與領袖膜拜以適於生長的氣候和土壤。不過在主觀的、思想意識方面，我們還不能不從毛澤東的儒家思想中去尋找根源。儒家是講謙德的，而實際上卻是最不謙虛的。因為首先，儒家的謙，和他們的全部的所謂「禮」一樣，嚴格地受着階級與階層的限制，它與庶人與小人無緣。謙，只實行於「君子」之間。它是實行於封建貴族上層社會中的一種行為守則，因而不適用於對下的關係（「禮不下庶人」），更不適用於對一般勞動者的關係。其次，儒家的謙，還受天命說的決定。「生死有命，富貴在天」，構成了儒家階級學說的基礎。它抵消了某些儒者 —— 例如孟軻 —— 的一些改良主義成分，它窒息了任何民主主義的萌芽，給一切成功了的專制暴君的存在作了護符。可是在同時，這個「天命所歸」或「天生德於予」的信心，有時也能使暴君謙虛起來，甚至會擴大到自己的階級之外。他們愈是相信自己的天命，愈是有恃無恐，就愈能「謙恭下士」，愈能「紆尊降貴」，去同小民們「同甘共苦」。這時候，我們便見到表面上的異常謙虛與實質上的最不謙虛聯在一起了。在這種人身上，最狂妄的優越感往往以最謙虛的形式表示出來。

毛澤東的外表謙虛與他內裏的最不謙虛，應作如是觀。

當然，限制了儒家謙德的那種階級觀念，在毛澤東身上換上不同性質。他不代表舊式地主貴族，但他代表着一種新式貴族，一種以共

產黨人為中心的官僚貴族。要明白這種貴族，我們就得看一看列寧與史大林關於共產黨的不同看法。

列寧的見解是這樣的：共產黨是無產階級的先鋒隊。這個先鋒隊有別於本階級的大軍，乃至有別於其他所有的勞動者，只在於前者的階級覺悟比較高，他們的政治認識比較清楚，並且其中大多擺脫了一般謀生的職業，傾其全力來從事社會主義的革命。因此，列寧雖然將先鋒隊（他自己是其中的一員）與非先鋒隊加以區別，但沒有將這二者劃成兩個等級、更不認為二者之間有什麼本質的與不可踰越的差別。

史大林修改了這個觀念，他提出了那個有名的說法，「布爾雪維克是用不同材料造成的」。根據這個認識，共產黨和無產階級以及一般的勞動群眾，不再僅僅是先鋒隊與後續大軍的關係，卻是兩種天生不同的人的關係了。前者用較高材料製成，後者用次等材料製成。因此，前者指揮，後者被指揮；前者役人，後者役於人；前者天賦特權，後者天生無權。從這個認識引申，共產黨中的領導者，當然用最上等的材料造成；而領袖中的領袖史大林，不用說，那是由造物主特選的無以上之的材料來製造的了。

史大林這個學說遠遠地向後倒退，退過了十七八世紀法國啟蒙運動諸大師的主張，回到了最反動的基督教的「上帝選民」與「先知」的謬論。

毛澤東完全接受史大林這一個謬論，並使這個外來的「真理」和他固有的儒家「天命」之說結合了起來。於是，中共變成了從上而降，從外而入的中國工農的「解放者」，而毛氏本人則成為「天命所歸」的「大救星」。

就這樣，史大林與毛澤東的「謙虛」一方面為新的「階級」，即為共產黨人的特權地位所限制，另一方面為最反動的神權說所決定，他們不管嘴上說得多麼謙虛，而實質上卻是最大的僭妄。這，和列寧之真正從工農大眾的民主出發，真正以勞動者的一分子自居，真正棄絕過去一切統治者們的庸俗與小氣，真正做到無產階級大革命者的樸素與謙虛，那是根本不同的兩回事。

由此可見，站在「測量人類用的最偉大的尺度」前面，毛澤東的身型確實矮得可憐；特別在個人崇拜與領袖神化這一點上，簡直顯得渺小而醜陋的。

然則，站在「禹、湯、文、武、周公、孔子一直到孫中山」的尺度前面又如何？

那當然是不同的。如何不同？讓我們先看看這尺度本身。

如果馬克思列寧的尺度主要標誌出無產階級革命，國際主義與平民精神，那末，「禹湯文武周公孔子直到孫中山」這個尺度，主要代表的乃是漢民族的民族主義，專制一統的君主絕對主義，以及等級嚴明的官僚主義。

這個尺度也就是中國數千年來的所謂「道統」。它一方面以漢民族的崛起、鞏固、圖存與擴張的傳統為經，另一方面以儒家的綱常倫理為緯：二者互為因果，彼此影響，編織而成的。在整個中國的歷史上，它繩繩相繼[2]，在各朝各代的偉大人物身上體現出來，而一切自命為聖賢之人，也都以此道統為自身努力的標準，並且拿它來作為評量他人成就大小的尺度。

　　久遠的且不談，就拿毛澤東所舉的四位「先進中國人」來說吧，他們「經過千辛萬苦向西方國家找尋真理」；可是在本質上仍然受着這個道統支配的。洪秀全、康有為、嚴復三人當然如此，就是孫中山也是如此。

　　將孫中山排在這個道統之末，不能說單單由於戴季陶蔣介石們的別有用心，孫中山自己也確有此一抱負。在他提倡的三民主義中，雖然包含得有民主和民生，但歸根結蒂，這二者都還是為了民族。對於孫中山，正好像對於清末所有的志士一樣，復興民族是主，是目的；至於其他的主張則全都是輔，是手段。孫中山正為的要完成民族主義，所以他一方面要推翻那個統治了漢族達二百餘年的異族專制，另一方面，要將西方資產階級的民主主義（甚至社會改良主義），拿來替換那個腐敗無能的君主絕對主義。他這是處在新的時代，站在新的階級基礎上，承繼着並且企圖更加發揚這個道統的。

　　不用說，這個樣子的承繼和發揚，在一定意義上已經在離開這個道統，已經在部分地否定了這個道統。但是總的說來，孫中山這個人物，在中國歷史的發展上所佔地位，恰恰要用這個尺度來評量，而且也只能用它來評量，才能顯出他應有的高大。

　　毛澤東比諸孫中山，自然離道統更遠，其所否定的部分，也比較的為大；但是無論如何，他總不曾遠到和大到不適於用此尺度來評量的程度。事情恰恰相反。要徹底了解毛澤東，要估定毛澤東的真正意義和地位，正如我們在前面章節中所述，倒是非用這個道統來做尺度不可哩。

從這個尺度望出去，我們便看見毛澤東利用俄國人所曾用過的方法，把以漢族為主的中國人提高到空前未有的高度。從這個尺度望出去，我們便看見在人民政府的形式下，毛澤東已經將集權一統的政制發展到了極致。從這個尺度望出去，我們便看見在處處組織與層層領導中，毛澤東已經把尊卑長幼的等級官僚主義完成到理想的程度。

總之，無論從個人角度看，或者從全體中國人的角度看，毛澤東站在「文武周公孔子」這個尺度前面統是非常合適的，而且非常巨大的。以個人論，他是英雄得意，「帝業」成就；對民族言，則不但使赤縣神州免於淪亡，而且讓炎黃子孫揚眉吐氣。這般功業，縱使尚未能超越成吉思汗，卻已邁過唐宗漢祖了。

自從人類的歷史進入到以世界為單一舞台之後，以漢民族為主的中國人，一直居於被奴役、被鄙視的地位，起着可憐與卑屈的作用。中國政治家，自從在清末被資本主義的風暴強拖進國際事務中去以來，一直扮演着被人揶揄，受人欺壓的小丑角色。透過這些「代表們」，中國人的臉是丟盡了，氣也是受盡了。結果是：小部分、主要是那些高高在上的中國人，便根本喪失了自信，在外國帝國主義面前徹底認輸，變成了十足的奴才；另外的最大部分中國人，在重重的恥辱和壓榨之下，深深感覺到民族自傲心的受到損傷，他們被激怒了，吼叫了，起來反抗，他們成了反對國外侵略者與反對國內洋奴的革命者。近百年來，中國發生了前後相繼的動亂和革命，無數中國人拋頭顱，灑鮮血。所以然的原因是很多的；但是其中有一個十分重要的原因，那就是民族自傲心的尋求滿足。這個具有數千年悠長文化歷史的漢民族，決不肯長期屈居人下，遭受欺凌的。他們要翻身，他們要不受鄙視和輕視，他們要在現代國家的行列中縱使不佔據主要地位，至少要佔據平等地位。

不過，為要實現這個願望，得通過頗為艱苦曲折的鬥爭，得經過很不短暫的時間。自從鴉片戰爭以來，從洪秀全的太平天國，中經維新變法，辛亥革命，以及 1925 年開始的革命的發展，一直到蔣介石領導的抗戰「勝利」——在此時間內，希望不斷出現，失敗卻很快跟來。中國人以血淚換來的代價，往往只是夢想的破滅。同時許多次「民族地位」的抬高，實際上卻是更加屈辱的嘲笑。比如在第二次世界大戰以後，中國被捧為「四強」之一了，而其實呢，事事隨人擺佈，處處被人鄙視，「勝利」歸來的國民黨中國，無論在內政外交上，實比過去更明白地仰美國人的鼻息了的。

蔣介石國民黨之失盡人心，不小原因是由於它違反了這種民族自傲心的復興運動。

同樣，以毛澤東為代表的中共的勝利，在不小程度內，也得歸功於他和他們對這個自傲心的尊重。

中共軍隊一進大城市，平素那些趾高氣揚不可一世的洋大人，忽然變得服服貼貼，老老實實了。

這是中國百年來的第一次。

中國派出去出席國際會議的代表們，或者受人尊重，或者遭人痛恨，卻再也不扮演讓人操縱的傀儡，或叫人取笑的小丑了。

這是中國百年來的第一次。

在國際政治舞台上，中國人對敵人敢於怒目相向，敢於以牙還牙：對「朋友」不肯奴顏婢膝，在「一面倒」中不肯放棄自己立場，於必要時還能說個「不」字。

這也是中國百年來未曾有過的事。

這些事，既然都是毛澤東領導下的黨和國家給中國人幹出來的，那末，他在「禹湯文武周公孔子」這個尺度之前身長如何，也就不言自明的了。

當然，將中國國際政治地位大大提高了的，是中國工農大眾勝利了的革命，決不能歸功於毛澤東個人，也不能歸功於他的民族主義。但是在一般人眼中卻最容易造成這樣的錯覺，而毛澤東正是利用這個錯覺，將所有這些都歸功於己，以此造成了個人膜拜制度。

不過我們這裏不想再來討論前面業已充分討論了的問題。在這裏，我們只想指出一點，即：毛澤東在自己「偉大祖先」面前愈顯得是好子孫，那他在馬克思列寧面前便愈顯得是壞學生。本來這兩個尺度並非絕對衝突的，也並非在任何意義上都是不相容的。問題第一在於你到底認哪些偉大人物作自己的祖先。第二在於你的「民族主義」在國際主義中佔着怎樣的地位，多麼大的比重；又在於當「民族主義」在革命過程中業已完成了它的進步作用，開始在發揮反動而有害的作用時，你是否能及時與堅決地遏止它，反對它，拋棄它。

關於第一點，我們又想借用列寧的文字了。在〈論大俄羅斯人的民族自傲心〉一文中，有一段與我們正在討論的問題極有關聯，文字如下：

> 我們大俄羅斯覺悟的無產者是不是歧視民族自傲心呢？當然是不歧視的！我們酷愛自己的語言和自己的祖國，我們最努力於把祖國的勞動群眾（即祖國十分之九的居民）提高到民主主義者和社會主義者覺悟生活的程度。我們因目睹皇朝劊子手、貴族和

資本家對我們這個美妙祖國肆行橫暴、壓迫和侮辱而最感傷心。我們因這種暴行在我們人民中間受到反抗，因為這些人民中間產生了拉吉舍夫，十二月黨人，七十年代的平民知識分子革命家，因大俄羅斯工人階級在 1905 年造成了群眾的革命黨，大俄羅斯農夫在當時已開始成為民主主義者，開始推翻牧師和地主等等事實而自傲。（見《列寧文選》兩卷集，897 頁。）

這段文字在我看來，已經很清楚地解決了我們所提出的問題。原來列寧以自傲的偉大的祖先，不是可怖的伊凡，不是彼得大帝，不是羅曼諾夫家族中任何一個「明君英主」—— 雖然站在歷史觀點上看，既然某幾個沙皇多少對大俄羅斯民族的形成和發展，對於俄國的西方化，盡過一點力，因而也可以說，是比較進步的。列寧也不曾把蘇伏洛夫與庫圖左夫一類傑出的將軍當作「民族的驕傲」—— 雖然他們的赫赫戰功，如果從大俄羅斯人的「愛國」立場看，確乎值得自傲的。列寧當然更不曾把東正教中的任何一位「聖潔的」主教當成民族自傲心的原因 —— 雖然在寬廣的意義上說，東正教對於大俄羅斯人的民族文化，包括列寧所提及的語言在內，確實有過多少貢獻的。列寧是最懂得，並且最能應用辯證的歷史觀的。他當然會「歷史地與客觀地」給這些祖先們以應有的價值。但他首先是無產階級的積極革命者，所以當他對待民族的歷史問題時，他也決不會片刻忘記自己的階級立場，決不會片刻忘記自己的鬥爭任務，因此，他所引以自傲的大俄羅斯人的偉大祖先，是拉吉舍夫 [3] 是十二月黨人，是七十年代的平民知識分子革命家。

列寧這樣認識大俄羅斯人的民族自傲心，這樣分清誰是自己真正偉大的祖先，真是給了一切（特別是落後國家）無產階級革命者以一個極好範例。它指示出應該如何去「酷愛」自己的祖國。它告訴人們

究竟是怎樣一種「民族自傲心」，才能無損於無產階級的國際主義，而且還能鞏固和加強國際主義。

史大林在這個問題上與列寧背道而馳。毛澤東則與史大林殊途同歸。

誠然，毛澤東也是以中國歷史上的一切起義領袖自傲的。他也曾給中國的拉吉舍夫，中國的十二月黨人，中國的平民知識分子革命家以崇高的地位。但是在同時，甚至是更為經常地，他卻着眼於那些為「多嬌的江山」而「折腰」的英雄們，懷念那些為競爭帝業而終於獲勝的豪傑們。他以這些人自況，以這些人自傲。可是在列寧眼中，在俄羅斯，這些人卻是「對我們這個美妙祖國肆行橫暴、壓迫和侮辱」，因而使列寧「最感傷心的」。

在這裏，讓我們看到了毛澤東和列寧之間的最大不同點。

關於第二點，我們這裏就不用多所辭費了。前面我們不止一次地講到過它。在本節中也曾聯繫着毛澤東和列寧的對比，講到過它。總之一句話，在毛澤東思想中，國際主義始終從屬於民族主義的，前者是方法和手段，後者才是目標和目的。自然，人們可以從毛澤東的著作中，特別從中蘇發生思想爭論以後的中共言論中，找出無數例子來，證明毛澤東多麼地矢忠於無產階級的國際主義。我們不想在這上面多所爭辯。因為有關中共起來反對修正主義的種種原因，本書在專門的章節中已經充分地討論過了，此地我們不怕多餘地想再提醒一下讀者的，只是下面這個顛撲不破的真理：

堅持一國社會主義學說，即認為在單獨一個國家之內，社會主義可以建設到徹底勝利，並且認為縱使在社會主義建設全面完成之後，

各個民族國家的政治經濟都得與都能成為獨立單位的 —— 保持和堅持這種思想並切實加以實行的人，決不是、也決不可能是真正無產階級的國際主義者。不管他國際主義的旗幟舉得多高，不管他世界革命的口號叫得多響。

　　毛澤東目前已經是七十高齡的人了。不容説，他的思想不可能有什麼新的變化。不過，尚未「蓋棺」，即不能「論定」。而且我們知道，一個人，不論是多麼堅強的人，總要受事變影響的。現在，中共和蘇共正在爭論。在此爭論中，毛澤東是當上了國際主義與世界革命的旗手了。正如我們上面所説，毛澤東的這一個新角色是事態迫成的，是表面與實情不符的；但是由此我們難道可以斷定：今後在事變發展的客觀邏輯的作用下，這位迫上梁山的國際革命派的盟主，不會假戲真做，並且愈演愈真，因而使他縱使站在馬克思列寧的尺度前面，也具有偉大身型呢？在理論上，我們自不能否定這樣的前途。但是這裏必不可少地要有一個條件，那就是：在世界革命的進展中，要有一群真正國際主義的革命者產生，特別在中國，在中共內外，必須有這樣一派國際主義者形成，而且獲得能起作用的地位，這樣才能使毛澤東虛假的國際主義，在相應的程度中，在左邊的壓力下，由假變真，實行出來。這樣的條件，實際上多少已意味着中共及其國家經歷了政治性的革命。它將在黨和國家的民主化方面進行徹底的改革，而對此改革，毛澤東是不能適應，並且多半要成為改革矛頭所向的目標的。因為，毛澤東身上根深蒂固的英雄主義與帝王思想，他的民族道統與絕對主義，實在使他無法去適應（更不用説真心接納）無產階級的民主主義與工人革命的國際主義了。

　　説到這裏，不期然而然地讓我想起了英國詩人雪萊的名句：

原來美德有一個永恆的仇敵，

更甚於暴力和欺詐的；

那便是古老的習慣……

雪萊的這首詩是為拿破崙而作的。為了他的稱帝，雪萊罵他為「最無大志的奴才」，說他「選擇了脆弱而血腥的輝煌」。這種輝煌是一種最最古老的習慣，它不知毒害了古往今來多少「美德」的。

史大林受惑於「脆弱而血腥的輝煌」，變成了歷史上最有野心卻「最無大志的奴才」。他成了那個「永恆仇敵」的犧牲者。

毛澤東具有史大林同樣大的野心，但迄今為止，卻表現得同樣地「無有大志」。是否將來在百年定論之時，毛澤東能終於證明出不做「古老習慣」的奴隸呢，能終於在行動上否定我們的看法呢？

這，主要將不是毛澤東個人的問題，而是世界共產主義者，特別是中國的國際主義革命者的鬥爭問題。在這個鬥爭中，毛澤東可能會有種種搖擺，但是無論如何，這搖擺決不會有如此大的幅度，以致使他不成為未來革命之首要目標的。

1964 年 8 月寫完

注釋

1. 指德國社會民主黨中 —— 王凡西。

2. 中國歷史上有過不少漢族受制於異民族的時代，特別是元清兩朝，異族統治曾經延長了數百年之久。這在表面上，似乎中斷過此一道統，其實不然。原因第一是：中國的社會性質始終無變，儒家的一套落到異民族統治者手裏的時候，完全不失其功用；第二、由儒家思想釀製而成的漢族民族主義是有彈性的，並不偏狹的（「諸侯用夷禮則夷之，夷而進於中國則中國之。」），因此，「中夏聖人」的大道，有時反而能假「夷狄」之手而持續起來。

3. 拉吉舍夫（A. N. Radishchev，1749-1802）—— 俄國最早的民主革命思想家，貴族出身，主張廢除農奴制，反對專制政體。1770 年出版《從彼得堡到莫斯科旅行記》，葉卡捷琳娜二世認為他是「比普加喬夫更厲害的惡棍」，逮捕判死刑，後減為流放西伯利亞十年。1801 年亞歷山大第一登位後，拉吉舍夫起草了一個國家改革方案，以自由及法律之前人人平等為基礎。這方案被拒絕，且有再被充軍的危險，1802 年，他在心身交瘁中服毒自殺。

附　錄
我們對於人民公社的認識與態度

「公社」這名詞，我們這裏常被應用得太輕易。凡是共產黨員或在他們參加下所創立的一切企業，往往一下子就宣佈為「公社」；人們往往忘記，如此光榮的名稱是要用長期頑強的勞動來爭得的，是要以真正共產主義建設中證實了的實際成效爭得的。（引自列寧《兩卷集》中文版卷二，601 頁。）

一、1958 年 8 月 29 日中共中央關於人民公社的決議案說：「人民公社發展的主要基礎是我國農業生產全面不斷的躍進和 5 億農民愈來愈高的政治覺悟。」三個半月以後，即在同年 12 月 10 日中共的八屆六中全會關於人民公社的決議，談到此一運動興起的客觀原因時，說：「它是我國經濟和政治發展的產物，是黨的社會主義運動、社會主義建設總路線和 1958 年社會主義大躍進的產物。」

這兩段關於人民公社興起的原因的說明，其實只是一套非常含糊抽象的官話，是虛偽空洞的黨八股的濫調，根本沒有解釋什麼。這些字句不但可以解釋人民公社的興起，而且可以解釋共產黨任何想做的事情。

關於這個問題，倒是毛澤東的一句話説得非常老實中肯：「還是辦人民公社好，它的好處是把工農商學兵合在一起，便於領導。」毛澤東的説話和文章的長處是能夠把洋氣十足的黨八股翻譯成人人能懂的口頭語。在這個問題的説明上，毛澤東也做了這個工作。從他的話裏，我們清清楚楚地聽懂了：辦人民公社的好處是便於共產黨政府對農民的「領導」。

我們反對史大林黨的集體化辦法，只因為「這些辦法的施行，並不是為着農民和工人的利益，而是為着官僚的利益。」（見第四國際《過渡綱領》中譯本，26 頁。）從來還有人以為我們這種説法是過了分的，可是毛澤東今天恰恰替我們證明了：人民公社（超過史大林當年的集體化遠甚的）的「好處」是「便於領導」。這也就是説，人民公社的推行，首先是為了「領導者」的利益，而不是為了農民和工人的利益。毛澤東們只看到了人民公社制度對於領導者的方便，卻沒有顧到它對於那些被領導者的不方便。

這個首先從領導方便出發的立場，應該成為我們去認識人民公社時不可或忘的一點。因為它如果不是推行人民公社的全部動機，至少是最基本的動機。

二、當然，使得這個官僚願望能夠產生，而且能夠實現出來，自然得有客觀的原因與基礎。這些客觀條件，是否真如中共的官式決議所説，是：一方面的農業生產大躍進，另一方面 5 億農民的「共產主義的大覺悟」呢？當然不是，1958 年中國農業的生產無論怎樣「躍進」，農民的「共產主義覺悟」無論怎樣提高，總不致於躍進到蘇聯農業的程度，提高到蘇聯農民的水平吧；可是在集體化基礎上業已進行了三十年操作的蘇聯農業和蘇聯農民，卻還沒有「成熟到」人民公社

的制度哩。由此可見，說 1958 年上半年的農業生產大躍進以及在躍進中中國農民的共產主義覺悟大大提高，在「客觀上」促成了人民公社之「不可阻擋的趨勢」是多麼荒謬的濫調。

中共的領導者對於我們的看法自然有現成的反駁：中國有中國的特殊條件，它應該依照自己的方式去進行社會主義建設，藉以更好與更早地進入共產主義。

我們在原則上不反對這個說法，問題只是要弄清楚究竟什麼是中國的特殊條件，要研究根據這些條件來建設社會主義，人民公社是否是適當的辦法；在此時此地實行如此這般的人民公社，是否能建設社會主義，是否是更好與更早地進入共產主義。現在讓我們來研究這些問題。

三、舊中國的經濟，比之於帝俄以及其他的中東歐國家，其主要的特殊性乃在於更為落後。就農業方面說，這個落後性具體地表現於如下一些事實：（1）沒有大規模的地主領地，土地所有權分散，農業經營主要進行於小塊土地上，因此生產率極低，農民的生活極苦；（2）與帝國主義結合的商業資本主義力量控制了農村，資本主義的關係在鄉村中有了巨大勢力，但這個勢力非但沒有促進中國農業經營的資本主義化，反而破壞了整個的農業經營，中國農村非但不曾出現過機器，而且在很大區域內，根本還沒有力量利用耕畜，農村中主要的勞力始終是人力；（3）中國農民除了在真正過不去時起而「造反」之外，根本不曾過過任何程度的政治生活，他們沒有絲毫資產階級民主政治的傳統，當然也沒有資本主義的個人主義的成見。

由於上述三個特點，中共勝利後進行其農業改造時，便發生了如下的三種情形：（1）某種程度的較大規模經營（互助與合作），就能

使農業生產大大提高；（2）以農民原有的最低生活為標準，要保證農民的「吃飯不要錢」比較容易辦到；（3）中國農民比起東南歐的「人民民主國家」的兄弟來，對個體的執着沒有那麼厲害，對集體化沒有那麼抵觸，對於集中管理沒有那麼害怕，甚至對於官僚式的控制與指揮，都比較的能夠忍受。

上述三項，乃是便於中共實施農業中任何方式的集體經營的，在客觀上也正是它們使人民公社制度的施行得以成為可能，使人民公社這個「具有共產主義萌芽」的制度能夠早於「老大哥」的蘇聯及較先進的諸「人民民主」國家而實現的。

由此可見，使中共能夠首創出人民公社來的乃由於中國農業經濟與農民意識的落後，由於他們長時期來的「一窮二白」，決不是由於他們在 1958 年春夏間短短數月的「大躍進」與「大覺悟」。

既然是中國農民的「窮白」特點加快了中共農業集體化的速度，並讓它搭起了人民公社的架子，那末架子搭起之後，要認真實行那個「社會主義的」，甚至是「共產主義的」農業經營時，這個同樣的落後特點卻向那些只懂得「領導」和「架子」而昧於群眾和實際的人們提出了最無情的要求，提出了最難克服的困難了。因為在生產技術方面說，正如我們在上面所指出：中國農村裏非但還不曾有機器耕種，而且在很大區域裏甚至還不能利用畜力，主要是以最簡單原始的人力勞動的。

在原始簡單的人力勞動的基礎上，能否進行最大規模的集體農業經營？如果進行的話，是否能夠保證生產力的提高？受私人物質利益刺激的個體農民，在人民公社中變成「工人」以後，是否必然地會降低其積極性？這些公社社員，若不能因共產黨員的宣傳而提高其積極

性（事實上必不可能）時，是否必須在「領導」的高度強制下才能「完成任務」？強制加強，是否即能提高農民生產的幹勁？照歷史經驗，是否愈強制的勞動，其生產率愈低？

只要正確地提出這些問題，並老老實實地解答這些問題，就已足夠判斷中共目前實行人民公社制度的價值了。

四、不用說，我們是主張農業的集體經營的，因為不如此，便不能保證整個社會的社會主義的實現。但這不等於說，我們擁護在集體化名義下進行的任何官僚政策。在這個方面，我們持有一個不變的標準：凡有利於工農聯盟，有利於農業生產的提高，並有利於社會主義的信譽與實際之增進的那些農業化政策，我們都堅決地主張，堅決地擁護，反之，我們便要反對。在昨天的蘇聯如此，在今天的中國和其他的共產黨國家中也是如此。

農業的集體化政策，並非在任何時候，在任何條件中，也不管用怎樣手段實行出來，都能有利於工農聯盟，有利於生產力的提高，有利於社會主義事業的推進。絕對不是的。誰若作此想法，誰便不是馬列主義者，而是最愚蠢的史大林主義的官僚。

一個取得了政權的社會黨或共產黨，對農民及其經濟應該採取怎樣態度，恩格斯曾說過極有名的話。他說：

> 這在我們是很清楚的，如果我們取得了政權，我們不應該想到以武力去剝奪小農（賠償與否並不重要）。……我們對小農的態度，首先在於把他那小規模生產與私有經營引導上合作的途徑，不是憑藉暴力，而是靠做出榜樣給他們看，以及為此目的之故而予他們以公家的援助。當然，要給小農們看到轉變到合作化去的一切好處，我們是有大量方法的。……

我們堅決地站在小農一邊，我們要盡一切力量來使他們的命運變得好受些，如果他決定參加合作，我們要促成他的轉變。如果他還不能做出這個決定，那末我們可以讓他保有這點土地，要給他大量時間去考慮。（見恩格斯《德法農民問題》。）

恩格斯的這番話，一直被革命馬克思主義者奉為農民政策的最高指導。因為數十年來已經有過不少的正反教訓，證明它是至理名言。在 1929 年 12 月以前，連史大林都沒有提出異議的，甚至還過分地着重了它，藉以抵擋左派反對派對當時領導者的富農政策的批評。可是當 1929 年秋天，因自己錯誤政策所引起的嚴重的糧食危機，史大林被迫從極右跳到極左立場去，要以武力一下子消滅全體富農（包括恩格斯所說的「小農」），以官僚手段迅速完成集體化，那時，他便公開推翻恩格斯這個見解。他在 12 月間召開的農村工作黨幹大會上宣佈：恩格斯這種「過分的謹慎」適合於西歐條件，對俄羅斯不相宜（見史大林《列寧主義問題》英文本，301 頁。）【朱正按　史大林批評恩格斯「過分的謹慎」的話，是他 1929 年 12 月 27 日在馬克思主義者土地問題專家代表會議上的演說《論蘇聯土地政策的幾個問題》中說的。見《史大林全集》第十二卷，中文版，136 頁。】因之他就調動了大量紅軍，配合無數黨員幹部，向全體富裕農民進攻：剝奪他們的所有，將他們從居住地逐走，在一夜之間用命令將農民集體化了，並將那 200 萬個被剝奪的家庭排斥於集體農場之外，有的復被強迫流徙於僻遠之地，讓他們凍餒而死。結果便釀成了那次史無前例的所謂「史大林饑饉」，據估計，1932 及 1933 這兩年內，因此搶劫政策而死亡的人，約為自 400 萬至 1,000 萬。關於財產的損失，據官方的正式統計：1929 年，即未實行集體化之前，全俄共有馬 3,400 萬匹，1933 年卻只剩有 1,660 萬匹了。有 1,800 萬匹馬已在集體化過程中被農民宰殺。牛本有

3 千萬頭，1933 年時減少了 45%；羊被屠宰了三分之二，約共一萬萬頭。(見《列寧主義問題》英文本，480 頁。)

農牧生產大大低落，而低落得最甚的則是共產黨在農民中間的信譽。這一層我們不必從反蘇或反史大林的文獻中引證，就是在《聯共(布)黨史簡明教程》裏也可以相當清楚地看出來，它說：

> 由於黨組織所犯的錯誤以及階級敵人直接挑撥搗亂的結果，所以在 1930 年 2 月的下半月，雖然集體化運動在全國範圍內已獲得顯然的成功，但在某些區域內卻暴露出農民嚴重不滿的危險徵兆。在個別地方，富農及其走狗甚至還煽起過一部分農民來進行直接反蘇維埃的發動。(見中譯本，378 頁。)

這段話的措辭很委婉，但事情還是很清楚的，史大林的官僚命令的集體化運動，在俄國很大地區的，特別在烏克蘭與高加索，激起了「農民的嚴重不滿」，並非常普遍地爆發了反蘇維埃政府的「發動」——即暴動。

由此可見，違反了恩格斯那個「過分的謹慎」的教訓，史大林曾使蘇聯在財產，生命以及共產主義的事業上蒙受了多麼大的損失！

托洛次基乃是此一政策之最徹底的反對者。他在事先曾經提出辦法 (逐步實現集體化的辦法)；當瘋狂集體化進行期間他提出警告，事後復得出教訓。他把教訓以如下文字歸結在第四國際的過渡綱領裏面：

> 制定土地國有化和農業集體化的綱領時，應把沒收小農財產以及強迫他們集體化的可能性根本除掉。農民將仍舊是他的一塊土地的所有主，只要他還相信是一件可能和必要的事。為了在農民眼中恢復社會主義綱領的令譽，必須毫不留情地暴露史大林派

底集體化的辦法，這些辦法的施行，並不是為着農民和工人的利益，而是為着官僚的利益。（見中譯本，26頁。）

托洛次基這個教訓只是重行肯定被宣佈為不合俄國國情的恩格斯見解罷了。不過在數百萬俄國農民付出了他們的生命及難以估計的財富作代價之後，恩格斯這個「過分的謹慎」更顯得正確，更有了生命，因而更值得維護了。

五、史大林以如此高昂的代價換得來的蘇聯農業的集體化，是否真的如他在1934年以及後來時時所宣佈的那樣：「集體農民正一天比一天改善自己的物質和文化狀況」，「莊員們普遍地富裕起來」，「農村中的貧窮困乏現象根本消滅了」，「社會主義的農業生產飛速發展」了呢？

從來，蘇聯每年發表的大批統計數字都證明了這一些斷語。可是等到史大林一死，蘇共黨內為了爭奪領導權，非直系的赫魯曉夫為了打擊史大林的直系馬林可夫與莫洛托夫，大批事實公開出來了。而此等事實中並非最不重要的一項，那就是：馬林可夫曾經浮報數字來掩飾農業生產的失敗。赫魯曉夫以不少演說與文章集中來透露一個秘密，那就是：蘇聯的集體化農業始終處在困難情況中。這裏且讓我們隨便從赫魯曉夫的一篇演說裏引證幾句吧。

最近幾年，黨十分注意發展我們的農業。你們知道，幾年以前我們的農業是處在怎樣困難的情況中。你們大概記得，當1953年中央委員會九月全會公開而直率地談到領導農業方面的缺點的時候，資本主義國家中的我們的敵人發出了怎樣的叫囂和喧嚷。敵人高喊：這是集體農莊的崩潰，是我們全部事業的崩潰。

……為什麼我們的農業在長時期內嚴重地落後呢？其所以如此，是因為在中央沒有誰想真正地了解一下地方的真實情況。大家知道，史大林哪裏也不去，既沒有徵求過農業工作者的意見，也沒有傾聽過地方工作者的呼聲，而受史大林委託來監督農業的中央的人們卻向史大林隱瞞了巨大的缺點，他們只是一味敷衍蒙混。集體農莊莊員，全體農業工作者在提高農業生產品方面的物質利益的原則，遭到了嚴重的破壞。（見赫魯曉夫的演說辭：〈文學藝術同人民生活保持密切的聯繫〉，《共產黨人》雜誌第十二期，1957 年。）

赫魯曉夫的話非常清楚地告訴我們：蘇聯「農業長時期內嚴重地落後」，一直「處在困難的情況中」，所以會如此的原因，則在於「集體農莊莊員，全體農業工作者在提高農業生產方面的物質利益的原則，遭到了嚴重的破壞。」於是在同一報告中，他接著說：「我們不得不改變這種狀況，定出一個恰當的價格標準從物質上鼓勵集體農民關心農業品的生產。在這件事情上，不從物質上鼓勵集體農民，那就不會有多大的進展。」

赫魯曉夫的這些話發表於 1957 年，這時離蘇聯農業之全盤集體化已有二十五年。換言之，蘇聯農民在社會主義的集體所有制基礎上已進行了四分之一世紀的農業經營，可是根據赫魯曉夫的證言，蘇聯國民經濟的此一部門「在長時期內嚴重地落後」，並且說，為要改變這種困難情況，唯一的方法是對集體農民恢復「資產階級的法權」，要用物質利益（不是共產主義的教育！）來鼓勵集體農民的生產幹勁！

這是個促人深思的事實。我們不想說：它證明了「集體農莊的崩潰」，但我們必須承認：它說明了農業集體制並非是提高農業生產的萬

應靈藥；它不是在任何時候任何條件中都能促進生產的。它說明了：即使在蘇聯今天的工業化程度上，農業的生產技術已相當高了，高出於中國多少倍的，可是生產力的提高還不能依賴於農民的「共產主義覺悟」，還須主要地依賴於「物質利益的鼓勵」。由此，我們應該發問：生產技術異常低下的中國農業，怎麼能夠依靠於建立在「共產主義萌芽」原則之上的公社組織來提高生產力？

六、如果蘇聯的經驗尚嫌不足，那麼再聽一聽波蘭的故事。1956年 6 月震驚世界的波茲南事件，以及後來接着發生的一連串牽涉到波蘭黨政改變的大事，其重要的起因之一乃是錯誤的集體化政策。根據哥穆爾卡在波蘭統一工人黨中央委員會第八次全體會議（1956 年 10月 20 日）上的發言，我們知道，波蘭共黨發動了農業集體化運動六年之後（自 1949 年至 1955 年），農業生產有了這樣的一種結果：每一公頃土地產品總額的價值，由個體農戶耕種的為 621.1 茲羅提；農業合作社經營者為 517.3 茲羅提；國營農場經營的為 393.7 茲羅提。這就是說：在同一公頃土地上，以資本主義的個體私有制經營的農業產品價值，比社會主義的集體所有制經營者多得 16.7%，比社會主義的全民所有制經營者多得 37.2%。

這個統計表示了什麼？它表示出：(1) 農業上的大生產與工業上的大生產不完全相同，並非無條件地優越於小生產；(2) 必須在高度的技術基礎上，大規模的集體的農業生產才能顯出它對小規模個體生產的優越性；(3) 大概在未進入物質生產極度豐富的共產主義社會之前，就大多數的農民說，在長時間而非短期內，鼓起他們幹勁的最可靠的方法，不是社會主義或共產主義的教育，更不是政治或軍事的暴力，而是經濟的物質利益。

　　為了建設社會主義，必須把農業經營導入合作與集體的軌轍；但是一個共產主義政黨的責任並非在於不管一切地做成集體化就算，而在於同時能鞏固工農聯盟，能提高而非減少農業生產，能改善而非降低農民生活，在這樣的條件下，有步驟有計劃地做到集體化。

　　波蘭共產黨顯然不曾這樣做，結果是農民大大不滿，農業生產低落。終於釀成了波茲南事件前後全國惶惶不安的局面。

　　不過這裏我們還必須指出一點，犯了錯誤的波蘭共黨，若比之於當年蘇聯與今天中國農業集體化的情形，其實還算是遵守了恩格斯的教訓的。因為據發表，波蘭實行了六年集體化之後，農業合作社農戶才不過佔全體農戶 6% 罷了。哥穆爾卡一上台，解散了一些條件不成熟的合作社，現在的百分比當然更小了。

　　七、現在讓我們來看中國情形。中國農村合作社最初試辦於 1952 年，逐漸地緩慢地推廣，至 1955 年冬天中共發出號召，掀起「高潮」，於是在 1956 年一年之內，即在「基本上完成了農業方面的半社會主義的合作化」。這種合作社，據毛澤東在 1955 年 12 月間預言，將在 1959 年或者 1960 年，「就可以基本上完成由半社會主義到全社會主義的轉變。」但事實上自從 1957 年以來，全中國的農民早已被組織在七十四萬多個生產合作社中了。到了 1958 年夏季，因為毛澤東發出了「還是辦人民公社好」的「指示」，於是在短短的兩個月時間內，這許多合作社遂被改組成二萬六千多個人民公社了。

　　如此，中國農民在中共的號召之下，從資本主義經過社會主義達到初步的共產主義，僅僅需要兩年有半（自 1955 年算起），最多也只走了五六年（若從 1952 年的試辦合作社算起）。以如此速度進行着無比巨大的中國農村的改革，據說都在最大多數農民的熱烈要求之下實

行，因之沒有遇到農民方面積極的或消極的抵抗，沒有引起不滿，進行得圓滿順利，結果是在農業生產的任何方面都發生了大躍進。

看過了蘇聯和波蘭經驗之後，面對這個中國農業集體化的情形，無論如何要感到萬分驚奇的。恩格斯在上世紀中葉提出的「過分的謹慎」被證明為不適於中國，倒還不算什麼稀奇；因為馬克思主義從來認為：真理是具體的，它可能隨時間與地點的改變而改變。最奇的是蘇聯農民至今還保持着那個看重物質利益的「小資產者的成見」，中國農民卻似乎完全沒有。中國農民真可算是共產主義的選民了。

還有奇怪的是，在蘇聯，波蘭以及其他地方屢經證明的，在落後技術的基礎上不宜於大規模耕作的經濟原則，在中國農民響應共產黨總路線而鼓起的幹勁之下，也完全被推翻了。總之，無論馬克思主義的命題，無論農民的「天性」，也無論經濟學的法則，在中共領導的合作社高潮與人民公社高潮之前，都被衝擊得無影無蹤，因之，中共在這方面也創造了一個史無前例的奇蹟。

但事實是否這樣呢？

當然在中共的宣傳中，一切都有圖為證，有詩為證，甚且有統計數字為證。但繞過這些精選的鏡頭，這些御製的「民謠」和魔術式的數字，我們卻不難看出事實並非這樣。首先我們知道，自從人民公社「高潮」化以來，副食品與日用品發生了嚴重恐慌。這一點，因為事實擺在每一個城市居民（包括港澳人在內）的面前，連中共的官方也不得不承認了。但他們的解釋是：「在國民經濟大踏步躍進和人民公社化這樣巨大的社會變革當中，經濟生活中發生某些暫時的困難是難以完全避免的。」（見李先念在第二屆人大會上的預算報告）他們將這恐慌解釋成經濟健全生長所帶來的困難，而非錯誤政策人為促成的可悲現

象。其實，1958 年秋季開始的副食品與某些日用品的嚴重短缺，原因與 1933 年前後蘇聯的「人民饑饉」是一樣的。事情很簡單，這不過證明了：被中共宣佈為「政治覺悟愈來愈高的 5 億農民」，其實與蘇聯的農民兄弟一樣，仍以物質利益為第一義的。因之，在公社化的前夜，他們寧肯將牲畜屠宰，也不願以之無償歸公。僅僅這一個事實，已經足夠駁斥中共所謂農民以「不可阻擋之勢」，「自願地」要求公社化的說法；它又駁斥了公社化以後如何奇蹟地增加生產那個神話了。

看來，中國農民的私有天性，並不曾因中國的「特殊性」而被否定。那末這個「特殊性」是否否定了恩格斯的「過分的謹慎」，與馬克思主義經濟學中關於大規模農業生產務須以農具高度機械化為基礎的法則呢？讓我們在後面再談。

八、關於人民公社的種種，中共曾經做了兩個正式決議。第一個寫於 1958 年 8 月 29 日，第二個通過於同年 12 月 10 日的八屆六中全會。兩個決議相距三個月零十日，比照之下，卻讓我們看到了許多有趣與重要的東西。它們讓我們看到了中共領導層的馬克思主義的理論素養；看到了中共領導的經驗主義與官僚主義的程度；看到了人民公社在短期實行中所帶來的混亂與狼狽；看到了這個制度發展的遠景：在此制度下農民內部階級分化的可能方式以及農民大眾和共黨統治之間矛盾的發展途徑；最後，讓我們看到了人民公社在大量的弱點中所包含着的一些強處，由此我們 —— 革命的馬克思主義者 —— 可以具體地規定對此制度所應採取的一系列態度。

茲先談談從兩個決議中所暴露出來的中共領導層對於馬克思主義素養的貧乏。史大林主義的特點之一，就是把社會主義建設，走向社會主義的過渡時期，社會主義制度乃至共產主義這些概念混淆起

來。根據列寧主義的觀點，當某一國家的無產階級奪到了政權以後，它必須建立無產階級專政，一方面鎮壓和防止舊勢力復辟，另方面在政治和經濟上進行社會主義的建設。當社會主義在某一國家內被如此建設之時，即當該國的社會經濟已經脫離了資本主義，但尚未到達社會主義之時，乃是過渡時期。這個時期需要延長多久？在單獨一個國家內，究竟它能否首先走完這個時期，而終於達到社會主義？對於這兩個問題，列寧以及全體老布爾雪維克在 1924 年以前有着一致的回答，即：過渡時期的長短無法事先決定的，因為它首先取決於世界革命到來的遲早及其進展的順利如何。為什麼蘇聯建設社會主義的過渡時期，其久暫要看世界革命？則因在單獨一個國家內，不管領導者如何積極與正確地建設社會主義，總不可能達到最後完成，因為社會主義制度，其所需要的物質與精神的條件，只有在全世界的基礎上才能提供的。史大林原本接受這個觀點，但自 1924 年起，由於幾年來世界革命的不斷受挫，復因蘇聯內部保守勢力的抬頭，他修正了這個馬列主義的基本觀點，宣佈在單獨一個國家之內，社會主義建設可以達到最後勝利。由此立場，發生了不少實質上反動的關於社會主義革命的理論和政策，而其中之一，便是將社會主義制度的標準可怕地歪曲與降低了。1936 年，當蘇聯人民陷於經濟上十分貧乏與政治上空前專橫之時，史大林卻在第八次蘇維埃大會上宣佈：「蘇聯已進入新的發展時期，已在完成社會主義社會建設和逐漸過渡到共產主義社會。」

就這樣，史大林的「一國社會主義」的理論與實踐，將我們上述的那些概念與實際混淆起來，顛倒過來。史大林以此混淆和顛倒來掩飾和辯護他的反動言行，並據以造成新的罪惡。

中共領導層在基本的理論上都是史大林主義者。而在此一混淆和顛倒中則更超越了史大林本人。中共的理論家們特別強調兩種所有制

的不同，一種是所謂集體所有制，另一種為全民所有制。他們把這兩種所有制代表了社會主義制度的兩個階段。前者是初步的社會主義，後者為完成了的或高級的社會主義。依照此一標準，中共就以為中國的城市工業經營已經是後期的社會主義，而農業則進入初期社會主義。因此，在毛澤東們看來，不但在今天，其實是自從工商業改造及農業合作化完成（1956年）之後，中國便已經進入了社會主義社會。今後的所謂社會主義建設，根本只有量的增加，並不需要質的改變。因此，他們從來不承認有所謂過渡時期的存在。（有之，不過是解放直後短短數年的經濟恢復時期罷了。）更因此，他們連做夢也不曾想到有中國一國能否建設社會主義至於最後勝利這個問題。在他們的直覺的思想中，別說社會主義，就是共產主義，在中國一國範圍內亦能建設成功。正如那關於人民公社的決議案上所說：「看來，共產主義在我國的實現，已經不是什麼遙遠將來的事情了。」

　　中共理論家們的主要錯誤，在於將財產所有制的形式和社會制度的全盤實質混淆在一起。財產所有制自然是重要的，每一次深刻的社會革命（特別是無產階級革命），都要改變這個所有制。某一種特定的所有制，乃是某一種社會制度得以存在和生長的基礎。但這並非說，某一種所有制即等於某一個社會制度。在某一種新的所有制的基礎上發展了生產力，構成了符合於此種生產力的生產關係，並由此生產關係形成出全般的文化精神生活，這才算是完成了某一新的社會制度。這一點認識，尤以在較先爆發無產階級革命的落後國家為最重要。因為在那些國家裏，就單獨一國說，社會主義革命的爆發並非由於在經濟上資本主義的私有制已經過了時，而由於在政治上，為使這個國家能夠找到出路，無產階級必須爭取政權。無產階級一經取得政權，則無論就政治與經濟的原因說，都必須創立新的，非資本主義的，集體

的所有制，由此去提高國家的生產力，並在政治、社會、經濟以及文化的各方面建設社會主義。因此，在落後國家中，新的財產所有制的創立，首先是暴力革命「時來運會」的產物，並非為「經濟進化」的瓜熟蒂落的結果。這個所有制僅僅是建設新社會的起點，並非為新制度在舊制度母胎中住足十月的一個完整的嬰孩。從這個起點達到完成的新社會，在一個落後國家中，需有一個長長的過渡，而且密切地聯繫着世界革命的命運。因為此一時期的長短與過渡的成敗，首先是要看先進國家中無產階級的革命情形來決定的。

在中共的領導下，中國完成了生產工具、生產資料以及土地的國有化。中國的財產所有制基本上已經由私人所有變成為國家所有（或集體所有）[1][2]。從資本主義性質的所有制，甚至前資本主義性質的所有制，轉變為社會主義性質的所有制，這個轉變當然具有巨大的革命意義。它給中國的社會主義發展開闢了廣闊的前途。但是很明顯，社會主義性質的所有制之確立，並不等於社會主義制度之成立，更不等於它的完成。這個理由原極淺顯，可是「一國社會主義」的史大林與「一國共產主義」的毛澤東卻「見不及此」（其實是不願見及此理），硬把一塊光禿禿的地基和上面草草搭起的架子說做是業已落成的大廈。其結果，豈但如他們的決議案所說：「大大降低共產主義在人民心目中的標準」而已哉！它們之「不利於社會主義建設的發展」是多方面的，而其中最嚴重的一端則為：忽視了世界革命對落後國社會主義建設的決定意義，同時放棄了推動世界革命的最高戰略。

落後國家的無產階級取得了國家政權之後，不得不努力在原始的技術水平與低下的生產基礎上推行集體的或「全民的」所有制，並非是一件輕鬆愉快的事。這毋寧說是歷史加在他們肩上的一個過重的負擔，對他們提出超過能力的任務，所有制的革命固然能在很大限度內

提高技術和增加生產；但落後的經濟情況（特別在農業方面）卻有其自然的壓力，要恢復私有制度。因此這件事的本身含有極大的內在矛盾，矛盾的解決得經過長時期的艱苦鬥爭。而中共的理論家卻把某種程度的集體所有制的建立，即當作某一階段的社會主義的實現，那是何等輕率的與主觀的妄斷，這種妄斷遺害無窮。

九、「全民所有制」，亦即中共所說的最高階段的社會主義，在中國的實現，他們甚至預言了明確的時限。第一個決議這樣說：「有些地方可能較快，三四年內就可完成；有些地方可能較慢，需要五六年或者更長一些的時間。」對於同一問題，第二個決議案則說：「從現有的經驗看來，在我國的具體條件下，全面地實現社會主義的全民所有制的時間可能早一些，但也不會很早……從現在起，將需要經歷十五年、二十年或者更多一些的時間。」

這兩段話很清楚地暴露了中共理論家們的輕率與荒謬。他們把建設社會主義的計劃性等同張鐵口們的「預言」了。三四年或五六年、十五年或二十年，二者相差不過十餘年耳。在漫長的、一個新社會制度締造的歷史中，這點先後本不算什麼一回事。但在中共「一日等於二十年的躍進」時間表上，十餘年應該是數世紀的時距了，可是他們能夠在兩個關於同一問題的決議中，以同樣肯定明確的字句，將同一制度的出現預約在那兩個相差很遠的年代。

作這樣的預言根本是不科學的。（不幸中共的所有「計劃」實際上就是諸如此類的預言。）因為社會主義建設的過程極其複雜，特別因為落後國家的社會主義建設必須被當作世界社會主義革命的一部分來處理，故其時間因素無法確定。因為先進國家的社會主義革命何時爆發，成敗如何等等，那是不能以年月來規定的。

　　這裏，當然又觸及了史大林主義與正統馬列主義之間的那個根本歧見。在史大林主義者看來，一個國家要建設社會主義，完全不必顧及世界革命。在地大物博，人口眾多的國家裏，本身具備了建設社會主義的足夠條件。如今毛澤東則比史大林更進一步，宣佈中國連單獨走向共產主義的條件都完全足夠的。根據他的理論，即使進入了共產主義時代，國家也還是存在的，只是「對內已經不起作用」罷了。共產主義時代的國家，據説「只為了對付外部敵人的侵略」而存在。彷彿：當世界的經濟組織還依了國家單位而受着分裂宰割，當大部分的國家還受着資本主義統治之時，蘇聯或者中國，就可以進入「共產主義時代」的！史大林主義者忘記了一個最基本的事實了：使得資本主義無法繼續發展下去的，第一因為生產工具和生產資料的私有制；第二因為民族國家的分立割裂了世界性的生產力。私有制之變為公有制，只是解決了資本主義生長到社會主義去的一個矛盾，它絕對不曾解決生產力的世界性與民族國家局限性的矛盾。相反，如果以國家為單位的公有制發展生產力，不設法破除國家限制，不把社會主義的計劃放在全世界的「一盤棋」上，那末比資本主義的國際危機更激烈的「社會主義」的國際危機，一定會爆發出來毀滅人類文明的。因為一個局限在國家框子裏的社會主義絕不能夠充分完成，而一國的社會主義為了謀得高度發展，一定會和另一國的社會主義發生衝突。

　　社會主義尚且如此，作為其更高發展的共產主義又怎能在一國基礎上發展和完成呢？只要國家存在一天，只要世界還分裂成各個民族國家，而這些國家仍被當作進行生產活動的基地，則共產主義便不能實現，甚至高度發展的社會主義都不能實現。因為大同世界與共產主義是一物之兩面，是互為條件的。

可是中共人民公社的整個概念，就是要循此道路，讓中國首先進入共產主義的時代。試問，這是多麼輕率，而實際上又是多麼錯誤與反動的思想！

據說毛澤東經過人民公社問題的內部爭論以後，決定擺脫一些事務工作，以便有較多時間鑽研馬列理論。如果這不是政爭中的一些舊式的藉口，倒是值得我們歡迎。首先我們希望他能讀一讀從馬克思到托洛次基的不斷革命論。因為這個理論與「一國社會主義」或「一國共產主義」是最不調和的。

十、人民公社的主要理論基礎，自是「一國共產主義」。但它為什麼發生於 1958 年度夏季？為什麼以此一方式而非以另一方式實行出來？這一類較為具體的問題，卻還得從別的方面去尋找解釋。我們知道，1958 年是中共第二個五年計劃開始的一年，也可以說，那是第一個五年計劃「決算」的一年。中共開始深切地感受到它自己「計劃經濟」的後果了。第一個五年計劃的結果如何呢？讓我們聽聽周恩來的報告吧。他說：自從 1952 年到 1957 年，「工業總產值……增長了 141%；手工業總產值……增長到 83%；農業總產值……增了 25%。」（見周恩來在第二屆人民代表大會上的報告）這就是說，工業與手工業總產值在第一個五年計劃中，比同期內的農業總產值，增長的速度大約快了九倍。這有什麼意義呢？它不但表示出農業生產的發展遠遠地落於工業生產之後，而且表示出工農業生產發展上的大大脫節，表示出工業的繼續發展無論在原料取給，外債償付與新資金的籌措方面，都將遭遇嚴重困難。如何解決這些困難呢？大大放緩工業化的速度嗎？這是倒退，無從考慮的。向「兄弟國家」多多尋找「無私援助」嗎？那也是緩不濟急，而且增加基本的工業建設，事實上是加強上述的矛盾。在此情形中，剩下來的唯一道路，就只有同時拼命提高農業生

產。可是在生產技術基礎不變的條件下，如何才能大大提高農業產值呢？唯一辦法是加緊鞭策。人民公社於是就應時產生了。

在沒有談到人民公社如何是鞭策農民的最好制度之前，讓我們先再看看中共在 1959 年想提高農業生產的指標，據國家計劃委員會主任李富春對本屆人大的報告：1959 年「在工農業總產值中，工業和手工業產值⋯⋯比 1958 年⋯⋯增長 41%；農業總產值⋯⋯比 1958 年⋯⋯增長 39%。」我們得好好注意這兩個百分比。在 1959 年中，即在第二個五年計劃的第二年內，農業增產和手工業工業的總增產要做到幾乎相等 —— 僅少 2%。可是在第一個五年計劃的整個期內，我們知道，二者相差達 9 倍之巨哩。

人民公社的主要作用與目的，就是要鞭策那隻農業的烏龜狂奔，使牠能趕上那同樣在躍進中的工業兔子。

能起這個作用嗎？能達到這個目的嗎？

中共的高官們告訴我們說：一定可以達到。為什麼？他們又說：因為第一，「政治（書記）掛了帥」，「政社合一」了；第二，「組織軍事化，行動戰鬥化，生活集體化」了；第三，實行「萌芽」式的共產主義，舉辦了「從生到死」的種種福利事業；第四，實行了農林牧副漁的全面發展，工農商學兵緊相結合。

究竟這幾項辦法是否能鼓起農民大眾的「沖天幹勁」？是否能奇蹟般地提高生產？讓我們來逐項研究一下。

十一、「政治掛帥」和「政社合一」這味最新的靈丹，其實是一種非常陳舊的古方。若譯成人人能懂的話，那就是：應用政治、軍事、警察等等的全部強力力量，直接干涉經濟事務，直接鞭策生產者。這

種辦法，在不同時代，不同國家與不同制度中都曾經以不同程度及不同方式試過的。可是結果和結論卻始終只有一個：縱能收效於一時，卻必失敗於長期。所謂月計之固有餘，年計之或不足，累年計之終必大虧者，就是這種事了。為什麼會如此呢？大概，這裏得觸及「人性」問題了。當人類的生產還不曾真正高度發達，體力勞動對全體人說還談不到是一種愉快的時候，即名符其實的共產主義社會尚未出現時，使生產者不斷與經常提高幹勁的主要的有效方法，總是物質利益的刺激，而非其他的任何力量。這當然不是說，無政府的、自由的放任經濟萬歲，打倒經濟方面的任何計劃。決不是的。資本主義的個別自由生產之無出路，已經盡情暴露出來，任何人和任何勢力都救不了它。我們說物質利益乃提高生產者幹勁之主要方法，意思只是：一個正確的與賢明的經濟計劃必須充分注意到這個「刺激」罷了。可是，在蘇聯的農業經濟中，如我們在上面引證的，這個注意要經過三十年的痛苦經驗才讓赫魯曉夫在政爭中提出來。而更可嘆的，當蘇聯農民付了如此巨大代價剛剛換來了這點教訓之時，中國共產黨的領袖們卻用更荒唐的辦法來違背這個教訓。他們要中國農民與農業付出更慘重的代價，以便在親自的經驗中再取得這個同樣教訓。看見一個孩子玩火燒壞了指頭之後，只有最愚蠢的頑童才會把自己的指頭再伸進火去。可是中國共產黨的領袖們在此一問題上，恰好跟那個頑童一樣愚蠢。他們所需要的教訓毋須經過二三年然後獲得，很快就會獲得的，也許今天他們都已經燒壞指頭了。

依照官僚主義者的想法，「政治一掛帥」，「書記升了賬」，天下便沒有做不成的事，過不了的關；因為據他們說：黨是全知的，群眾是全能的。所以只要有書記把黨的「知」和群眾的「能」一接通，那就乾坤都能倒置於俄傾之間，還用說這區區的生產力的提高！問題在他

們於是就非常簡單，一切都有賴於幹部對群眾的鼓勵，宣傳和教育。彷彿這步工夫一做到，群眾思想一弄通，其餘便都不成問題了。

官僚主義者在此地恰恰忘掉了一個很小的道理，那就是：能受思想（或覺悟）指導，終身或長期間不顧其切身的物質利益，而能為較大較高的理想（這理想當然有終於能實現的客觀基礎）服務的人，迄今為止，總只能是人類中的極少數。他們是先知先覺，是大聖大賢，是進步的先驅，是一切進步階級的先鋒隊。（順便一提，列寧的黨的觀念完全建築在此一認識上的。）至於群眾中的最大多數，就算是最進步階級中的大多數，其行動在基本上卻不能不受切近的物質利益指導的。當然，一個真正的革命必定是群眾性的，而在大革命中顯出勇往直前、捨己為人的精神者，大多則是普通的群眾；但這並不能否定我們上面指出的情形，即要求全體或最大多數群眾「終身或長期間」不顧切身的物質利益，那就做不到了。

其實唯物史觀與唯心史觀的爭論早已闡明了這個「小小道理」，一切史大林主義者蔑視群眾的物質利益，賦宣傳教育以絕不能有的魔力，徒見其陷於無望的唯心主義的泥淖中吧了。

一切高貴的唯心論者在實際行動中都是最野蠻的「唯物論者」。中共的領袖們亦非例外。當5億農民「愈來愈高的共產主義覺悟」證明出不能替中共無限制地鼓起幹勁之時，他便只好用黨、政、軍、警的強制力量來「提高」農民的「思想」了。至於此種力量是否能收成效，我們前面已經說過，不必重複。

我們可以斷言：軍事化的組織與戰鬥化的行動，事實上必不能提高農業生產率；更無法做到中共的希望，把增產速度在本年內提高一倍。

十二、實行生活集體化，勞動力可以自由調度，大量婦女勞動力可從家務中解放出來。抽象與單獨來看，這自然是大好事。但此辦法是否真好，首先得看勞動力的增加，對中國的農業生產有什麼意義；其次要看在目前中國的條件中，是否有足夠的能力來實行生活集體化？目前勉強實行出來的集體化，對農民的物質生活說，是否比不集體的時候改善了，因而使農民，尤其農婦們，安心提高生產？

中國農業生產的低落，誰都知道，原因從來不在於勞動力的短缺。土改、合作化與集體化實行之後，中國農村情形自然大不同了，勞動的需要也隨之增大；但為了使中國農業現代化與集體化，為了生產力的提高，在諸般必需的條件或要求中，增加勞動力卻始終不是最迫切的。除了季節性的忙迫，緊急任務（如防災搶收之類）的執行，以及大規模水利工程的興修之類以外，中國農業經營上感到勞力缺乏的情形是很少的。有時有地，甚至還覺得過剩了的。因此勞動力不足絕對不曾成為妨礙中國農業生產提高的主要原因，甚至不是重要原因。最主要的原因，我們認為第一是耕作方法的科學化與機械化；第二是大量資金的投放。換句話說，這就是中共自己提出的：土、肥、水、種、密、保、管、工這個所謂「八字憲法」。如果切實把這部「憲法」實行出來，即是說，如果中國農業耕作法與管理法都能提高到現代農業科學所達到的水準，工具方面真能從單純的人力，改進到普遍的畜力，甚至機械力，同時水利工程如已大致完成了的話，那末生產力將無疑會奇蹟般的提高，而勞動力卻反而會覺得相當剩餘的。

為達此目的，國家自應投放大量資金，俾得購置設備等等。中共領導者當非見不及此，例如在本年度，據李先念的報告，已決定投資 10 億元。但因主要由於「一國共產主義」的立場，他們不得不首先在農村中從事「社會主義的原始累積」，必須叫中國農民「無中生

有」；其次因為中共的計劃從來沒有正確適當的比例，所以這個投資數目被定得非常不夠的。它僅僅佔了 1959 年度經濟建設支出總數中的三百十七分之十！

因此，中共雖然懂得改善農業的科技基礎乃是提高農業生產的主要方法；可是事實上仍不得不將此希望寄託於簡單勞動力的增加。其實，這樣增加起來，或解放出來的勞動力，在大多數情形中，不過是人力或人的浪費罷了。

目前中國農民所過着的集體化生活，是否能使那些被「解放」出來的勞動力安心與積極地從事生產？這問題很難簡短地用是或否來回答。因為中國各地農村的情形差別很大，在集體化以前的農民生活水準頗為不同，因此對「吃飯不要錢」等的集體待遇所生的反應不會一樣。不過一般說，目前感到完全滿意的是少數，感到不慣，不便乃至厭惡的是大多數。中共的官方刊物上，曾經登載過不少調查統計，關於公社化後農戶們收入的增減比例。大致情形據說是：收入有所增加的佔多數，其次是無所增減的，有所減少的佔少數。換句話說，實行了公社之後，過去的赤貧戶沾了點光，普通貧農跟以前差不多，中農則被拉低了。所以就生活標準說，公社化運動是把全體農民拉平在原有貧農的高度上。這是典型的史大林主義的做法，其理論根據是：在「一般貧窮與農民財產減少的基礎上建設社會主義」。要貫徹這個做法，當然得打擊中農。因為在目前情形下，尚擁有多少可稱之為財產的農民，就只有中農了。在中共中央的決議案上，也明白地指出了這一點：它說「小社並大，轉為人民公社，是當前廣大群眾的共同要求，貧農，下中農是堅決擁護的，大部分上中農也是贊成的，我們要……克服另一部分上中農的動搖……」這個決議案裏的所謂「下中農」其實正是貧農，而所謂「大部分上中農也是贊成的」，顯然是官僚

們的事前武斷。至於被宣佈為須予克服的所謂「另一部分上中農」，應該是全體中農的。因此，無論官方的調查統計或中共最高機關的正式決議，都説明着和證明了公社化並不為廣大中農所贊成，因為在物質上打擊了他們的利益。一個自命為代表無產階級利益或工農利益的國家，為了建設社會主義的農業，對於中農應該採取怎樣態度？這問題並非新鮮。蘇聯當年曾經為這問題費了不少心，而且還是列寧親自解決了它。在他對俄國共產黨第八次大會上關於農村工作所作的有名報告中，主要就是討論了這個問題。列寧報告的根本思想是：「對於地主和資本家，我們的任務就是要完全剝奪他們。但是對待中農，我們則不容許採取任何強力手段。」又説：「用強力對待中農是極有害的。」（加重號都是原有的）在同一報告中，列寧還更具體地指出：

> 我們應當和中農和平共處。只有當我們真正改造和改善中農生活的經濟條件時，中農在共產主義社會裏才站到我們這方面來。如果我們明天就能夠拿出 10 萬架頭等拖拉機，給以汽油，給以駕駛員（你們十分知道，這在目前還是一種幻想），那末中農會説：「我們贊成公社」（即贊成共產主義）。

列寧在同一報告中有另一段話，我覺得對中國目前的農村問題有更大的啟發性，它是這樣寫的：

> 説到這個問題，我們應當指出，我們是鼓勵建立公社，（按列寧此地所説的公社與目前中共創設的不同，它是比較寬泛地指那些集體化的農業經營而言。）但應把公社組織得盡善盡美，以便奪得農民的信任。在此以前，我們還是農民的學生，而不是農民的教師。誰對農業及其特點一竅不通，跑到鄉村中去，只是因為聽説公營農莊有益，因為疲於城市生活才想到鄉村去工作，而自

認為在各方面都是農民的教師，那他就是再蠢笨不過的了。誰想在中農經濟關係方面採用強力，那他就是再蠢笨不過的了。（加重號都是原有的。）

關於列寧這個社會主義建設中的中農政策，中共當然也有話可說。第一，他們會說：他們根本沒有使用任何強力叫中農入社，中農之加入公社或者是出於自願，或者是被「大鳴大放所克服」的。第二，他們會說，目前中國的實際情況根本不同於 1922 年新經濟政策時代的蘇聯，因此，在當時被列寧斥責的絕對不許強迫中農的政策，在今天的中國卻不妨應用。因為不以強力加諸中農這個態度並非由絕對的道德標準決定，而是由經濟的效果來決定。若談經濟效果，則今天之強迫中農入社是有利而無害的。

上述的第一個理由顯然不值一駁。決議案上的所謂「防止強迫命令」自是官僚們自己都不相信的具文。如果不採用強迫命令，怎麼能在短短二月期內，就能把全中國的中農以及一般農民的「動搖」克服？我們對這種官話可以不理。事實是：中共的公社化在最大多數地區都是強制實行的。他們根本沒有用任何方式徵求過廣大農民的意見，而只是「上動下不動」，官僚們奉命行事，不管一切地先行成立了公社，然後憑了行政的與其他強制方法，從上而下地實行出來。這種辦法當然就是列寧所指斥的「對中農的經濟關係採用了強力」，是「愚蠢不過」的罪行。

對中農施行了強力是否於農業生產有利而無害呢？請對看一下中共的兩次決議就可以明白了。

在 1958 年 8 月 29 日的決議上，關於農民（主要當然是中農）的產業作如下規定的處理：

人民公社建立時，對於自留地，零星果樹，股份基金等等問題，不必急於處理，也不必來一次明文規定。一般說，自留地可能在併社中變為集體經營，零星果樹暫時仍歸私有，過些時候再處理，股份基金等可以再拖一二年，隨着生產的發展、收入的增加和人們覺悟的提高，自然地變為公有。

由於這樣一個並不明確的明文規定，中國農村中便發生了一次空前的大混亂。自留地當然立即歸了公。農民的住宅也事實上充了公，因為在官僚們的任意命令之下，多數農民被強迫遷居換宅；大批家畜「入社」；隨以俱來的是暗中與公開的屠宰；無數果樹被斫去；農民的用具，特別是鍋鑊等等炊具都被集中；許多較富中農的生活用品也被「共了產」。在不少地方，此種毀滅，隱藏或浪費財物牧畜等事情竟是由合作社幹部帶頭的。

這次大混亂中全國究竟損失了多少財產，中共當然不會告訴我們。但從近半年來副食品供應的嚴重危機看，我們可以相信，那個數量是巨大得驚人的。這個大混亂延長了兩個月，情形來愈來愈嚴重，嚴重得連深居中南海裏的中共最高當局都感覺到事情不妥了，於是便來了人民公社問題的再檢討，做出了 1958 年 12 月 10 日八屆六中全會的新決議。關於上述問題，它是這樣寫的：

> 有些人以為公社化要把個人現有的消費財產拿來重分，這是一種誤解。應當向群眾宣佈：社員個人所有生活資料（包括房屋、衣被、傢俱等）和在銀行、信用合作社的存款，在公社化以後，仍然歸社員所有，而且永遠歸社員所有。社員多餘的房屋，公社在必要時可以徵得社員同意借用，但是所有權仍歸原主。社員可以保留宅旁的零星樹木、小農具、小工具、小家畜和家禽等；也

可以在不妨礙參加集體勞動的條件下，繼續經營一些家庭的小副業。

這裏所謂「有些人的⋯⋯誤解」，其實是 8 月決議的「暫時私有」與「自然地變為公有」的忠實了解，也正是全國雷厲風行實施着的所謂「共產主義措置」。這種措置造成了全國農村的大混亂，引起了廣大農民的極度不滿，招致了財產物資上的慘巨損失；中共中央便照例把責任推在「有些人」身上，宣佈那些「共產辦法」是這些人「誤解」了中央「英明領導」的結果。於是在明文規定上，作了一些必要的，主要是對中農們的讓步。

中共中央在這方面的狼狽潰退，首先由於他們以強力拉平中農，也就是違背了列寧主義的中農政策，因而釀成了經濟損失的結果。

中國目前農村裏的所謂中農，與未曾土改時代的中農，甚至和合作化初期的中農是不相同的。他們不再是富農的小兄弟，並不是在舊農村關係中向上掙扎較為成功的那群人物。他們中間的大多數之所以比周圍的農民略為富裕，主要原因倒在於他們的勞動力比較強，做工比較能幹。若以一戶為單位計，則由於他們不生產的成員較少之故。他們本就參加在集體經營中，大多是團體中生產最積極的分子。可是公社化將他們「拉平」了，至甚在許多地方，還因為他們之「富裕」而受了歧視，他們的多餘的財物（實實在在是勞動果實呀！）被拿來重分，被無償入社。試問，這怎麼能鼓起生產積極性？這怎麼能不叫人寒心？怎麼能使原本勤快的農民不向赤貧的懶漢看齊？

事情一定要這樣發生的，事情也這樣發生了。碰破了頭的官僚們於是又裝出先知的面孔，在 12 月的決議上寫道：「要注意儘量不使勞

動力強而人口少的農戶，減少收入。」這個「注意」當然不過是事後的一句空口慰藉吧了。

看過了比較「富裕」的農民在公社化中所受待遇與所生反應，讓我們再看看「堅決擁護」公社的那些貧農和所謂「下中農」。

十三、就我所看到的中共統計數字中，各地農戶在公社化後收入增加了的，最低佔全體農戶的 32.2%（山西省太谷縣紅旗公社調查）；最高為 88% 強（廣東省虎門公社）。中共的數字照例是誇大了的，我們不能輕信；但照實際情形推想，若將供給物與工資二者合計起來，其收入在數字上比公社化之前略有增加或不相上下的農戶，比那些較為減少者為多，大概是事實。我們就承認這是事實吧。可是承認了這個事實，卻不等於承認中國農民大眾的生活一般地改善了。如果公社化使較大多數農民的最低限度生活（即不餓死）有了若干保障，那末因此保障農民在生活的其他方面被迫付出的代價卻是太高了。這代價抵消了那個保障，以致農民們頗有理由視此保障為釣魚之餌，視之為套住脖子的繩索。吃了那口「皇家飯」，農民便把整個身體，全時間賣給「領導」了。他們被編排在層層管制的組織中，被變成了一個單純的號碼，不分晝夜地，受着上級任意的與心血來潮式的調度，進行着浪費的、有時甚至是根本徒勞的「苦戰」！

（請順便讀一段中共廣東省委第一書記陶鑄的報告吧：「根據虎門耕作區的調查，窩工浪費的現象主要表現在三個方面：(1) 勞動力漏網多；(2) 勞動力使用不合理；(3) 勞動力調動太頻繁，無計劃，造成人工浪費嚴重。」）

以如此「苦戰」換得來的「皇家飯」簡直是「閻王飯」了。更何況這碗飯無論從量或質方面說，又都是既不夠飽，又不夠味呢！根據

種種可靠材料，公社伙食兩粥一飯，雜糧佔 70% 的情形是普遍的。這種待遇，如以較為富饒的江南與嶺南等地的農村標準看，對大多數農民說是普遍降低了，比土改前的生活更加不如。

生活集體化，在原則上，以一個共產主義者的立場說是無可非議的。問題在於這個集體了的生活是否比個別進行時美好些，方便些，或至少經濟些。如果不考慮這個問題，而僅僅從領導方面，行政方面，調動指揮方面來觀察，認為集體了便於領導的少數人（這正是毛澤東的最初出發點），絕不顧被領導的千千萬萬人的是否方便，甚至給他們造成無數的極不方便而不顧，那末至少是糟蹋了與污辱了生活集體化這個原則，至少使群眾因之而根本厭棄了共產主義。

給五億多人集體吃飯是一件了不得的大事。它需要充分的準備條件。不但要有充足的經濟條件，而且要有技術條件。可是中共的領袖們竟以異常輕率的，簡直是兒戲的態度來處理了這個問題，真是荒謬極了。拿最小的、其實也是極基本的一事來說吧。根本還沒有一個可讓數百人吃飯的飯堂，還沒有煮數百人一餐飯的炊具和設備，還沒有煮大鍋飯經驗的起碼人才，可是決議通過了，訓令下來了，要集體吃飯，各人家裏的炊具都被集中了，不准各別煮飯了。結果怎樣呢？許多人要走幾里路去吃飯，費去長長的時間等飯，在風吹雨打的破廟裏吃飯，吃着不是生的便是焦的像飯而其實不是飯的東西。想想看，這個「便利領導者」的辦法是如何的不便於被領導者呀！如此這般的集體生活，試問怎樣能提高那些「增加了收入」的農民們的生產熱情呢？

最好的原則給實現成最殘酷的諷刺。

　　總之，隨公社以俱來的整套生活集體辦法，因為（1）由於：物質條件根本遠未成熟；（2）技術上事前沒有作任何準備；（3）當局的命令和決議又故意含糊籠統（因為他們根本沒有根據「試點」經驗作縝密考慮）；（4）實行時完全沒有和群眾商量：因此，弄得有名無實，混亂狼狽，給群眾帶來了極大的不便和痛苦，把原本可以成為好事的某些辦法也做成了十足的壞事，對社會主義和共產主義的崇高理想作了最殘酷的諷刺，以致在群眾心中大大地損壞了共產主義的信譽和事業。

　　如此這般的集體生活當然不能提高農業生產力。

　　十四、愛好舊詩詞的毛澤東，給人民公社的基本方針做了這樣一副對聯：「農林牧副漁全面發展，工農商學兵互相結合。」據決議說：這個方針，乃是「指導農民加速社會主義建設，提前建成社會主義並逐步過渡到共產主義所必須採取的。」這種說法空洞浮泛，毫不實事求是，與其說是一個政黨的指導，毋寧說是一個酸秀才的文字遊戲。可悲的是，這個遊戲恰恰成了一個最有威勢的政黨的指導，它要把 5 億人民的生命財產來作遊戲哩！毛澤東的這副對聯，於農業生產的激增當無幫助，不過它的確反映了一個思想，或者可以說，反映了一個幻想。那便是曾經流行於第一次世界大戰之後的「新村」運動。這種新農村的理想，實際上為一種純粹的烏托邦，它希望返璞歸真，在小國寡民的基礎上實行「共產主義」。毛澤東的理想自然不會如此幼稚，他是史大林的學生，他這個公社理想正是從史大林的「一國社會主義」演化出來的。史大林主義者的毛澤東在中國的條件中提出來了「一國共產主義」，而走向此一目標的道路，則為以一鄉或一縣為單位的「共產主義」，亦即農林牧副漁全面發展，工農商學兵互相結合的人民公社。這樣的人民公社與武者小路實篤們【朱正按　武者小路實篤（1885–1976），一個熱心「新村」運動的日本作家。1918 年 11 月在日

向的兒湯郡石河內買了一塊地，建立了第一新村。周作人對此有濃厚的興趣，曾經前往參觀。回國後在《新青年》、《新潮》、《晨報》等報刊上發表多篇介紹新村的文章：〈訪日本新村記〉、〈日本的新村〉、〈新村運動的解說〉、〈工學主義與新村的討論〉等等，一時頗引起人們的注意。當時毛澤東也是受到這些文章影響的一位讀者。為了這件事，他還到去訪問過周作人。在 1919 年 12 月出版的《湖南教育月刊》上他發表了〈學生的工作〉一文，提出了一個在長沙嶽麓山建設新村的想法，「此新村以新家庭新學校及旁的新社會連成一塊為根本理想」。】的新村自有天壤之別，但其為反動的幻想則是一樣。

前面詳細說過，目前人類的生產力受到了民族國家界限的束縛，只有在全世界規模的分工合作中，實行世界「一盤棋」，才能使生產力繼續發展。一方面的帝國主義世界戰爭，另方面的共產主義的世界革命，便是要從不同方面，── 前者從反動方面，後者從進步方面，企圖解決這個主要矛盾。共產主義，乃是生產力更高於資本主義多多的一種制度。因此，想在一國之內，建成社會主義或共產主義是幻想，是反動。在此前提下，在此情形中，設有人焉，欲將經濟生產的分工合作自限於一鄉一縣，以為如此可以提高生產，如此可以加速社會主義的建設，如此竟可以提前建成社會主義而逐步過渡到共產主義，你說他這種主張是進步還是反動？是有事實根據的英明領導呢，還是符合於老莊理想的糊塗幻想？事理太顯，不必多言了。

事實上，人民公社把毛澤東那副對仗口號實行以後，這思想的反動後果早已很清楚顯示出來了。所謂本位主義，所謂城市供應脫節，等等，不過是它必然產生的第一批果實。中共當然看見了這些毒果，於是在第二個關於人民公社的決議上便立即指出「有些人 …… 企圖過早地取消商品生產和商品交換 …… 」。但他們不知道，或不願知，這

個所謂「有些人的企圖」完全是毛澤東那付對聯口號的、亦即所謂人民公社「基本方針」的合乎邏輯的發展。既然人民公社是一切皆備於我的五臟俱全的小王國，當然要以本位的自足為先了。這個第二次決議一方面指斥「有些人的企圖」，號召公社要「盡可能廣泛地發展商品生產」，同時卻仍要公社「發展直接滿足本社需要的自給性生產」，而且仍舊主張所有的公社應五業「並舉」，五行「結合」。堅持着這樣的基本精神，那末任何「全國一盤棋」的叫喊都將是徒然，因為，三十二隻棋子都變成了清一色的卒或帥，事實上已不成其為棋，已無法對奕，已不能成局了。

中國因為幅員大，地形複雜，土質差異，氣候不同，所以很久以來，農業早已形成了相當的專業化。幾乎每省有每省的特產，甚至一縣有一縣的專工。針對着這個特點，計劃經濟自應使各地的農業經營更為多彩，同時在某種限度內，設法減少因專業而造成的過分片面。可是人民公社的基本精神，恰恰就是忽視了這個特點。根據毛澤東的對聯，地無分南北，鄉不問靠山近海，社的方針都是一律的「農林牧副漁五業並舉」。中共的決議當然會照例寫上「因地制宜」等類官話，但是只知道忠實執行的幹部，還有那些愚而自用的官僚，不會，同時也不敢擅自「制宜」；他們的全部本事，就是不管一切地貫徹決議，於是削足適履，捨長取短，棄有覓無的事情全都做出來了，為的是要做到決議上的「並舉」。在許多地方，這樣做了終於還是並舉不起來；有些地方，並舉是並舉了，可是硬舉起來的東西完全派不到用處。人們只是浪費了力氣，糟蹋了財富。唯一的積極結果，只不過讓社幹部「完成了任務」，讓更高的幹部大吹大擂而已。

由此可見，被吹噓為公社最大優點的「並舉」與「結合」，事實上也不能提高生產力，相反，倒是在許多情形中破壞了它。

十五、綜上所述，公社所實行的辦法與所取的方針，非但不能加速社會主義建設，更不能提早建成社會主義或共產主義，而且還會破壞已有的增產速度，降低生產率。更嚴重的，它們破壞着與損壞了社會主義事業與共產主義的信譽。這種辦法得不償失，因此即使想實現中共所規定的 1959 年的增產計劃都是不可能的。

那末中共可能會怎樣辦呢？會做出怎樣的轉變？而人民公社本身，在現狀之下，又會有怎樣的變化？

中共會不會放棄人民公社？不會！史大林主義者與列寧主義者之間諸般不同之一，便是前者沒有後者那種老實負責態度。列寧時代的布爾雪維克精神是：大膽地幹，密切地注視成效，如果做錯了，那就真誠地認錯，勇敢地改過，不諉過於人，不攬功歸己；凡是已經認錯改過的人，不論為誰，又絕不作多餘的打擊，任其如舊繼續工作。列寧在一切事情上是領袖，在此一態度上更是表率。列寧在爭論中是最不妥協的，他常以最不容情的批評來對付錯誤與犯錯誤的同志。但當錯誤已被消除，犯錯誤的同志已經知錯之後，他決不去懲罰那個同志；如果爭論的結果證明出錯誤方面正是列寧，那他便公然認錯，老老實實地改變政策。這真是所謂「君子之過如日月之食，其過也人皆見之，其更也人皆仰之。」可是這個偉大的（真正偉大的！雖然這個狀詞已被共黨文獻濫用得毫無意義，但此地我們必須應用它）列寧精神，一踏進史大林時代便消失於無形了。代之而興的是「領袖的永不犯錯誤論」。為要維持這個理論的施行，於是盛行了偷天換日的改錯方法，覓羊替罪的卑劣手段。領袖永遠正論，犯錯的只是「有些人」，而這些人一經被指為錯誤，便帶有殺身滅門之禍。蘇聯國家在史大林手中的可怕墮落，表現於此一態度上者，最為明顯。

　　中共的領導層在這個態度上，乃是十足十的史大林主義。他們既然仿照了史大林，完成了對毛澤東的「個人崇拜」，完成了對共黨中央「永不犯錯」的迷信，他們自然不能在任何場合與條件中，實行公開認錯與坦白改過的老實態度。此事自來已然，今後將會尤甚。因此，人民公社的理論與實踐雖然被事實批駁得「體無完膚」，而中共絕對不會加以公然放棄，在無情的事實面前，他們自然不得不低頭，不得不轉彎；但他們絕對不肯承認自己曾經走錯了路。改變是必須的，而且半年來已經作了太多的改變；可是面子必須保全，大前提必須這樣確定：人民公社的辦法「完全正確」，實行中「愈來愈顯出其優越性」了，其所以要有這些與那些改變者，只因為「有些人誤解了中央與毛主席的英明與正確的指示」。

　　我們在前面已很充分地研究了「英明與正確的指示」，現在讓我們來約略看看那些因「有些人的誤解」而作的改變吧。

　　十個月來人民公社的變化，在整個的氣氛與一般的舉措上說，頗有點像「戰時共產主義」返回到「新經濟政策」的轉變。我們知道，在中共提出人民公社之前，這樣的雛形組織，事實上已有幾個存在，那是為了適應「全民煉鋼」，工農業群眾性「大躍進」等臨時性的苦戰任務，自然而然產生的。這種組織當然容易發生原始的共產主義情緒，在分配與消費上都會受着平等主義的支配。因為如果沒有這種精神，僅憑幹部的動員與命令，那末即使最短時期的「群眾苦戰」都是弄不好的。那些「自發的公社」正因為多了這點精神，多了一些對群眾生活的照顧，所以其躍進成績也就比沒有「公社」組織的地區為好。毛澤東等正是因為巡視了河南、山東某幾個這樣的「自發公社」，才決定要把它成為制度，推行全國。也因為如此，所以在最初發起人民公

社的諸般動機中，雖以無限榨取的冷酷打算為主，卻多少混和着糊塗的、原始的、或者意存欺騙的共產主義願望在內。這情形非常清楚地表明在 8 月 29 日的中共決議案中，它輕浮樂觀地宣佈：「共產主義在我國的實現已經不是什麼遙遠將來的事情了」。它要求大家「不算細賬」，「不找平補齊」，「不斤斤計較」。它強調集體生活的諸種措置；它特別指出工農商學兵結合，與農林牧副漁並舉，它要把公社辦成「未來共產主義社會的基層單位」，因此，雖然沒有在那決議中規定，但在當時所有的中共領袖言論中，都屢次主張將公社在城市中也同樣地實行。受着此一精神的影響，全中國曾經颳了一陣左傾的平等主義的風。在當時的報章雜誌上，群眾集會上，抨擊資產階級法權的聲音叫得非常響亮，以致工廠裏的計件工資制紛紛「自請」取消，報酬優厚的其他工作者也競相「自動」減薪。這一時期的「共產主義精神的昂揚」，真可算得洋洋大觀了。

可是，群眾性的「忘我苦戰」是不能無限延長的，（即使冒用「不斷革命論」的名義也不行。）突擊過去，緊張鬆弛，經濟生活再度被放在較為平和與冷靜的軌轍內進行時（經濟生活主要得在這樣的軌轍中進行），那些原始平等主義與模糊共產主義的一套便不起作用了，而且有些還成了妨礙。因此，當公社被正式採用，推行全國，作為正規的農業生產活動的組織時，它那烏托邦式的或半欺騙式的共產主義的願望部分便迅速消失，它那冷酷榨取的計算部分便充分發展起來。人民公社內的「新經濟政策」飛速抬頭，代替了人民公社內的「戰時共產主義」。

自從去年 12 月中共八屆六中全會的決議公佈以後，發生於公社內的此長彼消的變化，大概有如下述：(1) 宣佈「由社會主義過渡到共

產主義是一個相當長相當複雜的發展過程」，反對「有些人企圖過早地『進入共產主義』」；（2）雖然仍舊吹噓着什麼五臟俱全的「並舉」和「結合」，卻着重指出了企圖消滅商品生產與消滅交換的錯誤，主張大力發展商品生產；（3）要「貫徹按勞分配的原則」，力言供給部分不宜太廣，強調「工資部分是主要的，並且要有較快的增長」；反對將收入較多者與較少者「拉平」，規定農民的工資要分成「六級至八級」，「最高工資可等於最低工資的四倍，或者倍數是更多一點」；（4）舊有團體內外的債務，原本主張「不必斤斤計較」的，現在則改為一切債務，不論是個人相互間或公社和社員間，「一律不要廢除」；（5）有不少生活資料，以及宅旁果木，小農具，家畜家禽等，原本採取「自然而然變為公有」的辦法（其實是不由你不歸公），現在則宣佈它們歸社員私有，而且還鼓勵私人搞副業，特別是號召私人養豬；（6）實行「生產責任制」，層層包產制，嚴訂勞動紀律，對「違紀者」與曠工者採取最嚴厲辦法；（7）城市辦公社的想法廓清了，人民公社由原來的所謂國家和社會的「基層單位」看法，不得不暫時以農業生產的一種組織為限了。

以上種種改變，整個方向是由「左」向右，由「幼稚」變為老成，由輕率瘋狂到冷靜殘酷，由全民突擊時的「浪漫主義」變成為踏實辦社的「現實主義」，從糊塗或意存欺矇的「共產主義」回到清醒而赤裸的資產階級法權；從「拉平富戶」的辦法，轉變到「對富強者下注」。人民公社此一轉變方向，在整社的過程中業已完成，今後更要依此方向突進的。

十六、我們既然不贊成未改變前的人民公社，那末現在有了改變（它們在許多方面其實已偷偷放棄了人民公社的理想和實踐），是否表示贊成呢？對於這個問題，我們不能簡單答覆。在後面我們將詳列我們對公社的態度與主張，我們將在正面敘述中順帶答覆這個問題。

現在讓我們先再觀察一下，中共這些新改變，即人民公社的「新經濟政策」，在今後的中國農村中將會促成怎樣的化分？農民與共黨統治者之間將會產生怎樣的矛盾？

第一、「公社富農」行將崛起。我們說過，公社的拉平手術大大損害了中國農村中等於中農地位的那一層農民，因此，造成了財產上的大損失，妨礙了生產率的提高。這個事實，雖然不能使中共上層在理論上認識此一政策的錯誤與罪惡；但能迫他們經驗主義地改變政策，而且走到與原來相反的另一錯誤上去。這情形，我們現在就已經看見其端倪了。陶鑄在其虎門公社的調查報告中關於這一點說得很坦白，他說：「總的說來，工資等級差別最少不得少於八級。必要時還可以擴大一兩級，這是沒有什麼壞處的，恰恰相反，今天有些地方在工資等級上差別太少，倒影響了群眾的積極性。」這位廣東省中共的最高人物的話，一方面駁斥了前不久他們高唱入雲的所謂「共產主義教育」決定一切的胡說；另一方面表明了他們「對富強者下注」的新路向。在此路向下，較富的生產隊，乃至較富的個別農戶，將受到無微不至的表揚和獎勵，他們將在上面的鼓勵中發展，形成一個特殊階層，高高地超出於大多數貧苦農民之上。這群人我以為可名之為「公社富農」。他們當然與舊式的富農不同。在大環境不變的條件之下，他們不會走資本主義道路。他們和公社中的黨政軍幹部密切結合，成為共黨官僚政權在農村中的基本支柱，成為駕御廣大農民群眾的槓杆，成為公社今後推進中的主要動力。他們是農村中的勞動貴族，是鄉間的史達哈諾夫【朱正按　即斯達漢諾夫，當年蘇聯樹立為學習榜樣的勞動模範，發起了叫做「斯達漢諾夫運動」的勞動競賽。】主義者。

第二、「共產主義的萌芽」行將萎縮甚至凋謝。在貧富距離日益擴大的條件中，起碼的伙食供給勢必為一部分人所不感興趣。他們最初

是公飯私菜，其次是舉辦較富者的小灶，最後必然會回復私人煮飯。吃的方面如此，其他的生活方面亦然。因為貨幣的保有量在各農戶中大不相同，隨之而生的在公社中的地位不同，其影響必然會達到託兒所，醫療院等等機構。結果，我想，這些生活福利方面的機構，或者會名存實亡（雖然在大多數地方始終是有名無實），或者分成相應的等級。「公社富農」與一般幹部有他們較好的託兒所與醫療院等，貧苦大眾有他們「自己的」一些。

第三、農業生產的增加率將減低。根據中共的官方說法：「糧食能不能大增產，主要取決於在新的社會主義制度下的人們對大自然的主觀能動性有沒有充分發揮。」（見 1958 年 8 月 1 日《紅旗》上陶鑄的文章）因此他們提出了所謂「糧食增產無限論」。為要證明這個理論，這位廣東省中共的最高領袖於提出了許多「論據」之外，還舉出了一些「鐵的數字」。據說廣東省的農業生產在第一個五年計劃期內，糧食增產平均每年為 6%。而在 1958 年，因為共黨的八屆二次會議通過了「社會主義的建設總路線」，以致僅僅在最初的六個半月中，春夏收作物的增產量為 65 億斤，比第一個五年計劃期間全部增產數目還多 10 億斤，其增長率達到了 60%。以這一「事實」為根據，他們便宣佈了「增產速度將以更快的步伐前進」。

人民公社制度本來就被解釋為「農業生產全面不斷躍進」的結果，而這個制度的作用，則是要保證 1958 年上半年的增產速率今後繼續不變，甚至要更快更高。事實上會做到嗎？我們的想法是否定的。不錯，人定可以勝天。土地所有制的改變，勞動力的組織和應用起了變化，興修水利，採用耕植上的科學技術等等，無疑會大大解放農業生產力，會奇蹟般增加生產量。特別因為舊中國農業經營的異常落後，使革命後的農業增產更易完成，更為顯著。但是所有這些，並不等於

說農業增產簡單可以憑「主觀能動性的充分發揮」來決定，並不等於說不問客觀條件如何，只要我們念起「多、快、好、省」這四字真言，便可以向大自然任意索取多少糧食。糧食增產，和其他任何生產的增長一樣，是既有限而又無限的。就特定時間與特定條件說是有限的，就發展過程來說卻是無限的。今天中共宣傳的「無限論」的錯誤，恰恰在於它認為在特定的時地條件中，只要我們主觀努力，便不可能設定一個最大限度的增產率。依他們之見，農業生產的增加，只有主觀努力的緊張強度，才是唯一的界限。多一分努力，添一分緊張，便增一分生產。由此產生了他們的無限苦戰論，日夜不息論，以及他們莫名其妙的「不斷革命論」。這種幹的精神固然值得佩服，可惜它不是發生在真正馬列主義的基礎上的。如此這般硬鼓起來的幹勁，經過了短短一年，已明顯地表示再衰三竭之象了。原因很簡單，第一，由於過分落後這個特點所造成的飛速增長，差不多已利用至於極限，今後的增加將更多地依賴於新的積極因素的創立，而很少能依賴於舊的消極因素的革除；換句話說，今後的農業增產將愈加依賴於生產技術的機械化與電氣化，依賴於現代農業科學的全面採用，而不能寄託希望於勞動力之更緊張的編排或什麼落後的生產關係的排除。(其實今天最妨礙增產的倒是那官僚主義的新關係。) 第二，在過去的「大躍進中」，「主觀的能動的」農民已被鞭策到一個人體的生理條件的最大限度，大多數地方還超過了這個限度，以致無法不發生反應，無法不鬆弛下來。

1959 年不能作 1958 年同等的或更快的躍進，在目前差不多已經看得很清楚。最近的《紅旗》透露出一些有趣的消息：幹部憑主觀規定了躍進指標，群眾完全不感興趣。「你定你的，我幹我的」── 這是農村公社中的一般反應。因此，領導上又開始在責備「有些人」的「主觀主義」和「不走群眾路線」了。他們提出了「包產一定要落實」的

口號。再過幾時，我想，也許那位大叫「增產無限論」的陶鑄都會被歸入「有些人」中去吧。

在中共目前的公社政策下，今後農業生產的增加率多半將會比1958年的減低：不增加反而減產的可能都不是沒有的。

第四、強制和懲罰的辦法將愈加嚴峻。當然，公社自始就是一種帶有很大強制性的勞動組織，所謂「軍事化」，「戰鬥化」與「集體化」就意味着高度的強制與伴以俱來的可能懲罰。不過這種性質在初期總還是相當緩和或隱藏的。「對於沒有完成任務的單位或個人」，像《河南日報》在本年1月間所主張：「給予適當批評，不給予物質懲罰」的說法，在大躍進及公社運動初期是更為流行的。借助精神壓力而避用物質壓迫，「批評從嚴，處罰從寬」，可說是那一時期較佔上風的一種政策。可是逐漸地，因為榨取剝奪的無限增加，官僚對群眾的說服就無法不讓位於壓服了。事情太傷害了大眾的物質利益，便不再是空口宣傳所能撫慰。

對中共榨取農民的程度如想有一清楚印象，可看下一事實：

1958年6月3日（即人民公社高潮前夕），毛澤東以主席名義堂皇公佈的農業稅條例，規定平均稅率為農產物總收入的15.5%。倘在最佳經濟情況的地區，稅率最高亦不得「超過常年產量的25%」。（見該條例第三章第十條與第十二條）但在人民公社中，「上交」比率卻一般地大大超過了這個最高比數。例如在河南省睢縣的紅星人民公社中，規定的上交數字便是「總收入的32%。」我們知道，當合作化未全部完成之時，中共對個別經營的富農徵稅額為總收入的30%。其目的據中共自己解釋，是要用經濟手段來限制和消滅富農。可是「拉平」在

貧農水準上的人民公社，現在卻要交出比當年富農更高更重的稅，可見中共對農民的奪取是如何的與日俱增！

上交如此之巨，而餘數又主要得投放為社內今後農、林、牧、副、漁的資金，要興辦工兵商學的種種事業，又因政社合一之故，還負擔全部政費。試問這樣七折八扣之後，一個公社還能剩得多少力量來照顧社員的生活？又有多少餘款發放工資？結果是工資拖欠成為常事，生活則一日三餐難以為繼。炊事員不能作無米之炊，鎖了食堂大門逃之夭夭者已有所聞了。廣東中山縣的公社裏盛行着一句「順口溜」：「有得做，有得息，有得睇，冇得食。」農民們日夜苦戰，到頭來只看見上好的糧食統被繳去，而自己則面對了難於下嚥的雜糧粥飯挨餓，這情形怎能不激起農民大眾的憤怒不滿？它們必將發泄於消極和積極的反抗中，而首先在消極怠工中表示出來。

面臨了此一局勢，官僚統治者那套強制和懲罰制度便發揮到了無所不至的地步。所謂「生產責任制」，以及形形色色的什麼幾「定」幾「獎」制，層出不窮，一個厲害過一個，目的只是要把因不滿而消極的農民緊緊地束縛在「勞動戰車」上，讓他們不能作絲毫動彈。略不就範，則處分隨之。自從春季「整社」以來，沒有完成「定額」者予以必要懲罰的論調，在中共報紙上幾乎每天可以見到了。具體的處分辦法雖迄今未見在公開的文獻中透露，不過從陶鑄的報告中我們看到了「曠工一日扣工資二日」的辦法；同時還獲悉了一個情形：原來各個公社的「領導」有權任意想出辦法來處罰農民。至於較曠工略為嚴重的「罪名」，那當然有現成的懲治反革命的法例可援，犯者自會很輕易地被送去勞改，受刑事的乃至「軍事的」處分。

第五、農民大眾與官僚統治層之間的衝突將愈加直接與激烈。壓力愈大反抗力亦愈大這個物理定律，如何在社會政治方面體現是一個比較複雜的問題。不過就目前中國的農民情形說，我們覺得，人民公社制度的本身已成為此種衝突的有力導因。在 1958 年 9 月 8 日的最高國務會議上，毛澤東曾經說了幾句很出名的話，他說：「中國領土台灣，黎巴嫩以及所有美國在外國的軍事基地，都是套在美帝國主義脖子上的絞索。不是別人而是美國人自己製造了這種絞索，並把它套在自己的脖子上，而把絞索的另一端交給了中國人民⋯⋯」這幾句非常漂亮的話，若把「美國人」換成了「中共的官僚層」，把「基地」改成為「公社」，也同樣是適切的。中共將「公社」這條索子套住了全體農民的脖子，以為如此可「便於領導」，可是從另一方面看，這條索子也套住了領導者自己的脖子。試想想，既然把所有農民的生活問題七包八包地承擔了下來，終究不是說說就算，也不是想放下就放下的。不管好歹，總得拿點東西給人吃下肚，挨餓是不行的，有得吃了，還得看吃的是什麼，太壞了不行，煮得太不像樣也到底不行。吃的方面如此，生活的其他方面也莫不如此，只有 50 斤的力氣硬要（或假裝要）挑 100 斤的擔子，結果必然是摔壞了東西又跌壞了自己。一切生活問題，必然是迸發農民憤怒的不斷泉源。同時「政社」既然「合一」（實則是黨社合一），則農民的每一個不滿都必然要向黨發泄。黨再不能起「超然的第三者」的作用了。農民與共黨之間不再有什麼掩護物，不再有緩衝。矛盾一經爆發，便直接成了反官僚的鬥爭。

十七、上面，我們把十個月來人民公社的起因、面貌、作用、機能、發展、改變及其前途作了相當充分的認識，並給了必要的批評。我們不是消極的批評家，我們的批評不是僅僅為了批評之故。人左則右之，人右則左之，一切為了逞口舌或筆墨之快，絕非我們所願為。

我們有自己一貫的立場，有自己正面的（亦可說建設性的）看法。我們是共產主義的革命家。因此，正是為了共產主義革命的利益，正確些說，為了中國社會主義革命及其建設的利益，我們才批評了中共有關人民公社的種種錯誤與罪惡。也正為此故，我們最後必須把我們關於此一問題的意見與辦法列敍出來：

(1) 反對「一國社會主義」的反動理論 —— 這是「一鄉共產主義」，即人民公社的理論基礎的出發點。我們認為：中國的社會主義（遑論共產主義）建設，尤其是中國農村的社會主義建設，必須視作世界革命總任務的一個部分，才可思議。我們自然要在已有的現實的條件中建設社會主義，但我們必須記住此項建設的世界性以及它在一國範圍內的暫時性與局限性。因此，我們必須把暫時被迫進行於一國之內的建設看成為促進世界社會主義革命的步驟或手段，而非自滿自足的目的。今天中共正因為把中國一國之內的社會主義建設看成為自滿自足的目的，而且荒謬地認為在「一窮二白」的基地上業已建成了社會主義，今後更可獨力從社會主義走向共產主義，結果便是以殘酷的手段榨取工農大眾的勞動果實，因而給社會主義與共產主義的崇高事業繪出了一幅最無情的諷刺畫。這在國內是大大破壞了工農群眾對社會主義的信心，在國外則癱瘓了資本主義國家無產階級起來掙脫鎖鏈的意志和決心。

不放棄「一國共產主義」這個根本錯誤的立場，人民公社制度無論如何不能為中國的社會主義建設服務，甚至不能對它作枝節的改善，使之有利於而非有害於農民生活與農業生產。

(2) 中國農村進行社會主義性的改造，首先要顧到工農聯盟的利益。應該把爭取農民對工人社會主義事業的信心視作頭等重要的任務，其次才可以考慮到如何向農民要求更多的物質貢獻。即使真正為了社會主義的建設利益，也絕不允許對農民作掠奪性的飢餓徵集。農業的大規模經營與集體經營，大體上必須與工人階級（本國的與國際的）所能提供的機器化與電氣化的程度相適應。因為在原始的人力基礎上，除了從事某些公共工程之外，進行太大規模的集體經營，多數是無結果的浪費。當有可能進行集體化時，絕不允許對中農施行強暴。加入集體或合作團體必須遵循人人自願的原則。

以上是基本的原則立場，下列乃有關乎人民公社改革的具體意見。

(1) 政府應宣佈人民公社不再是強迫實行的、全國一致的制度。各公社社員有權用無記名秘密投票方式，決定各個公社的存廢。

(2) 如多數贊成保存公社，公社當然繼續經營，唯個別社員有退出之權，退出者公社應指定相當土地由他使用，任他個別經營。

(3) 如主張保有公社者佔少數，公社當然解散。各農戶應根據自願原則，從事合作社集體經營，少數願依原公社方法經營者，可助其成立公社。

(4) 經過社員決定保存下來的公社（下同），其管理和經營必須認真民主化，一切領導幹部由選舉產生。公社的整個管理與組織工作應由全社選出的公社委員會掌握。政社必須分家，反對勞動組織軍事化。

(5) 公社內成立職工會，這個職工會應屬於全國職工會系統，不等於公社內的福利委員會。

(6) 公社的生活供給制度及其他的一切福利機構，應由公社委員會會同職工會通盤策劃。原則上，全年的總收入中，首先得保留作為此項之用的糧食，其次才是「上交任務」。糧食稅絕對不應超出糧食稅條例所訂定的 15%。改善農民的物質和文化生活，應視作目前建設社會主義的頭等重要任務。

(7) 反對不切實際的平等主義，更反對以造成農村新特權階層為目的的、「工資等級愈大愈好」的政策。

(8) 國家應增加農業投資；在可能限度內，應辦理機器拖拉機站，藉以幫助有可能進行大規模耕種的公社或合作社農場。

*　　*　　*

我們應該為我們的主張作不懈的鼓動宣傳。因為誠如我們上面所述，人民公社勢必造成共黨統治與農民大眾之間愈來愈激烈的直接衝突，在此衝突中，只有我們的立場才能引導憤怒的農民走上正確的社會主義道路，而不為資本主義的反革命派所利用。同時我們相信，在今天一千多萬的中共黨員中以及更為廣大的先進工人中，一定有不少是誠實的共產主義者，他們在實際工作中，在與群眾的接觸中，在上層命令碰了壁而不斷進行的不光明的改變中，他們遲早會覺悟到史大林「一國社會主義」與毛澤東「一國共產主義」的謬誤，他們會認識到公社運動的基本錯誤何在，因而會有意或無意地找到我們的立場。

只要我們的思想和上述的群眾思想摸索會合到一起，中國的社會主義建設事業便可以脫出史大林主義的官僚控制。事情如果真是這樣

發展，那末公社問題倒成為中國社會主義被導上健全方向的一個機緣了。我們必須為此方向的實現而努力。

雙山，寫於 1959 年 5 月

注釋

1. 從來的馬克思主義者並不說國家所有為「全民所有」，社團所有為集體所有，
    有也不強調這二種所有制在程度上的高下深淺。

2. 鈔本傳閱後，承同志們指出，說我不應根本否認「全民所有」與「集體所有」
    這兩種制度間的差別。這個指出當然對的，因為無論在理論或實踐上，都可
    以確定這個差別。但列寧和托洛次基從來不着重或強調這個差別卻是事實。
    （他們根本就不喜歡像「全民」，「人民」那類名詞。）在他們二人的了解中，
    最重要的事情是：「國家支配着一切大生產資料，無產階級執掌着政權」，只
    要具備了這兩個大前提，則農民參加合作社，便是「為建成社會主義社會所
    必需而且足夠的一切了。」（順便提一提，列寧在《論合作制》中的這一段
    話，曾被史大林拿去作「一國社會主義」理論根據的。）因此，即使並非為
    「全民所有」的合作制，列寧卻認為「與社會主義企業沒有區別」，「合作制
    往往是與社會主義完全符合的。」（引文均見列寧《論合作制》）托洛次基在
    這方面的看法與列寧完全一樣，在他關於農業社會主義改造的一些文件裏，
    從不區別這兩種高度與初步的所有制。因為事情確然如此；既然國家支配着
    一切大生產資料，無產階級掌握了政權，那麼農民究竟以何種方式實行集體
    生產，以何種名義（工資抑非工資）分配其勞動果實，對於社會主義的發展
    來說，並不具有像今天中共理論家們所說的那種意義。對於農業經營組織方
    式的上述二種態度（列、托的與中共的）倘若只限於學院式的爭論，倒也罷
    了；可惜它對於農業政策是能發生重大影響的。依照前者：農民之經由合作
    化與集體化道路走向社會主義時享有很大自由，很大的伸縮性，有時甚至在
    對農民的私有傾向作或多或少的讓步；而依據中共的看法，既然「所有制」
    的本身具有如此決定意義，那就得集中一切力量，以便在愈快愈好的時間內
    將「所有制」從較低的提高到高級的，從「集體的」提高到「全民的」。

論無產階級文化大革命

雙　山

信達出版社印行

第二部分　論無產階級文化大革命

出版説明

　　收集在這本小冊內的二篇文字，寫於文化大革命正在開始進行的時候，作者當時僅就運動動力，進行方式等等，推測它未來的歸趨。可是後來事變的真實發展，除了那異乎尋常的殘酷之外，基本上是證實了作者的事先分析的。迨文化大革命結束後，我們曾向作者提議，將此二文付印，再寫一篇新文章，給那次運動作一個總結。作者答應這樣做。可是他長期臥病，總結無法寫成。我們覺得這二篇文章不但有助於過去的了解，而且有助於目前批林批孔，乃至今後中共內部矛盾的了解，因此，決定先將二文單獨出版了。

　　第一篇係私人通訊性質，現在第一次發表。

　　第二篇曾陸續發表於《七〇年代》（未完），且曾譯成英文，在美國發表於兩本不同的雜誌。

1974 年 11 月 24 日

編按：這一篇「出版説明」是信達出版社負責人樓國華所寫。另，第一篇書信與《論無產階級文化大革命》分別寫於 1966 年 10 月和 1967 年 2 月，1974 年合編成小冊子。

致友人書
——略論中共「無產階級文化大革命」的幾個方向

親愛的朋友：

××兄告訴我，説你要我寫點關於最近發生在中國的事情，特別關於那轟動世界的所謂文化大革命。我很願意這樣做。

只因我精神不夠，無法寫鄭重其事的文章，只能和你在信上隨便談談。同時想談的，又只能限於這個問題的幾個方面。

我想把我預備談的歸結到如下三個問題：(1)「文化大革命」如何發生的？(2) 為什麼在此時發生？(3) 為什麼它要採取這樣的方式？

為什麼發生這個「革命」？原因當然很多。同時，從各個不同的視角，人們會找出各種不同的原因來。要全面地分析它們，那是需要很大篇幅的，我不能這樣做。

現在一般的觀察家們，最歡喜用「毛澤東的繼承人之爭」來解釋「革命」。這當然不夠，而且也不對。中共最高層中為了爭奪毛澤東的繼承人地位而發生鬥爭當是事實；而這個鬥爭，強烈地影響着「文化大革命」的進展，也是事實。但它卻不是「革命」的原因，而只是「革命」的表現之一，或者可以説是它的結果之一。為什麼會有這次「革

命」，為什麼在「革命」中發生繼承人之爭這個現象，那是要更深刻地在政治、經濟和社會諸方面去尋找原因的。

因此，這封信裏我不想談到中共領導層中的鬥爭問題。

這裏我想談的是中共近幾年來的國際地位和國內局勢，與最近發生的「文化革命」之間的因果關係。

茲先談國際方面。關於中共近年來旳國際景況，你至少是和我一樣清楚的。所以我不必在這上面浪費筆墨。總之，無論在一般的國際相處中，或者在特殊的社會主義國家陣營中，更或者在國際共產主義的行列中，中國和中共在過去幾年都日甚一日地陷於孤立了。為什麼會發生這種情形？誰應該負主要責任呢？這樣的問題，可以說是自動地從這個局勢中發生出來；而問題的解答也可以說是自動地提供了的。問題如果從中國方面着眼，那末由毛澤東領導制定的外交路線與反蘇路線，特別是近來很不得人心的那個反對以共同行動援助越南的態度，顯然是促成了這個孤立。在這種情形之下，中共內部，包括它的最高階層在內，有人對黨的既定政策表示了懷疑，那是不但可能，還簡直是必然的了。如果我們假定以劉少奇、彭真為首的一群領袖，曾經對上述的路線和態度提出過一些懷疑，要求過作不改變根本方向的修正，或竟表示過某種程度的反對 —— 都不會全無根據，都不會與事實相去太遠。

有了這樣的懷疑，有了這樣的要求與反對，毛澤東和他的一些無條件的追隨者們會怎樣呢？他或他們會虛心接受？或至少會加以容忍嗎？當然不會。因為時至今日，毛澤東在這些方面作任何妥協與退讓，都必然要牽涉到責任，要影響到威望，甚至要變動他的地位。他當然絕對不肯負任何錯誤的責任，絕對不肯因承認錯誤而貶損其威

望，更絕對不願因變更路線而降低或喪失其地位的。那末怎麼辦呢？
辦法只有一條，那就是運用高壓，用鬥爭來擊破黨內一切忠貞的與不
忠貞的反對派。

現在讓我們談談國內問題。

談到國內問題，一切根源都得回溯到那所謂「三面紅旗」。你當然
已經知道，為了要「多、快、好、省地建設社會主義」，毛澤東提出了
「總路線、大躍進與人民公社」這「三面紅旗」。其實，「總路線」——
正像一位被整肅的文人【朱正按　鄧拓的《燕山夜話》。】所形容——
只是一句「偉大的空話」；「大躍進」是一齣「偉大的鬧劇」，「人民公
社」是一個「偉大的幻想」。只因這些空話、鬧劇和幻想，是讓一個「偉
大」有力的政府拿來付諸實施的，所以很快就造成了悲慘的後果，很
快就引起了中共黨內的鬥爭。

為了反對三面紅旗，你知道，中共黨內發生了它在取得全國政
權後的第一個反對派（在這以前曾經發生過高崗、饒漱石的「反黨集
團」，但它的所以形成，就我們迄今所知的材料來看，很少由於政見上
的不同，而主要由於權力鬥爭，他們似乎想結托外力 —— 蘇聯 —— 以
便先行成立「獨立王國」，然後攫取黨和國家的最高統治權）。這個反
對派以當時的國防部長彭德懷為首，得到總參謀長黃克誠的支持，還
可能獲得當時的計劃經濟首長陳雲的默許，結成了一個反對三面紅旗
的「右派」。其結果，你當然也知道，在 1959 年 8 月召開的八屆八中
全會上，毛澤東取得了中委會內部的絕對多數，壓倒了「右派」。

黨內鬥爭勝利以後，毛澤東在實施的方法上略加修改（例如：放
棄了「吃飯不要錢」，停止實行城市也公社化等），繼續高舉和推行這
三面紅旗。

結果，如所周知，大躍進以無可估計的財富損失而告終，人民公社造成了連續三年（1959-61 年）的所謂「特大的自然災害」；多、快、好、省的「偉大空話」，終於被證明為破壞建設與妨礙建設的最有效的「總路線」。

不過關於「三面紅旗」的本身錯誤，我不想在此地談，它不在我想要討論的範圍之內。在這裏我想談的是：在那三年「自然大災害」期間，以及在這個時期前後，發生於中共黨內外的幾個值得注意的現象。

下面這兩個現象是最值得注意的：

一、在較高的領導層中，對於三面紅旗雖然不再有人敢公然批評，但隨着事態的愈來愈嚴重，錯誤的愈來愈明顯，表示疑慮和不滿的人卻愈來愈多了。這些人不久之前都曾經堅決擁護過毛澤東的，如今卻暗地裏對罷了官的「右派」【朱正按 「右派」專門指 1957 年「反右派鬥爭」的打擊對象；1959 年批評三面紅旗的被稱為右傾機會主義者。】表示同情了。他們有的是陽奉陰違，在事實上部分執行了「右派」所主張的路線；有的則明譏暗諷，對真正的當權者進行善意的或惡意的諍諫。這些人，就是今天被追稱為「走資本主義道路的當權派」，「打着紅旗反紅旗的黑幫」。

二、在黨的，特別是在政府與工礦企業的中下級幹部中（自然也在高級幹部中），有為數極多的人，利用了那個時期的物資的極度缺乏與普遍的貧困，利用自己的部分職權，實行肆無忌憚的貪污。

對於這兩個現象，毛澤東及其「三紅」的死硬追隨者，當然是耳聞目擊的。對於這兩個現象，他們當然是深以為憂的，因為第一種情

形會損害毛氏在黨內的獨尊地位，甚至會損害他的領袖地位；第二種情形則將根本掘毀中共統治的整個基礎。

確實，這是有關乎毛和中共的生死問題。

他（或他們）一定要克服這兩個不利現象。「文化大革命」在很大範圍內正是從這個要求發生出來的。

但是，這個」革命」為什麼不爆發於三年「自然災害」期間，為什麼不發生於災害年月結束的前後？為什麼要再拖三年，直到 1965 年秋季才發動呢？

這是一個過程問題，要弄清楚這段過程，得稍稍敍述一點事實。

「自然災害」在 1958 年已見端倪，到 1959 年年尾已成「燎原」之勢。此後便迅速蔓延惡化，達到空前嚴重程度，威脅着全體人民的最低生活，威脅到整個社會的起碼治安，因而威脅到中共統治的存在基礎。危機是太過嚴重了，此時中共不得不把一切力量和注意集中到難關的過渡和克服上面，以致毛澤東及其死硬派不得不暫時容忍那些「動搖者」。他不能立即整他們，這是一。

還有，為了要渡過和克服難關，毛澤東不得不在這期間採取國民經濟調整、鞏固、充實、提高的方針。這在實質上，正是毛澤東自己也放棄了「三紅」的原有辦法和規模，暗中採納了「右派」的立場。既然他自己的行徑和那些「動搖者」的所作所為不過是五十步與六十步之差，他也就不必立即去整他們了，這是二。

中共執行了退卻政策的結果，我們知道，災害性的經濟局面從 1962 年起顯示了初步的好轉。

正是這個時候，以毛氏為首的真正當權派就開始喊鬥爭了，開始整人了。不過他們的攻擊不是同時對準上述的兩個現象，而只是打擊了其中的一個。

在 1962 年 9 月召開的中共八屆十中全會上，毛澤東發出了號召，反對在災難年月中「幸災樂禍」的「國內沒有改造好的地主分子，富農分子，資產階級右派分子以及殘餘的反革命分子」。他號召全黨，要「堅決地粉碎他們的陰謀」。

會議之後不久，毛澤東發動了那個有名的所謂「四清運動」，亦即所謂「社會主義教育運動」。它的主要目的在於打擊黨內外在災難年月中乘機貪污作弊的中下級幹部，而尤以人民公社及中小企業內的負責幹部作為清查對象。清查他們「政治、思想、組織與經濟」這四種關係。

因為貪污現象太過普遍，毛澤東對他手下的既存組織缺乏了信心，所以為了執行這個新的四清任務，他組織了一支特殊的「工作隊」。其中包括了許多青年，甚至有不少不屬於黨或青年團的青年。他們普通都是大專學校的畢業生，被調動去參加一個時期工作的。

這是毛澤東以在黨的與非黨的青年群眾來鬥爭黨內外腐敗幹部或「不聽話」幹部的初步嘗試。

這個嘗試，在毛氏直屬的當權派心中，顯然認為是成功的。事實上，打從 1962 年冬開始實行起，直至 1965 年秋（文化革命興起）大約二年多些的過程中，四清工作組的工作雖然發生過一些波折 [1]，但是就我們迄今所聽到的來說，這運動總體上是達到了毛氏所希求的目的的，它相當成功地清算和整頓了（主要在經濟方面）鄉村人民公社與

中小型企業中的幹部；在較小範圍內，它也整肅了下級黨政機關中的工作人員。

因此，我們可以説，如果中國的局勢，特別是它的國際局勢，不曾在 1965 年的夏秋之間發生相當大的變化，很可能，四清運動已經足夠為毛氏的「整風」目的服務了。

那末在 1965 年的那段時期內發生了什麼大變化呢？

一方面，國內的經濟危機很大部分得到了克服，尤其是農業方面，在所謂「連續三年的大豐收」之後，城鄉經濟確實顯出些興旺氣象；另一方面，國際形勢急轉直下，變得大不利於中國；特別是印尼共黨冒險慘敗；反修鬥爭愈來愈處下風……等等，使中共陷於空前孤立，它的聲望空前低落。

前一變化顯然於毛澤東有利，使他有了較為堅實的基地，可以比較放手鬥爭。但後一變化卻非常不利於他。正如我在前面講過，這使中共內部，甚至在最高級的領導層中，發生了一種「同情修正主義」的傾向。這就是説，發生了一種相當普遍的願望，要求毛澤東對蘇聯領導人的鬥爭採取比較妥協與容讓的態度，藉以一方面應付愈來愈大的帝國主義的壓迫，另方面打破共產主義陣營中日甚一日的孤立。

這樣，毛澤東腳下有了可以進擊的穩固基地，而面前卻發現了必須鬥爭的迫切需要。怎麼辦呢？回答很簡單：對「黨內的當權派」，對那些「鑽進黨內的走資本主義道路的資產階級代表」，對「修正主義的應聲蟲」實行進攻。

所謂「當權派」，所謂「資產階級代表」，所謂「修正主義者」，如果僅就黨的上層來説，我在前面也指出過，那就是在災難諸年中發過

怨言，表示過動搖或擁護得不力的這些同志。對於這些人，毛澤東在四清運動中高抬了貴手的。本來，他也許可以始終放他們「過關」，不算他們的舊賬的，因為事過情遷，而他們又恭順如前。

可是國際局勢一逆轉，這些「舊賬未清」的老同志們，都又欠下了「修正主義」的新賬。這下子就無怪要龍顏大怒了，非得將他們新舊二賬一起算，甚至要加倍清算不可了。

以「當權派」為主要目標的算賬運動，開始於 1965 年冬天。發動以後，它便逐漸深入，迅速擴大，終於到了 1966 年夏天，形成了氣勢浩大的「革命」，並且和原已進行了兩年的「社會主義教育運動」，即「四清運動」合流起來。它把「四清工作組」的辦法無限擴大而為「紅衛兵」；把鬥爭的對象從人民公社與工礦企業的幹部延伸到「學術界的資產階級權威」，「修正主義的祖師爺」，「黨內的資產階級當權派」，並且擴大到黨內黨外乃至整個國民生活中一切不符合「毛澤東思想」的人和事、思想與行為。

我們上面的簡單敍述，大致說明了「文化大革命」何以在此時發生的原因。

現在來談第三個問題：「文化大革命」為什麼要採取「紅衛兵」這個近乎胡鬧的形式？

這個問題比較複雜，比較難於理解。

一般人對於這個問題的解釋是如下二者：

一、為了備戰，毛澤東、林彪們想給解放軍迅速培養出一大批後備軍。

二、因為黨政機構的腐敗墮落太嚴重，太普遍；同時毛氏的明暗（尤其是暗的）反對派力量相當大（中共一直宣稱「大革命」所反對的只有「一小撮當權派」，顯然是自相矛盾的），所以小手術不濟事，「四清工作組」不夠用，就造成了數以千萬計的「紅衛兵」，藉收抗毒與鎮壓之效。

這兩個說法自然都有理由，我們相信，它們都曾經是使毛澤東們設想出紅衛兵來的原因；不過，如果我們想較為深刻地探索問題，那末停留在這兩個解釋上還是不夠。

要尋找「紅衛兵」所以產生的遠較根本的原因，我認為：必須從中共治下的年青一代的精神狀態中，必須從毛澤東們爭取下一代的努力中，必須從他們力圖「剷除修正主義根源」的願望中，亦即從他們對蘇聯領導的鬥爭需要中去尋找。

中共統治中國已有十七年。當它初獲勝利時候那一輩的年青人，現在都已變成中年人了。這一輩青年，曾經以不同程度的熱忱迎接、擁護與參加了中共領導的革命，並因此有不小部分成了迅速膨脹的中共的黨員，成了它的中下級幹部。（根據劉少奇在中共第八屆全國代表大會上的報告，當時中共黨員總數為 1,073 萬。其中十分之九是 1945 年以後入黨，60% 是 1949 年革命勝利後入黨的。）這一輩人，一方面由於那隨權勢以俱來的腐蝕作用，另一方面由於 1957 年以來中共施政上的種種錯誤方針，其中有極大部分是幻滅了，或者腐化了；消極了，或者變得非常現實了，總之是對革命完全失去了熱忱與信心。

這一輩青年，今天有不少成了「文化大革命」的對象之一。

另一輩青年是在「毛澤東時代」出世與長成的。他們今天的年齡是十四五歲至二十左右。他們的精神狀態是怎樣呢？按表面的推想，

他們似乎應該是「非常革命化」，「非常無產階級化」的了。可是我們如果略為深刻地觀察觀察，較多地接觸一些事實，卻發見真相竟是大出人們的意料之外的。

這輩青年的基本特點是：根本不談思想，完全沒有理想。他們對國家大事漠不關心，唯一操心的是自己的生活和出路。

中共那種溯及既往、禍延子孫的「階級路線」，對於青年人的心靈起着非常有毒的作用。他們口頭上雖然有時說：「出生不由己，好壞靠自身」；可是事實上，一個孩子出生在所謂「四類分子」（即地主、富農、反革命分子與壞人）或「五類分子」（上述四類之外再加「右派」）的家庭裏，天然就低人一等。這些人的地位我想還遠不如美國黑人的孩子。他們不能進大學，甚至不能進中學，更甚至不能進國立的小學校讀書。他們不能進工廠工作，也難於進服務性的行業。至於參軍，那是更無資格了（順便談一句，解放軍是僅次於黨或團的一個特權組織。一個青年進了軍隊，不但他個人的出路有了希望，便是他的全家，也因他而成了「軍屬」，生活上相當得到照顧）。唯一生活之門對他開着的，就是下鄉去當最普通的農民。所以這些青年，除了怨望（怨父母，怨自己的命）之外，根本沒有思想，也不可能有思想；沒有理想，也不許你有理想。

另一個部分的「毛澤東時代青年」：工人的、貧下中農的以及職員們的子女。他們在「法理上」是有資格享受新社會提供給他們的一切機會的。但事實上國家目前所能提供的機會太少，遠不能滿足所有的要求者。同時官僚的控制太嚴，他們只願將機會給予合乎他們口味的要求者。因此這些青年便變得現實，變得勢利，變得非常虛偽，變得會逢迎拍馬，總之，竭力將自己做成上級所希望做成的類型，把自己

做成官僚所喜愛的候補官僚，以便在無數同輩中爭出頭，給自己找前途。這樣的青年當然不會有思想，也不會有理想。

還有一類青年，在廣義和狹義上都應該冠以「毛澤東時代」字樣的，那是中共統治下新特權階層的子女們。他們的生活與出路憑他們享受着父母一輩的革命成果，他們毋須革命，因之也沒有革命的思想與理想。

總起來説，在「毛澤東時代」誕生和成長起來的青年們，因為中共「階級路線」的荒唐應用；因為窒息人心的思想控制；因為迅速墮落的官僚機器的壓迫；他們不敢或不能有自己的思想，因之失去了任何思想。他們對世界無知，對國家與政治淡漠，對一切理想不感興趣，對一切道德（不論舊的或新的）加以嘲笑。他們中間的一部分是苦悶的，絕望的，看不見任何前途的；其中最大多數是現實主義的，現實到犬儒主義的程度，他們日夜擔心的只是如何取得升學與工作的機會；只要能達到這個目的，他們是準備對「上級」的要求作任何遷就的。另一個小部分則自滿自足，自大自狂；吃着革命的現成飯，卻昧於革命最起碼的道理。

這樣苦悶絕望與現實空虛，概括了目前中共治下青年一代精神生活的面貌。

他們不談政治，甚至厭惡政治；但是這個「非政治」的態度，卻代表着一個反對中共的最可怕的政治力量，因為「個人的享樂主義」，「自由資本主義」，都可以在這個態度上找到最肥沃的土壤。

毛澤東與中共的其他領袖們不可能不看到這個現象，也不可能不覺察到現象後面隱藏着的危險。

8 月 10 日，毛澤東在天安門前接見北京「革命群眾」時所說的那句話：「你們要關心國家大事」── 這真是言簡意賅地透露了真相。

那麼怎麼辦呢？怎樣才能讓青年們關心國家大事呢？

他們從兩個方面着手：一、將毛澤東的偶像崇拜變成宗教；「毛澤東思想」變成教義，軟硬兼施地要讓這些青年人變成這個宗教的瘋狂信徒 [2]；二、給這些血氣方剛的青年人以一個欽賜造反的機會，讓他們的怨望、苦悶，有所發泄；讓他們的趨附與努力有所引導；讓他們的消極和淡漠能代之以積極活動和意氣風發。

毛澤東採取這兩種辦法，除了要「爭取下一代」之外，當然還另有目的。他想以年青一代的「革命彩排」來掃除他下屬機關中的「牛鬼蛇神」。這就是指那些程度不同的反對者，不滿者以及腐化蛻變者。

毛澤東的這兩個目的能否達到呢？

我想，他的第一個目的是不能達到的。最多，只能在一個短暫時期內，將一小部分青年變成毛教主義的狂熱使徒吧了。等到熱鬧過去，幻想破滅，我們上面描述過的目前中國青年人那種思想情況與精神狀態，不但將立即回復，可能還要向更壞的方向發展。

事情很清楚，要想青年人意氣風發，要想他們自動而真誠地「關心國家大事」，絕非瘋狂而可笑地加強領袖神化所能辦到，也絕非實行領袖思想的教義化以及國民生活的全盤極權化所能達到。真正的道路應該是恰恰相反的。

他的另一個目的，想用青年聲勢浩大的「造反」來打倒「當權派」，想用青年學生的新鮮血液來給腐化的官僚消毒治病，是否可以達到呢？這是得分開來講的。

首先，如果問題真像中共的官方公報所說，文化革命是為的要打倒「一小撮走資本主義道路的當權派」，那麼照目前中共最高層的內部勢力關係看，凡是以毛澤東為首的一派，要打倒敵對的一派，根本不需要「依靠群眾力量」，一次政治局會議，就可以解決了。而事實上今天也已經做了。林彪陶鑄一系不是已經不聲不響的代替了劉少奇彭真一系了嗎？如今「一小撮」既已打倒，而真正的當權派卻仍舊要再接再厲，繼續「造反」，可見成問題的，即對毛澤東的內外政策表示不滿態度的，決計不止「一小撮人」。他們不可能有成形的組織，也不會有明確的共同立場，但他們為數一定不小，影響一定相當大。正是針對着這批似無實有的反對派，毛林等才需要發動革命，而且還要推進「革命」。

那麼「文化大革命」是否能將這些人打倒或爭取過來呢？不可能。因為意見和思想上的反對者，特別是那些普遍存在的自發的反對者，只當你在行為上做到能令他們心悅誠服之時，他們才會停止反對的。群眾性的鎮壓能使他們懾服，能使他們沉默，卻不會從他們的心裏除去不滿和異見。

至於以群眾「造反」來醫治黨和國家機構的普遍腐化現象，情形是相當不同的。在相當程度與短暫時間內，我看它可以收到若干效果。

不過我們真正馬克思主義者當然知道，在「一窮二白」的基礎上，在「一國共產主義」的總路線下，要想在長時間維持一個健全的工人政權根本不可能。要想這個政權因不斷的注射血清和不斷地施行大小手術而根本免於官僚主義的墮落，也是不可能的。

利用各種群眾運動來監督清洗黨和政府的官僚機關，不管它本身是多麼地重要，但畢竟不是真正有效的辦法。要徹底消滅貪污腐化，要根本剷除「修正主義」，要真正防止資本主義的復辟，唯一辦法是在

深廣二度上推進革命；而更重要的是要在實質上而非口頭上拋棄一國共產主義，要對外實行真正的國際主義，要對內實行真正的無產階級民主制，要使社會生活的任何方面都確實比資本主義國家中的遠較進步與合理，以此去影響資本主義國家中，特別是高度發展的帝國主義國家中的工人階級，使他們傾向共產主義，使他們在條件成熟時起來革命，推翻資本主義，成立社會主義國家，以便回過來幫助那些早已獲得勝利，但因經濟落後之故而陷於重重困難的「老社會主義國家」，使它們終於能完全擺脫官僚主義的危機，能健全地發展成世界社會主義體系中，乃至世界共產主義體系中的一個構成部分。

今天，中共「旨在防止修正主義」，旨在「防止資本主義復辟」所用的一切方法恰恰是背道而馳的；瘋狂的個人崇拜；野蠻的思想統制，以及對於民主權利和人身保障的極端蔑視，這在實際上是替社會主義和共產主義的敵人服了最最出色的務。它比資本帝國主義的任何宣傳與欺騙更有力量，將資本主義國家中的工人階級和一切勞苦大眾推回到資本主義去。

因此，這些辦法縱能於一時間對中共目前黨、政、軍、文教等機關的中下級幹部稍稍起點消毒作用，可是從略為長遠的眼光看，他們卻正是在助長這些病毒的。

親愛的朋友們，我的信已寫得太長了，可是關於「文化大革命」的文化方面，關於這個「革命」所提出的反動的與荒謬的文化觀點，這裏卻完全不曾談到。只好等有機會時再談了。

不過在最後，我得說說我們對「紅衞兵造反」運動應該採取的態度。照我個人的看法，我們影響之下的年青人應該參加進去造反，目的在於把假造反變作真造反。我們要把被反對的對象加以分別；對

那些懷有正確批評意見的反毛派應予以批判的贊助；對那些真正墮落與腐化的官僚派應予以打擊；而最主要的，我們應該將造反的主要矛頭，設法轉向着毛澤東的教主化，毛澤東思想的國教化，以及黨政文教機構的瘋狂極權化。這樣，如果運動繼續深入，如果它能脫離毛澤東們對它的絕對控制，我們也許能將它推上我們心目中的政治革命，我們以為可以使一個壞的工人國家走上健康道路的。

敬禮

1966 年 10 月

注釋

1. 據中共自己的文件透露，這些四清工作小組曾經犯了「左的偏差」，即他們鬥官僚鬥到中共所能容許的限度之外了，因之在 1964 年中共制定了那個所謂「二十三條」，藉以「保證四清運動在正確的軌道上前進，避免走上邪路。」這個「二十三條」，目前雖然常見提及，但迄今未曾正式印行公佈。當初頒行時，只以「告示」形式貼在牆上，讓人閱覽，卻禁人抄錄。顯然，其中有許多「家醜」（主要是有關幹部貪污與墮落的實況）是不足為外人道的。毋須指明：這個「社會主義教育運動」（四清）乃是「無產階級文化大革命」的前奏；「工作組」是「紅衛兵」的雛形；「二十三條」則是「十六條」的初版。

2. 毋需說，這僅僅是神化毛澤東的理由之一，並非全部理由。

論無產階級文化大革命

一、中共黨內鬥爭的力量關係

中共內部在「文化大革命」前後所存在以及所形成的諸般力量間的相互關係，照毛澤東們自己說是這樣的：

(1) 最高領導層中有「一小撮走資本主義道路的當權派」，他們是「極端反動的資產階級右派分子，反革命修正主義分子……反黨反社會主義反毛澤東思想的分子」；

(2) 在幹部中，有四種人物：

一、「好的。」

二、「比較好的。」

三、「有嚴重錯誤，但還不是反黨反社會主義的右派分子。」

四、「少量的反黨反社會主義的右派分子。」

這四類幹部派系分化的實際力量對比是否如此，我們自然不能用什麼「實況調查」或統計材料來加以證實或否定。不過，從這幾個月來「文化大革命」的真實過程看，我們卻有充分理由斷定：毛系這一個說法是不符真相的。

　　毛澤東發動「文化大革命」的規模與聲勢，和它規定的目標之間就是大不相稱的：僅僅為了「打擊一小撮走資本主義道路的當權派」，竟得叫全中國數千萬大中小學生一律停課整年，竟得耗費無法估計的國帑，去運載、供養這些小將們串連全國；竟得將全中國的文藝乃至黨政機關攪得停頓紛亂，翻天覆地；竟不惜將中共內部完整統一的神話拆穿；竟不顧一方面美帝，另方面蘇修的惡意稱快，大肆反華宣傳，竟……這是無法令人相信的。如果事實真如中共毛系所說，他們付出了如許代價而僅僅為了這麼小的一個目標，那麼，毛澤東這回不是在用牛刀殺雞，而簡直是在以原子彈轟炸舢舨船了。天下決無此理，因而也決無此事。

　　毛澤東們必須發動如此規模的「大革命」運動來打擊「當權派」，這個事實本身就說明了那個被打擊的對象決不是小的，決不是一小撮，而是大的，甚至是很大的，一大夥。

　　這個「一大夥」在中共的全部當權派中究竟佔有多大比重，在中共中央委員會中它佔多數還是少數，我們無法斷定。不過從種種跡象看，他們在實際上可能還是多數（毛派文件也時時透露他們自己居於少數），他們在八屆第十一次中全會上所以會屈居少數，多半是由於毛澤東們施加種種（政治的與非政治的）壓力才造成的。

　　幹部中，被毛派稱為「好的」與「比較好的」，其意即為從來絕對服從毛氏一切言行的人，據說是「大多數」，這是一定不足信的。因為我們知道，共產黨內部的人事安排調度，不論中外，從來都操於總書記之手。誰當總書記，誰的系統便佔據了黨組織中大多數的要職。當年史大林如此，後來的赫魯曉夫亦是如此。而所謂「黨主席」或擁有其他更高榮銜者，則雖功高位尊，名大信孚，可是在和廣大幹部的

聯繫上，卻總不及總書記的近便。就連列寧吧，特別是中風以後的列寧，都曾深深感到總書記史大林的掣肘與違拗；今天毛澤東也多少會有同感的。中共今天的反對黨既是劉少奇與鄧小平的聯盟，那麼，這兩個前後相繼，長期來握住了總書記大權的人，當然已將大多數與自己有密切關係的幹部位置於重要黨部中了。

中共內部以劉少奇、彭真、鄧小平等為首的反對派，是人數眾多（遠遠多過毛派）與影響頗大的一群；他們雖不能説有成形的組織（更確切些説，除了現成的黨團之外，他們沒有特殊組織），卻具有嚴密與深長的系統；這個系統主要與首先不是因思想的同一而形成，卻是因長期的工作關係與人事的緊密聯繫而結成的，他們基本上都是毛澤東思想者，他們對於「主席」的不滿，只是因為十年來毛澤東所倡議的內外政策給帶來了失敗的後果；只因這些痛苦的經驗給他們打開了眼睛，讓他們知道了毛澤東不是永不錯誤的神，而是也會犯錯誤的人，甚至是因為老而且病之故，常能陷於狂妄想法的，所以他們希望他能安於尊榮，少理黨國大事，逐漸成為名義上的領袖。

在中共的最高層與較高層的幹部中，作如上想法的人，我們相信佔頗大多數。

至於中下層遠較廣大的幹部中，由於他們沒有直接接觸毛氏的機會，沒有直接認識領袖的可能，他們自不會有上述想法，但是「三面紅旗」的痛苦經驗他們都是受到了的，而且比高級幹部們感受得更深更切。因此，毛澤東思想的「英明領導」，也必然在這些人中間大大降低了信心。從來，在這些幹部的心目中，毛與黨中央是一而二，二而一的東西。在「三旗」之前，人們是無法叫這些幹部將毛與黨分開，更談不上二者的對立；可是「三旗」之後，如果代表黨中央的人出來

訴說毛的錯誤，他們就可能聽得進去，有可能站在黨的立場來反對主席。這是很大的一個區別，是一個具有重大意義的新現象，中共中下級幹部裏有了這個新現象，那也就是說，毛澤東的反對派即使不曾擁有固定的巨大群眾，卻總已有了潛在可能的龐大基礎。

此外，還有黨內那些真正「反黨、反社會主義的」投機、蛻變的官僚腐化分子。這些人的數量也許是更多的。他們自然不是毛澤東的反對派，也根本不會因原則或政策而成為反對派，不過為了他們的大小不等的「烏紗帽」，卻準備反對任何企圖反對他們的人，並且隨時準備擁護任何保護他們的人。這些人，如果毛澤東今天的「革命」矛頭對準了他們，他們將會堅決地站在「走資本主義道路的當權派」的一邊，相反，如果毛系願意暫時利用他們來「揭發」和「打擊」當權派，他們是更願意為「萬歲」效勞的。

以上，我相信是目前中共黨內反對派的較近真實的情形。

二、毛劉之間

關於中共最高層內各個領袖之間的分化離合，現在我們雖然看到了較多資料，卻仍舊難於作明確的敍述。有關這方面的真相，必須要在事後好多年，才能讓史家作出接近真實的記載來。我們不能這樣做，也毋需這樣做。我只想談談下面兩個問題：一、毛澤東與劉少奇的關係如何？二、林彪為什麼會代替劉少奇成為毛澤東的「親密的戰友」？

在許多方面，毛劉二人代表着不同典型。如果毛偏向於革命的「浪漫主義」，那麼劉偏向於革命的「現實主義」。毛的身上兼具有中國農民和中國舊讀書人的氣息，劉卻是接近工人的新式知識分子的代表；

毛的學養主要是中國的，而劉的中國舊學底子甚淺；毛是打下了部分天下之後才進修馬列主義的，劉卻在投身革命之前便已在國外受了馬克思主義的教育；毛雄才偉略，英雄主義十足，帝王思想深入靈魂，劉則謹小慎微，平民氣息較濃，民主精神略佔上風；毛敢作敢為，勇於創新，強調主觀能動性；劉冷靜審慎，循規蹈矩，常常考慮客觀條件；毛急於事功，為目的不擇手段，「教條」對他不起作用，劉卻穩步前進，目的與策略之間常帶關聯，原則對他有多少拘束力量；毛一生的工作在學生、農民與兵士之間，幾耗畢生精力於武力的培植；劉的工作重心則偏於工運和黨務，盡注其心血於機關的策劃和佈置……總之，這兩個人，無論在長處或短處方面，都不屬於同一類型，而是相反的。

然則在過去他們二人又怎能相輔相成，「合作無間」呢？

撇開別的不談，最最主要，我想是因為劉少奇曾經幫助毛澤東打敗了他的長期對手王明，曾經在理論上替毛澤東概括出「毛澤東思想」，並且使這個思想成為一尊，在 1945 年召開的中共第七次大會上正式寫進黨綱，使之成為中共唯一的與公認的指導路線。

主要是這個功勞，使劉少奇二十餘年來一直成為毛澤東的「最親密的戰友」，並且曾公然宣佈為毛氏的繼承人的。

劉少奇捧出「毛澤東思想」，因而使毛氏的思想成為「一尊」，使毛氏本人確立為最高的唯一領袖，是否出乎策略，即是否違背了本心，只為要取得毛氏的信任而這樣幹的呢？換句話說，是否劉少奇從來「反對毛澤東」，他之所以高捧這個思想，只是為的「打着紅旗反紅旗」？

我們認為不是。

多年來，有不少自以為是「中國通」的人，總愛說劉少奇是所謂「國際派」的領袖，是從來反毛的。最近看到了公開出來的毛劉之爭，他們便更以為是，以為他們從來的所信得到證實了。

其實這是違反事實的。

中共內部的所謂「國際派」，歷來是指那些在莫斯科受過教育，回國後不從實際工作中鍛煉，憑「留學生」資格竊據高位，並挾共產國際以自重者，他們一切聽命於莫斯科，自己無獨立主張，甚至一切依賴莫斯科，並不想自力圖強。此派人中自以王明為傑出代表，而劉少奇不與也。無論在王明以前，或王明以後，他都不曾扮演過這角色，因此他根本不是什麼「國際派」。劉氏從事共產主義活動數十年，前期搞工運，後期幹黨務，在工作態度上既以比較切實見稱，在黨內關係上亦從不聞有假外力以自植派系之事。故若中共黨內確實有了劉少奇派的話，那麼首先是在實際工作中形成，決不是依「國際路線」走出來的。

不過，如果我們將毛劉二人對照起來看，在一個確定的意義上，也未始不可以稱劉少奇為「國際派」的。正如我們前面所說，劉少奇與毛澤東相比，是偏向於革命現實主義的，是接近工人的新式知識分子的代表，是早年就在外國受過系統的馬列主義教育的，他當然更了解世界大勢，尤其是更了解國際工人運動與國際社會主義運動的歷史及其現狀，更着重共產主義運動的國際性與國際關係。一句話，劉少奇比毛澤東具有較多的國際知識，具有較大的國際眼光，因此，在毛澤東的民族見地與「民族主義」的陪襯下，劉少奇確乎是國際主義的，確乎是國際派。

但是在過去，毛的「民族主義」與劉的「國際主義」非但沒有衝突，而且相得益彰；相輔相成。

原因：劉之所長恰恰可以補毛之所短。不論在一般的黨政工作中，或者在特殊的反「國際派」鬥爭中，毛之成功和勝利都和劉少奇的支持分不開。

沒有毛的「民族主義」，劉的「國際主義」不容易在中國落後的土壤上生根；可是沒有劉的「國際主義」，毛的「詩云、子曰」畢竟也無法去和王明們的「希臘、羅馬」鬥爭，並鬥爭而勝之。我們這樣說，雖然流於籠統抽象，但本質上和大體上卻不曾錯。

然則，毛劉這兩個相輔相成的對立者，到了什麼時候，為了什麼緣故，其矛盾的相斥性超過了相成性，以致成為中共內部鬥爭的二派首領呢？

根據種種跡象，我們可以推斷，毛劉矛盾開始的時間多半是在1957 年以後 [1] 而矛盾的原因，主要是以「三面紅旗」為主的對內政策以及因「反修」鬥爭而引起的對外政策。

在「總路線、大躍進、人民公社」這「三面紅旗」上，我們上舉的毛澤東性格上與思想上的種種特點，可以說發揮到了極致。其中有農民們天真的平等主義。有中國舊式士大夫的狂妄理想，有從孔夫子直到孫中山的「天下為公」的大同主義，又有從史大林那裏學來的卻由毛氏更加發展了的「一國共產主義」；同時這些政策的實施與推進，又在在顯出了毛澤東的「磅礴氣概」，顯出了他的敢作敢為，顯出了他的勇於創新，以及在「打破一切框框」的口號之下，他之完全能否定馬恩列的科學「教條」，甚至也不看重史大林在這方面的失敗經驗。

當毛氏將自己的長處和短處如此淋漓盡致地發揮之時，在性格和思想上處處與之對立的劉少奇會無條件的擁護，一點都不表示反對嗎？不可能。

由於中共勝利以來毛所享有的巨大威望，劉可能在最初一個時期擁護這些政策的；但當這些政策在很短期內暴露出可怕的錯誤後果，以致連彭德懷等人都心知不妙，不得不出來反對之時，那個頭腦比較冷靜，思想比較清楚，理論較有根底的劉少奇，自然要表示異議了。

如何表示？如何為自己的不同看法鬥爭，它是否像最近在北京紅衛兵的大字報上所透露那樣，劉少奇在同志們的推動與簇擁之下，竟在 1958 年的中共六中全會上將毛迫下了人民政府主席之位？是否從此以後他和鄧小平等竟自作主張，對毛氏敬而遠之，一貫地管自己進行「資產階級與修正主義的路線」呢？我們不想加以推測和猜度。我們想要肯定，而且也可以肯定的是這個事實：為了以三面紅旗為代表的中共所採取的有關「建設社會主義」的國內政策，乃是毛劉由親密合作轉變為敵對衝突的主要原因。

毛劉因國內政策上的不同立場而發生異見，後來又因國外政策，特別是因對蘇政策的不同看法而加深異見。在這方面，毛劉二派究竟有什麼不同，今天我們所知道的，比他們在國內政策上的歧見更少。原則上，我相信毛劉是同樣堅決反對「蘇修」的，二人不同，多半是限於策略方面。毛澤東本來是非常高明的策略家，他最懂得為了自身利益，如何靈活而巧妙地，有時甚至不惜犧牲原則來遷就策略，藉以獲取一時之利。然則在這些年來的「反修」鬥爭中，他怎麼會扮演最死硬的「教條主義者」的角色，以致中國和中共，日益陷於孤立無助之境，日益失去全世界人士（包括國際無產階級革命派在內）的同情呢？主

要因為毛澤東個人命運與中蘇共的衝突結合得太密切了，任何重大讓步，即令是策略上的，都會影響到毛的威望，甚至影響到他的地位。自從「沒有赫魯曉夫的赫魯曉夫派」出現以後，這使他更加警惕了，警惕到了過敏的程度，他要防止發生「沒有毛澤東的毛澤東派」。為此，他必須爭取全勝，甚至在細小策略上都不許退步，不許軟弱。

可是這個態度，對於整個中共，對於中國，乃至對於目前的國際反帝運動與革命運動，顯然都是有害的，至少是不智的。中共最大的敵人是美帝國主義，而中國要成功地與勝利地反對這個大敵，自非與蘇聯妥協不可。但毛澤東今天非但不此之圖，反而在相當程度內，在主動地促成美蘇合作。毛澤東一向譏笑王明派的戰略，說他要用「兩個拳頭打人」，可是今天，他自己卻猶有過之，簡直是以雙足雙手，同時要打倒所有敵人。外交部長陳毅的名言，邀請美蘇同時來打，愈早愈好云云，把毛氏的策略觀非常可笑地表示出來了。這種態度，別說是中共黨內那些有經驗的政治家和策略家們，就是普通工人，也都會覺得不切實際的。

劉少奇等當然會表示不同意見。

不過使毛劉二系的矛盾公然爆發的對外政策中，我認為最主要與最直接的原因有二：（1）對越援助的聯合行動問題；（2）印尼共產黨的政變及其慘敗問題。所謂聯合行動，無論在工人運動一般革命派的傳統中，或者在共產主義運動的傳統中，都是通行的。為了反對階級敵人的一個特殊的鬥爭需要，各派革命工人與政黨，可以而且應該不計及某些較大的原則問題上的不同，聯合起來一致行動。這種行動，完全可以、也完全應該運用於目前的援越問題上，可是中共卻對此提議採取了消極否定態度；這態度不但使「真聯美，假援越」的蘇共振

振有詞，而且使許多一向同情中共的日共與北朝鮮共黨，都逐漸離開了中共。中共採取這個態度自然是出於毛澤東的堅持，劉、鄧、彭真等一定對此極表不滿。真相如何我們雖無文件可稽，但光看這樣的事實：日共宮本顯治等於 1966 年初來華訪問，與彭真為首的中共代表團們會談之後，彭真不再露面，而日共遂即開始轉向，這其間是透露了一點消息的。

印尼共的政變與中共的政策有多少關係，無法說，中共領導層中對於印尼共黨的方針有否發生過分歧，我們也無法推測，不過印尼共的政變企圖多少受着中共武裝革命路線的影響是顯然的；她的悲慘失敗促成了中國內部的權力鬥爭也是顯然的。印尼共的流產政變發生於 1965 年 9 月底，中共的「無產階級文化大革命」的第一個信號「海瑞批評」發射於 11 月，這個時間上的吻合，當非偶然。

印尼共的慘敗代表着中共在亞、非、拉美地區外交戰中一連串挫折的頂峰。達到這個頂峰，那末一向對於毛氏的對外政策懷有異見的人，很自然會借此時機，對「黨」，對毛發動猖狂進攻了。

三、為什麼林代替了劉少奇？

為什麼毛要將林彪代替劉少奇？這個問題，我以為比較簡單。

首先因為，軍隊比之於黨、團、工會等等組織，在人事系統上，一向就更直接地受着毛的控制。（所以會這樣，第一在於毛之重視槍桿子，他自來就特別注意軍隊幹部的選擇；第二，由於軍隊中的龐大群眾乃至低級幹部的定期更新，它是更易為最高領袖的威望所左右，較難為部隊首長的人事關係所束縛的。）

其次因為，「職業軍人」的林彪，對毛的無條件服從，一定遠遠超過了「自作主張」的劉少奇。自從他代替彭德懷擔任國防部長之後，他在解放軍內有系統地進行着（嚴格説是執行着）神化毛澤東以及將毛澤東思想宗教化的整套辦法，是很得了「偉大領袖」之心的。

一方面為的要依賴軍隊來整肅黨、團、工會等等組織，另一方面為的要酬答嘉獎林彪全力神化領袖之功，毛澤東遂決定拿他來代替劉少奇，作為「最親密的戰友」。

如果當年劉少奇坐上第二把交椅是因為他「聖化了毛澤東」，因為他奠定了毛澤東思想的一尊，那麼今天林彪之所以能取而代之，乃因他「神化了毛澤東」，因為他將毛澤東思想更高地捧成絕對的教條。

在兩個不同階段上的毛澤東和毛澤東思想，需要有不同的人來抬舉，需要有不同的人來做祭司。

將毛思定為一尊，縱然荒唐，卻仍屬於理論和思想範圍的事，這工作需要理論家，或至少需要理論家型的政治家。

將毛思捧成為教條（甚至捧成為符咒），這已屬於感情方面和信仰方面的事，這工作需要狂熱的教徒或能裝成狂熱的陰謀家。

劉林交替，若從對毛的關係看，從毛澤東思想的發展看，主要應作如是觀。

至若從今天中共內部的權力鬥爭的實際過程看，林彪究竟怎樣成為毛澤東的大使徒，成為毛教的大祭司，這問題我們就難於推測了。因為這中間必須牽涉到無數人事關係。這種關係，不必説我們這些局外人，就是中共的內部人士，甚至它的最高階層中人，一時也未必弄

得清楚。因此我們無須去猜測，也不必去猜測。這種猜測乃是野史軼事的分內事，與嚴肅的、馬克思主義的政治分析根本無關。

我們可以談談的，只是如下幾個問題：

毛林合作，到底誰居主動地位？許多人，特別在林彪上升消息初被證實之時，都以為毛因病廢或老邁之故，實際上已成了林的傀儡。他們斷言林是「挾天子以令諸侯」，利用毛的威望，以軍隊為手段，藉以打擊劉少奇一系，篡奪黨政大權。這種推測，已被事實證明為不確。從一切跡象看，毛今天還是手握大權的。在「毛林公司」中，他顯然處於主動的與決定性的地位。

當然，這毫不排斥林在這個合作中所曾起的，乃至正在起着的主動的與重大的作用。要使自己的名次從第九（根據中共八大選舉中委的票數）躍居為第二，要使自己為「偉大領袖」特別垂青，寄以重望，決心排除種種困難，使之代替那業已當了許多年「繼承人」的劉少奇，不必說，林彪一定在趨奉、迎合方面做盡了一切工作，甚至做盡了一切詭計（包括走皇后內線在內），才能達到這個目的，復能獲得「最親密戰友」這個稱號。

另一個問題是：林彪突起，解放軍凌駕乎共黨之上，是否意味着中國式拿破崙專政的可能？這，我想至少在目前還看不出。在利用各種矛盾的力量，使它們相互衝突，相互箝制，相互平衡，以便穩保自己的統治地位。在這個意義上，毛澤東從來是拿破崙 —— 拿破崙第三 —— 主義者。毛澤東是運用策略的高手。當他利用某一力量來對付另一力量時，這時他根本不看重原則。以黨治軍原是共產黨的原則，但由於實際鬥爭的需要，必須用槍桿子來敲破黨官們的腦殼時，毛並不受「教條」束縛；可是你若因此而以為今後毛將以軍代黨，那就錯

了；到了某種時候，當實際鬥爭的需要，當他腳下的諸般矛盾的衝突需要以黨制軍時，他便會高舉那條今天被他踩在腳下的原則，要用黨來肅軍了。（除非毛因病死而來不及如此做，或因國內和黨內諸力量關係發生根本變化，使他不能如此做。）

人們所以會強調軍事獨裁的可能，最最主要的原因，在於他們將傳統的資本主義國家的政黨與軍隊的關係，來看中共和解放軍的關係。其實這是大錯的。中共和解放軍的關係，非但不能同資本主義國家的政軍關係比，甚至不能完全同蘇聯共黨和紅軍的關係比。紅軍是蘇維埃政權的產物。而中共政權卻是解放軍的產物。自從 1927 年以後，一般說來，中共和它的軍隊是分不開的，黨固然是軍隊的政治指導，是軍的靈魂，但在同時，軍卻常常是黨的組織者，宣傳者與推廣者。

因此，中共的黨和軍並非截然劃分，它們的關係並非對立的。

因此，我們不能因林彪的崛起而就此認為他將變成中國的拿破崙——拿破崙第一；我們也不能因為毛氏今天用軍隊來解放黨部，而便認為中國今後必將有一個軍事專政的時期。

還有一個問題：從「聖化」變為「神化」，從「一尊的思想」一變而成「獨斷的教義」，再變而為驅除「牛鬼蛇神」的「符咒」，到底表示了什麼？

毋需深究，這顯然是表示了毛澤東近七八年來無論在國內國外，無論在中共內部與民眾中間聲望的低落，它表示出人們對於毛澤東「英明領導」的失去信仰，它表示出中共內部反對毛澤東政策的種種意見的抬頭，它表示出因毛澤東錯誤領導所造成的中共內部鬥爭的激化，它表示出因此一錯誤領導所釀成的悲慘後果的嚴重——它們一方面加

深了工農群眾與迅速墮落的統治黨之間的矛盾，另一方面加深了中國社會中現有諸階級之間的矛盾。

總之，這絲毫不表示毛澤東和毛澤東思想的威望的提高，而是恰恰相反：求神拜佛，符咒禳災，總只能是病況沉重的標誌。

四、紅衞兵與年青一代

病況沉重的另一個無誤的標誌是藥石亂投，而紅衞兵則是毛澤東亂投亂抓的藥石之一。

「紅衞兵」問題，乃是這次「文化大革命」中出現的種種迷人現象中的最迷人者。顯然，在中共現有的諸領袖中，毛仍然是最有力的。他對於黨、政、軍、警（公開的與秘密的）的控制力量，即使不比三十年代的史大林大些（我仍舊相信他大些），總不會比他小些。那麼當年史大林可以運用秘密警察這個武器來肅清他黨內與軍政機關中的一切敵對者，為什麼威望較高，力量較大，地位更穩的毛澤東反而不能以簡單的組織手段，行政命令，或秘密警察來對付劉鄧一系以及他們下面的黨羽呢？為什麼他必須發動廣大青年群眾，欽命他們造反，以致將全國的一切生活搞得大亂呢？

正是這樣的問題，使一切所謂中國通或中共通迷惑不解，因而稱紅衞兵運動為「文化革命」的謎中之謎。人們因為解不開這個謎，因而有人說毛澤東病了，患了腦筋軟化症，失去了判斷能力；有的人說他死了，天安門上站的是替身，其實一切荒唐主意都是江青和林彪出的；有的人則說他瘋了，患了癇癲症，對一切人猜疑，除了皇后、嬖幸和最親信的御林軍頭子。

其實，這些「聰敏人」的假設都是錯的。紅衛兵這種辦法不管怎樣離奇，卻還是可以解釋，而且是符合了毛澤東思想的。

我們曾經指出：紅衛兵運動所以成為可能，有一個非常重要的客觀基礎，那就是目前中共治下年青一代的精神生活。這個生活是「苦悶、絕望、現實而空虛」的，它是中共官僚統治的當然結果，也是對於這個統治，特別是對於其荒謬的青年政策，所表現的那一種極度不滿的消極抗議。

毛澤東本人就是從學生運動起的家，他最了解青年情緒與青年特性，他又是策略高手，擅長無原則地利用各種力量之間的矛盾，故當他發現手下的黨政組織大半為他的對手所控制時，他便毫不猶豫地利用年青人，利用他們那種深刻的但是消極的不滿。發動他們，支持他們，使他們的消極不滿變為積極行動，矛頭指向他的對手，指向「黨內走資本主義的當權派」。這樣一幹，在毛澤東的打算中，真是一石數鳥的，第一，原該首當青年人怒氣之衝的他，在青年人的眼光中，不但洗清了污點，脫盡了責任，而且成為反官僚、反貪污、反資本主義腐化的「偉大舵手」；第二，全面地打擊了劉鄧當權派，並進而徹底消滅一切反對派，藉以建立毛澤東個人與毛澤東思想的絕對統治；第三，以群眾運動方式，一邊「革命」，一邊「教育」，可以訓練成一大批絕對忠實於毛澤東思想的新幹部，代替那些不聽話的或腐敗的老幹部，同時可以預防下一代走上「修正主義」道路的危險。

懷着這樣的打算，毛澤東出來鼓動青年，真是無所不用其極，他什麼手段都耍出來了，而其中最最值得注意的是：他宣佈「老子英雄兒好漢，老子反動兒混蛋」那個行之已久的口號為「反動的血統論」；他宣佈這個歷來扼殺青年的所謂「階級路線」是「徹頭徹尾的歷史的

唯心主義」。（見〈把無產階級文化大革命進行到底〉──《人民日報》1967 年元旦社論。）

我們曾經把中國目前的青年分成三類：一類是工農子弟，人數最多；另一類是「不好家庭」出身的子弟，人數居次；第三類是「英雄、好漢」的兒女，人數最少。這些人中，怨氣最大的自是第二類人。他們最不滿意現狀，他們最願意亂。因為天下一亂，他們不但無所損失，卻還可能有所獲得的。過去他們苦悶絕望，只因為他們看見共產黨的絕對控制，看不見任何變亂之象。可是如今好了，毛主席出來主張公道了，出來替他們「平反」冤屈了，並且告訴他們說，這個冤屈是黨政機關裏的當權派造成的，所以號召他們起來「造反」，號召他們「奪權」，號召他們去打倒這「一小撮人」── 這是多麼響亮的一個春雷，多麼巨大的一個推動；無怪乎青年人都瘋狂起來了，帶着「沖天的幹勁」出場了，他們要「誓死保衛毛主席」，要「誓死打倒那些走資本主義的當權派」。

當然，有資格入學讀書而又有資格當紅衛兵者，很少係屬於我們上面所說的「第二類」人，但是學生中，甚至紅衛兵之中，佔據最大多數的畢竟不是屬於「英雄好漢們」的子女（他們還受了「中央文革」的歧視，被明令「勸告」不可當紅衛兵組織的領導者的），而是第一類，即工農及一般城市居民的孩子們，他們是不滿意現狀的，是反官僚的，他們的怨氣一半由於自己的感受，另一半則表達了他們父母的不滿。因此，他們也是能夠受毛澤東「反當權派」的蠱惑性的煽動的。

毛澤東的「紅衛兵」，使很多人想起了希特勒的「衝鋒隊」。這二者之間自然有許多根本性質的不同點，如果看不見這些根本不同，貿貿然在二者之間劃等號，那是荒唐的；不過有一點相同卻是事實，那

就是：「當權派」中的最當權的一部分，利用廣大年青群眾對於統治階級及其統治制度的深刻不滿，使用了一切「革命的」與好聽的口號，發動他們，組織他們，藉以打擊統治階級中的異己分子以及真正的革命分子。

希特勒利用青年人對於腐朽的資本主義的不滿，號召他們起來革命，藉以保存資本主義；同樣道理，毛澤東利用青年人對於共黨官僚統治的不滿，號召他們起來革命，藉以保存這個官僚統治。

「希特勒的革命」與毛澤東的「革命」，就階級性質說，當然是截然不同的兩回事，但是就他們利用青年群眾的理由與情形說，都是相同的。它們表示了統治階級或統治階層和人民之間，特別是和青年群眾之間，那種極其深刻的矛盾，也完全是相同的。

在最「正常的」資本主義國家裏，統治制度內發生了危機，那就通過議會鬥爭來解決。可是一到資本主義發展到「不正常」的階段，一到這個國家裏發生了「不正常」的危機的時候，議會鬥爭這個民主道路就行不通，於是就來了法西斯主義，納粹主義以及諸如此類的「革命」辦法，以此來解決危機，以此來保存和延續資本制度。同樣，在共產黨和共產黨統治的國家中，在正常健全的條件下，一切問題（包括或大或小的矛盾在內）都應該循民主集中制的辦法來解決。黨內如此，政府（蘇維埃）之內亦是如此。列寧時代的蘇聯黨政機關中，不斷的發生矛盾和危機，也不斷地用這種方法來克服，來解決了的。可是等到黨和國家的情形愈來愈不正常了，也就是說，愈來愈墮落了，這時，那個傳統的解決矛盾方法便不再適用，卻產生了其他的非常的「緊急手段」，所謂緊急手段，截至目前為止，歷史主要地讓我們看到了兩種：一種是史大林的，他應用了秘密警察，應用了司法羅織，實

行了大規模的屠殺與謀殺；另一種是毛澤東的，便是以發動群眾運動
為主，而以史大林的那一套為輔。前一種是少數人的陰謀，後一種是
多數人的「陽謀」。

史、毛兩人採取了不同的解決危機的手段，自然多少與二人的性
格有關，不過更重要的，總在於他們二人不同的地位。毛在這件事上
之所以不完全師事史大林 [2]，應該用他對自己的權力與威望有了充分
自信（甚至是過分自信）來解釋的。毛相信，憑他擁有的權力和威望，
要把他的敵對者（他們霸據着大多數黨、團、政以及其他機構的地
位），用「組織手段」或其他的陰謀手段來排除，雖然也能辦到，但他
覺得這樣幹不徹底，不充分，沒有「教育意義」，因此他要發動千千萬
萬的群眾，要實行「大民主」，要進行「批、鬥、改」，以便一方面除
去那些為他所不喜的敵對者，另一方面培養出一大批注射了「修正主
義」免疫針的新幹部。他相信，這樣幹雖然會激起很大的反抗，會搞
得天下大亂，但他仍以為事情能在他劃定的路線內進行，不會走到他
所希望的反面去。

五、三個可能前途

事情的發展是否真如毛澤東所願呢？

先讓我們指出「文化大革命」的三個客觀上可能前途：

一、由武鬥引起內戰，大至造成長期內戰的局面；

二、「文化大革命」收得預期的勝利，在短期內（假定一兩年）完
成任務；

　　三、由假造反變成真造反，革命群眾把所有的「皇帝」，特別是毛澤東這個大皇帝拉下了馬，於是讓中國的社會主義革命在無產階級民主的道路上大踏步地邁進。

　　先看第一個前途：

　　「文化大革命」由文鬥變為武鬥，已經是普遍的現象；這「武鬥」是否會變成小規模的內戰，甚至變成大規模的乃至長期性的內戰呢？這可能，照目前情形看，還是不大。劉鄧派（假定他們有決心進行武裝對抗的話）當然也可能在解放軍中找到忠於他們的若干隊伍，但若這個隊伍不是駐紮在與蘇聯為鄰的邊界省份，又若它得不到「蘇修」的或明或暗的支援，在現在條件下，要想認真與毛林為首的軍事力量為敵，要想長期抵抗，或甚至想在內戰中取勝，那是難於想像的。

　　因此，只要毛澤東不突然死亡（73歲的老人，死亡不應該算是意外），只要中蘇不發生嚴重的軍事衝突，那麼內戰可能，特別是長期與大規模內戰的可能，總是微乎其微，或竟可以說沒有。

　　沒有這個可能，同時也就意味着與決定着：劉鄧派不可能在這次黨內鬥爭中進行有效反擊，更不可能在鬥爭中取得勝利。因為毛林派既然以武器當作與反對派「辯論」的唯一「論據」，那麼反對派拿不起武器來，或根本沒有決心去拿起武器，也就無從進行「辯論」，更無法「辯論」以勝之了。

　　然則，「文化大革命」是否只能有上述的第二個前途？即是說，毛澤東是否一定能如願地完成其任務呢？這，我看也不盡然。

　　劉鄧派不能以武器對抗武器，不能以武器的批評來反對毛林強加於他們身上的武器批評，誠然是他們的致命弱點，但是，如果他們是

一個有原則的反對派，如果他們真有與毛林派根本不同的政綱，如果他們真有為貫徹自己正確路線的決心，並且真能為此而進行不屈不撓的鬥爭，那麼，縱然一時沒有武力，他們的鬥爭也未必輸定了的。就算一時佔了下風，或暫時輸了，也終於會在或長或短的時期內贏回來。

真理常會依循最曲折的道路走向自己的勝利，歷史上，乃至在工人運動的歷史上，曾經讓我們見過不少先例。

因為，正如毛林派自己常說：軍隊並非存在於真空中。它一樣受着階級鬥爭的影響，一樣受着政治鬥爭的影響。軍隊接受影響，比之於其他群眾集團，可能遲些；要這個影響發生結果，見之行動，也一定比較的難些。但是遲些難些，絕不等於不可能。軍隊一旦接受了影響，一旦採取了行動，卻會比其他的群眾集中得多，強烈得多，而且能起決定作用。

因此，一時沒有武力，並不等於始終沒有武力。武器是可以轉手的。問題只在於你是否有贏取武力的正確的政治立場，在於你是否有以正確綱領去贏取武力的決心。

可惜的是：劉鄧派完全不是上述那樣的一個具有原則性的反對派，他們不是一個堅持真理，為真理而鬥爭的反對派。他們也沒有為實現自己政綱，不惜將鬥爭進行到內戰的決心，他們（至少那些高級領袖們）基本上始終是毛澤東主義者，他們不僅為了策略之故，口頭上一直叫喊着「毛主席萬歲」與「毛澤東思想萬歲」，而且出乎本心地，在實質上他們也是「忠於萬歲」的。如果他們對毛有所不滿，對他的主張表示了異議的話，那只是「忠良之諫」，決不是存心犯上，更不是謀王篡位。其次，由於反毛派根本不是原則性的反對派，如此他們不可能有系統的綱領，不可能有堂堂正正的旗幟，更不可能作戰鬥性的

號召。他們只能作毛派的一個消極影子而出現，這就決定了他們鬥爭和「反撲」的性質和力量，決定了他們鬥爭的被動性，消極性與軟弱性。事實上，截至目前為止，反毛派的鬥爭手段讓我們見到的，確乎只有如下三種：一、「天皇聖明，臣罪當誅」（多半是最上層的）；二、發動「經濟主義」，「慷國家之慨」，藉以爭取人心（中級的）；三、「躺倒不『幹』，聽憑處置（下級的）」。這都是不足以成事的。

劉鄧派既然是這樣性質的反對派，他們所採取的又既然是這樣子的鬥爭手段，那麼，要想它去抵禦毛派的攻勢已嫌不足，更談不上什麼打敗毛派了。

在這個意義上說，毛澤東是能夠擊敗他的反對者的，也可以說，他是能夠完成「文化革命任務」的。

但是在另一個意義上說，毛派卻不能完成任務，至少是不能如其所願地完成任務的。

從一年來「文化大革命」的實際過程看，「當權派」的「反撲」雖然成事不足，卻屬敗事有餘。它顯然已經大大打亂了毛派的如意算盤。同時原本以為收放由他，操縱隨意的群眾運動，也顯然因為毛澤東過高地估計了自己的控制力量，竟致弄得尾大不掉，難於收拾。紅衛兵運動以及其他形形色色的「革命造反團體」，原是自上而下地掀起來的，現在卻憑着他們自己發展的邏輯，多少在自下而上地發揮其獨立作用，他們已不能完全被限制在發動者所劃定的界限之內了。為了應付這些意外發展，毛派時時弄得舉棋不定，進退失據。朝令往往夕改，友敵每常於頃刻之間易位；更糟的，毛派常在不經意間發現自己失去了主攻地位，完全陷於被動，結果就不得不食言背信，扯開一切

偽裝，動用赤裸裸的武力來鎮壓反對者，以致失卻了任何信用，喪失了任何威望。

在這樣的情勢下，有兩種危機釀成了，第一，工農生產大癱瘓，財貿交通大停頓。由此可能造成再一次的「自然大災害」。第二，真正的革命危機，它可以危及整個中共統治的。第一個危機主要由「當權派」的消極反抗所促成；第二個危機則由中共內爭引起的群眾運動所造成。

面臨這兩個危機的威脅，毛派多半會（而且現在已經在這樣做）不為已甚，儘量縮小打擊面，同意與更多的「當權派」妥協，藉使「文化大革命」草草收場。

這樣的結局自然不能算是反毛派的勝利，但總也不能說是毛派「勝利地完成了任務」。

把上面所說的歸結起來，我們可以這樣說：如果問題只限於毛派和反毛派之間，又如果那個被召喚來參加鬥爭的群眾運動，在基本方向上始終沒有脫出「毛澤東思想」的框框，那麼在目前的種種條件下，毛派多半可以在奪權鬥爭中獲勝，多半不會被他們所欲清算者所清算；不過這個「勝利」不會如他們所預料者那樣的「乾淨徹底」，不會不是「腐敗」而妥協的。

但若問題不只限於毛派與反毛派之間，即是說，如果在鬥爭中，那個被發動起來的群眾大大超過了毛林當權派與劉鄧派所嚴格劃定的界線，如果在群眾中出現了真正代表無產階級社會主義利益的一個流派，那麼在這時候，「文化大革命」的根本性質已經變了。它不再是官僚階層內部清算的鬥爭，而是官僚與反官僚的鬥爭，事情已經發展到第三個前途。這時候，毛澤東為了要壓下那個被他召喚出來的「革

命魔鬼」，將視需要之大小，儘快與反對派作相應的妥協。這時候，毛澤東如果還是遭到了清算，那麼清算他的人決不是他所欲清算者，而是真正的革命派。

六、毛澤東的企圖能否實現？

不過我們暫且撇開第三個前途不談，先談談毛澤東發動紅衛兵的「主觀意圖」。讓我們看看，我們在上面提到過所謂的「一石三鳥」的企圖，究竟能否實現。

首先是那個轉移民間怨氣的打算。來了這下子紅衛兵運動之後，是否能夠將多年來人民大眾的怨氣，特別是最為敏感的青年學生對毛對中共所鬱積的怨氣，轉向「一小撮走資本主義道路的當權派」發泄，同時又能藉此挽回並提高毛的聲望？

據我看，這個可能是沒有的，如果有，也只是曇花一現，現在早已過去了。當然，毛在這方面佔盡便宜，他始終處於指控人而不被人指控的地位。再若他打敗了他的對手，那更可以將一切罪狀加於人，一切責任推給人，拿失敗者當作獻給神的「替罪之羊」。但正如中共的那句術語所云，「人民的眼睛是雪亮的」，任何大獨裁者的手掌都不能掩盡天下耳目。至於勝利本身，它固然具有絕大的說服力量，但問題畢竟更在於怎樣取得勝利，在於是怎樣的勝利，如果毛憑以取得勝利的手段只限於槍桿子的高壓，只限於毫無原則的手腕與最無恥的欺騙；如果為了取得勝利，他不但對他的敵人，而且對他的擁護者都一樣應用這些手段；如果他所取得的勝利是極不光彩的，十分腐敗的，換湯不換藥的，甚至是似勝實敗的，那麼，從勝利中出來的毛澤東便

不可能找到他的替罪之羊；便不可能教「人民之神」接受這份致獻的犧牲。

如今毛澤東正是以這樣的手段與這樣的方式在贏取他的勝利，同時他在事實上也不可能得到不同於我們上述的勝利，因此，「勝利」的結果，只能給這位最大的舵手招來最大的怨氣，讓所有怨氣，特別是幻滅了的青年人的怨氣，集中於他一人之身罷了。

我們再看看另外兩個企圖。它們是：一、通過這次群眾運動，打倒黨內與國內的任何異己者，以此造成一個思想上為毛澤東主義所絕對統一，組織上為毛澤東個人所絕對控制的黨和國家。二、通過這次運動，訓練出一大批能免於「修正主義」與「官僚主義」的新幹部。

這些能夠達到嗎？

要回答第一點，先得弄清楚究竟是怎樣的「統一」程度與怎樣的「控制」程度。在某一程度上說來，中共二十年來早就思想上統一於毛澤東主義，組織上受控制於毛澤東個人。不過毛澤東並不滿意這個程度的統一，不滿意這個程度的控制，尤其是近幾年來，這個「統一」與「控制」受到嚴重挑戰之後，他更覺得不滿意，更要加強它們了。然則，要加強到怎樣程度的絕對統一與絕對控制，毛澤東才能滿意呢？顯然，他要在這方面遠遠超過史大林，甚至要遠遠超過希特勒，他要成為歐洲中世紀黑暗時代最專橫的教皇，他要成為摩罕默德式的獨尊的教主。他要將自己的片言隻語都全部變成「最高指示」，變成「絕對真理」；他要使《毛選》變成聖經，使語錄變成符籙，並且要使這本聖經與這些符籙，代替人類古往今來知識活動的全部成果，欽定為「無產階級文化」的萬有文庫。為要達到這個目的，他將其他一切著作冠以「封建主義」與「資本主義」的帽子而加以焚燒，將所有在

文、史、哲以及藝術等方而略有成就的知識分子統統加上「牛鬼蛇神」的惡名而加以迫害。

毛澤東在這方面的所作所為是絕對荒謬反動的，是完全違背馬列主義的，不過我們將在論文化問題的專文裏討論它，此地不再多談。在這裏，我們要問的是：這個樣子的思想統一與這個樣子的絕對控制，是否能夠做到？

不可能。

不管我們從哪一角度看，都不可能！從人類思想的一般本質看，服從權威與反抗權威這兩重性是始終同在的，從人類思想總進步的現階段看，那個新的集體主義總必須包含那被「揚棄」了的個人主義；從中國一國的文化發展看，一般民眾的文化水準畢竟提高了，知識分子都或多或少受過科學和民主的洗禮的了；從世界範圍內文化發展看，那麼不管有多麼強的阻力與多麼大的逆流，社會主義行將取代資本主義，民主化的共產主義行將取代警察化的共產主義，總已是確定的趨勢了。

因此，毛澤東那種超越秦始皇，蓋過史大林的萬丈雄心，結果總只能被歷史證明為枉費心機，只能被證明為時代錯誤的大笑柄。縱使他在表面上與短期內能夠做到這個局面，也只能以加倍的力量，加快的速度，促成了歷史對他個人與他所欲建立的制度予以應得的懲罰罷了。

第二個問題是：通過紅衛兵運動，能否訓練出一大批對「修正主義」與「官僚主義」等等完全免疫的新幹部？

　　我們的答覆是：新幹部正在訓練，而且終於會訓練成，但是如此訓練成功的新幹部，卻完全不能免於「修正主義」與「官僚主義」的墮落。

　　理由為何，我們早已在以前的文字裏說過了，不再詳述。總之，如果不是真正依照不斷革命的方針，不徹底拋棄「一國共產主義」的反動立場，如果不把中國勝利了的革命首先看作燃起世界其他部分（包括落後部分與資本主義高度發展部分）社會主義革命的火種，而將它看作建設「繁榮富強的社會主義祖國」的一個自足基地；如果不把中國初步的社會主義建設主要當作社會主義（即使在貧困國家中），可以優於資本主義的一種示範，以此吸引老牌資本主義國家中的工人階級以及一般勞苦大眾到社會主義方面來，以此促成他們在本國的社會主義革命；如果終於（在長時期內）沒有這些革命以及一切落後地區的革命前來支持，那麼，在一個「一窮二白」的國家中，勝利了的社會主義革命的領袖們，要想反對與防止「修正主義」，要想自己的幹部永遠免於「官、暮、嬌、驕」四氣的渲染，不管你發明什麼方法，不管你施行怎樣的手段，結果終是徒勞。

　　在毛澤東主義的，亦即在史大林主義的「一國共產主義」總方針下，行將從今天紅衞兵中選拔出來的一大批幹部，因為是在革命彩排中「奪得了權力」的，因為是在免費串連中完成了「長征」的，因為他們是毛澤東「文化大革命」温室裏人工助長的未成熟的接班人，他們少不更事，趾高氣揚，一定會比那些老幹部們（今天被他們「砸爛了狗頭」，其中卻不少是從長期真正戰鬥中出來的）會更加容易，也更加迅速地陷進那「官、暮、嬌、驕」的四氣之中。

七、假革命與真革命

因此，要使中國的革命政權免於變質，要使未來的革命幹部免於「修正主義」和「官僚主義」等等的墮落，人們必須為上述有關「文化大革命」的第三個可能前途而奮鬥，也就是說，必須為變假革命為真革命的前途而鬥爭。

先談這個前途的現實性。

在一年前，不，甚至在半年前，如果有誰能預言出中國目前的「造反」情形，那是沒有人會相信的，連毛澤東自己也不會相信。

不過現在，當我們看到了最近全國各階層動亂的情形，那麼誰若否認中共統治下有革命的可能與必要，這個人一定是政治上的色盲者。

「文化大革命」的一個大好處，就是它清楚地告訴了我們：十七年中共統治所積聚起來的「內部矛盾」與「外部矛盾」竟有這樣的多，竟是這樣的深！

這麼多與這樣深的矛盾是必須用革命 —— 不是御用與欽賜的革命，而是要用真正革命來解決的！

這個客觀需要，預先決定了毛澤東發動的「文化大革命」；必須發展成為真革命，也預先決定了它可能發展成為真革命。

然則這個潛在的與可能的現實性，將如何在客觀上實現出來？我們革命者又如何可以在主觀上使之實現出來？

客觀上，在半年多來，特別是近兩個月來的「造反」鬥爭中，其實有許多行動已經超出了官方給劃定的界限。這就是說，真革命的成

分早已包含在假革命之中了。毛林系統在歡呼由上海開始的「一月革命」的同時，就拚命號召解放軍介入革命，就狂呼一切「專政機關」行動起來鎮壓「反革命」。與此同時，《人民日報》又特別重登了毛澤東的那篇舊文章：〈關於糾正黨內的錯誤思想〉，以此去反對存在於「革命群眾組織中的⋯⋯本位主義、小團體主義、極端民主化、非組織觀點、主觀主義、個人主義等等」，這都顯明地表示出群眾運動已多少越出了官定的框框。又如《紅旗》雜誌 1967 年第三期的社論所說：

> 在當前無產階級同資產階級及其在黨內一小撮代理人決戰的階段，堅持反動立場的地主，富農和資產階級右派分子、壞分子、反革命修正主義分子、美蔣特務，都紛紛出籠。這批牛鬼蛇神，造謠惑眾、欺騙、拉攏一些不明真相的人，成立反革命組織，瘋狂地進行反革命活動。例如，所謂「中國工農紅旗」，所謂「榮復軍」、「聯合行動委員會」以及其他一些被修正主義分子組織起來的名為「革命派」，實是「保皇派」的組織，就是這種反動組織。這些組織中的多數群眾是受蒙蔽的，是應當爭取教育的。（見〈論無產階級革命派的奪權鬥爭〉。）

這段話也生動地告訴我們，群眾確實是起來了。其中固然有「趁火打劫，妄想變天」的害人蟲，但是除此以外，即使陳伯達們也不得不承認還有多數「受蒙蔽」的普通工農。他們在十幾年的官僚專政之下受盡苦楚，現在看見了可以變革的機會，奮然而起，要同那些騎在他們頭上的老爺們算賬了。「經濟主義猖狂地氾濫」，迫得毛澤東窮於應付，這無論如何是一個無誤的標誌，表示出「文化大革命」已不再是完全欽定的了。假革命已開始變為真革命。

文化大革命在變、在發展，這是事實，它還要繼續變下去，繼續發展，這也是必然趨勢。但是它究竟將怎樣變與怎樣發展，我們是很難確切預言的。

我們可以預言的是這樣一件事，如果沒有一個具有明確綱領的先鋒隊加以領導，那麼，這個革命縱然發展得大大超過了毛派或劉派劃定的界限，也遲早會被再度控制了去，或者替目前爭鬥中的一派（多半是毛派）服務，或為二派聯合的力量所鎮壓。如此，則一度表面化了的中共現統治下的社會矛盾，勢必不曾解決，暫時又潛伏下去，等待新的爆發。

因此，目前中國那個頗有可能發展成為真革命的「造反」局勢，需要國際主義的無產階級革命者對它作及時的與正確的認識，並進一步作革命的干涉，藉使目前蜂擁起來的真正革命的左派，能有所領導，能知所團聚，並能為確定的方向而鬥爭。

一句話，那是革命者主觀上如何使「文化大革命」發展的可能性在客觀上實現出來的問題。

要作革命的干涉，要予革命群眾以正確的領導，首先得在目前五花八門的所謂造反者與造反組織中，分別出誰是真革命者，誰是假革命者。因為今天出現在全中國的形形色色的造反團體，表面上，個個都打着擁毛旗幟，人人都喊着「毛主席萬歲」。而究竟什麼是所謂「無產階級革命路線」，什麼是「資產階級修正主義路線」，根本不曾把具體的政綱宣佈出來，以致究竟誰真誰假，誰革命誰反革命，普通老百姓簡直無法分別。甚至誰真擁毛，誰假擁毛，也都是「撲朔迷離」，無從判斷。朝為文革要人，暮成反毛「黑幫」者，已屢見不鮮，而昨天讓人打成為反革命，今天得以光榮地「平反」者，更是比比皆是。又

因為並非所有「反毛派」的行動都是革命的，也並非所有「擁毛派」的行動都是假革命的，所以辨別真偽革命的標準更難確立，同時也更需要確立。

不確立這些標準，真正的無產階級革命者將不知道應該打倒什麼與擁護什麼，不知道應該聯合誰與打擊誰，不知道應該向哪裏走，不知道應該為什麼而鬥爭。

下面這幾個標準，據我看，乃是適用於目前中國的具體條件者。它們可憑以區別個人和團體的革命真假，也可以作為中國真正無產階級革命黨的一個初步的鬥爭綱領。它們是：

(1) 是否反對神化大領袖；

(2) 是否反對官僚特權與貪污墮落；

(3) 是否真正贊成與真正實行「巴黎」公社的原則，即是説：是否實行以無記名投票方式來選舉工廠委員會，選舉貧下中農委員會以及各地方的「人民公社」，並以此種「公社」來代替各級「人民委員會」；

(4) 是否不僅在口頭上，而且在事實上保證勞動人民的憲法權利（詳載中華人民共和國憲法第三章），保證言論、出版、結社、示威與罷工的自由，保證信仰自由，保證人身不受侵犯，住宅不受侵犯等自由；

(5) 是否反對以反「經濟主義」的名義，削減或甚至剝奪工人農民的福利享受和生活保證；

(6) 是否主張並實行給政治上不同意見者以充分答辯的權利；

(7) 是否主張並實行將新中國成立以來內政外交上的成就和失敗，進行充分的檢討；

(8) 是否主張和實行在文藝創作及一般文化活動上，除了簡單明確的政治標準外，允許充分的自由；

(9) 是否認為反對蘇聯的「修正主義」，並不妨礙我們與蘇聯結成聯合戰線，藉以反對主要敵人美帝國主義；

(10) 是否在思想上與實行上都遵守以中國社會主義建設利益服從於世界革命利益這個大原則。

凡是以「是」字來答覆上述問題的個人或團體，都是真革命的左派，不管他們掛的是什麼旗，保的是什麼皇；反之，凡是以「否」字來答覆這些問題的，都應該歸入假革命右派之列，不管他們是擁毛的，還是擁劉的。

我們反對一切假革命的右派，支援一切真革命的左派，並願意和他們聯合行動，號召一切革命者在這個政綱之下團結起來。

八、革命領導問題

第四國際的《過渡綱領》開宗明義說：「世界政治的整個形勢，其主要特點在於無產階級領導的一種歷史性的危機」，「人類歷史的危機還原為革命領導的危機。」

這一個歷史性的論斷，不但二十九年前的當時是正確的，到了今天也仍然是正確的，不但在發生社會主義革命的國家中是正確的，就是在已發生過此種革命的國家中也是正確的；它不但適用於世界的其

他國家，也適用於中國；而且，在一種特定的意義上說，它還最最適用於今天的中國哩。

因為今天毛澤東治下的中國，一次成功的爭無產階級民主的政治革命，其客觀的先決條件，即使不曾開始「霉爛」，至少是已經「成熟」了。「現在問題歸結到無產階級，主要的還是歸結到革命的先鋒隊。」

今天中國如果存在着，一個組織良好，人數相當眾多，而且具有正確馬列主義綱領的無產階級革命黨，那麼，這次由毛澤東自己挑動起來的假革命，一定會被轉變成反官僚爭民主的真革命，甚至已經被轉變成了。

不幸，事情並不如此。

中國共產主義者中的真正左派，第四國際的中國支部，由於主觀上和客觀上各種原因，今天在中共的統治之下並不存在 —— 至少，他們不可能以有組織有聯繫的政治派別而存在。因此，他們不曾，也不可能在目前的政治鬥爭中起任何作用。不過他們的思想還是存在的，至少在大城市的無產階級中是留得影響的。

譬如，在上海本年1月份出版的第十九期《紅衞戰報》上，就說到在「造反派內部」，「出現了一些托派分裂活動」。

當整個中國的政治氣候日益變得有利於真正馬列主義的滋長與繁殖之時，那些陳年的思想種子會發育，同時新生的種子也會到處冒出頭來。

培育這些種子的條件是官僚極權統治下工農大眾爭取民主權利的渴望，是狹隘民族主義窒息下一切革命者對社會主義世界革命的要求。

　　毛澤東的政權愈發走向瘋狂的個人獨裁，愈發剝奪勞苦大眾的一切權利，愈發使國家變得孤立無助，眾叛親離；那麼這些造反種子就愈會自發地與野生地滋長起來。

　　這樣，毛澤東治下無產階級爭民主的政治革命的條件是成熟了的，問題只在於怎樣給他們以正確的領導。

　　說到領導，我們首先想到的自是中國第四國際黨在組織上的再建問題，以及它在思想上的加強和發展問題。

　　不用說，這是必須加以鄭重考慮並應認真付之實行的問題。因為第四國際綱領代表着四十餘年來國際共產主義運動中最早，最全面與最徹底的反官僚主義墮落的旗幟；它代表着共產主義事業與理想被史大林主義所污損毒害後唯一堅持着的馬列主義的傳統。因此，我們相信，今後不論是資本主義國家中發生的社會主義革命也好，或者在社會主義國家中發生的官僚的民主政治革命也好，要想他們成功，要想他們成功了而循着正確的方向前進，那麼忽視這個旗幟，背棄這個傳統，都是不行的。

　　但是從這個認識出發，我們能不能夠說：所有上述國家的革命，只有在各該國的第四國際黨的直接組織領導與思想領導之下，才談得到成功或成功後的正確發展呢？能不能夠說：如果不在第四國際黨派的直接領導和控制之下，這些革命便不能成功，甚至說它們算不得革命呢？

　　當然不能夠，這樣說與這樣想，將是最最無救的宗派主義者。

　　拿中國的情形來說，我們就應該認識到，在中國第四國際黨的組織未曾再建與發展之前，中國反官僚主義的政治革命會發生，可能會

不止一次地發生；而這些革命，多半是由官僚層中分裂出來的左派領袖領導的。這些領袖可能部分地解脫了史大林—毛澤東主義的拘束，可能在客觀上已經採取了第四國際中國黨的若干立場，但他們決不會自命為第四國際派，甚至會極力反對第四國際派。對於他們，我們該採取什麼態度？當然應該堅決擁護他們的革命，誠懇地批評他們的不足，勇敢地參加他們的戰鬥隊伍，以此達到部分的、或多或少的反官僚政治的目的。

總之：重要的在於實質，在於政綱的實施，並不在於用的什麼名義，打的什麼旗號，也不在於是否置於我們的直接控制之下。

事不由我，一概否定，不受控制，便加摧毀，這是史大林主義者在近代革命史上犯下的滔天罪行之一。如果我們採取了類似態度（只要極少的一點就夠了），那麼唯一的結果是：歷史將邁着大步，鄙夷地從我們緊閉的那所小門之前過去。

然則我們上述的擁護態度，是否可以應用之於目前中國鬥爭中的劉鄧派呢？

我以為不能，至少目前還不可以。

理由：一、根據目前所知道的材料來判斷，劉鄧派未曾發動過什麼革命，相反，他們是毛林派發動的「革命」的對象，因此，「擁護劉鄧派」這個光禿口號，首先就意味着保持現狀，反對「亂」，反對「奪權」。我們並不滿意現狀，不反對亂，也不反對奪權。我們反對「為毛主席而奪權」，卻堅決主張為工農大眾的利益而奪權。第二、不論就過去的事實看，或就今天的表現看，劉鄧等人根本不曾跨出史大林—毛澤東主義的圈子，甚至比毛林派更深更穩地立足於中共的統治層中。他們所主張的乃至所執行的所謂「修正主義路線」，主要是在於對毛

的過於冒險的政策加以阻遏，而基本上卻是「中派偏右」的。因此，劉鄧派當然不等於革命的左派，他們的勝利不可能等於革命左派的勝利；甚至我們相信，一旦真革命的左派認真得勢，劉鄧派會立即放棄其微弱與消極的抵抗，拜倒乞憐於毛派的腳下，藉以阻遏革命派的勝利，因此，我們不應該在群眾中造成一個幻覺 —— 即劉鄧派等於革命派的幻覺。

不簡單地提出「擁護劉鄧派」這個口號，當然不妨礙我們在一些場合，在許多具體問題上，支持劉鄧派（特別是他們的群眾）的鬥爭，與他們（不僅群眾，而且領袖）聯合行動。因為我們主攻的矛頭顯然是毛澤東的個人獨裁；又因形勢所迫，劉鄧派是比較的能夠（不管真情或假意）接近我們政綱的若干點的。

九、「文化大革命」為什麼階級利益服務

以上所談，主要是「文化大革命」的政治方面與事實方面。下面想研究一個比較深遠一點的理論問題。那就是：毛澤東的「文化大革命」究竟是為什麼階級利益服務的？

史大林的情形是很清楚的，他代表了蘇聯保守的官僚階層的利益，特別是代表了這個階層的中派立場。他縱橫捭闔，左右開弓，野蠻而頑強地保護了官僚階層的利益，同時也保衛了這個階層賴以存在的社會基礎 —— 國有化的財產制度。

毛澤東怎樣呢？當然他也代表着官僚集團的利益；不過，他所站的立場，似乎與史大林的情形不同。他所直接代表的彷彿是統治階層

中的左派，而「文化大革命」的矛頭所指，好像是略等於蘇聯當年的右派。事情是否真是如此？

不是。

中國共產黨自從在 1930 年前後完全與當時的左派反對派決裂之後，它的隊伍中（至少在它的領導層中）便不再有真正的左派。從那個時候起，所有發生於中共內部派系鬥爭，不論發生於毛澤東和王明之間，或者發生於毛澤東和張國燾之間，或者發生於毛澤東和劉少奇之間，大多是由於策略性的分歧，甚至由於簡單的權力衝突，極少由於原則性的革命戰略的異見。如果問題牽涉到思想路線的話，那麼最多代表着這樣的兩個方面：史大林主義的左翼與史大林主義的右翼。而這裏的所謂左翼與右翼，如果用真正布爾雪維克主義的尺度，真正馬列主義的尺度來衡量，都是屬於中派的。史大林自己，在他獨自掌握蘇共命運的二三十年中，就是時而左傾，時而右傾，不斷在中派的圈子裏來回跳躍。

長時期內受史大林思想支配的中共，自然也受過這些跳躍的影響。每當一次跳躍，中共內部也總是會相應地出現一個轉變，而完成這個轉變時候，又常常會或大或小地起一次鬥爭；發生於新立場與舊立場之間的鬥爭，毛澤東在這些鬥爭中並非時時居於左翼，不過大體上偏左的居多，因為在以武力奪取政權這個問題上，毛不會退縮；而對於和資產階級聯合這個問題上，毛也不會劃地自限的。

因此，一般而論，毛澤東應該説是史大林主義的左翼傳人，他特別接受了三十年代以後的史大林主義，這裏面包括着經濟上與政治上的冒險主義，政治上狹隘的宗派主義（以極左的革命名詞來掩護的），個人極權的官僚主義，自居於階級矛盾之上的拿破崙主義。

　　史大林主義的左翼當然不等於馬列主義隊伍中的左派，這是「中派」裏面的一個左派。它之所以被稱為「左」，僅僅對它自己一派的右而言的。史大林主義對於資產階級與資本主義，從來只有兩個態度：一個是卑躬屈膝，作無原則的妥協，甚至作最無恥的投降；另一方面便是用冒險的、盲動的、宗派主義的與官僚主義的野蠻罪惡手段來反對他們。前一態度是右，後一態度便是所謂「左」了。它的右，當然根本背叛了馬列主義，可是它的這種「左」，也完全與馬列主義無共同之處。因為它或右或「左」，無論它擁抱資產階級或打擊資產階級，卻總是於無產階級無利，總是於社會主義無利，或至少是害多於利的。因此，我們千萬不可把史大林主義範圍內的左右翼，和馬列主義範圍內的左右翼混淆起來。這二者本質早已不同屬於一個範疇了。如果我們將二者等同，又若光就形式的激烈來看問題，那是會大上其當，會大錯特錯的。

　　譬如在蘇聯共產黨的內部鬥爭中，以托洛次基為代表的左派，在許多時期的許多問題上，例如 1928 年以後，中國革命中的國民會議問題，1930 年左右蘇聯農村的集體化問題，1933 年以後，德國與社會民主黨的聯合戰線問題，表面上，史大林的立場都比較「左」，可是實質上卻非常之右，因為它們或者推遲了革命，或者讓革命的前進付出了慘重異常的代價。或者乾脆破壞了革命，這些在客觀上都幫助了資產階級，所以實質上都是右的，甚至是極右的。

　　今天毛澤東及其一派的所謂左，基本上也應作如是觀。站在「右」邊的反毛派，其中（特別在那些一貫堅守史大林主義立場的領袖們中）固然有真正的右派，即主張長期與資產階級合作下去的路線者，可是此外另有一部分人，另有更大數目的一部分人，那些未曾受史大林主義束縛的廣大群眾（其中也可能有些上層分子），卻未必真正右的，他

們多半是表面右而其實左的，換句話説，他們的主張可能是更符合於中國乃至全世界無產階級的革命利益的。毛澤東的立場，對於前一類的反毛派説是左的，對於後一類的反毛派説卻是右的。因此，和當年的史大林一樣，毛站的是官僚中派立場；他所推行的「無產階級文化大革命」，也和當年史大林的「反右」鬥爭一樣，縱然含有若干「反資」意義，卻絕不為無產階級的利益服務；它徘徊跳躍於二者之間，而以官僚階層中最特權，最有力的一群的利益為依歸。

「不過毛澤東的文化大革命不是正在動員成千成萬非官僚的群眾來向官僚們造反奪權嗎？這不是正在徹底打擊，甚至打毀官僚階層嗎？」

不錯，這情形我們在前面説過，確乎與史大林當年的不同。但我們也説過，這個不同僅僅屬於外表。二者形式不同，實質上卻都為了要保護官僚階層的利益。只是史大林之保衛官僚利益，是顯而易見的，毛澤東之保衛官僚利益，比較的為假像所蔽罷了。

不過同中似乎有異。他們二人各自代表的最有力的那個官僚層，就其傾向與性質説，似乎稍稍不同。史大林當年所代表的是官僚中比較保守的一派。它的對內政策在第一時期是一味對資產階級影響讓步，在後一時期則因自身地位的危急而作冒險與狼狽的反撲；於它的對外，那是始終屈服於帝國主義的壓力之下，以致最後完全放棄了世界革命的事業。毛澤東今天所代表的官僚層，比較地説，好像是更為激進的。無論在對內或對外政策上，他都表現得非常之左，非常的不妥協。在國內外的種種敵對勢力壓迫之下，毛澤東非但不願意屈服，反而更加強了戰意。這種不同的表現，是否意味着毛派至少代表了中共統治階層中的革命派呢？

我以為不能這樣說。因為任何中派都是跳躍的，它時左時右，可左可右。我們拿史大林的例子來說吧，從一九二〇年代的後半期起，一直到一九五〇年代之初，雖然其總的趨向是右的，是對國際帝國主義妥協的，是放棄甚至破壞了世界革命的；但中間卻不乏向左的盤旋，最著名的是所謂「第三時期」。在這個時期中（從 1929 年開始直到 1933 年），史大林派在國內用野蠻恐怖手段消滅了富農，在國外孤軍奮戰，不顧一切地實行盲動來反對帝國主義。結果處處碰壁，將希特勒捧上了台，在全世界範圍內造成反動局面，以致不得不激劇右轉，提出了所謂「人民陣線」的政策。

今天毛澤東們的內外政策，一般可以說，略等於史大林的「第三時期」。它是過去「人民民主主義」合作路線的反動，而在更多更大的打擊之後，它多半又將成為新的對國際帝國主義，特別是對美帝，屈服的前趨。他今天的極左路線，乃是他昨天的極右路線之果，因此，它又可以成為明天再一次極右路線之因。

如何才能打斷中派路線這一個綿延不絕的因果反覆呢？只有一條路，趁今天極左路線所造成的假革命機會，擴大而加深之，使之成為真革命；使無產階級的民主真正成為今天中國的統治精神。

十、簡短的餘論

從狹義的文化觀點來談「無產階級文化大革命」，原本有很多的話可以說，而且也應該說。只因毛澤東這一次的所謂「無產階級文化大革命」，在積極方面實在與文化一無關係。誰都清楚，這不過是他隨手抓來的一個幌子，藉以掩蓋他清算異己的權力鬥爭罷了。而在消極方面，那麼他在「文化革命」中所表現出來的對於文化和文化人的態度

和行動，又是太過荒謬，太過明顯地違反了馬列等大師的遺教，以致我們暫且可以不必為它多費筆墨，留待以後再作總的批判了。

在這裏，我們只想摘引列寧的兩段「語錄」，讓大家先作一個比較：

（一）

舊時學校是崇尚書本的學校，它強迫學生去通曉一大堆無用的，累贅的，死板的知識，這種知識閉塞着青年的頭腦，並把它們變成一些依法炮製的官吏。但是，如果你們從此便想做出結論，說毋須通曉人類所積累起來的知識就能成為共產主義者，那你們便犯了極大的錯誤。如果以為無需領會共產主義本身所由產生的全部知識，而只要通曉共產主義口號，只要通曉共產主義的結論已經足夠了，這種想法也是錯誤的。（見《青年團的任務》中文本，《列寧文選》第二卷，842頁。）

（二）

無產階級文化不是從空中掉下來的，也不是那些自命為無產階級文化專家的人所臆想出來的，如果認為這樣，那就是胡說八道了。無產階級文化應當是人類在資本主義社會，地主社會，官僚社會壓迫下所創造出來的知識總匯發展的必然結果。（見同上文，803頁。）

看了列寧在四十七年前所說的這兩段「老話」，今天毛澤東「親自領導的文化大革命」，到底是不是他對馬列主義在文化方面的「最新發展」，那是不言自明的。

1967年2月

注釋

1. 最近我們看到未經證實的一篇所謂〈劉少奇的自我檢討〉，其中他把自己的錯誤，遠溯到 1964 年 2 月，說他曾向黨中央提出書面意見，認為成立政治協商會，將保證中國進入「和平的新階段」，這可能是真的，因當時史大林正要求中共與蔣介石成立聯合政府。此外，劉還指出了幾個老錯誤。不過這些錯誤，大抵已經在事實的發展中解決了的。

2. 毛澤東的「文化大革命」與紅衞兵運動，曾經被蘇聯的一位評論家指為「師事托洛次基的」。這話當然荒唐，但亦非完全無因。為了說明馬克思主義革命家對於青年學生的正確態度起見，附帶講一講那個老故事也許是必要的。原來蘇聯在 1923 年時候，列寧病危，黨政大權操在史大林、齊諾維埃夫、加明尼夫三頭之手，黨迅速地陷於官僚化的危機。那時托洛次基認為，要克服這個危機，「要克服閉關的集團作風，克服官員們的等級精神，除了實現民主之外，別無他法。」（見《新路向》中譯本，11 頁。）而要實現民主，據托洛次基看來，「問題首先是要在老幹部和十月革命後入黨的那些佔黨內大多數的黨員之間，建立比較健全的關係」，因為「黨以兩層分隔的建築形式而存在這一個事實，本身便含有許多危險。」（均見上引書，5 頁。）為了這，托洛次基討論了老輩與年青人的關係問題，並且提出了青年學生們在為黨的民主化鬥爭中所能起的作用問題。在這方面，他寫道：

青年學生們，一如我們所曾看見的，以特別有力的方式起來反對官僚主義。列寧並非無所謂地提議過：要多多依靠學生和官僚主義作鬥爭。青年學生由於其社會成分及其接觸，反映着我們黨內的各個社會群以及他們的心理狀態。學生以其青年氣及其敏感性，能使此一心理狀態迅速賦有積極形式。因為正在學習的青年，他們會努力去求解，並將現象概括化。這不是說，學生們的一切行為和心情都反映了健康傾向。……不過我們說青年人是我們的晴雨表，我們是把他們的政治表現看成非主要的，卻有徵兆價值的。晴雨表並不造成天氣，它只是記錄天氣……至於青年學生是從蘇維埃社會的各部分與各階層招收來的，在其變化無定的成分中，反映了我們所有的優點和缺點；我們如果不對他們的情緒予以最大注意，那是愚蠢的。……青年人是我們用以校正我們自己的工具，是我們將來的替代者，未來是屬於他們的。（見上引書，11-12 頁。）

托洛次基如此正確地估計了青年人的作用，卻被史大林們指責為別有用心的蠱惑與煽動，說他想利用「無知」青年來反對老革命家和黨。結果，如我們

所知，因為一連串不利於無產階級革命派的客觀原因，以托氏為首的左派反對派被摧毀了，蘇聯當時年青一輩的革命者，也受到了官僚們的殘酷摧殘，以此更加深了蘇聯官僚化的墮落。

蘇聯評論家指出這個史實，其用意顯然是說，毛澤東和托洛次基一樣，為了爭權奪利，竟不擇手段的利用青少年。

這樣的歷史類比，站不站得住呢？當然站不住。因為二者的情形雖有相同之處，卻有最基本的不同點。

二人相似之處是：1、他們都享有駕凌儕輩（這對托氏的情形說，垂危的列寧已不能列入儕輩之中了）的威望，但黨機關卻不在他們直接控制之下（托氏較毛更甚）；2、為了「奪權」，二人都很看重青年一輩的作用。

可是二人的相似僅此為止，二人的差異卻更為根本，而且更為巨大的。它們是：第一，托氏當年所以會在黨內居於少數，除了布爾雪維克黨的歷史原因外，主要卻因為托氏代表着反官僚的無產階級左派的革命立場，而史大林們則代表着官僚保守的對國內國外資產階級的妥協。後一立場，因為正逢上國內國外革命退潮的影響而受到較多群眾擁護，這就讓史大林們能夠霸佔黨政機關。毛澤東之所以失去他在黨內影響，最最主要卻因為他在近十年來所主張的國內外（特別是國內）政策的倒行逆施，浪擲了他固有的巨大聲望。第二，托洛次基要依靠青年學生來和官僚主義鬥爭，絕不是想破壞黨，不是要用青年人來代替老一輩，他說：「將老一輩放進檔案庫該是瘋狂行動。」（見上引書，7頁。）可是毛澤東今天發動的「紅衞兵造反」運動，恰恰就是要將黨的老一輩「放進檔案庫」去，甚且要步史大林的後塵，要把這一輩斬盡殺絕。第三，托洛次基看重青年學生的力量，重視他們的作用，但絕不因此將他們抬到工人階級之上。在反官僚主義的鬥爭中，他始終將工廠支部的作用看得最重要，並且將黨內危機的根本克服，寄託希望於「體力工人之經常進入黨內」。（見上引書，9頁。）毋須說，他更不會利用他在紅軍中所享有的無比威望與軍事委員會主席地位，用槍桿子去打破黨官僚們的「狗頭」。毛澤東在這方面的情形完全相反，他荒唐無聊地討好學生，以學生反對工人，以軍隊打擊黨部。第四、托洛次基的重視青年學生，那是真正把他們當作「黨的鏡子」，當作蘇維埃政權政治氣候的「晴雨表」，當作「用以校正我們自己的工具」，一句話，目的在於靠富於朝氣的與敏感的青年們的幫助，廓清黨內的官僚暮氣，以便恢復乃至發展黨內的真正民主，可是毛澤東的發動學生，其最大目的卻是要神化他個人，要徹底消滅中共內外原極有限的民

主。這一切，充分暴露出毛澤東的無原則的政治詭計，與托洛次基的立場和
行為之間，無絲毫共通之處。